KB205380

메시아 예수의 갈릴리 초기 사역:
마가복음 1:1-3:12

신현우 지음

메시아 예수의 갈릴리 초기 사역:
마가복음 1:1-3:12
(마가복음 심층 주석 1)

지음   신현우
편집   김덕원

발행처   감은사
발행인   이영욱
전화   070-8614-2206
팩스   050-7091-2206
주소   서울특별시 강동구 암사동 아리수로 66, 401호
이메일   editor@gameun.co.kr

종이책

초판발행   2024.06.30.
ISBN   9791193155509
정가   39,000원

전자책

초판발행   2024.06.30.
ISBN   9791193155516
정가   29,000원

Early Galilean Ministry of Jesus the Messiah: Mark 1:1-3:12

Hyeon Woo Shin

저자 서문

이 책은 마가복음 1:1-3:12 본문에 관하여 심층적으로 해석한 학술적 주석서이다. 필자는 2011년부터 마가복음에 관한 심층 주석을 계획하였으며, 이를 위하여 마가복음 1:1을 시작으로 한 구절 한 구절 연구하여 학술지에 논문을 발표해 왔다. 이러한 논문을 모아 주석으로 편집하면 급히 서두르지 않고 꼼꼼하게 연구한 심층 주석이 나오리라 기대했다. 이 주석은 이러한 집필의 첫 열매로서 2011년부터 2021년까지 필자가 연구 발표한 학술 논문들을 모아서 편집한 것이다. 이 논문들은 대부분 한국신약학회의 학술지인 『신약논단』과 한국복음주의신약학회의 학술지인 『신약연구』에 발표되었으며, 학회들은 이 논문들의 재출판을 흔쾌히 허락하였다. 이 책의 토대가 된 필자의 논문들 중에 학술지에 게재된 것은 다음과 같다.

- "마가복음 1:1의 본문 비평과 번역," 『성경원문연구』 29 (2011), 33-58.
- "세례 요한과 새 출애굽," 『신약논단』 20/1 (2013), 61-95.

- "예수 복음의 기원," 『신약연구』 12/3 (2013), 465-87.
- "예수의 광야 시험" 『신약논단』 21/1 (2014), 27-58.
- "예수의 하나님 나라 선포," 『신약연구』 13/3 (2014), 380-404.
- "갈릴리의 어부에서 사람들의 어부로," 『신약논단』 21/3 (2014), 599-626.
- "예수의 축귀와 가르침," 『신약논단』 22/2 (2015), 367-96.
- "예수의 광야 기도와 축귀 병행 설교," 『신약연구』 14/3 (2015), 371-90.
- "예수의 나병 치유와 새 출애굽," 『신약논단』 23/3 (2016), 555-78.
- "예수의 죄 사함 선언과 중풍병 치유: 마가복음 2:1-12 연구," 『신약연구』 15/3 (2016), 463-88.
- "바리새파 서기관들은 과연 예수를 추종했었는가?," 『신약연구』 16/1 (2017), 7-34.
- "예수와 금식: 마가복음 2:18-22의 진정성 논증과 해석," 『신약연구』 16/3 (2017), 7-35.
- "예수는 과연 안식일 율법을 폐지하였는가: 마가복음 2:23-28 연구," 『신약연구』 17/1 (2018), 39-64.
- "안식일과 질병 치유," 『신약연구』 17/3 (2018), 283-329.

필자는 그동안 발표한 논문들을 그대로 재출판하는 길 대신 일반 독자들이 읽기 쉽게 편집하여 출판하는 길을 선택하였다. 학술지에 실린 논문들은 신약학자들을 위한 글이기에 헬라어 단어나 문장 등 일반 독자들이 이해하기 어려운 부분이 많은데, 이러한 부분을 고쳐서 누구나 쉽게 읽을 수 있도록 편집하였다. 이를 위해 필자는 2023년 초부터 긴 시간 탈고 작업을 해야 했다.

이 책은 헬라어를 음역할 경우에 자음은 경음(ㄲ, ㄸ, ㅃ)을 격음(ㅋ, ㅌ, ㅍ)과 함께 사용하여 유사한 발음의 헬라어 자음들을 한글로 명확히 구분하여 표기할 수 있게 하였다. 모음의 경우에도 영미식이나 독일식, 현대 헬라어 발음을 따르지 않고 서로 잘 구분되는 방식으로 음역했다. 그러나 라틴어의 경우는 경음을 살려 표기하지 않았다. 그 외의 외국어의 경우, 음역이 필요한 경우, 가급적 본래의 발음을 따랐으나, 특정 발음으로 우리 사회에 이미 알려져 굳어진 경우에는 관습적 발음을 따라 표기하였다. 또한 개역개정판 성경을 통하여 이미 교회에 널리 퍼진 인명이나 지명 등은 가급적 그대로 사용하였지만, 우리 사회에 널리 퍼진 관습적 발음이 있는 경우에는 사회와의 소통을 위해 알려진 발음을 사용했다(예. 이집트).

각 장은 주해할 마가복음 본문에 대한 필자의 사역을 제시하면서 시작한다. 이 번역은 필자의 마가복음 주석서, 『마가복음』, 한국신약해설주석 2 (서울: 감은사 2021)에 실린 것을 사용한 것이다. 주해 과정에서 한글 성경을 인용할 때에는 개역개정판을 기준으로 했지만 가끔 필자 자신의 번역을 제공하기도 했다. 혹 다른 역본을 인용할 경우에는 어떤 역본인지 명시하였다. 배경 문헌의 원어 본문이나 번역을 인용할 때는 독자들을 위하여 필자의 사역을 함께 제공하였다. 이 책에서 성경, 외경, 위경은 한글로 표시하였다. 그 외의 배경 문헌은 영어, 라틴어 등으로도 표기하며 이탤릭체를 사용하였다. 참고 문헌의 언급을 위해서는 본문 주 형식을 사용했으나, 가끔 가독성을 위하여 각주도 사용했다.

이 책의 토대가 된 논문들이 연구·작성된 기간에는 필자에게 많은 풍파가 있었다. 이 심층주석 프로젝트가 시작된 2011년은 필자가 웨스트민스터신학대학원대학교에서 사역하고 있던 때였다. 모두들 가고 싶어 하는 곳보다 나를 필요로 하는 곳으로 가야 한다는 생각으로 갔지만 (2003년), 오히려 작은 신학교에서 연구에 집중할 수 있는 큰 은혜를 누렸다. 그러나 설립자(당시 이사장)의 은퇴 후, 새 이사장 체제에서 큰 풍파를 겪고, 총신대학교(신학대학원)으로 사역지를 옮기게 되었다(2013년). 이 책에 실린 글의 토대가 된 논문들의 대부분은 총신대학교에 임용된 이후부터 2018년까지 6년간 총신대학교 신학대학원의 연구실에서 집필된 것이다.

그러나 그 6년의 세월은 책을 집필하기에 좋은 조용한 기간은 아니었다. 교단 총회와 학교 이사회의 갈등과 싸움이 계속되었다. 이에 대해서는 다양한 평가가 있을 수 있겠지만, 총신대학교는 교단의 학교로서 공공성을 가지며 사유화는 실체 없는 모양새라도 일체 피해야 한다. 필자는 보직을 맡고 있었을 때 이와 관련하여 당시 총장 및 이사들에게 강하게 직언하지 못한 정치적 책임을 느낀다. 지난 아픈 역사에 대하여 아무도 정죄하지 않고, 자신의 허물만을 돌아보며 강물처럼 낮은 곳으로 내려가고자 한다. 서로 다른 강줄기들도 내려가고 또 내려가면 바다에서 하나 될 수 있을 것이다. 교단 총회와 학교가 모두 그리스도의 통치를 받으며 하나 됨을 이루어 미래를 향하여 나아가는 평화의 공동체가 되기를 소망한다.

이 심층 주석 시리즈의 출판을 흔쾌히 수락하여 어려운 출판 환경 가운데서도 목회자들과 교회를 위한 수고를 감당해 주신 감은사 이영욱 대표와 탈고 과정에서 많은 도움을 주신 김덕원 에디터에게 감사를 드린다. 이 책이 집필되는 과정에서 필자와 함께 웨스트민스터와 총신의 강의실에서 마가복음을 진지하게 공부하였고 지금은 복음의 일꾼으로 사역하고 있는 목회자들에게도 감사드린다. 성경 본문을 함께 공부한 그들로 인해 필자는 외롭지 않게 마가복음을 연구할 수 있었다. 그분들에게 이 책을 헌정한다.

계시의 역사와 말씀을 메시아 예수 그리스도를 통하여 주신 하나님의 은혜와 복음을 증언하여 전달한 사도들 및 전달된 복음을 기록한 복음서 저자, 기록된 복음을 필사하여 전달한 이들의 엄청난 수고에 비하면 이것을 해석하는 필자의 연구 작업은 사치에 불과할 것이다. 하루하루 생계를 이어 가는 바쁜 인생 속에 조용히 복음서를 해석하며 연구에 몰입할 수 있는 여유를 누릴 수 있었던 것은 미천한 종이 누린 과분한 은혜였다. 성경 연구를 방해하는 집요한 폭풍 가운데 길을 내시고, 성경을 연구할 수 있도록 우둔한 종에게 시간과 지혜와 통찰을 베풀어 주신 조물주께 감사와 영광과 찬미를 올려 드린다.

2024년 4월 30일
사당동 연구실에서

신현우

약어표

1. 학술지, 단행본 및 총서

BBR	*Bulletin for Biblical Research*
BDAG	Bauer, Walter, *A Greek-English Lexicon of the New Testament and Other Early Christian Literature*, ed. Frederick William Danker, 3rd ed., Chicago: The Univ. of Chicago Press, 2000.
BDF	Blass, F., & A. Debrunner, *A Greek Grammar of the NT and Other Early Christian Literature*, trans. R. W. Funk, Chicago: University of Chicago Press, 1961.
BR	*Biblical Research*
CBQ	*Catholic Biblical Quarterly*
EKK	Evangelisch-katholischer Kommentar
HTR	*Harvard Theological Review*
JBL	*Journal of Biblical Literature*
JETS	*Journal of the Evangelical Theological Society*
JJS	*Journal of Jewish Studies*
JSNT	*Journal for the Study of the New Testament*
JSNTS	Journal for the Study of the New Testament Supplement Series
JTS	*Journal of Theological Studies*
NAC	New American Commentary

NA27	Aland, B. *et al.*, eds., *Novum Testamentum Graece*, Stuttgart: Deutsche Bibelgesellschaft, 1993.
NA28	Aland, Barbara & Kurt Aland, *Novum Testamentum Graece*, 28th ed., Stuttgart: Deutsche Bibelgesellschaft, 2012.
NIBC	New International Biblical Commentary
NovT	*Novum Testamentum*
NTS	*New Testament Studies*
OTP	Charlesworth, J. H., ed., *The Old Testament Pseudepigrapha*, 2 vols., New York: Doubleday, 1983-1985.
SBLMS	Society of Biblical Literature Monograph Series
SNTSMS	Society for New Testament Studies Monograph Series
Str-B	H. L. Strack & P. Billerbeck, *Kommentar zum Neuen Testament aus Talmud und Midrasch*, 6 vols., München: C. H. Beck, 1922-1961.
TDNT	*Theological Dictionary of the New Testament,* ed. by G. Kittel and G. Friedrich, trans. by G. W. Bromiley, 10 vols., Grand Rapids: Eerdmans, 1964-76.
TWNT	*Theologisches Wörterbuch zum Neuen Testament.* ed. by G. Kittel and G. Friedrich, 10 vols., Stuttgart: Kohlhammer, 1933-1979.
WBC	Word Biblical Commentary
WUNT	Wissenschaftliche Untersuchungen zum Neuen Testament
ZNW	*Zeitschrift für die neutestamentliche Wissenschaft*

2. 배경 문헌

Ag. Ap.	(Flavius Josephus,) *Against Apion*
Ant.	(Flavius Josephus,) *Antiquities of the Jews*
Adv. Gent.	(Arnobius,) *Adversus Gentes*

b.	*Babylonian Talmud*
CD	Cairo (Genizah text of the) Damascus (Document)
Diodorus Siculus, *Hist.*	Diodorus Siculus, *Library of History*
j.	*Jerusalem Talmud*
J.W.	(Flavius Josephus,) *The Jewish War*
Justin, *Dial. Trypho*	Justin Martyr, *Dialogue with Trypho*
m.	*Mishnah*
Midr. Ps. on Psa	*Midrash 1 Psalms* on Psalm
Pesiq. R.	*Pesiqta Rabbati*
Vita. Cont.	(Philo,) *On the Contemplative Life*
Vit. Mos.	(Philo,) *On the Life of Moses*
PGM	*Papyri Graecae Magicae*
t.	*Tosefta*
tg. Isa.	*Targum Isaiah*
tg. Neof.	*Targum Neofiti*

1QapGen	쿰란 제1동굴에서 발견된 창세기 비록(Genesis Apocry-phon)
1QH	쿰란 제1동굴에서 발견된 감사 찬송들
1QHᵃ	쿰란 제1동굴에서 발견된 감사 찬송들 A
1QIsaᵃ	쿰란 제1동굴에서 발견된 이사야 사본 A
1QM	쿰란 제1동굴에서 발견된 전쟁 문서(War Scroll)
1QS	쿰란 제1동굴에서 발견된 공동체 규칙(The Community Rule)
11QTemple	쿰란 제11동굴에서 발견된 성전 문서(The Temple Scroll = 11Q19)
11QtgJob	쿰란 제11동굴에서 발견된 욥기 탈굼

제1장
마가복음 1:1
마가복음의 제목*

I. 번역

1 예수 그리스도의 복음 입문

II. 주해

마가복음을 해석할 때 우리가 넘어야 하는 첫 번째 장애물은 그 첫 절이다. 이 절의 본래의 형태에 관한 사본학적 논쟁이 여전히 계속되고 있고, 이 구절에 관한 해석도 가지각색이다. 번역 성경들은 마가복음 1:1을 다음처럼 번역한다.

---

* 이 책의 제1장은 필자의 논문, 신현우, 2011a: 33-58을 좀 더 읽기 쉽게 편집하여 정리한 것이다.

개역	하나님의 아들 예수 그리스도 복음의 시작이라.
개역개정판	하나님의 아들 예수 그리스도의 복음의 시작이라.
표준새번역	하나님의 아들 예수 그리스도의 복음의 시작은 이러하다.
공동번역	하느님의 아들 예수 그리스도에 관한 복음의 시작.
현대인의 성경	하나님의 아들 예수 그리스도에 대한 기쁜 소식의 시작이다.

한글 번역본들의 비교에서 드러나는 차이는 '그리스도의 복음'과 '그리스도에 관한 복음,' '복음'과 '기쁜 소식' 정도이다. 그런데, 네덜란드 성서 공회에서 1951년에 출판한 NBG(Nederlands Bijbelgenootschap Vertaling)는 '하나님의 아들'을 빼고, '예수 그리스도의 복음의 시작'(Begin van het Evangelie van Jezus Christus)이라고 번역한다. 이렇게 '하나님의 아들'을 빼는 것은 사본학적 고려에서 온 차이이다.

마가복음 1:1에서 '시작'이라는 단어는 매우 어색하다. 굳이 '시작'이라고 밝히지 않아도 독자들은 마가복음이 시작한다는 것을 이미 알기 때문이다. 과연 마가가 이렇게 불필요한 서술을 할 필요가 있었을까? '시작'이라는 번역 대신 마가복음 저자가 의도한 본래적 의미를 전달할 수 있는 용어는 무엇일까?

'그리스도'라는 단어도 헬라어의 음역이므로 독자가 알기 어려운 용어이다. 영어 성경 번역 NLT는 이를 'Messiah'(메시아)로 번역한다. 그러나 '메시아'도 히브리어이므로 독자가 이해하기 어려운 것은 마찬가지이다.

네덜란드의 성경 번역학자 드 프리스(Lourens de Vries)가 제안한 성경 번역 이론인 스코포스(skopos) 이론에 의하면, 성경 번역을 위해서는 번역본을 사용할 공동체에 대한 고려가 필요하다. 서로 다른 공동체에 동일한 번역을 제공하는 것은 효과적이지 않다. 따라서 성경 번역은 그것을 사용하게 될 대상 집단에 따라 적합하게 이루어져야 한다.[1] 성경 내용에 익숙한 교회 독자들과 성경에 담긴 내용을 잘 모르는 일반 독자들에게 동일한 번역을 제공할 필요는 없다. 그런데 개역개정판은 오늘날 교회 내의 그리스도인에게든지 교회 밖의 사람들에게든지 이해하기 어려운 번역이다. 교회 안의 그리스도인에게 적합한 번역도 아니고, 교회 밖의 독자에게 적합한 번역도 아니라면 도대체 누구를 위한 번역인가? 이러한 번역은 목표로 하는 독자들에게 적합한 번역들로 계속 개정되어야 할 것이다.

1. 마가복음 1:1은 마가복음의 제목인가?

신약 성경이 기록되던 시기의 책들은 일반적으로 띄어쓰기를 하지 않았다(BDF, §12). 현존하는 신약 성경 사본 중에서 가장 오래된 사본들에도 띄어쓰기가 없고, 후기 사본들에도 띄어쓰기가 완전하게 되어 있지 않다(BDF, §12). 그러므로 신약 성경의 원본의 본문에도 띄어쓰기가 없었을 것이다. 인쇄된 헬라어 성경 판본들은 띄어쓰기를 제공하지만, 이것은 인쇄본을 편집한 사람들이 작업한 결과이다. 이것을 신약 성경 저자들이 의도한 것과 동일하다고 볼 수는 없다.

　구두점의 경우도 마찬가지이다. 신약 성경 원본의 본문에 구두점이 있었는지 없었는지는 아무도 모르며, 있었다면 어디에 어떻게 찍혔는

1.　　이러한 이론에 관하여는 de Vries, 172-95 참고.

지 모른다(BDF, §16). 오늘날 헬라어 성경 판본들에 찍힌 구두점은 인쇄
본을 만든 편집자들이 찍은 것이다(BDF, §16). 이것은 이미 편집자들의
해석을 담고 있다.

따라서 우리가 신약 성경을 해석할 때 신약 성경 판본들의 띄어쓰
기나 구두점을 반드시 받아들일 필요는 없다. 문맥을 고려하여 이러한
인쇄본과 다르게 띄어쓰기를 하거나 구두점을 찍을 수 있다. 신약 성경
본문을 해석할 때 우선적으로 해야 하는 작업은 이렇게 단어를 띄어 쓰
고 구두점을 찍는 작업이다. 이것은 주해의 첫 단계로서 훈고학에서는
'표점'(標點)이라고 부른다.

우리는 동일한 본문에 대하여 여러 가지 표점을 할 수 있다. 그 다양
한 가능성 중에서 문맥에 가장 잘 부합하는 것이 저자가 의도한 것이라
할 수 있다. 마가복음 9:12을 예로 들어 보자. 여기서 "엘리야가 먼저 와
서 모든 것을 회복한다."라는 문장에 마침표가 아니라 물음표를 붙일
수도 있다. 그런데 개역개정판은 이것을 평서문으로 번역한다. 네스틀
레-알란트(Nestle-Aland) 28판은 이 문장을 평서문으로 간주하고 구두점
을 찍어서 이러한 번역을 지지한다. 그러나 이 문장은 의심을 제기하는
의문문으로 읽을 때 이어지는 문장과 논리적으로 연결된다. "엘리야가
과연 먼저 와서 모든 것을 회복한다고? 그렇다면 어찌 인자에 대하여
기록하기를 많은 고난을 받고 멸시를 당하리라 하였느냐?" 이 본문에
담긴 논리는 귀류법이다.

1. 엘리야가 모든 것을 회복한다면 인자가 고난받지 않는다. (A → B)
2. 구약 성경은 인자가 많은 고난을 받고 멸시를 당해야 한다고 기록한다. (~B)
3. 그러므로 엘리야가 모든 것을 회복한다는 주장은 틀렸다. (~A)

마가복음 1:1 해석도 표점부터 시작해야 한다. 이것을 문장으로 간주하여 마침표를 찍는 것이 유일한 표점의 가능성은 아니다. 이 구절을 본문의 첫 문장이 아닌 제목으로 간주할 수도 있다.

책의 제목이 본문의 일부로 오해되는 것은 중국 고대 문헌에서도 발견된다. 필사자들이 책 제목을 본문의 일부로 오해해 필사했을 때 해석자가 책 제목임을 파악하기도 하였다. 양수달은 『古書疑義擧例續補』(고서의의거례속보)의 제1권 「文中有標題例」(문중유표제례)에서 『荀子』(순자) 「修身篇」(수신편)의 扁善之度(편선지도, "항상 알맞은 법도")를 본문의 일부가 아니라 제목으로 볼 때 문맥이 잘 통함을 지적한다.[2]

이처럼 마가복음 1:1도 마가복음 본문의 첫 문장이 아니라 (마가복음 전체 또는 서두 단락의) 제목으로 간주될 수 있다.[3] 마가복음 1:1은 관사 없이 시작하며, 동사도 없기 때문이다. 물론 헬라어에서 동사가 없는 문장이 가능하지만, 단락의 시작 지점에 동사 없는 명사 구문을 사용하는 경우는 거의 없다(Croy, 113). 더구나 관사 없는 구문(anarthrous construction)은 종종 제목에 쓰인다. 신약 성경과 구약 70인역(정경 및 외경)에서 그러한 예가 많이 발견된다.

- '예수 그리스도의 계보에 관한 책'(Βίβλος γενέσεως Ἰησοῦ Χριστοῦ, 마 1:1)
- '예수 그리스도의 계시'(Ἀποκάλυψις Ἰησοῦ Χριστοῦ, 계 1:1)
- '다윗의 아들 솔로몬의 잠언들'(παροιμίαι Σαλωμῶντος υἱοῦ Δαυιδ, 잠 1:1)
- '예루살렘에 있는 이스라엘의 왕 다윗의 자손 전도자의 말씀'(ῥήματα

---

2.   周大璞, 257에서 재인용.
3.   Boring, 1991: 50 참고.

Ἐκκλησιαστοῦ υἱοῦ Δαυιδ βασιλέως Ισραηλ ἐν Ιερουσαλημ, 전 1:1)

- '하가랴의 아들 느헤미야의 말씀'(λόγοι Νεεμια υἱοῦ Αχαλια, 느 1:1)

- '호세아에게 임한 주의 말씀'(λόγος κυρίου ὃς ἐγενήθη πρὸς Ωσηε, 호 1:1)

- '아모스의 말씀'(λόγοι Αμως, 암 1:1)

- '브두엘의 아들 요엘에게 임한 주의 말씀'(λόγος κυρίου ὃς ἐγενήθη πρὸς Ιωηλ τὸν τοῦ Βαθουηλ, 욜 1:1)

- '오바댜의 묵시'(ὅρασις Αβδιου, 옵 1:1)

- '니느웨에 대한 말씀: 엘고스 사람 나훔의 묵시의 책'(λῆμμα Νινευη βιβλίον ὁράσεως Ναουμ τοῦ Ελκεσαίου, 나 1:1)

- '스바냐에게 임한 주의 말씀'(λόγος κυρίου ὃς ἐγενήθη πρὸς Σοφονιαν, 습 1:1)

- '주의 계시의 말씀'(λῆμμα λόγου κυρίου, 말 1:1)

- '아모스의 아들 이사야가 본 묵시'(ὅρασις ἣν εἶδεν Ησαιας υἱὸς Αμως, 사 1:1)

- '솔로몬의 노래들 중의 노래'(ᾆσμα ᾀσμάτων ὅ ἐστιν τῷ Σαλωμων, 아 1:1)

- '토비트의 말씀을 담은 책'(βίβλος λόγων Τωβιτ, 토비트 1:1)

물론 '하박국 선지자가 본 그 계시'(τὸ λῆμμα ὃ εἶδεν Αμβακουμ ὁ προφήτης, 합 1:1)나 '하나님의 그 말씀'(τὸ ῥῆμα τοῦ θεοῦ, 렘 1:1)의 경우처럼, 관사가 있는 구문도 제목에 쓰이기도 했지만, 관사가 없는 경우가 압도적으로 많다.

마가복음 1:1은 마가복음 서두 단락의 제목인가? 아니면 마가복음 전체의 제목인가? 아마도 서두 단락의 제목은 아닐 것이다. 왜냐하면 헬라어 문헌에서 '아르케'(ἀρχή)가 서두의 제목으로 사용된 경우는 없기 때문이다(Boring, 1991: 51). 또한 마가복음은 다른 곳에서 단락 제목이 있

는 곳이 없기 때문이다.[4] 마가복음 저자가 다른 단락에는 제목을 붙이지
않고 서두 단락에만 제목을 붙이지는 않았을 것이다.

만일 마가복음의 서두의 제목이 '복음의 시작'이라면 마가복음이라
는 책이 '복음'이라는 이름으로 불린 것이다(Boring, 1991: 51). 그러나 '복
음'(εὐαγγέλιον)은 마가복음 기록 이전에 아직 책을 가리키는 용어로 쓰이
지 않았으므로(Hooker, 33) 마가복음에서도 이 단어는 문학적 장르나 그
러한 장르의 책을 가리키는 전문 용어가 아니었을 것이다. 따라서 '복
음'은 마가복음이 이야기하는 바 내용을 가리키는 듯하다.[5] 그러므로
'복음의 시작'은 마가복음 서두 단락의 제목일 수 없다.

귈리히(R. A. Guelich)는 1절과 2절이 서로 연결되므로, 1절 끝에 쉼표
를 찍어야 한다고 주장했다(Guelich, 1982: 6). 그렇지만, 이러한 경우에는
1절의 '아르케'(ἀρχή)가 정관사를 가지지 않는 것이 어색하다(Croy, 113). 2
절의 내용에 의해 자세하게 설명되는 경우, '아르케'는 정관사를 가질
수 있기 때문이다.

귈리히가 2절이 1절에 연결된다고 주장하는 이유는 2절의 '마치 ~라
고 기록된 바와 같이'(καθὼς γέγραπται '까토스 게그라쁘따이')가 신약 성경의
다른 곳에서 언제나 앞쪽과 연결되어 사용되기 때문이다(Guelich, 1982:
6). 그러나 저자들은 저마다 독특한 문체를 구사하므로, 마가가 반드시
이러한 용례를 따라야 했을 필연성은 없다. 물론 마가복음의 다른 곳에
서 '까토스 게그라쁘따이'는 앞 문장과 연결된다(막 9:13; 14:21). 그러나
이 표현이 마가복음의 다른 곳에서 사용된 용례는 단 두 번뿐이므로 이
두 번의 용례를 일반화시킬 수는 없다. 마가가 두 번은 앞 문장과 연결

---

4. Boring, 1991: 51.
5. Boring, 1991: 51 참고.

하고 한 번은 뒤에 나오는 문장과 연결했을 가능성을 배제할 수 없다. 이 가능성은 '까토스'(καθώς "마치 ~와 같이") 절이 뒤에 나오는 문장과 연결되는 용례(눅 11:30; 17:26, 요 3:14, 고전 2:9)에 의하여[6] 지지된다. 마가복음의 구조도 이러한 가능성을 지지한다. 3절과 4절에는 '광야에서'가 동일하게 나타나므로 평행 구조를 가진다. 3절과 4절의 평행 구조 속에서 평행이 되는 요소는 다음과 같다.

3절	4절
소리	요한
광야에서	광야에서
주의 길을 준비하라	세례를 주고
그의 소로들을 곧게 하라	죄 사함을 위한 회개의 세례를 선포하였다

이러한 평행 구조는 2-3절에 인용되고 있는 구절이 4절과 비교되고 있음을 보여 준다. 그러므로 '까토스'(καθώς)로 도입되는 2-3절이 1절이 아니라 4절과 연결된다고 보아야 한다.

네스틀레-알란트 28판은 마가복음 1:1을 제목이 아니라 본문의 일부인 것처럼 배열하였다. 또한 마가복음 1:1의 끝에 마침표를 찍어서 명사 구문으로서 하나의 문장인 것처럼 간주하였다. 그러나 이것을 제목으로 본다면, 번역할 때 마침표를 찍으면 안 된다. 또한 이것을 좀 더 큰 활자로 중앙에 정렬하고, 1절과 2절의 사이에는 행을 띄워 공간을 두어야 한다.

---

6.   Taylor, 153.

2. '아르케'는 시작인가, 기초인가?

마가복음 1:1은 '아르케'(ἀρχή)라는 단어로 시작한다. 이 단어는 흔히 번역하듯이 "시작"이라는 뜻으로 사용되었을까? 아니면, "기초"를 가리킬까?

　　대부분의 번역본들은 '아르케'를 '시작'에 해당하는 단어로 번역하였다. 영어 번역들은[7] '아르케'를 'beginning'(시작)으로 번역했고, 독일어 번역들도[8] 이 단어를 'Anfang'(시작)으로 번역했다. 프랑스어 번역들도[9] 이 단어를 'commencement'(시작)로 번역했고, 네덜란드어 번역본의 경우에도 'aanvang'(시작)이나[10] 'begin'(시작)으로[11] 번역했다. 한국어 번역본들도 '시작'이라는 단어를 사용하여 번역했다.[12]

　　70인역의 '아르케' 사용례는 마가복음 1:1 번역에 힌트를 줄 수 있을 것이다. 호세아 1:2에 마가복음 1:1과 유사한 표현이 등장한다(ἀρχὴ λόγου κυρίου πρὸς Ωσηε). 이것에 해당하는 히브리어 본문의 표현은 "호세아를 통한 여호와의 말씀의 시작"(תחלת דבר־יהוה בהושע)이므로 여기서 헬라어 '아르케'는 "시작"(תחלת)을 뜻한다고 볼 수 있다. 이처럼 마가복음 1:1의 '아르케'도 "시작"을 뜻할 수 있다.

---

7. DBY, DRA, GNV, KJV, NAB, NIV, NJB, NKJ, NRS, RSV, YLT, WEB(The Webster Bible, 1833), ESV(English Standard Version, 2001) 등. 이 책에서 번역 성경들의 약어는 Bible Works의 약어를 따름.

8. EIN, LUO, LUT, ELB(Revidierte Elberfelder, 1993), ELO(Unrevidierte Elberfelder, 1905), L45(Luther Unrevidierte, 1545), SCH(German Schlachter Version, 1951) 등

9. FBJ, LSG, NEG, TOB, DRB(French Version Darby, 1885) 등

10. LEI(Leidse Vertaling, 1912/1994)

11. NBG, SVV(Statenvertaling, 1637) 등

12. 개역, 개역개정판, 현대인의 성경, 새번역, 표준새번역, 공동번역, 공동번역개정판 등

그러나 마가복음 1:1의 '아르케' 뒤에는 어떤 아람어/히브리어 표현이 놓여 있는지 알 수 없다. 또한 '시작'은 책의 제목으로서는 어색하다(Croy, 125). 따라서 '아르케'를 반드시 '시작'으로 번역할 필요는 없다. 비록 마가복음의 다른 곳에서 이 단어가 "시작"을 뜻하는 말로 사용되었지만(10:6; 13:8, 19),[13] 이 단어는 "더 깊은 이해를 위한 기초"("a basis for further understanding")라는 뜻도 가진다.[14] 실제로 히브리서 5:12(τὰ στοιχεῖα τῆς ἀρχῆς τῶν λογίων τοῦ θεοῦ "하나님의 말씀의 기초적인 기본 원리들"); 6:1(τὸν τῆς ἀρχῆς τοῦ Χριστοῦ λόγον "기초적인 그리스도의 말씀")에서 이 단어는 그렇게 쓰였다. 마가복음 1:1에서도 이러한 경우들처럼 '초보'(첫걸음), '기초'라고 번역될 가능성이 있다.[15] '입문'도 "기초"라는 뜻에 해당하는 말로서 책의 제목에 쓰기에 적합한 단어이므로, 마가복음 1:1의 '아르케'는 "입문"(introduction)이나 유사어인 '첫걸음'으로 번역될 수 있을 것이다.

후커(M. D. Hooker)는 세례자 요한을 복음의 시작으로 보는 관점이 사도행전에도 나타난다고 지적한다(행 1:22; 10:37; 13:24-25).[16] 이러한 지적이 옳다면 마가복음의 초두에 세례자 요한 이야기가 등장하므로 '아르케'는 "시작"을 뜻한다고 볼 수 있다. 이 경우 마가복음 1:1은 마가복음 초두의 세례자 요한 이야기의 제목이 된다. 그렇지만 앞에서 지적한 바와 같이 마가복음은 다른 곳에서 단락 제목을 두지 않으므로 유독 초두에서만 단락 제목을 두지는 않았을 것이다. 또한 사도행전에 나타난 누가의 관점을 마가가 그대로 공유했을 필연성은 없다. 더구나, 후커가 제시한 본문들은 예수의 복음이 세례자 요한으로부터 시작한다는 것을 명

---

13. Boring, 2006: 31.
14. BDAG, 138.
15. Boring, 1991: 52 참조. Eckey, 53-54은 이 가능성을 고려하며 주해한다.
16. Hooker, 33.

시하지 않는다. 그러므로 후커의 논증은 마가복음 1:1의 '아르케'를 '시작'으로 번역할 근거를 제공하지 않는다.

지금까지 살펴본 증거들은 마가복음 1:1에서 '아르케'를 '입문'으로 번역할 수 있음을 지지한다. 그런데 '아르케'는 "기원"이라는 의미도 가진다(BDAG, 138). 만일 '아르케'를 '기원'이라고 번역하면 마가복음 1:1은 '예수 그리스도의 복음의 기원'으로 번역된다. 이 경우 마가복음 1:1은 마가복음의 제목으로서 마가복음을 예수에 관한 복음이 어떻게 기원하는지를 보여 주는 책으로 소개한다. 그러나 이렇게 이해하면 마가복음은 복음 자체를 담고 있기보다 복음이 기원하게 된 이야기를 담은 책이된다. 이 경우 '복음'이라는 말은 복음서에 담긴 예수 이야기와 구별되어 예수께서 메시아이며 예수를 통해서 우리가 구원받는다는 초대 교회의 선포를 가리키게 된다. 그러나 마가복음에서 '복음'이라는 단어는 그러한 선포를 가리키는 전문 용어가 아니라 예수께서 전파하신 메시지 자체나 예수에 관한 이야기 자체를 가리키며, 마가복음이 이미 복음을 담고 있는 것으로 간주된다(아래 참조). 따라서 '아르케'를 '기원'이라고 번역하는 것은 적합하지 않다.

보링(M. E. Boring)은 누가복음 12:11; 20:20에 따라 '아르케'를 '권위'(authority)로 번역하든지, 신약 성경의 여러 구절들(롬 8:38, 고전 15:24, 엡 1:21; 3:10, 골 1:16; 2:10, 딛 3:1)의 용례에 따라 '표준'(norm, rule, ruler)으로 번역할 것을 제안한다.[17] 그러나 이 구절들에서 '아르케'는 표준이 아니라 권력(자)을 가리킨다. 비록 '아르케'를 '표준'으로 이해하면 1절은 '예수 그리스도의 복음의 표준'으로 번역되어 책 제목으로서 적합하지만, 보링이 제시하는 신약 성경의 용례들은 실제로 '아르케'를 '표준'으로 번역

---

17. Boring, 2006: 32.

하는 것을 지지하는 증거들이 아니다. 그 용례들은 '권위'라고 번역하는 것을 가능하게 한다. 그러나 '예수 그리스도의 복음의 권위'라는 표현은 마가복음 내용을 대변하는 제목으로서는 적합하지 않다.

3. '복음'은 무엇인가?

마가복음 1:1에서 두 번째 단어는 '에우앙겔리온'(εὐαγγέλιον)이다. 이 단어는 어떻게 번역되어야 하는가? 대부분의 번역 성경들은 '에우앙겔리온'을 전문 용어로 간주하여 '복음'(gospel)에 해당하는 단어로 번역한다. 대다수의 영어 번역들은 대개 'gospel'(복음)이라는 단어로 번역하였고,[18] 독일어 번역들은 'Evangelium'(복음)이란 단어를 사용하였다.[19] 상당수의 프랑스어 번역들은 'Évangile'(복음)을 번역어로 사용하고,[20] 네덜란드어 번역들 중에 일부(NBG, SVV 등)는 'Evangelie'(복음)를 사용하였다.

그러나 '에우앙겔리온'은 일반 용어로서 '기쁜 소식'(희소식)에 해당하는 단어로 번역되기도 하였다. 한국어 성경 번역들 중에서는 현대인의 성경이 '기쁜 소식'을 번역어로 선택하였으며, 영어 번역들 중에 일부(BBE, NRS, YLT, NLT, CEV 등)는 'good news'(좋은 소식)를, DBY는 'glad tidings'(반가운 소식)를 번역어로 사용하였다. 프랑스어 번역들 중에서 BFC는 'Bonne Nouvelle'(좋은 소식)를, 네덜란드어 번역 LEI는 'Heilmare'(희소식)를 번역어로 채택하였다.

마가는 왜 예수 이야기를 '에우앙겔리온'이라 불렀을까? 이 단어가

---

18. DRA, ESV, GNV, KJV, NAB, NIV, NJB, NKJ, RSV, WEB 등
19. EIN, ELB, ELO, L45, LUO, LUT, SCH 등
20. DRB, FBJ, LSG, NEG, TOB

가지는 뉘앙스 때문일 것이다. 70인역 사무엘하 4:10에서 이 단어는 '에우앙겔리아'(εὐαγγέλια)라는 복수형으로 사용되어 "소식"을 가리킨다. 70인역 사무엘하 18:20, 22, 25, 27에서 여성형 '에우앙겔리아'는 "소식" 을 가리키는데, 문맥상 승전(勝戰) 소식이다. 70인역 열왕기하 7:9에서 이 단어는 적군이 물러갔다는 기쁜 소식을 가리킨다. 헬라 문헌(Philo-stratus, *Life of Apollonius of Tyana* 5.8)에서도 '에우앙겔리온'은 전쟁에서의 승리와 관련되므로,[21] 헬라어를 사용하는 독자들은 '에우앙겔리온'이라는 단어를 승전 소식의 뉘앙스를 가진 것으로 읽었을 것이다. 70인역 이사야 40:9에서는 동일 어근을 가진 단어(εὐαγγελιζόμενος)가 등장하는데, 이 단어는 문맥상 이사야 40:1-8에 담긴 새 출애굽의 소식을 전한다는 뜻이다. 이러한 배경은 '에우앙겔리온'이 새 출애굽 소식이라는 의미를 담을 수 있게 한다.

마가복음이 예수의 이야기를 '에우앙겔리온'이라 부르는 이유는 예수의 사역이 사탄의 세력을 무너뜨리고, 그 포로들을 해방시키는 새 출애굽 사역이라 여겼기 때문일 것이다. 예수의 새 출애굽 사역은 사탄과 (사탄에 의해 조종되는) 인간들에 대한 승리이므로,[22] 마가는 이를 표현하기 위해 전쟁 승리의 기쁜 소식을 가리키는 '에우앙겔리온'을 선택하였을 것이다.

'에우앙겔리온'에 담긴 이러한 새 출애굽과 전승의 소식이라는 뉘앙스는 '복음'이라는 번역어에 충분히 담기지 않는다. '복음'이라는 단어는 종교적인 뉘앙스를 가지게 되어 출애굽이나 전쟁 승리의 뉘앙스로부터 멀어졌기 때문이다. 그러나 '에우앙겔리온'은 황제 숭배와 관련

---

21. Marcus, 2000: 146.
22. Marcus, 2000: 146 참고.

하여 황제의 생일, 등극, 방문 등을 가리키는 용어로 사용되기도 했으므로(France, 52.), 종교적인 뉘앙스를 가진 '복음'을 번역어로 계속 사용할 수도 있을 것이다.

마가복음 이전에 어떤 책도 '복음'('에우앙겔리온')이라는 이름을 가진 책은 없다(Hooker, 33). 그러므로 마가복음 1:1의 '에우앙겔리온'은 독자들에게 특정한 책의 장르를 가리키는 이름으로 이해되지는 않았을 것이다. 마가도 장르의 의미로 이 단어를 사용하지 않았다. 마가복음에서 '에우앙겔리온'은 예수께서 전파하신 메시지(1:14-15) 또는 예수에 관한 메시지를 가리킨다(8:35; 10:29; 13:10; 14:9). 마가복음 1:1에서는 '에우앙겔리온'이 이 두 가지 중에 어떤 것을 가리킬까? 즉, 이 구절에서 '예수의 복음'(εὐαγγέλιον Ἰησοῦ)은 예수께서 전하신 복음이라는 뜻일까, 예수에 관한 복음이라는 뜻일까? 소유격의 용법 중에는 주어적 용법(subjective genitive)과 목적어적 용법(objective genitive)이 있다.[23] 소유격 '예수의'(Ἰησοῦ)를 주어적인 의미로 읽으면 '예수의 복음'은 예수께서 전하신 복음이라는 뜻이고, 이것을 목적어적인 의미로 읽으면 예수를 전하는 복음이라는 뜻이다.

번역 성경들 대부분은 주어적 용법인지 목적어적 용법인지 해석하지 않고 소유격 형태를 살려서 '예수의 복음'이라고 직역한다. 그러나 영어 성경 번역 일부(NIV, NJB, NLT)는 소유격 '예수의'를 목적어적으로 해석하여 'about Jesus'(예수에 관한)라고 하며, 네덜란드어 성경 LEI도 그렇게 해석하여 'omtrent Jezus'(예수에 관한)라고 번역한다. 한글 번역 중에는 현대인의 성경('예수 그리스도에 대한 기쁜 소식')과 공동번역('예수 그리스도에 관한 복음')이 '예수의'를 목적어적 의미로 해석한다.

23. BDF, §163.

소유격 '예수의'를 주어적으로 해석하여 '예수께서 전하신 복음'이라고 번역할 수도 있다. 그러나 마가복음은 예수께서 전하신 메시지만이 아니라 예수에 관한 이야기도 담고 있다. 따라서 '예수의 복음'이 마가복음의 내용을 가리킨다면 '예수께서 전하신 복음'이 아니라 '예수에 관한 복음'으로 번역해야 마가복음의 내용을 포괄할 수 있다. 따라서 '예수에 관한 복음'이 적합한 번역이다.

번역을 위해서는 여러 번역 가능성 중에서 가장 저자의 의도를 잘 드러내는 것을 선택해야 한다. 이를 위해서 주해 과정이 필요하다. 주해 결과를 독자에게 전달하고자 하는 것을 목적으로 하는 번역의 경우에는 '예수의 복음'이라고 번역되는 부분(εὐαγγέλιον Ἰησοῦ)을 '예수에 관한 희소식'이라고 번역할 수 있을 것이다. 그러나 본문 자체가 애매하여 여러 가지 주해 가능성을 내포한 경우에는 억지로 한 가지 가능성을 택하는 것을 삼가야 할 것이다. 이러한 억지 선택은 번역 성경을 읽는 독자의 선택의 폭을 좁히기 때문이다. 비록 '예수에 관한 복음'이 '예수께서 전하신 복음'보다 좀 더 정확한 번역이라고 판단되지만, 본문 자체가 여러 가지 해석 가능성을 가진 소유격으로 되어 있으므로, 번역도 헬라어 본문의 형태와 여러 해석 가능성을 살려서 '예수의 복음'이라고 직역할 수 있을 것이다.[24]

4. '그리스도'는 무슨 뜻인가?

대부분의 번역 성경은 마가복음 1:1에서 '크리스또스'(Χριστός)를

---

24. 프란스(R. T. France)를 비롯한 많은 학자들이 이러한 입장을 취한다(France, 53). 양용의도 그의 스승 프란스의 견해를 따라간다(양용의, 2010: 38).

'Christ'(영어, 프랑스어), 'Christus'(독어, 네덜란드어) 등으로 번역하지만, 영어 성경 NLT는 이를 'Messiah'(메시아)로 번역한다. 한글 번역은 개역, 개역개정판, 새번역, 표준새번역, 현대인의 성경, 공동번역, 공동번역개정판이 모두 '그리스도'라는 번역을 택한다.

'Christ,' 'Christus,' '그리스도'는 헬라어 '크리스또스'(Χριστός)의 음역이고, 'Messiah,' '메시아'는 히브리어 '마시아흐'(משיח)의 음역이다. 헬라어 '크리스또스'나 히브리어 '마시아흐'는 기름 부음 받은 자를 가리키는 일반적인 용어로서 기름 부음을 받아 특별한 지위를 얻은 자로서의 왕이나 제사장을 가리킨다(삼상 15:1; 24:6, 레 4:5, 16). 그런데 쿰란 문헌(1Q28a 2:12)에서는 '그(ה) 메시아'라는 용어가 왕, 제사장 등의 단어와 연결되지 않고 독립적으로 사용된다(Edwards, 2002: 249-50). '메시아'가 이렇게 독립적으로 사용된 것은 이 단어가 원래의 의미에서부터 파생된 독특한 의미를 가지게 되었음을 암시한다. '메시아'는 예수 시대에 와서는 종말론적 구원자 왕으로서 이스라엘을 구원하고 세상에 공의를 세우기 위해 하나님께서 보내시리라 기대된 자를 가리키게 되었다(Hurtado, 250). 이러한 의미를 담을 수 있는 번역어로는 '구세주'가 있다.

그런데 유대인들이 기대한 메시아는 군사력을 사용하여 언약 백성의 원수들을 제압하는 구원자였다. 예를 들어, 쿰란 문헌(CD 19:5, 10)은 계명을 지키지 않는 자들은 메시아가 오실 때에 칼에 넘겨질 것이라 한다.[25] 1세기 유대 문헌 에스라4서 12:32에 의하면 메시아는 이스라엘을 구하고, 이방인들을 멸한다.

유대인들에게 메시아는 이방 민족들을 제압하는 군사적 영웅으로 기대되었고 그러한 기대는 솔로몬의 시편 17:23-30(특히 17:24)에도 잘 나

---

25. Martínez & Tigchelaar, ed. & trans., vol.1, 574-77.

타난다(Edwards, 2002: 250-51). 여기서 메시아는 죄인들을 벌하는 군사적
영웅으로 등장하는데(Edwards, 2002: 330), '다윗의 자손'이라고 불린다
(17:21, 32). '다윗의 자손'은 솔로몬의 시편 17:21, 32에서 메시아 칭호로
등장한다(Hooker, 252).

> 주여, 보시고, 그들을 위하여 그들의 왕, 다윗의 자손을 일으키시어 당
> 신의 종 이스라엘을 다스리게 하소서. (솔로몬의 시편 17:21)[26]
> 그들의 왕은 주 메시아이실 것이다. (솔로몬의 시편 17:32)[27]

'다윗의 자손'은 랍비 문헌에서 일반적으로 메시아를 가리킨다(Evans,
2001: 272). 아마 예수 당시도 그러하였을 것이다. 이 다윗의 자손 메시아
는 다윗 왕국을 재건할 것으로 기대되었다(Marcus, 1989a: 137). '다윗의 자
손'은 솔로몬의 시편을 배경으로 보면 이스라엘의 왕을 가리킨다
(Donahue & Harrington, 323). 솔로몬의 시편 17:32에는 "그들의 왕은 주 메
시아이실 것이다."라고 하므로, '다윗의 자손'은 결국 메시아 칭호이
다.[28] 그런데, '다윗의 자손'은 군사적인 메시아이다. 솔로몬의 시편
17:21-32에 의하면 '다윗의 자손'은 이스라엘의 왕으로서 예루살렘을
이방인들로부터 정화시키며 거룩한 백성을 모아 열방을 심판하고 메시
아가 될 것이다(Donahue and Harrington, 361).

> 그[다윗의 자손]를 능력으로 뒷받침하사, 불의한 통치자들을 멸하시고, 예

---

26. Wright, trans., 667.
27. Wright, trans., 667.
28. Donahue and Harrington, 325 참고.

루살렘을 짓밟아 파괴하는 이방인들로부터 예루살렘을 정결하게 하소서. (솔로몬의 시편 17:22)[29]

그들[이방인들]의 모든 존재를 쇠막대기로 부수고 불의한 민족들을 그[다윗의 자손]의 입의 말씀으로 부수도록 [일으키소서]. (솔로몬의 시편 17:24)[30]

그리고 그는 이방 민족들이 그의 멍에를 매고 섬기게 할 것이며, 그는 온 땅 [위에] 뛰어난 [곳]에서 주를 영화롭게 할 것이다. 또한 그는 예루살렘을 정결하게 하고 [그것을] 처음부터 그러하였듯이 거룩하게 [할] 것이다. (솔로몬의 시편 17:30)[31]

마가복음에서 '그리스도'는 유대 문헌에서 사용된 개념을 토대로 사용되었을 것이다. 그러나 마가복음에서는 이 단어가 독특한 의미로 사용되었을 수 있다. 그러한 독특한 의미는 마가복음의 용례를 통하여 파악될 수 있다.

마가복음 8:29에서 베드로는 예수를 '크리스또스'라고 고백한다. 예수 자신도 이러한 정체성을 부정하지 않는다(막 14:61-62). 다만 예수께서는 자신이 메시아(그리스도)임에도 불구하고 고난을 당해야 한다고 말씀하신다(막 8:31). 그러나 베드로는 예수께서 그리스도이므로 고난을 받아 죽임을 당하고 부활하는 과정을 거치시지 않는다고 생각한다(막 8:32). 베드로가 보기에 그리스도는 고난당할 필요가 없는 존재이다. 이러한 베드로의 태도는 비판받는다(막 8:33).

마가복음 12:35은 '다윗의 자손'이 메시아 칭호였음을 알려 주는데

29. Wright, trans., 667.
30. Wright, trans., 667.
31. Wright, trans., 667.

(Hurtado, 174), 예수께서는 그리스도가 이러한 다윗의 자손의 성격을 가진다는 것을 부정하신다(막 12:36-37). 따라서 마가복음에서는 그리스도가 군사적 메시아, 유대 민족만을 위한 메시아가 아님이 주장된다고 볼 수 있다.

마가복음 14:61-62에서 예수께서는 자신이 그리스도임을 시인한다. 그렇지만 하나님의 우편에 앉으시며 구름을 타고 오시는 존재로서의 그리스도임을 부연하여 설명한다. 그런데 대제사장은 이를 신성모독으로 간주한다(막 14:64). 그러므로 예수의 주장은 자신의 신성에 관한 주장이었다고 볼 수 있다. 그리스도임을 시인한 것 자체는 신성에 관한 주장이 아니었겠지만, 구름을 타고 오신다는 주장은 신성에 관한 함의를 담았을 것이다.

마가복음 14:61은 '그리스도'와 '찬송받을 자(하나님)의 아들'을 동의어로 사용한다. '하나님의 아들'은 시편 2편에서도 그리스도(메시아)를 가리키는데(시 2:2, 7), 세계를 통치하는 왕적인 존재로 소개된다(시 2:8). 이러한 존재를 '이스라엘의 왕'이라 부르기도 했음을 마가복음 15:32을 통해서 알 수 있다.

마가복음에서 예수는 그리스도이시지만 군사적 인물은 아니며 고난을 받아 죽고 부활하는 인물이다. 군사적 방법을 써서 전쟁에서 승리하는 방법을 택하지 않지만, 하나님의 우편에 앉으시고, 구름을 타고 오시는 천상적인 인물로서의 메시아이다. 마가복음의 독자들은 마가복음을 읽으며 '그리스도'라는 단어 속에 이러한 의미를 마침내 집어넣게 된다. 그러나 마가복음 1:1을 읽는 순간에는 독자들이 아직 그 의미를 알지 못한다.

마가는 히브리어 '마시아흐'(משיח)를 음역하지 않고 헬라어로 그 의미("기름 부음을 받은 자")를 번역하여 '크리스또스'(Χριστός)라는 용어를 사용했다. 이것은 독자들이 그 의미를 이해하게 하려는 의도 때문이다. 이러한 마가의 정신에 따라 마가복음 1:1을 번역한다면 '크리스또스'(Χριστός)는 '그리스도'라고 음역되기보다는 이 단어의 의미를 전달하는 용어로 번역되어야 한다.

군사력이 아니라 자신의 희생적 고난을 통해 자기 백성을 구원할 신적인 존재를 표현하는 단어로서 '구세주'(또는 '구주')가 있다. 그러나 이 번역어에는 '소떼르'(σωτήρ)의 번역어 '구주'와 중복되는 약점이 있다. 그런데, '메시아'라는 단어는 히브리어 음역임에도 불구하고 '구세주'라는 뜻으로 알려져 있다. '그리스도'가 예수의 이름의 일부 또는 별명으로 알려진 것과 대조적이다. 그런데 마가복음에서 '그리스도'는 예수의 이름이 아니라 유대인들이 기대한 구원자를 가리키는 칭호로 사용되므로(8:29; 14:61),[32] 번역할 때 이름으로 오해되는 용어를 피해야 한다. 더구나 어차피 음역을 택해야 한다면, 번역어인 '그리스도'보다는 그 뒤에 있는 히브리어 원어 '마시아흐'(משיח)를 음역한 '메시아'를 택하는 것이 나을 것이다. 그렇지만 음역인 '그리스도'가 널리 사용되는 것을 고려한다면 그리스도인 독자들을 위해서는 "예수 그리스도의 복음 입문"이라는 번역도 무난할 것이다. 물론 성경 용어에 익숙하지 않은 일반 독자들을 위해서는 "구세주 예수의 승리의 소식 입문"이 친절한 해설 번역이 될 것이다.

---

32. France, 50.

5. 본문 확정[33]

성경 번역이나 해석을 위해 꼭 필요한 기초 작업이 본문 비평(textual criticism), 즉 가장 초기의 본문을 선정하는 작업이다. 이 작업은 필사본들을 비교 검토하면서 시작하므로 사본학이라고 부르기도 한다. 원본의 본문을 복원하기 위해서는 우선 여러 사본들을 비교하여 서로 다른 읽기들(즉 이문들)을 파악하고, 이러한 이문들 중에서 원래 저자가 기록한 읽기라고 판단되는 것을 선택해야 한다. 네스틀레-알란트 28판은 마가복음 1:1에서 다음과 같은 이문들을 소개한다.[34] 왼편은 헬라어 표현이고, 오른편은 그러한 표현을 담은 사본들의 목록이다. (1)은 바티칸 사본(B), 베자 사본(D) 등에 담겨 있고, (2)는 상당수의 사본에 담겨 있다. (4)는 시내산 사본(ℵ) 등에 담겨 있다.

(1) Ιησου Χριστου υιου θεου	ℵ[1] B D L W Γ latt sy co; Ir[lat]	
(2) Ιησου Χριστου υιου του θεου	A K P Δ f[1.13] 33. 565. 579. 700. 892. 1241. 1424. 2542. *l*844 𝔐	
(3) Ιησου Χριστου υιου του κυριου	1241	
(4) Ιησου Χριστου	ℵ* Θ 28. *l*2211 sa[ms]; Or	
(5) – (없음)	Ir Epiph	

이 이문들을 한글로 번역하면 다음과 같다.

---

33. 이 본문 비평 부분은 필자의 책, 신현우, 2006: 21-29에서 이미 다룬 내용을 사용하고 보완하여 작성한 것이다.

34. NA28, 102.

(1) 하나님의 아들 예수 그리스도의

(2) 그 하나님의 아들 예수 그리스도의

(3) 그 주의 아들 예수 그리스도의

(4) 예수 그리스도의

(5) -

이 이문들 가운데서 고르는 사본학적 선택에 따라 마가복음 1:1의 번역이 달라진다. 대부분의 번역 성경들은 (1)을 따라 '하나님의 아들'을 포함한다. (4)를 따라서 '하나님의 아들'을 번역에 담지 않는 번역은 네덜란드어로 된 NBG 등 극소수뿐이다. 한글 성경의 경우 표준새번역, 개역, 개역개정판, 공동번역 등이 모두 '하나님의 아들'(또는 '하느님의 아들')을 포함한다.

'하나님의 아들'은 과연 마가복음 1:1에 포함되어야 하는가? '하나님의 아들'을 번역문에 담아야 하는지 말아야 하는지 선택하려면 (1)/(2)와 (4) 중에서 어느 것이 마가복음의 원래의 읽기였는지 판단하는 작업이 필요하다. 그러한 작업의 결과를 반영하고 있는 네스틀레-알란트 28판의 본문은 (1)과 (4) 중에 선택하지 못하고 '하나님의 아들'(υἱοῦ θεοῦ)을 [ ] 속에 넣었다. 그렇지만, 티셴도르프(C. Tischendorf)가 편집한 본문(8판)을 비롯하여, 네스틀레-알란트 25판뿐 아니라, 홈즈(M. W. Holmes)가 편집하고 세계성서학회(the Society of Biblical Literature)가 2010년에 출판한 헬라어 신약성서(SBLGNT)도 (4)를 선택하여 '하나님의 아들'을 본문에서 생략하였다.[35] 그런데 포겔스(H. J. Vogels), 메르크(A. Merk), 보퍼(J. M. Bover)가 편

---

35. Holmes, ed., 67.

집한 본문들은 모두 ⑵를 택하여 '하나님의 아들'을 본문에 포함한다.[36]

위의 읽기(본문을 읽는 방식, 즉 본문이 선택한 표현)들 중에 ⑶과 ⑸의 경우
는 지지하는 사본들이 미미하여 외적 증거가 약하므로 원래 마가복음
에 있던 것이 아님이 거의 분명하다. 12세기 사본 1241에 의해 지지받는
⑶은 외증이 약하다. ⑶은 선본(先本, *Vorlage*, 필사자가 필사하고자 사용한 사본)
에 담긴 '하나님'이라는 표현을 '주'라고 바꾸어 읽음으로써 발생했을
것이다. ⑸는 중요한 헬라어 사본들의 지지 없이 이레나이우스(Irenaeus,
2세기)와 에피파니우스(Epiphanius of Constantia, ?-403)의 인용의 지원을 받
는데, 이러한 증거만으로 ⑸가 처음부터 마가복음 본문에 있었다고 주
장하기는 역부족이다. 더구나 ⑸는 유사종결(*homoeoteleuton*, 단어나 어구의
끝이 유사한 현상) '우'(-ου)에 의한 착시 현상으로 인해 ⑴, ⑵, ⑶ 또는 ⑷에
서 발생했다고 설명할 수 있다. 필사자의 눈이 바로 앞에 나오는 '에우
앙겔리우'(εὐαγγελίου)의 '우'(ου)에서 '크리스뚜'(Χριστοῦ)나 '테우'(θεοῦ)의
'우'(ου)로 옮겨 가며 그 사이에 있는 단어들을 빠뜨렸을 것이다.

한편 크로이(N. C. Croy)는 1절 전체가 필사자의 추가로 발생하였다고
주장하였지만(Croy, 119-25), 1절을 전부 빠뜨린 사본은 하나도 없으므로
이러한 주장은 받아들일 수 없다.

나머지 읽기들인 ⑴, ⑵, ⑷ 중에서 우리는 '하나님의 아들'이라는 표
현을 담은 ⑴과 ⑵가 마가복음 저자가 기록한 것이 아니라고 볼 수 있
다. '하나님의 아들'이라는 표현이 본래부터 있었다면, 마가복음을 필사
한 사람들은 기독교인들이므로 '하나님의 아들'이라는 중요한 신학적
용어를 의도적으로 생략했을 리 없다. 오히려 그들은 예수를 하나님의
아들로 믿는 그들의 신앙에 따라 또는 예수를 하나님의 아들로 선포하

36. NA27, 751 참고.

는 마가복음의 중심 메시지를 따라 '하나님의 아들'이라는 표현을 추가했을 가능성이 높다. (물론 그렇게 추가된 내용은 마가복음의 주제를 잘 반영하므로, 내용상으로는 옳다.)

마가복음 1:1은 마가복음에 마가 자신이 붙인 제목이다(아래의 주해 참조). 우리가 마가복음의 제목이라고 알고 있는 '마가에 의한 복음'(εὐαγγέλιον κατὰ Μᾶρκον)이라는 표현은 나중에 필사자들이 다른 복음서들과 구별하기 위하여 이 책에 붙인 제목일 것이다. 이러한 제목은 초기 사본들에는 없고, 후기 사본들에서나 등장한다. 비록 초기(4세기) 사본들인 시내산 사본과 바티칸 사본에는 마가복음의 가장 앞부분에 '마가에 의한'(KATA MAPKON)이라는 표현이 등장하지만, 이 부분은 이 사본들을 필사한 필사자의 필체와 다른 필체로 되어 있으므로 나중에 첨가된 것으로 보아야 한다.[37] '마가에 의한 복음'이 마가복음의 본래 제목이 아니라면, 마가복음의 첫 절이 제목일 가능성을 고려해야 한다.

메쯔거(B. M. Metzger)에 의하면 책의 제목이 필사자들에 의하여 길어지는 경향성이 있었다(Metzger, 1994: 62). 그는 요한계시록의 제목의 경우를 그 증거로 댄다(Metzger, 1994: 62 n.1). 마가복음 1:1이 책의 제목이라면, 이렇게 필사자에 의해 제목이 길어지는 경향성에 따라 (4)가 길어져서 (1)과 (2)처럼 되었다고 추측할 수 있다.

물론 '휘우 테우'(υἱοῦ θεοῦ) 또는 '휘우 뚜 테우'(υἱοῦ τοῦ θεοῦ 그 하나님의 아들)는 유사종결에 의해 실수로 생략되었을 수 있다. 끝이 동일하게 '우'(ου)로 끝나기 때문에 필사자의 눈이 '크리스뚜'(Χριστοῦ 그리스도의)에서 '테우'(θεοῦ 하나님의)로 넘어가며 그 사이에 있는 '휘우 테우'(υἱοῦ θεοῦ 하나님의 아들의)를 빠뜨렸을 수 있다. 초기 사본들이 '하나님,' '그리스도,'

---

37. NA27, 721.

'예수,' '아들' 등의 단어를 축약된 형태(*nomina sacra*)로 사용했다는 것을 감안한다면 이러한 혼동의 가능성은 더 크다고 볼 수 있다. 필사자의 눈이 ΙΥΧΥ(Ιησοῦ Χριστοῦ 예수 그리스도)까지 필사하고 끝이 유사한 ΥΥΘΥ(υἱοῦ θεοῦ 하나님의 아들)로 넘어가면서 '하나님의 아들'이 생략되었을 수 있었다. 초기 필사자들이 사용한 대문자로 이 부분에서 긴 읽기와 짧은 읽기를 각각 표기하여 비교하면 다음과 같다. 비교해 보면 끝부분이 유사하여 실수가 발생할 수 있음을 알 수 있다.

ΑΡΧΗΤΟΥΕΥΑΓΓΕΛΙΟΥΙΥΧΥΥΥΘΥ

ΑΡΧΗΤΟΥΕΥΑΓΓΕΛΙΟΥΙΥΧΥ

그러나 정신을 가다듬고 마가복음을 필사하기 시작한 필사자가 첫 절부터 이러한 실수를 했을 리는 없다.[38] 어만(B. D. Ehrman)에 의하면, "최근의 사본 분석들은 참으로 필사자들이 문서의 초두에서 더욱 세심했다는 것을 보여 준다."[39] 게다가, 헤드(P. M. Head)의 관찰에 의하면, 복음서에서 '하나님의 아들'이라는 표현이 본문으로부터 생략된 경우는 없으며 오히려 추가된 경우는 있다(Head, 627).

와서만(T. Wasserman)은 헤드를 논박한다. 그는 헤드가 제시한 '하나님의 아들'이 추가된 경우들을 검토하여 이 경우들이 실제로 추가된 경우가 아니라고 주장한다(Wasserman, 48). 그러나 헤드가 제시한 경우 중에 마가복음 8:29은 여전히 유효하다. 와서만은 이 구절에서 '하나님의

---

38. Head, 629: "One does not ⋯ expect errors due to tiredness in the first verse of a work."("작품의 첫 절에서 피곤하여 실수하기를 기대하는 ⋯ 사람은 없다.")
39. Ehrman, 73. 어만은 증거로 McReynolds, 97-113을 제시한다.

아들'의 추가는 마태복음의 평행구절(16:16)에 조화된 것이므로 적합한 예가 될 수 없다고 주장한다(Wasserman, 48). 그러나 평행구절에 '하나님 의 아들'이 있다고 해서 필사자들이 반드시 그 평행구절에 의해 영향을 받았으리라고 속단할 수는 없다. 마가복음은 마태복음이 필사되기 전 에 이미 필사되기를 시작했을 수 있었으며, 이러한 초기 필사 시기에 '하나님의 아들'이 추가되었을 가능성은 부정할 수 없다. 마태복음이 필 사된 이후에도 마가복음 필사자들이 마태복음을 아직 알지 못하였을 시기가 존재한다. 또한 마태복음을 알았다고 해도 반드시 마태복음에 의해 영향을 받았다고 단정할 수는 없다. 백 보 양보하여 설령 와서만의 주장처럼 마가복음 8:29에서 '하나님의 아들'이 추가된 읽기가 마태복 음 16:16에 조화된 것이라고 가정하더라도, 마가복음 우선설(마태복음과 누가복음은 마가복음을 자료로 사용하여 저술한 것이라는 이론)을 전제하는 사람에 게는 마태복음 16:16 자체가 마가복음을 자료로 사용하여 편집하는 과 정에서 '하나님의 아들'을 추가하였다는 증거일 수 있다. 초기 필사자도 마태복음 저자처럼 이러한 추가 경향성을 가졌을 것이다. 와서만은 자 신의 주장을 강화하고자 필사 과정에서 '하나님의'가 생략된 경우들을 제시하였고(Wasserman, 49), '그리스도 예수,' '예수,' '그리스도'가 생략된 경우들이 있음도 제시하지만(Wasserman, 47), '하나님의 아들'이 생략된 경우를 찾아 제시하지는 못하였다. 그러므로 '하나님의 아들'은 나중에 추가되었을 가능성이 오히려 더 높다고 볼 수 있다.

더구나 (1)의 '휘우 테우'(υἱοῦ θεοῦ 하나님의 아들)는 정관사가 없는 형태 로서 마가복음의 문체에 부합하지 않는다. 물론 마가복음 15:39은 '휘 오스 테우'(υἱοῦ θεοῦ 하나님의 아들)라는 정관사 없는 표현을 사용하지만, 이것은 정관사가 없는 언어인 라틴어를 사용했을 백부장의 말을 인용

한 부분에 등장한 것이다. 그러므로 이것이 마가의 문체를 반영한다고
볼 필요는 없다. 다른 곳에서 마가복음은 11:22(πίστιν θεοῦ)의 경우를 제
외하고는 항상 '테우'(θεοῦ 하나님의) 앞에 정관사 '뚜'(τοῦ 그)를 붙인다. 특
히 '하나님의 아들'이라는 표현을 사용할 때 마가복음은 언제나 '테
우'(θεοῦ 하나님의) 앞에 정관사 '뚜'(τοῦ 그)를 붙인다. 마가복음 3:11(ὁ υἱὸς
τοῦ θεοῦ)과 5:7(υἱὲ τοῦ θεοῦ)이 그 경우에 해당한다. 그러므로 정관사를 사
용하지 않은 (1)의 '휘우 테우'(υἱοῦ θεοῦ 하나님의 아들)는 마가복음의 문체
에 부합하지 않는다. 이처럼 저자의 문체에 부합하지 않는 표현은 아마
도 필사자에게서 유래하였을 것이다.

필사자들은 왜 '하나님의 아들'이라는 표현을 본문에 추가했을까?
아마도 신학적인 고려 때문이었을 것이다. 마가복음 1:11에는 "너는 나
의 사랑하는 아들이다."라는 말씀이 나온다. 이 말씀은 하늘에서 들린
음성이므로 여기서 '나의 아들'은 곧 '하나님의 아들'이다. 예수께서 요
한에게 세례를 받으실 때, 하나님께서는 예수가 '나[하나님]의 아들'이라
고 선언하셨다. 그렇다면, 그전에도 예수께서 하나님의 아들이셨을까?
아니면 세례받는 순간에 비로소 하나님의 아들이 되셨을까? 어만은 예
수께서 세례받으실 때 비로소 하나님의 아들로 입양되었다는 양자론적
기독론을 반대하는 필사자들이 마가복음 1:11을 양자론적으로 해석하
지 못하도록 하려고 1:1에서 '하나님의 아들'을 추가했다고 주장한다
(Ehrman, 74). 필사자들이 이렇게 했다면 그것은 물론 마가복음을 제대로
해석한 것이다. 구약 성경에서 왕은 하나님의 입양된 아들로 간주되는
데(시 2:7; 89:27), 마가복음 9:7에 예수가 하나님의 아들이라고 하는 (하나
님의) 선언이 반복되는 것으로 보아 1:11의 선언은 입양 선언이 아니라
정체성에 대한 선언으로 볼 수 있다(Hooker, 48). 입양은 반복될 필요가

없기 때문이다. 반복적으로 예수께서 하나님의 아들이라고 소개하는 마가복음은 예수께서 하나님의 아들로 입양되었다고 간주하지 않는다. 따라서 필사자들은 양자론적 해석을 방지하고자 '하나님의 아들'을 1:1 에 추가할 수 있었을 것이다.

필사자들은 다른 이유로 인해 '하나님의 아들'을 추가했을 수도 있다. 허치슨(D. Hutchison)이 지적하였듯이 양자론적 기독론을 방지하기 위해서라기보다 마가복음의 주제를 잘 드러내고자 '하나님의 아들'을 추가했을 수도 있다.[40] 예수께서 하나님의 아들이심은 마가복음의 주제이므로(막 1:11; 3:11; 8:38; 9:7; 12:6; 14:61; 15:39), 이 설명은 적절하다.

이러한 설명들을 따르면 (1)뿐만 아니라 (2)도 '하나님의 아들'이라는 표현을 가지므로 원래의 읽기가 아니라고 볼 수 있다. 그런데, (2)의 '휘우 뚜 테우'(υἱοῦ τοῦ θεοῦ 그 하나님의 아들)는 정관사를 가지므로 위에서 언급한 마가복음의 문체에 맞는다. 그렇다면 (2)는 원래의 읽기라고 볼 수 있지 않을까? 그렇지만, 이것이 원래의 읽기였을 경우, 필사자들이 일부러 정관사를 빼고 (1)처럼 만든 이유를 설명하기 어렵다. 즉 (2)로부터 (1)이 어떻게 발생했는지 설명할 수 없다. 그러나 역으로 (1)로부터 (2)가 어떻게 발생했는지는 설명할 수 있다. 필사자들은 정관사가 없는 '휘우 테우'(υἱοῦ θεοῦ 하나님의 아들)가 마가복음의 문체와 맞지 않는다는 것을 파악하고 (또는 표준적 헬라어 표현에 맞지 않는다고 판단하고[41]) 정관사 '뚜'(τοῦ 그)를 추가하여 '휘우 뚜 테우'(υἱοῦ τοῦ θεοῦ 그 하나님의 아들)를 만들었을 것이다. (2)를 지원하는 외증 중에 초기 사본이 없다는 것도 이러한 판단을

---

40. Hutchison, 48. 그러나 허치슨 자신은 '하나님의 아들'이 원래의 읽기일 가능성이 더 높다고 판단한다.

41. Globe, 217.

지원한다.

비록 ⑴이 주요 초기 사본(4세기)인 바티칸 사본(B)을 비롯하여 베자 사본(D), 라틴어 역본(latt) 등 폭넓은 외적 증거(외증)의 지지를 받고 있지만, 위에서 살펴본 문체 등의 내적 증거는 ⑴을 지지하지 않는다. 더구나 4세기 사본인 시내산 사본(ℵ)과 2세기 교부 오리겐(Origen)의 마가복음 1:1 인용이[42] ⑷를 지지하므로 ⑷의 외증이 약하다고 할 수 없다. 물론 와서만이 잘 지적하였듯이 시내산 사본에는 빠뜨리는 경향성이 있기에(Wasserman, 45), 이 사본이 짧은 읽기를 지지할 때에는 증거력이 약하다. 그러나 시내산 사본이 다른 사본보다 짧은 읽기를 가진 곳이 모두 이러한 경향성 때문에 발생했다고 볼 수는 없다. 또한 시내산 사본은 때로 추가하기도 한다. 시내산 사본은 마가복음 8:29에서 '당신은 그리스도입니다.' 대신에 '당신은 그리스도 하나님의 아들입니다.'라고 한다. 이처럼 '하나님의 아들'을 추가하는 것을 꺼리지 않는 시내산 사본이 1:1에서는 '하나님의 아들'을 일부러 빠뜨렸을 리가 없다. 또한 사히드어 역본 사본 하나(sa^ms)가 시내산 사본과 함께 '하나님의 아들'이 빠진 읽기를 지원한다는 사실은 이러한 읽기가 이집트 지역에 초기부터 있었음을 보여 준다. 그리고 이집트 지역의 사본들과는 다른 계열의 사본인 코리데티(Koridethi) 사본(Θ)의 지원은 이러한 읽기가 이집트 지역에서 비로소 발생한 것이 아닐 가능성을 보여 준다. 이 외에도 와서만이 관찰한 바와 같이 다양한 교부들(Victorinus, Serapion, Basil of Caesarea, Cyril of Jerusalem, Asterius Ignotus, Hesychius), 팔레스타인 시리아어 역본과 아르메니아어 역본, 조지아어 역 1차 교정본, 한 아랍어 역본(Sin. Ar. N.F. Parch. 8)

---

42. 글로브(A. Globe)의 연구에 의하면 오리겐은 막 1:1의 짧은 읽기(Ἀρχὴ τοῦ εὐαγγελίου Ἰησοῦ χριστοῦ)만을 알고 있었다(Globe, 213).

이 (4)를 지원한다(Wasserman, 34, 39).

와서만은 더 폭넓은 교부의 인용 및 역본들이 '하나님의 아들'을 포함한 읽기를 지원한다고 지적하지만(Wasserman, 34, 39), 이것은 정관사의 유무의 차이를 무시하고 (1)과 (2)를 지원하는 증거를 합한 것이다 (Wasserman, 22). (1)을 지지하는 것만을 추리면 소수의 사본들(א¹ B D L W 2427 Severian 등)뿐이다(Globe, 214). 네스틀레-알란트 28판은 라틴어 역본들(latt), 시리아어 역본들(sy), 콥트어 역본들(co), 라틴어로 번역된 이레나이우스 작품의 신약 인용(Ir^lat) 등이 (1)을 지지하는 것으로 언급하지만, 글로브(A. Globe)의 관찰에 의하면 이것들은 (1)이 아니라 (2)를 지원한다고 볼 수 있는 읽기이다(Globe, 214). 물론 (2)는 (1)에 정관사 하나를 추가한 것이므로 결국 (1)을 지지하는 읽기이다. 따라서 (2)를 지지하는 외증은 결국 (1)을 지지하는 것이다. 그럼에도 불구하고 (1)만을 명확히 지지하는 외증을 추려 보면 (4)를 지지하는 외증보다 결코 강하다고 볼 수 없다.

그러므로 우리는 내적 증거와 외적 증거를 함께 고려하여 (4)를 마가복음 본문의 읽기로 선택할 수 있다. 따라서 마가복음 1:1의 가장 오래된 본문은 '예수 그리스도의 복음 입문'(Ἀρχὴ τοῦ εὐαγγελίου Ἰησοῦ Χριστοῦ)이었을 것이다.[43]

---

43. 성경 번역자 슬롬프(J. Slomp)는 이 짧은 읽기를 선택하며, 이러한 선택은 비기독교인 독자가 마가복음을 읽기 시작하는 첫 절부터 걸림돌에 걸리는 것을 피하는 장점이 있다고 지적하였다(Slomp, 150).

III. 해설

외증과 내증을 고려할 때, 마가복음 1:1의 원본문은 '아르케 뚜 에우앙
겔리우 이에수 크리스뚜'(Ἀρχὴ τοῦ εὐαγγελίου Ἰησοῦ Χριστοῦ 예수 그리스도의
복음의 기초)라고 판단된다. 이 구절에서 '하나님의 아들'에 해당하는 헬
라어(υἱοῦ θεοῦ)는 원래의 읽기가 아닐 것이다. 정관사가 빠진 '휘우 테
우'(υἱοῦ θεοῦ)는 마가복음의 문체에 맞지 않으며, '하나님의 아들'을 추가
하는 경향성이 편집자나 필사자에게서 발견되기 때문이다. 이것은 예
수를 하나님의 아들로 선포하는 마가복음의 중심 메시지를 강조하기
위하여 필사자들에 의하여 추가되었을 것이다.

정관사 없는 명사는 종종 책 제목에 사용된다. 마가복음 1:1은 정관
사 없는 명사로 시작하며 동사도 없으므로 본문의 일부가 아니라 제목
으로 간주할 수 있다. 마가복음은 다른 곳에서 단락 제목을 붙이지 않으
므로 마가복음 1:1은 첫 단락의 제목이 아니라 마가복음의 제목이라 볼
수 있다.

마가복음 1:1은 "예수 그리스도의 복음 입문"으로 번역될 수 있을
것이다. 이 번역은 다소 전통적이지만 기존의 번역과 다른 점이 있다.
'시작'에 해당하는 헬라어 단어는 "초보"(더 깊이 있는 이해를 위한 기초)라는
의미로도 사용되므로 '입문'(또는 '기초')이라 번역하면 제목의 역할을 하
는 마가복음 1:1의 기능에 적합할 것이다.

이 구절은 해석의 결과를 담아서 "구세주 예수의 승리의 소식 입문"
이라고 친절하게 번역할 수도 있다. '그리스도'라는 말은 예수의 이름으
로 오해되기도 하고, 그 의미를 이해하기 어려운 말이므로 종말론적 구
원자로서의 의미를 살려 '구세주'라는 번역을 택하는 것도 좋을 것이다.

또한 주해의 결과를 반영하여 '예수의 복음'이라는 번역보다는 좀 더 명확하게 '예수의 승리의 소식'으로 번역해도 좋을 것이다. '복음' 뒤에 놓인 헬라어는 승전이나 출애굽(해방) 소식의 뉘앙스를 가지므로 '승리의 소식'이라고 번역하면 좀 더 이해하기 쉬울 것이다. 물론 이 헬라어는 로마 황제 숭배와 관련하여 종교적 뉘앙스도 가졌고, 예수의 승리는 마귀에 대한 승리를 포함하므로 이것을 살리려면 포괄적인 의미를 담을 수 있는 '복음'이라고 번역해도 좋을 것이다.

제2장
마가복음 1:2-3
구약 성경의 빛으로 보는 세례자 요한과 예수*

I. 번역

2 (요한의 등장은) 선지자 이사야의 책에 기록되어 있는 바와 같았다.

"보라! 내가 나의 전령을 너의 앞에 보낼 것이다.

그가 너의 길을 너의 앞에서 준비할 것이다.

3 외치는 자의 소리 -

'광야에서 주의 대로를 준비하라.

그의 오솔길들을 곧게 만들어라'."

---

* 이 책의 제2장 부분은 필자의 논문, 신현우, 2011b: 653-68의 내용을 토대로 읽기
쉽게 편집하여 작성하였다.

II. 주해

마가복음 1:2-3은 구약 성경의 인용이다. 마가복음은 구약 성경을 자주 인용하지 않지만, 구약 성경을 인용하면서 시작한다. 마가는 이렇게 구약 성경을 인용함으로써 독자들에게 어떠한 메시지를 전달하고자 했을까? 마가복음은 세례자 요한과 예수의 사역을 구약 성경을 토대로 어떻게 소개하는가?

1. 마가복음 전체 구조와 마가복음 1:2-3

마가복음 1:1은 마가복음의 제목으로 간주할 수 있다(자세한 내용은 앞의 1:1 주해 참고). 마가복음 1:1은 관사 없이 시작하며, 동사도 없기 때문이다. 헬라어 작품 중에 단락의 시작 지점에 계사가 없는 명사 구문을 사용하는 경우는 거의 없다(Croy, 113). 관사 없는 구문은 종종 제목에 쓰이며 성경의 정경 및 외경에서 그러한 예가 많이 발견된다. 그런데 마가복음 1:1은 서두 단락의 제목은 아닐 것이다. 헬라 문헌에서 '아르케'(ἀρχή)가 서두의 제목으로 사용된 경우는 없기 때문이며, 마가복음은 다른 곳에서 단락 제목이 있는 곳이 없기 때문이다(Boring, 1991: 51).

마가복음 1:2-15은 마가복음의 서언이다. 마가복음 1:16-16:8은 제2막의 시작과 끝에 맹인 치유 기사를 놓은 수미상관 구조(8:22-26; 10:46-52)에 따라 다음처럼 3막으로 나눌 수 있다(Hooker, 197 참고).

마가복음 1:16-8:21   예수의 갈릴리와 그 주변 사역
마가복음 8:22-10:52   예루살렘으로 올라가시는 길에서의 사역

마가복음 11:1-16:8   예루살렘에서의 사역

마가복음 1:2-3은 마가복음의 서언인 2-15절의 초두로서 서언의 나머지 부분(4-15절)을 위한 도입구이다. 4-8절은 세례자 요한의 정체와 사역을 소개하고, 이어지는 9-15절은 예수의 정체와 사역을 소개하는데, 다음과 같은 평행 구조를 가진다.

*   1   마가복음의 제목

** 2-3   4-15절을 위한 도입구

A   4a   요한의 등장

B   4b-5   세례를 주는 요한

C   6   광야에서의 요한 — 요한의 정체(엘리야)와 음식(광야의 음식)

D   7-8   요한의 선포

A′ 9a   예수의 등장

B′ 9b-11   세례를 받는 예수

C′ 12-13   광야에서의 예수 — 예수의 정체(새 이스라엘)와 음식(천사의 음식)

D′ 14-15   예수의 선포

4절과 9절은 모두 "등장하였다"라는 뜻을 가진 '에게네또'(ἐγένετο)로 시작하여 서로 평행되며, 각각 요한과 예수의 등장을 기록한다.[1] 7절과 14절은 모두 "선포하다"라는 뜻을 가진 동사(κηρύσσω)가 사용되어 서

---

1.   Boring, 1991: 59.

로 평행된다.[2] 4-5절의 회개와 15절의 회개는 서로 평행되어 수미상관 (*inclusio*) 구조로 마가복음 서언의 처음과 끝을 표시해 준다.

13절까지를 서언으로 보고, 14절에서 새로운 단락이 시작하는 것으로 보는 주석학자들도 많다.[3] 그러나, 앞에서 살펴본 것처럼 4-15절이 보여 주는 구조적 평행은 14-15절을 서두의 일부로 간주하도록 한다. 비록 14-15절이 마가복음 제1막(갈릴리와 그 주변 사역)을 도입하는 역할도 하지만,[4] 이 구절은 7-8절과 평행이 되므로 서언의 일부로 볼 수 있다. 또한 14-15절에는 새로운 등장인물이 나오지 않고 16-20절에 새로운 등장인물이 나오며, 16절부터는 15절까지에서 사용된 요약적인 진술과 달리 묘사적 진술이 시작되는 점도 새 단락이 16절에서 시작하는 것으로 볼 수 있게 한다(Boring, 1991: 58).

마가복음 4-15절은 다음처럼 교차대구 구조로 분석될 수도 있다. 이렇게 볼 경우에도 마가복음의 서언이 15절에서 끝나는 점은 동일하다.

*   1   마가복음의 제목

**   2-3   세례자 요한과 관련된 구약의 증언

   A   4-5   세례자 요한의 선포

   B   6   세례자 요한의 정체(엘리야)와 음식(광야의 음식)

   C   7-8   메시아의 오심에 대한 세례 요한의 증언

   D   9-10   예수의 등장과 세례받으심

---

2.   Guelich, 1982: 7 참고.

3.   예를 들어, Taylor, 151-164; Schweizer, 28-43; Lane, 39-62; France, 54-87; 양용의, 2010: 39-45.

4.   van Iersel, 104 참고.

C′　11　　　예수는 메시아이심에 대한 하나님의 증언

B′　12-13　예수의 정체(새 이스라엘)와 음식(천사의 음식)

A′　14-15　예수의 복음 선포

2. 마가복음 1:2의 본문과 해석

마가복음 1:2의 끝에 '너의 앞에'(ἔμπροσθέν σου)를 추가한 사본들과 추가
하지 않은 사본들이 있다. 이것을 추가한 사본들은 주로 비잔틴 사본들
이만, 이것을 빠뜨린 사본들은 시내산 사본(א), 바티칸 사본(B) 등 초기(4
세기) 사본들과 베자 사본(D)과 라틴어 역본(lat) 등이다. 따라서 이 표현을
빠뜨린 읽기를 지지하는 사본상의 증거는 상당히 강하다고 볼 수 있다.

(1) -　　　　　　　　　　　א B D K L P W Θ 700*. *l*2211 lat sy^p
sa^mss bo^pt; Ir^lat

(2) 너의 앞에(εμπροσθεν σου)　A Γ Δ *f*.13 28. 33. 565. 579. 700^c. 892.
1241. 1424. 2542. *l*844 𝔐 f ff^2 l vg^cl sy^h
sa^mss bo^pt; Eus

(2)가 '너의 앞에'를 가지고 있는 마태복음 11:10이나 누가복음 7:27의 영
향을 받아 도입되었을 가능성도 (1)을 지원한다. 이러한 증거들을 고려
할 때 네스틀레-알란트(Nestle-Aland) 28판이[5] 선택한 (1)이 원래의 읽기일
가능성이 높다.

그러나 (2)가 이러한 평행본문(마 11:10이나 눅 7:27)의 영향을 받아 도입

5.　NA28, 102.

(조화)된 것이 아니라, 오히려 평행본문들에 담긴 '너의 앞에'가 마가복음의 본래적 모습을 반영할 가능성도 있다. 즉 마태복음, 마가복음, 누가복음이 모두 본래부터 '너의 앞에'를 가졌을 가능성을 배제할 수 없다. 만일 마가복음에는 애초부터 이것이 없었다면, 마태복음 11:10과 누가복음 7:27의 '너의 앞에'가 어디서 온 것인가 설명해야 한다. 이것이 마가복음으로부터 온 것이 아니라면 어떻게 마태복음과 누가복음이 마가복음에 없는 이것을 일치하여 도입할 수 있었는가? (마태복음이 누가복음을 보거나 누가복음이 마태복음을 보고 기록하여 일치하였다는 설명이 가능하기는 하다. 그러나 마태복음과 누가복음은 서로를 자료로 참고하지 않은 상호 독립된 복음서였을 가능성이 높다. 이 두 복음서가 상대방을 자료로 사용하여 편집하였다는 확실한 증거는 없기 때문이다.) '너의 앞에'는 구약 성경 70인역의 해당 본문에도 없으므로 구약 성경 본문의 영향으로 마태복음과 누가복음에 도입되었다고 설명할 수도 없다. 그러나 (2)가 마가복음의 원래 읽기라면 마태복음과 누가복음 평행구절에 등장하는 동일한 표현의 기원은 쉽게 설명된다. 이러한 설명은 마가복음 우선설을 전제할 경우만이 아니라 마가복음 우선설을 전제하지 않을 경우에도 가능하다. 예를 들어, 마태복음 우선설을 전제할 경우에도 마태복음과 누가복음에 모두 나오는 표현이 마가복음에 나오는 것은 매우 자연스러운 일이다.

문체상의 증거도 (2)가 원래의 읽기임을 지지한다. 마가복음은 다른 곳에서 '너의 앞에'를 사용하므로(2:12; 9:2), 여기서도 이러한 표현을 사용했을 수 있다. 또한 마가복음 1:2의 구조도 '너의 앞에'가 본래 마가복음 1:2에 있었음을 지지한다. '너의 앞에'를 본문에 포함하면 2절 속에는 다음과 같은 평행법이 발견된다. 여기서 '너의 앞에'를 빼면 이러한 평행법이 깨어지므로 이것은 본래 2절 속에 있었다고 추측된다.

ἰδοὺ	ἀποστέλλω	τὸν ἄγγελόν	μου	πρὸ προσώπου σου
ὃς	κατασκευάσει	τὴν ὁδόν	σου	**ἔμπροσθέν σου**
보라	내가 보낸다	천사를	나의	너의 면전에
그는	준비할 것이다	길을	너의	<u>너의 앞에</u>

'너의 앞에'가 마가복음 원본에 있던 읽기라면 이것을 생략한 읽기인 ⑴은 어떻게 발생했을까? 필사자가 '호돈 수'(ὁδόν σου 너의 길을)까지 필사하고 유사종결(homoeoteleuton) 'ㄴ 수'(-ν σου) 때문에 끝이 유사한 '엠쁘로스텐 수'(ἔμπροσθέν σου 너의 앞에)까지 필사한 것으로 착각하고 '엠쁘로스텐 수'를 빠뜨렸을 것이다.

위의 논증들을 종합하여 '너의 앞에'가 비록 사본들의 지지(외증)가 다소 약하지만 문체, 문맥 등의 증거(내증)가 강하므로 원래의 읽기라고 결론 내릴 수 있다. '너의 앞에'를 포함한 본문을 번역하면 다음과 같다.

(요한의 등장은) 선지자 이사야의 책에 기록되어 있는 바와 같았다.

"보라! 내가 나의 전령을 너의 면전에 보낼 것이다.

그가 너의 길을 너의 앞에 준비할 것이다."

테일러(V. Taylor)는 2절 속의 인용 부분 전체('보라 … 준비할 것이다')가 필사자에 의하여 추가되었다고 주장하였다. 그는 이 부분이 이사야의 글이 아니므로 이사야의 글을 인용한다고 명시하는 마가복음 문맥에 맞지 않는다고 지적한다. 그는 이 부분이 마태복음과 누가복음의 평행 본문(동일 내용을 기록한 구절)인 마태복음 3:3과 누가복음 3:4에 없으므로 마가복음에도 본래 없었다고 추측할 수 있다고 본다. 그는 마가복음 1:2처럼 출애굽기 23:20a와 말라기 3:1의 본문이 결합된 형태가 마태복음 11:10과 누가복음 7:27에서 발견되는데 이러한 구절이 마가복음 필사자들에게 영향을 미쳐서 2절의 인용 부분이 추가되었다고 본다. 테일러는 마태복음 저자와 누가복음 저자가 평행구절(마 3:3, 눅 3:4)에서 의도적으로 마가복음에 본래 있던 1:2을 빠뜨렸을 가능성도 고려했다. 그러나 마가복음 1:2에 있는 것과 동일한 인용이 공관복음서(마 11:10, 눅 7:27)에서 발견되는 것을 설명하려면 마가복음 필사자가 이러한 구절들의 영향을 받아 이 부분을 마가복음의 본문에 추가했다고 보아야 한다고 주장했다(Taylor, 153).

그러나 이 부분이 빠진 마가복음 사본은 없다. 더구나 마태복음 저자와 누가복음 저자가 이 부분이 이사야 본문이 아니므로 이사야서를 언급하는 문맥에 맞게 생략하였기에 마태복음 3:3과 누가복음 3:4에 없게 되었다고 설명할 수도 있다. 그렇다면 마가는 왜 1:2에서 이사야서가 아닌 부분을 이사야서를 인용하면서 포함했을까? 이것은 당시의 관습에 따라 여러 본문을 결합하여 인용하면서 그중에 하나를 대표로 언급한 것이라고 설명할 수 있다(아래 참고). 그러므로 마가복음 1:2은 마가복음에 원래부터 있던 것이라고 볼 수 있다.

가. '마치 ~와 같이'

귈리히(R. A. Guelich)는 1절과 2절이 서로 연결되므로, 1절 끝에 쉼표를 찍어야 한다고 주장했다.[6] 마가복음에서 '까토스'(καθώς 마치 ~처럼)가 이끄는 절은 대개는 뒤에서 앞의 절을 꾸며 준다(4:33; 9:13; 11:6; 14:16, 21; 15:8;

---

6.   Guelich, 1982: 6.

16:7). 따라서 2-3절의 경우에도 1절을 꾸며 주는 것으로 볼 수 있다. 이렇게 읽을 경우에는, 1절 끝에 '~이었다'(ἦν)가 생략된 것으로 볼 수 있다. 이 경우, 1-3절은 "예수 그리스도의 복음의 시작은 마치 이사야 선지자의 글에 기록된 바 '보라! 내가 나의 전령을 너의 앞에 보낼 것이다. 그가 너의 길을 너의 앞에서 준비할 것이다.'와 같았다."로 번역된다. 그렇다면 2-3절은 마가복음의 제목인 1절을 자세히 설명해 주는 부연 설명에 해당하게 된다.

그러나 '까토스'(마치 ~처럼)가 이끌어 오는 2-3절은 마가복음의 다른 용례와 달리 예외적으로 뒤에 나오는 절(4절)을 꾸며 준다고 볼 수도 있다. 이처럼 '까토스' 절이 뒤에 나오는 절과 연결되는 방식은 누가복음 11:30; 17:26, 요한복음 3:14, 고린도전서 2:9에서도 발견되므로(Taylor, 153) 마가복음에서도 불가능하지는 않을 것이다. 3절과 4절의 평행 구조도 이러한 해석을 지지한다. 4절은 '광야에서'를 통해서 3절과 평행을 이루며 세례자 요한의 사역을 3절에 인용된 이사야서의 빛을 통해서 이해하도록 한다.

3절	4절
소리	요한
<u>광야에서</u>	<u>광야에서</u>
주의 길을 준비하라	세례를 주고
그의 소로들을 곧게 하라	죄 사함을 위한 회개의 세례를 선포하였다

나. '이사야 선지자의 글에'

2-3절에서 인용된 구절은 출애굽기 23:20, 이사야 40:3, 말라기 3:1을 병

합한 것이다. 마가는 이 중에서 이사야를 대표로 언급하여 인용문을 이사야의 글이라고 소개했을 수 있다. 이러한 병합 인용은 마태복음 21:5, 42, 로마서 3:10-18; 9:33, 히브리서 1:5-14, 베드로전서 2:6-10 등에서도 나타나는데, 다만 특정한 책을 언급하지 않고 등장한다.[7] 구약 성경 본문의 병합은 사해 문헌에서도 발견되며, 마가복음의 다른 구절에도 나타난다(막 1:11; 12:36; 14:24, 27, 62).[8] 이렇게 병합된 인용을 언급할 때에는 병합된 구절 중에 하나를 대표로 내세우며 언급할 수 있을 것이다.

출애굽기 23:20은 첫 출애굽(이집트 탈출)과 관련된 것이며 이사야 40:3은 제2의 출애굽(바벨론 포로 귀환)과 관련된 본문이므로 출애굽이라는 공통성을 가진다(Lane, 46). 마가는 출애굽 주제를 율법서와 선지서에서 모두 찾아내어 함께 인용함으로써, 구약 성경이 언급하는 출애굽이 세례자 요한을 통해 발생하기 시작함을 지적하고자 한 듯하다.

다. '보라, 내가 나의 전령을 너의 앞에 보낼 것이다'

2절의 앞부분 '보라 내가 나의 사자를 너의 면전에 보낸다.'는 70인역 말라기 3:1('보라 내가 나의 사자를 내보낼 것이다.')보다는 70인역 출애굽기 23:20('그리고 보라 내가 너의 면전에 나의 사자를 보낸다.')과 더 비슷하다.

> 보라 내가 나의 사자를 너의 면전에 보낸다.
>
> (ἰδοὺ ἀποστέλλω τὸν ἄγγελόν μου πρὸ προσώπου σου, 막 1:2a)
>
> 그리고 보라 내가 너의 면전에 나의 사자를 보낸다.
>
> (καὶ ἰδοὺ ἐγὼ ἀποστέλλω τὸν ἄγγελόν μου πρὸ προσώπου σου, 70인역 출 23:20a)

7.　van Iersel, 93.

8.　Marcus, 2000: 147.

보라 내가 나의 사자를 내보낼 것이다.

(<u>ἰδοὺ</u> ἐγὼ ἐξαποστέλλω <u>τὸν ἄγγελόν μου</u>, 70인역 말 3:1)

특히 '나의 면전에'(πρὸ προσώπου μου)가 아니라 '너의 면전에'(πρὸ προσώπου σου)를 사용한 것은 말라기 3:1보다는 출애굽기 23:20을 배경으로 본문을 이해하게 한다. 출애굽기 23:20에서 '너'는 (출애굽하여 약속의 땅으로 향하여 가는) 이스라엘을 가리키므로, 그들을 위한 '길'은 그들이 약속의 땅으로 가는 길, 이스라엘의 회복을 향한 길을 가리킨다.[9] 그런데 마가복음 문맥에서 길을 준비하는 전령은 세례자 요한으로 소개되고 있으므로(4절), '너의 길,' '너의 앞에'(2절)의 '너'는 세례자 요한 뒤에 오시는 예수를 가리킨다. 이처럼 마가복음에서 예수는 이스라엘과 동일시된다. 이러한 동일시는 이어지는 마가복음 본문에 함축되어 있다. 예수께서는 이스라엘의 대표로서 세례자 요한에게 (죄 사함을 위한 회개의) 세례를 받으며, 이스라엘을 대표하여 (대속의) 십자가 고난을 당하실 것이다.

라. '그가 너의 앞에서 너의 길을 준비할 것이다'

2절의 뒷부분은 말라기 3:1b와 유사한데, 70인역 본문 및 히브리어 본문과 조금씩 다르다.

그가 너의 길을 너의 앞에 준비할 것이다.

(ὃς κατασκευάσει τὴν <u>ὁδόν</u> σου ἔμπροσθέν σου, 막 1:2b)

그리고 그가 너의 면전에 길을 돌볼 것이다.

(καὶ ἐπιβλέψεται <u>ὁδὸν</u> πρὸ προσώπου μου, 70인역 말 3:1b)

---

9.   Eckey, 56 참고.

그가 길을 나의 면전에 준비할 것이다.

(וּפִנָּה־דֶרֶךְ לְפָנָי, 히브리어 본문 말 3:1b)

마가복음에서 '준비할 것이다'(κατασκευάσει)는 히브리어 본문의 '피나'(פנה 방해물을 제거하다)를 번역한 것이며, 70인역의 '돌볼 것이다'(ἐπιβλέψεται)는 이것을 칼(Qal)형인 '파나'(פנה 보다)로 읽어서 번역한 것이다.[10] 마가복음의 '너의 앞에'(ἔμπροσθέν σου)는 히브리어 본문 '나의 면전에'(לְפָנָי)에 대응하지만, 마가는 '나의'(μου)를 '너의'(σου)로 바꾸어 씀으로써 상반절의 '너의 면전에'(πρὸ προσώπου σου)와 일치시킨다. 그리하여 구약 성경 본문에 담긴 "하나님 앞에"라는 뜻 대신 "(새 이스라엘인) 너의 앞에"라는 의미를 형성한다.

마가가 출애굽기와 말라기의 구절을 병합시켜서 이사야서와 함께 인용한 이유는 무엇일까? 출애굽기 23:20과 말라기 3:1의 병합은 랍비들의 주석에서도 나타나는데,[11] 이러한 결합은 출애굽이 종말에 다시 발생할 것을 강조하기 위한 것인 듯하다(Gnilka, 44).

세례자 요한이 자기 뒤에 오실 분에 관하여 선포한(7-8절) 후 곧이어 예수께서 등장하시므로(9-10절), 2-3절이 언급하는 '전령'(사자)은 요한이며, 예비된 길로 오실 분은 예수이심이 문맥을 통해서 드러난다.[12] 또한 2-3절에서 '나'로 언급되는 화자인 동시에 세례자 요한을 보내는 분이 하나님임이 인용되는 구약 구절을 통하여 확인된다.

---

10. Baljon, 3.
11. Pesch, 78.
12. Fowler, 1996: 89.

3. 마가복음 1:3과 새 출애굽의 길

3절은 주로 "광야에서 외치는 자의 소리. '너희는 주의 길을 준비하라. 그의 첩경을 곧게 만들어라'."라고 번역된다. 그러나 '광야에서'를 '준비하라'에 연결되게 읽을 수도 있다.[13] 이 경우 3절은 "외치는 자의 소리: '너희는 광야에서 주의 길을 준비하라. 그의 첩경을 곧게 만들어라'."라고 번역된다. 이렇게 읽으면 광야는 외치는 자의 무대라기보다는 주의 길을 준비하는 장소이다. 히브리어 성경 이사야 40:3도 이렇게 읽을 수 있게 되어 있고 70인역도 이렇게 읽을 수 있다. 마가복음 1:2에 인용된 구절을 다르게 읽어야만 하는 특별한 단서도 마가복음 본문에 없다.

　3절은 70인역 이사야 40:3과 거의 동일하다. 다른 점은 '우리 하나님의'(τοῦ θεοῦ ἡμῶν) 대신 '그의'(αὐτοῦ)를 쓴 것뿐이다. '그의'는 앞에 언급된 '주의'(κυρίου)를 가리킨다. 70인역에서 '주'(κύριος)는 하나님을 가리킨다. 마가복음에서는 이 단어가 하나님을 가리킬 수 있지만(5:19; 11:9; 12:11, 29-30, 36; 13:20), 메시아를 가리킬 수도 있다(12:36-37).[14] 3절에서 '우리 하나님의' 대신 '그의'라고 고친 것은 앞의 '주'라는 단어가 하나님을 가리키는 것으로 오해되지 않고 메시아를 가리키는 것임을 분명히 하기 위한 것으로 볼 수 있다(Pesch, 77).

가. '외치는 자의 소리'

'소리'(φωνή)는 문맥상 '외치는 자의'(βοῶντος)와 연결되어 소리를 지르는 어떤 사람의 소리를 가리킨다. 앞에서 살펴보았듯이 3절은 4절과 평행

13.　Witherington, 71.
14.　Taylor, 153.

되므로, 결국 세례자 요한이 이 소리로 간주될 수 있다. 이 소리는 광야에서 메시아의 오심을 선포한다(7-8절). 나중에 예수를 증거하는 또 하나의 소리가 하늘에서 들렸다(11절). 그런데 이 소리는 예수께서 메시아이심을 증거한다. 이 소리는 하늘에서 들렸으므로 하나님의 음성일 것이다. 세례자 요한과 하나님은 메시아를 증거하는 소리라는 점에서 서로 평행된다. 세례자 요한과 하나님은 동일시되지는 않지만 세례자 요한의 소리로서의 역할은 하나님의 역할과 유사하다. 세례자 요한은 2절에 나오는 하나님의 전령으로 간주되고 전령은 보내신 분의 메시지를 전하기에 이러한 유사성은 당연하다.

나. '광야에서'

마가복음은 광야를 배경으로 시작된다. '광야'(ἔρημος)는 사람이 거주하지 않는 황량한 곳을 가리킨다.[15] 그런데, 이스라엘의 광야 생활 때문에 '광야'는 새 출애굽과 연관된다.[16] 이러한 연관 속에서, 유대인들은 메시아가 광야에 등장할 것으로 기대한 듯하다.[17] 실제로 이사야 40:3은 쿰란 공동체에 의하여 그들이 광야로 들어간 것을 지지하는 근거로 사용되었다(Hooker, 36).

> 그들은 죄로 물든 인간들의 거처로부터 분리되어 그분의 길을 열기 위해 광야로 나아가야 한다. 이것은 마치 다음처럼 기록된 바와 같다. "광야에서, ****의 길을 준비하라, 초원에서 우리 하나님의 도로를 곧게 하

---

15. Gibson, 1994: 15.
16. Hooker, 36.
17. Hooker, 36.

라." (1QS 8:13-14)[18]

70인역의 영향으로 '정관사 + 광야'는 이스라엘이 출애굽 후에 방랑한 광야를 가리키게 되었다.[19] 마가복음 1:3, 4, 12, 13에서 등장하는 '그 광야'(ἡ ἔρημος)는 출애굽을 연상하게 한다. '그 광야'는 하나님의 임재가 있었던 추억의 땅이었다. 호세아 2:14-15(히브리어 본문과 70인역은 2:16-17)은 광야를 배경으로 일어나는 새 출애굽을 잘 묘사한다. "그러므로 보라 내가 그를 타일러 거친 들(εἰς ἔρημον, 광야)로 데리고 가서 말로 위로하고 거기서 비로소 그의 포도원을 그에게 주고 아골 골짜기로 소망의 문을 삼아 주리니 그가 거기서 응대하기를 어렸을 때와 애굽 땅에서 올라오던 날과 같이 하리라"(개역개정판). 광야는 이처럼 출애굽을 연상시키므로 '광야'를 언급하며 시작하는 마가복음은 독자들에게 출애굽기에 담긴 출애굽 이야기와 이사야서에 담긴 새 출애굽에 관한 기대를 토대로 마가복음을 이해하도록 한다.

세례자 요한은 광야에서 회개의 세례를 선포하였고(4절), 예수께서는 광야에서 시험을 받으셨다(13절).[20] 이렇게 광야가 공간적 배경으로 등장하는 것은 출애굽 당시처럼 광야에서 하나님의 인도하심을 받고자 하는 종말론적 소망을 가진 독자/청중들에게 새 출애굽이 발생하고 있음을 암시하였을 것이다.[21]

---

18. Martínez & Tigchelaar, ed. & trans., vol.1, 89.
19. Gibson, 1994: 15.
20. '그 광야'는 또한 이스라엘이 언약에 충성하는지 시험하는 장소를 의미하므로 (Gibson, 1994: 15), 광야에 있었다는 것은 곧 신실함을 시험받았다는 것을 뜻할 수 있게 되었다(Gibson, 1994: 16).
21. Marcus, 1992: 24 참고.

다. '주의 대로를 준비하라'

'길'(ὁδός)은 마가복음에서 16번 사용되는데, 2번(2:23; 8:3)만 일반적 의미로 사용되었고, 그 외에는 신학적 의미를 함축하고 있다.[22] 3절에서 광야를 배경으로 만들어지는 것은 '주의 길'(τὴν ὁδὸν κυρίου)이다. 인용된 이사야(40:3) 문맥상 이 길은 주께서 그의 백성을 바벨론으로부터 해방시키는 제2의 출애굽 길이다. 구약 성경에서 길은 하나님의 길인데 마가복음에서 문맥상 그 길은 동시에 예수의 길이다. 마가복음은 예수를 (성부) 하나님과 동일시하고 있지는 않지만,[23] 예수의 길과 하나님의 길을 동일시한다. 마가복음이 소개하는 예수는 하나님의 전권대사(하나님의 아들, 메시아)로서 새 출애굽을 이스라엘에게 베푸신다. 이 길은 하나님께서 이 땅을 다스리고자 이 땅으로 오시는 길이다.[24]

라. '그의 오솔길들을 곧게 만들어라'

마가복음 1:3은 70인역 이사야 40:3의 인용이다. 그런데 이 구절에서 사용된 '호도스'(ὁδός 큰길)와 '뜨리보스'(τρίβος 작은 길)는 이사야서의 다른 구절들에서도 함께 등장하고, 단지 이사야 58:12에서만 '뜨리보스'가 혼자 등장한다. 이 두 단어는 이사야 42:16에서처럼 악한 길을 가리키기도 한다. 이사야 59:8에서도 두 단어가 함께 등장하는데, 모두 악한 길을 가리킨다. 그러나 이 단어들은 이사야 30:11에서처럼 바른 길을 가리키기도 한다.

---

22. Boring, 2006: 37.

23. Marcus, 2000: 148.

24. Marcus, 1992: 29 참고.

70인역 이사야서에서 이 단어들은 주로 출애굽 길을 가리킨다. 이사야 43:16에서 두 단어는 평행을 이루는데, 여기서 '호도스'와 '뜨리보스'는 바닷속과 물속에 하나님께서 만드시는 길이다. 이것은 출애굽 때 바다에 난 길을 가리킨다. 이사야 49:9에서도 이 두 단어는 평행법 속에서 등장하는데, 두 단어 모두 복수형으로 되어 있고, (바벨론으로부터 해방되어 돌아오는) 제2의 출애굽 길을 가리킨다. 이사야 49:11에서도 두 단어는 평행법 속에서 등장하는데, 둘 다 단수로 되어 있으며, 역시 제2의 출애굽 길을 가리킨다.

이러한 용례와 함께 인용된 이사야 40:3이 제2의 출애굽을 언급하는 문맥을 고려할 때, 마가복음 1:3의 '호도스'와 '뜨리보스'는 모두 출애굽 길을 가리킨다고 볼 수 있다. 그런데 '뜨리보스'가 복수형으로 되어 있고, 이것을 곧게 하라고 명하므로 '뜨리보스'는 구불구불한 길들이라고 볼 수 있다. 그렇다면 단수형으로 된 '호도스'는 '뜨리보스'에 대조된 길로서 곧고 평탄한 큰길이라고 볼 수 있다. 따라서 3절은 다음처럼 번역될 수 있을 것이다.

> 외치는 자의 소리 -
> "광야에서 주의 대로를 준비하라.
> 그의 오솔길들을 곧게 만들어라!"

III. 해설

마가복음 1:2-3은 구약 성경을 통하여 세례자 요한과 예수를 소개하면서, 예수의 사역은 새 출애굽 사역으로, 세례자 요한의 사역은 새 출애굽을 위한 준비 사역으로 그려 준다. 마가복음은 독자들이 이미 아는 구약 성경 본문을 통하여 세례자 요한과 예수를 이해하게 돕는다. 이처럼 마가복음은 그 시작에서부터 간본문성(intertextuality, 독자들이 아는 다른 본문을 사용하여 이해를 돕는 방식)을 통하여 독자들에게 메시지를 전달한다. 이것은 마가복음을 이해하기 위해서 구약 성경에 관한 이해가 필요함을 보여 준다. 비록 마가복음은 이방인 독자를 위하여 저술된 책이지만, 구약 성경을 알아야 제대로 이해된다.

마가복음 1:2-3에 인용된 구약 성경은 메시아의 선구자로서 세례자 요한의 등장을 증언한다. 세례자 요한은 그 뒤에 오실 메시아에 관하여 증언하는데, 세례자 요한에 관하여는 구약 성경이 증언한다. 그러므로 세례자 요한의 증언은 결국 구약 성경에 토대해 있다. 마가복음은 구약 성경을 권위 있고 신뢰할 수 있는 증언으로 받아들이면서 시작한다. 마가복음은 해석하기 위해 구약 성경을 필요로 하는 책이면서, 동시에 구약 성경의 권위를 전제하는 책이다. 이것은 마가복음의 저자가 구약 성경을 알고 구약 성경을 믿으며, 독자들에게도 그렇게 하기를 기대하며 이 책을 기록하였음을 알려 준다.

마가복음이 이러한 독자들에게 구약 성경의 인용을 통하여 전하는 메시지는 이제 예수께서 새 출애굽을 가져오시며, 세례자 요한은 이 사역을 준비하는 자였다는 것이다. 독자들은 이러한 기초를 통해 마가복음을 이해할 틀을 준비하게 된다. 그리하여 새 출애굽이 무엇으로부터의 해방인지, 예수께서는 어떻게 이 새 출애굽을 이루셨는지에 관하여 깨닫기를 기대하며 마가복음을 읽게 된다.

제3장
마가복음 1:4-8
세례자 요한과 새 출애굽*

I. 번역

4 (이처럼) 요한이 등장하여 광야에서 세례를 주며 죄 사함을 위한 회개의 세례를 선포하였다. 5 그러자 온 유대 지방 사람들과 온 예루살렘 주민들이 그에게로 계속 나와서 그에게 요단강에서 세례를 받으며 자기들의 죄를 고백하였다. 6 그런데, 그 요한은 낙타털 옷을 입고 허리에 가죽띠를 띠고, 메뚜기와 야생 꿀을 먹으며 살고 있었다. 7 그는 줄곧 선포하였다.

"나보다 더 강한 분이 내 뒤에 오실 것입니다.

나는 굽혀 그의 신발 끈을 풀 자격도 없습니다.

8 나는 여러분에게 물로 세례 주었지만,

그분은 여러분에게 성령으로 세례 주실 것입니다."

---

* 이 책의 제3장은 필자의 논문, 신현우, 2013a: 61-95을 사용하여 독자들이 읽기 쉽게 편집하여 정리한 것이다.

II. 주해

구약 성경은 예수에 대하여 직접 기록하지는 않더라도 예수를 가리키는 손가락 역할을 한다. 그러한 역할을 예수와 동시대에 한 인물이 세례자 요한이다. 그러므로 예수를 믿는 신앙에 입문하는 길은 구약 성경과 세례자 요한이다. 따라서 세례자 요한에 관하여 파악하는 것은 바른 신앙을 회복하기 위해 밟아야 하는 중요한 징검다리 중에 하나이다. 플라톤, 아리스토텔레스를 통해 입문하던 철학적 신학의 틀을 벗고 탈출하려면, 다시 이 광야의 선지자를 통해 예수께로 나아가야 할 것이다. 회개 없는 기복주의로 뒤틀려진 기독교를 극복하는 길도 세례자 요한을 만나는 자리에서부터 그가 가리키는 예수를 바라보고 그 방향으로 나아가는 길일 것이다.

　　마가복음 1:4-8은 세례자 요한에 관하여 특정한 방식으로 묘사한다. 이러한 방식에는 마가의 신학적 관점이 담겨 있다.[1] 이 구절을 읽으면 독자들은 다음과 같은 질문을 던지게 된다. 요한이 세례를 준 이유는 무엇인가? 세례를 회개와 연관 지은 이유는 무엇인가? 요한은 왜 하필이면 요단강에서 세례를 주었는가? 왜 요한은 낙타털 옷을 입고 가죽 허리띠를 둘렀는가? 왜 요한은 메뚜기와 석청을 먹고 살았는가? 왜 요한은 자기 뒤에 오시는 이의 세례를 성령과 연관시켰는가?

　　이러한 질문은 세례자 요한에 관한 마가의 신학적 관점에 관한 질문으로 고쳐 쓰면 다음과 같다. 마가는 요한이 세례를 준 이유가 무엇이라고 보았는가? 마가가 요한의 세례가 회개와 관련된다고 소개한 이유는 무엇인가? 마가는 왜 요한의 세례의 장소가 요단강임을 언급했을

1.　이 글에서 '마가'는 '마가복음' 또는 '마가복음의 저자'를 줄인 말로 사용한다.

까? 마가는 왜 세례자 요한의 복장을 묘사했을까? 마가는 왜 세례자 요한의 음식을 묘사했을까? 마가는 왜 세례자 요한이 자기 뒤에 오는 분을 성령으로 세례를 주는 분이라고 선포했음을 언급했을까?

세례자 요한에 관한 마가의 기사는 매우 짧다. 이렇게 짧은 기사 가운데, 하필이면 세례자 요한의 복장과 음식을 묘사한 이유는 도대체 무엇일까? 요한의 어록 가운데, 하필이면 성령으로 세례를 주시는 분에 관한 예언을 선택하여 소개하는 이유는 무엇일까? 이러한 질문은 구약 인용과 관련해서도 동일하게 제기될 수 있다. 세례자 요한을 묘사하기 위하여 그를 구약 성경과 연관시킬 때, 많은 구절 가운데 왜 하필 이사야 40:3, 말라기 3:1, 출애굽기 23:20이 선택되었을까? 이러한 질문들에 답하다 보면 세례자 요한에 관한 마가의 신학적 관점이 드러나리라 기대된다.

1. 마가복음 1:4-8의 위치 및 구조

마가복음 1:4-8은 마가복음의 서언인 마가복음 1:1-15 안에 위치하며, 마가복음의 제목인 1:1과 세례자 요한의 등장과 사역을 도입하는 구약 인용인 1:2-3의 뒤에 놓이고, 예수의 등장과 사역을 다루는 1:9-15 앞에 온다.

1:1   제목

1:2-3   서언 도입(구약 인용)

1:4-8   세례 요한의 등장과 사역

1:9-15 예수의 등장과 사역

1:1-15에는 구약 성경이 세례자 요한에 관하여 증거하고 요한은 예수에 관하여 증언하는 '구약 → 세례자 요한 → 예수'의 증언 사슬이 나타난다. 이와 함께 하늘에서 들린 음성을 통한 하나님의 계시도 예수가 메시아이심을 증언한다. 이러한 증거의 사슬 속에서 4-8절은 앞선 2-3절에서 인용된 구약 성경의 증언을 받으며, 9-15절에 나오는 예수를 증언하는 역할을 한다.

마가복음 1:4-8은 앞에서 인용된 구약 본문(말 3:1, 출 23:20, 사 40:3)을 세례자 요한에 연관시킴으로써 세례자 요한이 바로 말라기가 기대한 종말의 선지자 엘리야이며, 이사야 40:3이 기대하는 새 출애굽 준비 사역을 할 것임을 시사한다. 세례자 요한의 복장에 관한 언급은 이를 더욱 분명히 한다. 그의 복장(낙타털 옷과 가죽띠)은 열왕기하 1:8이 언급하는 엘리야의 복장이므로, 그의 복장에 관한 묘사는 그가 말라기 3:1이 예언한 엘리야임을 암시한다.

마가복음 1:4-8은 뒤에는 이어지는 예수의 등장과 사역을 소개하는 1:9-15을 준비하며, 세례자 요한 뒤에 등장하시는 예수를 '요한보다 더 큰 분,' '성령으로 세례를 주실 분'으로 소개한다. 예수께서 그에게 세례 받으실 때 하늘에서 들린 음성(1:11)은 예수가 하나님의 아들 즉 메시아이며(시 2:7) 하나님의 기뻐하시는 자 즉 고난받는 여호와의 종이심을 알려 준다(사 42:1; 53장). 마가복음 1:4-8은 이러한 고난받는 메시아 예수께서 세례자 요한이 예언한 '성령으로 세례를 주실 분'과 동일한 분임을 알려 주는 기능을 한다. 그리하여 성령으로 세례를 주는 사역과 예수의 고난받는 메시아 사역이 밀접한 관련이 있음을 알려 준다.

마가복음의 서언에 이어지는 마가복음 1:16 이하는 다음처럼 3막으

로 나뉠 수 있다.[2]

1:16-8:21	예수의 갈릴리와 그 주변 사역
8:22-10:52	예루살렘으로 올라가시는 길에서의 사역
11:1-16:8	예루살렘에서의 사역

이 본문들은 많은 메시아 표증(축귀, 치유, 자연 기적, 부활 등)을 통하여 예수가 메시아이심을 분명히 한다. 세 명의 제자들이 예수와 함께 높은 산에 올라갔을 때, 하늘에서 다시 들린 음성도 예수가 메시아이심을 재차 확증한다(9:7). 이러한 예수의 정체는 대제사장의 심문 때 예수 자신에 의해서도 시인된다(14:62). 예수께서 사용하신 자기 칭호 '인자'도 다니엘 7:13-14을 연상시키며 예수의 메시아 정체성을 암시한다고 볼 수 있다. 이처럼 마가복음에서 예수의 메시아 정체성은 구약, 요한, 하나님, 예수 자신, 예수께서 행하신 표적들에 의해 다양하게 다중적으로 증거된다.

마가복음 1:4-8의 구조는 주제에 따라 다음과 같이 분석될 수 있고,[3] 이어지는 9-15절은 4-8절에 평행을 이룬다고 볼 수 있다.

A	4a	요한의 등장
B	4b-5	세례를 주는 요한
C	6	광야에서의 요한 — 요한의 정체(엘리야)와 음식
D	7-8	요한의 선포

---

2.   신현우, 2011b: 654.
3.   신현우, 2011b: 654-55.

A′ 9a   예수의 등장

B′ 9b-11   세례를 받는 예수

C′ 12-13   광야에서의 예수 — 예수의 정체(새 이스라엘)와 음식(천사의 음식)

D′ 14-15   예수의 선포

그런데, 마가복음 1:4-8은 다음과 같은 교차대구 구조의 일부로 볼
수도 있다(신현우, 2011b: 656).

A   4-5   요한의 선포

B   6   요한의 정체(엘리야)와 음식(광야의 음식)

C   7-8   메시아가 오심에 대한 요한의 증언

D   9-10   예수의 등장과 세례받으심

C′ 11   예수는 메시아이심에 대한 하나님의 증언

B′ 12-13   예수의 정체(새 이스라엘)와 음식(천사의 음식)

A′ 14-15   예수의 선포

동일한 단어의 등장 빈도를 통해서 판단할 때, 위의 두 가지 구조 분
석 중에서, 평행법 구조가 좀 더 저자가 의도한 구조에 가깝다고 볼 수
있다. 평행법 구조의 경우에는 다음과 같이 아홉 단어가 언어적 일치를
보이는데, 교차대구법 구조의 경우에는 여섯 단어가 언어적 일치를 보
이기 때문이다.

<평행법 구조>

4a '등장했다'(ἐγένετο)　　　　　9a '등장했다'(ἐγένετο)[4]

4b-5 '요단강에서 … 세례 주면서'　9b-11 '요단강에서 세례받았다'

　　(βαπτίζων … ἐν τῷ Ἰορδάνῃ)　　　(ἐβαπτίσθη εἰς τὸν Ἰορδάνην)

6 '그리고 있었다'(καὶ ἦν)　　　　12-13 '그리고 있었다'(καὶ ἦν)

7-8 '말하며 선포했다'　　　　　14-15 '말하며 … 선포하며'

　　(ἐκήρυσσεν λέγων)　　　　　　　(κηρύσσων … λέγων)

<교차대구법 구조>

4-5 '회개를 선포하면서'　　　　14-15 '선포하면서 … 회개하라'

　　(κηρύσσων … μετανοίας)　　　　(κηρύσσων … μετανοεῖτε)

6 '그리고 있었다'(καὶ ἦν)　　　　12-13 '그리고 있었다'(καὶ ἦν)

7-8 '그 … 나의'(ὁ … μου)　　　　11 '그 … 나의'(ὁ … μου)

　　1-13절을 마가복음의 서두로 보고, 14절에서 새로운 단락이 시작하는 것으로 보는 주석가들도 있지만,[5] 4-15절이 보여 주는 구조적 평행은 14-15절을 서두의 일부로 간주하도록 한다. 1-5절의 회개와 15절의 회개가 서로 평행되어 수미상관(*inclusio*)의 구조를 가지는 것도 마가복음 서언의 처음과 끝을 표시해 주면서, 이러한 구조 분석을 지원한다.[6]

4.　'등장했다'(ἐγένετο)의 구조적 평행은 Boring, 1991: 59 참고.

5.　예를 들자면, V. Taylor, W. Lane, E. Schweizer, R. T. France, 양용의가 있다(신현우, 2011b: 655 각주 8 참고). Brooks, 33도 그러하다.

6.　이에 관한 좀 더 자세한 논증을 위해서는 신현우, 2011b: 655-56 (또는 앞의 막 1:2-3 주해) 참조. 오성종, 365-402도 마가복음 1장에서 1-15절을 한 덩어리로 본다.

2. 마가복음 1:4-8에 담긴 세례자 요한의 사역과 선포

가. 세례자 요한의 사역과 새 출애굽(4절)

마가는 세례자 요한의 사역에 어떠한 의미를 부여하였는가? 이것은 마가복음의 구조에서 드러난다. 3절과 4절에는 '광야에서'(ἐν τῇ ἐρήμῳ)가 거듭 나타나 평행 구조를 암시한다. 3절과 4절의 평행 구조 속에서 평행이 되는 요소는 다음과 같다.[7]

3절	4절
소리	요한
<u>광야에서</u>	<u>광야에서</u>
주의 길을 준비하라	세례를 주며[8]
그의 소로들을 곧게 하라	죄 사함을 위한 회개의 세례를 선포하였다

이러한 평행 구조 속에서 죄 사함을 위한 회개의 의미를 지닌 요한의 세례는 주의 길을 예비함에 해당한다. 이사야의 글(40:3)이 언급하는 외치는 자의 소리(하나님이 오시는 길을 준비하라고 광야에서 외치는 자의 소리)가 세례자 요한이라면,[9] 회개하라는 요한의 선포는 주의 길을 준비하라는 선포와 동일시된다. 그리하여 마가복음은 회개가 주의 길을 준비하는 방

---

7.   신현우, 2011b: 660.

8.   분사 '바쁘띠존'(βαπτίζων) 앞에 관사가 없는 본문을 선택하여, 이 분사를 "세례를 주며"로 번역해야 함에 관하여는 신현우, 2006: 30-36 참조.

9.   3절에 나오는 "소리"에 관한 이사야의 글대로 세례자 요한이 등장하였다고 2-4절은 기록한다(Καθὼς γέγραπται ἐν τῷ Ἠσαΐᾳ τῷ προφήτῃ … ἐγένετο Ἰωάννης "마치 선지자 이사야의 글에 기록된 바로 그대로 … 요한이 등장하여").

법에 해당하는 것임을 알려 준다.

이사야 40:3의 인용인 3절에서 '주의 길'은 이사야 본문 문맥상 바벨론 포로로부터 해방(제2의 출애굽)되는 길을 가리키므로, 마가복음 1:2-4에서 이사야 40:3과 연관된다. 따라서 주의 길의 준비로서 제시된 요한의 세례는 새 출애굽 준비에 해당한다. 그런데 4절은 요한의 세례가 "죄 사함을 위한 회개의 세례"라고 한다. 그러므로 새 출애굽을 위한 준비에 해당하는 세례의 의미는 회개이다. 회개와 새 출애굽의 연관성이 유대인들의 문헌(희년서 1:15)에서도 발견되는 점은 이러한 해석을 지원한다.

왜, 회개가 새 출애굽을 위한 준비일 수 있을까? 그 이유는 레위기 26:40-42에서 찾을 수 있다. 이스라엘 사람들이 포로로 잡혀가게 된 이유는 죄이다(레 26:15, 38, 43). 따라서 죄 사함은 포로로부터의 해방(제2의 출애굽)을 가져올 수 있다고 간주될 수 있다. 그런데, 죄 사함을 위해서는 회개가 필요하다. '회개'는 죄를 자복하는 것임이 마가복음 1:5에서 드러난다. 죄를 자복하면(레 26:40) 주권을 잃은 상태에서 회복될 것이라는 내용이 레위기 26:40-42에서 발견된다. 이 레위기 구절에 의하면 이스라엘 백성이 회개하면 하나님께서는 가나안 땅을 아브라함의 후손에게 주어 영원한 기업이 되게 하겠다고 하신 언약(창 17:8)을 기억하실 것이며(레 26:42) 따라서 이스라엘은 고토를 회복하는 새 출애굽을 맛볼 것이다. 세례자 요한의 선포를 듣고 회개한 백성들은 이 구절에 담긴 약속의 실현을 기대했을 것이다.

회개하면 죄 사함을 받는다는 것은 이사야 55:7에서도 분명하다(Webb, 191). 회개 없이는 물로 씻어도 정결하게 되지 않음을 명시하는 쿰란 문헌(1QS 5:13-14)도 회개와 죄 사함 사이의 연관을 보여 준다(Schweizer,

32). 그러므로 요한이 선포한 회개와 죄 사함의 관련성은 구약 성경과 유대 문헌에 나타나는 것으로서 당시 유대인들에게 친숙한 사상이었다고 볼 수 있다.

그런데, 도대체 '회개'란 무엇인가? 마가복음 1:4의 근접 문맥은 마가가 어떤 의미로 '회개'라는 단어를 사용했는지 알려 준다. 5절의 '죄를 자백하다'는 표현은 세례와 관련되며 4절에 언급된 회개도 세례와 관련되므로, 회개는 죄를 자백함이다(Williamson, 1978: 402). 물론, 회개는 하나님에게 사용되어 예레미야 18:7-10, 시빌의 신탁 4:168-69의[10] 경우처럼 하나님께서 심판의 계획을 변경하여 사람들을 용서하시는 것을 가리킬 수도 있고, 시락서 48:15의 경우처럼 사람들이 죄로부터 돌이키는 것을 가리킬 수도 있다(A. Y. Collins, 140-41). 마가복음 1:4에서 '회개'는 어떤 의미로 사용되었을까? 이어지는 5절은 사람들이 (회개의 세례를 전하는 요한의 선포에 반응하여) 죄를 자백했다고 하므로 그 앞의 4절이 말하는 '회개'는 사람들이 행하는 회개를 가리킴이 분명하다.

'회개'(μετάνοια '메따노이아')는 어원만을 가지고 분석하면 '메따'(μετά) + '노이아'(νοία)로서 "후에 알기"(즉 숙고하기), "생각 바꾸기"를 뜻할 수 있다. 그러나 단어의 의미는 어원대로 사용되지 않고 다양한 의미로 응용되어 사용되므로, 그 단어가 사용된 용례를 통해서 파악해야 한다. 그런데 마가복음은 회개(μετάνοια)라는 단어를 단 한 번 1:4에서 사용하므로, 이 용례만으로는 마가가 이 단어에 부여한 의미를 정확하게 알 수는 없다.[11] 그렇지만 마가가 당시 문헌에서 사용된 일반적 의미를 따랐다고

---

10. "하나님은 돌이킴을 부여하시어 멸하지 않으실 것이다."("God will grant repentance and will not destroy." J. J. Collins 역, 388).

11. '회개'(μετάνοια)의 어원 연구, 그리고 세속 문헌 및 70인역이 이 단어를 사용한 용례 연구로는 김성규, 68-71 참조.

추측할 수 있다.

이 단어는 신구약 중간기 유대 문헌 및 신약 성경에서 죄로부터 돌이켜서 하나님께로 돌아가 하나님께서 원하시는 새로운 삶의 방식대로 사는 것을 가리킨다. 지혜서 12:19에서 '죄에 대하여 메따노이아를 준다'(διδοῖς ἐπὶ ἁμαρτήμασιν μετάνοιαν)는 표현의 뜻이 무엇인지 불명확하지만, '메따노이아'(μετάνοια)는 분명히 죄와 관련됨을 알 수 있다. 누가복음 5:32; 15:7에서 '메따노이아'는 죄인이 하게 되는 것이다. 히브리서 6:1은 '메따노이아'가 죽은 행위들로부터 격리되어 나오는 것임을 알려 준다. 그러므로 '메따노이아'는 죄를 짓는 행위를 중단하는 것을 가리킨다고 볼 수 있다. 마태복음 3:8, 누가복음 3:8, 사도행전 26:20은 '메따노이아'가 열매(행함)와 관련됨을 알려 준다. 따라서 '메따노이아'는 단지 죄를 짓는 행위를 중단할 뿐 아니라 선한 행위를 하기 시작하는 변화를 가리킨다. 사도행전 20:21에 의하면 '메따노이아'는 하나님을 향한 것이다. 그러므로 선한 행위의 기준은 하나님이라는 관점이 드러난다. 따라서 '메따노이아'를 하게 되면, 하나님의 뜻대로 살게 된다. 고린도후서 7:10은 '메따노이아'가 구원을 가져온다고 하며, 디모데후서 2:25은 '메따노이아'가 진리의 지식을 가져온다고 한다. 따라서 '메따노이아'는 바른 지식을 위한 조건이며, 구원의 조건이다. 그런데, 사도행전 5:31; 11:18, 로마서 2:4, 디모데후서 2:25에 의하면 '메따노이아'도 예수/하나님께서 주시는 것이다. 따라서 비록 '메따노이아'는 사람이 하는 것이지만, 그것을 가능하게 하시는 분은 하나님이다. 세례자 요한이 의도한 회개나 마가가 마가복음을 저술하며 의도한 회개도 모두 이러한 것이었다고 추측된다.

이러한 회개가 신약 저자들에게 중요했던 이유는 회개가 (죄 사함을 통한) 구원의 조건이라고 여겼기 때문일 것이다. 회개와 관련하여 세례가 중요하게 여겨졌던 이유는 사람이 결심하여 의지적으로 행하는 것처럼 보이지만 하나님이 주시는 것이기 때문이었을 것이다(행 5:31; 11:18, 롬 2:4, 딤후 2:25). 하나님께 나아와 세례를 받는 과정을 통해서 하나님께서 주시는 삶의 변화를 체험하는 것이 필요하다고 보았을 것이다.

왜 요한은 회개를 통한 죄 사함을 하필이면 육체를 씻는 세례와 연관시켰을까? 육체의 부정함을 깨끗하게 하는 것과 내적/도덕적 부정함을 깨끗하게 하는 것의 연관성이 제2성전 시대 문헌에서 발견되며(1QS 3:6-9, 시빌의 신탁 4:162-70), 구약 성경에도 나타난다(사 1:16, 겔 36:25-26, 시 51:7).[12] 세례자 요한은 이러한 유대교 배경 속에서 세례와 죄 사함을 연관시켰을 것이며, 구약 성경이 기대하는 종말론적 정화의 성취의 전조로서 세례 의식을 사용하였을 것이다(Webb, 207).

마가는 세례자 요한이 세례를 베풀 뿐 아니라 세례에 관하여 설교하였다고 한다. 광야에서 세례를 주려면 사람들이 사는 곳에 가서 광야로 불러내어야 했을 것이므로 설교가 필요했을 것이다(Webb, 363). 이 설교는 세례의 의미와 세례를 받아야 할 필요성에 관한 내용을 담았을 것이다(Webb, 183). 세례자 요한이 설교(선포) 사역을 한 것을 지적함으로써 마가는 세례자 요한을 이사야 40:3의 '소리'와 연관시키고 그의 선지자적 측면을 부각시키고자 했을 것이다.

세례자 요한의 회개의 세례 사역 자체도 그의 정체를 알려 준다. 구약 성경과 중간기 문헌은 종말의 때에 회개가 일어나리라는 기대를 담고 있다(신 4:30, 사 59:20, 호 3:4-5, 말 4:5-6, 희년서 1:15, 23).[13] 이러한 기대를 배

---

12. Webb, 207; Donahue & Harrington, 62.
13. Webb, 185.

경으로 볼 때에는 회개와 관련된 사역을 한 세례자 요한의 모습은 그가
종말에 올 선지자임을 암시한다.

나. 세례자 요한의 세례의 방식이 갖는 의미(5절)

세례자 요한의 세례 방식은 당시 유대인들의 세례와 비교해서 어떤 차
이가 있었는가? 그리고, 이러한 방식은 어떤 의미를 담았을까? 요한의
세례는 단회적이라는 점에서 매일 씻는 쿰란 공동체의 침례 의식과 다
르며 유대교의 개종자 세례와 유사하다고 볼 수 있다(Hurtado, 18). 1세기
초반에 유대교 개종자 세례가 존재했는지는 분명하지 않지만(Starr, 231),
이미 그러한 세례가 있었을 가능성을 배제할 수는 없다. 1세기 초에 없
었던 개종자 세례가 세례 요한의 세례와 기독교인들의 세례가 생겨난
후 나중에 발생하지는 않았을 것이다. 세례자 요한은 유대인들에게 이
방인이 유대인 되듯이 참된 하나님의 백성이 되는 회개를 요청하면서
개종 의식과 같은 세례를 받도록 했을 수 있다. 그렇지만, 요한의 세례
는 유대교 개종자 세례와 달리 유대교 내부적이며, 종말론적이며 회개
를 동반한다(Starr, 232). 위에서 지적하였듯이 마가는 요한의 세례의 의
미를 새 출애굽을 위한 길이라 해석하는데, 이것도 요한의 세례의 특징
이라 할 수 있다. 이러한 특징은 5절에서도 드러난다.

　마가가 5절에서 요한의 세례 방식에 관하여 묘사하는 것을 관찰하
면, 마가가 강조하는 요한의 세례의 특징을 파악할 수 있다. 마가는 '계
속 나왔다'(ἐξεπορεύετο)라는 표현으로 사람들이 세례자 요한에게 나온
모습을 묘사하였다. '나오다'(ἐκπορεύομαι) 동사는 구약 성경에서 출애굽
과 관련하여 쓰인 단어로서(출 13:4, 8; 신 23:4[5]; 수 2:10) 출애굽을 연상시
키는 단어이므로, 이러한 묘사는 세례자 요한의 사역을 출애굽과 연관

시킨다(출애굽 모형론).[14]

> 출애굽기 13:8   내가 이집트에서 나올 때(ὡς ἐξεπορευόμην ἐξ Αἰγύπτου)
>
> 신명기 23:4[5]   너희가 이집트에서 나올 때(ἐκπορευομένων ὑμῶν ἐξ Αἰγύπτου)
>
> 여호수아 2:10   너희가 이집트에서 나올 때(ὅτε ἐξεπορεύεσθε ἐκ γῆς Αἰγύπτου)

마가복음 1:5은 모든 유대 지역(사람들)과 모든 예루살렘 주민들이 세례자 요한에게 나아왔다고 한다. 물론 유대 지역 사람들과 예루살렘 주민들이 예외 없이 모두 요한에게 나오지는 않았을 것이다(막 11:31, 눅 7:30 참고). 이 구절은 마가가 '모든'이라는 단어를 "많은"이라는 뜻으로 사용하기도 했음을 보여 준다. 마가는 다른 곳에서도 종종 '모든'을 '많은'의 뜻으로 사용한다(4:31; 5:40; 6:33; 7:3; 13:13). 마가가 여기서 과장법을 쓰고 있다고 볼 수도 있는데,[15] 이러한 과장은 강조를 위한 것이다. '모든'이 처음과 끝에 놓인 A-B-B′-A′ 교차대구(chiasmus) 구조도 참으로 많은 유대인들이 요한의 세례를 받았음을 강조한다(Gundry, 36). 그런데, 굳이 '모든'이라는 표현을 통해 강조한 이유는 요한의 세례가 개인적 구원과 관련됨에서 그치지 않고 민족 구원(제2의 출애굽)의 소망과 관련되었음을 표현하기 위해서였을 것이다.[16]

마가는 무리가 요한에 의하여(ὑπ' αὐτοῦ) 세례받았다고 한다. 유대인들의 세례 방식은 스스로 물에 잠기는 것이었으므로, 요한의 세례는 한 사람이 다른 사람에게 행하는 세례라는 점에서 독특한 것이었다(Webb,

---

14. Marcus, 151.
15. Taylor, 155.
16. Webb, 364-65 n.28.

181). 웹(R. L. Webb)은 이러한 독특성에 관하여 설득력 있는 신학적 해석을 제공한다. 요한이 세례를 주는 역할을 한 것은 세례의 목적이 죄 사함이므로 결국 그가 죄 사함의 중개자인 셈이다.[17] 레위기 5장은 죄를 범한 사람이 제사장에게 죄를 고백하고(5절), 제물을 바치고 죄 용서를 받는 과정을 묘사하는데, 요한은 회개의 세례를 통한 죄 용서 과정에서 제사장과 같은 역할을 한다(Webb, 192-93). 요한이 제사장 가문 출신이라는 점(눅 1:5, 23)과 요한에게 나아온 사람들이 죄를 고백했다는 점(막 1:5)은 요한이 제사장처럼 죄 용서의 중개자 역할을 했다는 추측을 지원한다.[18] 요한의 세례는 제사 제도를 통한 죄 사함의 방식을 대체하는 대안이었다(Webb, 203). 이러한 웹의 해석은 세례자 요한에 관한 마가의 신학적 관점을 추측하게 한다. 마가가 '그(요한)에 의하여'(ὑπ' αὐτοῦ)라고 적으며 요한의 세례의 특징을 제한된 지면 속에 굳이 언급한 이유는 이러한 특징에 특별한 의미가 있다고 보았기 때문일 것이다. 그 특징을 유대인들이 익숙한 구약 성경을 배경으로 이해하면 웹이 해석한 바와 같이 세례자 요한이 성전 제사 없이 세례를 통하여 죄 사함을 중개하는 제사장의 역할을 하는 자였다는 신학적 의미에 도달하게 될 것이다.

물론, 마가는 세례자 요한을 예수의 길을 준비하는 자로 보았으므로, 요한의 세례를 통한 죄 사함과 예수의 죽음을 통한 죄 사함을 동일선상에 두지는 않았을 것이다. 마가는 요한의 세례를 통한 죄 사함이 예수의 죽음을 통한 죄 사함의 전조였다고 보았을 것이다.[19] 예수의 죽음이 죄 사함과 관련됨은 마가복음 10:45("자기 목숨을 많은 사람의 대속물로 주

---

17. Webb, 191.
18. Webb, 193.
19. Marcus, 2000: 156.

려함")에서 확인된다. '대속물'(λύτρον)은 이사야 53:10의 여호와의 종이 자기 목숨을 속건제물(אשם)을 드리는 것을 배경으로 하는데, 이 이사야 구절은 "그가 많은 사람의 죄를 담당"하였다고 하므로, 죄 사함과 관련된다. 따라서 마가복음 10:45은 예수께서 많은 사람의 죄 사함을 위하여 자신의 목숨을 내어 주시는 분임을 알려 준다.

마가복음 10:38에서 예수께서 자신의 고난을 '세례'라 부른 점은 예수의 고난을 요한의 세례와 연관시키는 단서가 된다. 마가는 세례자 요한을 주의 길을 준비하는 자로 간주하므로(1:2-4), 세례자 요한이 준비하는 새 출애굽이 요한 뒤에 오는 예수를 통하여 이루어진다고 보았을 것이다. 예수께서 새 출애굽을 가져오는 방식은 십자가 고난을 통해서였다. 이것은 자신의 피(죽음)와 언약을 연관시키는 최후의 만찬 말씀에서 암시된다(막 14:24). 예수께서는 자신의 피를 언약의 피라고 함으로써 자신의 죽음의 의미를 언약과 연관시키셨다. 구약 시대에 이미 아브라함 언약, 모세 언약 등이 있었으므로 이 언약은 새로운 언약이며, 예레미야 31:31이 언급하는 새 언약과 관련된다고 볼 수 있다. 그런데, 새 언약이 언급되는 문맥 속에 있는 예레미야 31:23("내가 그 사로잡힌 자를 돌아오게 할 때에")은 이 새 언약이 새 출애굽과 관련됨을 알려 준다. 요한이 주는 세례는 새 출애굽을 준비하는 데 그치지만, 예수께서 받는 고난의 세례는 새 출애굽을 실현한다. 그렇지만 이 두 세례는 모두 죄 사함을 목표로 하는 점에서 동일하다.

미쉬나(m. Parah 8:10)는 요단강을 정결 의식 장소로부터 제외시킨다 (Starr, 230). 이러한 상황이 1세기 초반에도 동일하였다면, 요한이 하필 요단강을 세례의 장소로 선정한 데에는 중요한 의미가 있을 것이다. 물론 요단강을 선택한 이유는 (출애굽을 상징하는) 광야에서 세례를 주고자

할 때 마주치는 불가피성 때문이었을 수 있다(Webb, 182). 하지만, 굳이
강을 선택한 이유는 회개해야 하는 죄의 심각성 때문일 수도 있다. 강은
흐르는 물로서 살아 있는 물이며, 구약 성경에서 살아 있는 물은 심한
불결의 경우에 요구되었다(레 14:5-6, 50-52, 민 19:17, 신 21:4).[20] 시빌의 신탁
(4:165-67)은 죄 용서를 구하는 것을 강에 온 몸을 담그는 것과 연관시키
고, 모세의 묵시(29:11)은 요단강에 온몸을 담그는 것을 회개와 연관시키
는데, 요한이 강을 세례의 장소로 선택한 것은 이러한 배경을 통해서 볼
때, 불결의 심각성 및 회개와 관련될 가능성이 있다(Webb, 181).

그러나 마가가 요단강을 언급한 이유는 이러한 측면 때문만은 아닐
것이다. 요단강은 엘리야의 사역과 관련이 있으므로(왕하 2:6-9), 종말에
오는 엘리야 선지자에 해당하는 세례자 요한의 사역지로서 적합하였을
것이다. 요단강은 이스라엘 백성의 시작(수 5장), 엘리사의 사역의 시작
(왕하 2장), 나아만의 새로운 시작(왕하 5장)과 관련된 장소로서(van Iersel, 96-
97), 회개하고 새로운 삶을 시작하는 세례를 받기에 적합한 장소이다.
그러나 무엇보다 요단강은 출애굽 후에 광야에서 40년을 보낸 뒤 히브
리인들이 약속의 땅으로 들어가기 위해 건넌 곳이므로, 요단강을 건너
는 것은 새로운 출애굽과 가나안 정복을 상징하는 장소로 적합하였을
것이다(Webb, 364).

요단강에서 세례를 주었다는 5절의 표현은 광야에서 세례를 주었다
는 4절의 내용과 서로 모순된다고 볼 필요가 없다. 광야는 물이 없는 사
막을 가리키는 것이 아니라 사람이 거주하지 않는 지역을 가리킨다.[21]
요세푸스(J.W. 3.515)는 요단강이 "긴 광야 지역을 굽이쳐 흐른다."(πολλὴν

---

20. Webb, 181.
21. Webb, 363; BDAG, 392.

ἀναμετρούμενος ἐρημίαν)라고 하였다(Webb, 363). 또한 여호수아 15:61-62은 여리고 남쪽의 요단 계곡을 광야라 부르며(Funk, 207), 이사야 35:2(70인역)은 '요단강 광야'(τὰ ἔρημα τοῦ Ιορδάνου)라는 표현을 담고 있다(Funk, 208). 이러한 기록에 의하면 요단강은 광야를 통과하여 흐르는 강이다. 따라서 마가복음 1:5이 세례의 장소로서 언급하는 요단강과 그 앞 절이 세례의 장소로 언급하는 광야가 서로 일치할 수 없는 별도의 장소라고 볼 필요는 없다(Wink, 4).

마가복음 1:5은 회개와 평행이 되는 표현인 '죄를 고백하다'라는 표현을 통해 4절이 언급한 회개가 무엇인지 알려 준다. '그들의 죄를 고백하며'(ἐξομολογούμενοι τὰς ἁμαρτίας αὐτῶν)는 70인역 레위기 26:40의 '그들의 죄를 고백하면'(ἐξαγορεύσουσιν τὰς ἁμαρτίας αὐτῶν)을 연상시킨다. 죄를 고백한다는 것은 쿰란 문헌(1QS 1:24-26)에서처럼 (제사장이 지적한) 악행들을 행하였음을 시인하는 말을 함을 가리키는 듯하다. 그런데, 죄를 고백할 때 죄목을 열거해야 하는지에 관해서는 유대인 랍비들 사이에서도 이견이 있었다. 랍비 유다(Judah b. Bathyra, 110년경)는 죄목을 열거해야 한다고 했고, 랍비 아키바(Akiva, 135년경에 죽음)는 죄목을 열거할 필요가 없다고 했다.[22] 마가도 죄목의 열거 여부에 관해 명확히 하지 않으므로, 죄목의 열거 여부는 마가의 관심사가 아니었다고 볼 수 있다.

마가는 왜 유대인들이 죄를 고백하였다는 점을 부각시켜 기록했을까? 레위기 26:40-42은 망한 이스라엘이 그들의 죄를 고백하면 하나님께서 야곱, 이삭, 아브라함과 맺은 언약을 기억할 것이라고 약속한다. 아브라함과 맺은 언약은 자손이 별과 같이 많으리라는 것이고(창 15:5) 가나안 땅을 아브라함과 그 후손에게 주어 영원한 기업이 되게 하겠다

---

22. Gnilka, 46 n.47.

는 것이다(창 17:8). 이스라엘이 죄를 고백하면 하나님은 이 약속을 기억
하시고 이스라엘을 다시 회복시키실 것이다. 유대인들은 이 구약 말씀
을 통해 죄의 고백이 가지는 의미를 파악했을 것이다. 그래서 그들은 이
스라엘의 회복을 위해서 죄를 고백하였을 것이다. 마가는 세례자 요한
의 사역을 이스라엘의 회복과 관련된 사역으로 보았기에 유대인들의
죄의 고백 행위를 기록하였을 것이다.

요한의 세례는 침례였을까, 아니었을까? 세례가 이루어진 곳이 강
임(5절)과 세례받은 예수께서 물에서 올라오심(10절)을 통해서 볼 때 요
한의 세례는 물에 잠기는 방식이었음을 알 수 있다(Webb, 180). 제2성전
시대의 세례는 몸 전체를 물에 담그는 방식이었음도 이 가능성을 지지
한다.[23] 요한의 세례가 물에 잠겼다가 올라오는 방식이었다는 것은 죄의
심각성을 암시할 뿐 아니라, 물에 잠겼다가 올라오는 행위가 죽고 다시
사는 새 출발을 상징할 수 있는 측면이 있기 때문이었을 수 있다. 그러
나 마가가 요한의 세례의 침례적 성격을 명시적으로 기술하지 않은 것
은 침례가 당시 유대인들의 세례와 다른 특이한 것이 아니었기 때문일
것이다.

다. 세례자 요한의 복장과 음식이 가진 의미(6절)

마가는 세례자 요한에 관한 기록에 할애된 몇 줄 안 되는 제한된 지면
속에 세례자 요한의 복장에 관하여 묘사한다. 이렇게 한 것은 마가가 요
한의 복장이 중요한 의미를 담고 있다고 보았기 때문일 것이다. 털옷과
가죽띠는 엘리야를 연상시킨다(왕하 1:8). 털옷은 아마 선지자 복장이었
을 것이다(슥 13:4). 마가는 이러한 묘사를 통하여 세례자 요한이 말라기

---

23. Webb, 180 참고.

4:5(히브리어 성경은 3:23)에 예언된 종말에 등장할 엘리야임을 암시한다. 그러한 엘리야로서의 세례자 요한의 등장은 지금이 곧 종말의 때임을 시사하며, 마가는 1:9에서 예수를 세례자 요한에 이어 등장시킴으로써 예수께서 엘리야 뒤에 오시는 분으로서 종말에 오시는 구원자(메시아)이 심을 암시한다.

거친 옷을 입는 것은 회개의 표시이기도 하였으므로(욘 3:6, 단 9:3, 마 11:21),[24] 세례자 요한의 복장은 그가 선포하는 회개의 메시지를 시각적으로 드러내는 역할도 한다. 세례자 요한의 입장에서는 선지자적 선포의 시각적 효과를 위한 측면이 있었을 수 있지만, 세례자 요한의 복장을 묘사한 마가의 의도는 세례자 요한이 그러한 효과를 사용한 노련한 선지자였다는 인상을 독자에게 전하기 위해서라기보다는 세례자 요한이 종말에 등장할 선지자(즉 엘리야)임을 암시하여, 세례자 요한 뒤에 오시는 분이 메시아임을 증언하기 위해서였을 것이다.

마가가 제한된 지면에 세례자 요한의 음식에 관해 기록한 것도 특이하다. 세례자 요한의 음식은 메뚜기와 야생 꿀이었다. '야생 꿀'이란 바위 틈이나 빈 나무 속에 벌이 모은 꿀일 수 있다. 이것은 또한 어떤 나무의 수액에 해당하는 꿀일 수 있다(Taylor, 156). 나무에서 나오는 당도 높은 수액은 현대인들이 보기에는 꿀이라 할 수 없겠지만, 고대인에게는 그렇게 여겨질 수 있었을 것이다(Kelhoffer, 98). 나바티아족이 나무에서 나오는 꿀(μέλι)로 광야에서 생존하였다고 하는 디오도루스(Diodorus Siculus, *Hist.* 19.94.10)의 묘사는 이러한 해석 가능성을 지원한다(Kelhoffer, 98).

그런데 마가는 왜 하필이면 요한의 음식을 언급했을까? 이러한 음

24. Stein, 1992: 307.

식(메뚜기)은 율법에 의해 허락된 음식에 속한다(레 11:21-22).[25] 그렇지만, 율법이 허용하는 음식은 다양하고 유대인들은 대개 율법이 허용한 음식을 먹었을 것이므로, 세례자 요한이 율법을 잘 지켰다는 것을 강조하려고 음식의 종류를 언급하지는 않았을 것이다. 광야를 여행하는 자들에게 메뚜기와 꿀은 전형적인 음식이었다(Hooker, 37). 베두인(Bedouin)족은 이러한 음식을 먹었으며 쿰란 공동체도 그러했을 것이다(CD 12:14).[26] 세례자 요한의 음식은 그의 생활이 광야와 밀접하게 관련되었음을 알려 준다. 낙타털 옷도 베두인족의 복장이었으므로(Pesch, 81), 요한의 복장도 광야 생활과 밀접하게 관련된 것이다. 이러한 광야와의 연관성은 세례자 요한을 광야와 밀접하게 관련된 출애굽과 연관시키며 그가 광야가 연상시키는 새 출애굽과 관련된 종말론적 인물임을 암시한다.

라. 세례자 요한의 선포(7-8절)

세례자 요한은 자기 '뒤에'($\delta\pi i\sigma\omega$) 오시는 분에 관하여 선포한다. 마가복음 1:14("요한이 잡힌 후에 … 예수께서")을 고려하면, 마가의 관점에서 '뒤에'는 세례자 요한의 제자를 가리키기보다는 시간적으로 세례자 요한 후에 등장하여 사역함을 뜻한다고 볼 수 있다(Witherington, 73).

　'더 강한 분'이란 표현은 세례자 요한이 자신을 '강한 자'로 인식함을 보여 준다. 본문 속의 세례자 요한은 스스로를 강한 자로서 선지자적 존재임을 인식하고 있으며 자신의 뒤에 엄청나게 위대한 분이 오실 것도 알고 있다. 이러한 세례자 요한의 인식은 마가복음이 전하는 예수 자신의 인식과도 일치한다. 마가복음 3:27에서 예수께서는 자신이 사탄보

25.　Hooker, 37.

26.　Boring, 2006: 41.

다 더 강한 분임을 내비치신다(눅 11:22 비교).[27] 따라서 마가는 세례자 요한이 언급한 더 강한 자가 예수라고 보았음이 분명하다. 세례자 요한은 자기 뒤에 오실 분의 신발 끈을 풀 자격도 없다고 말한다. 신발 끈을 푸는 일은 종이 하는 일 중에서도 가장 비천한 일이었다(Hooker, 38). 탈무드(b. *Ketuboth* 96a)에 의하면 제자는 스승을 위하여 노예가 주인을 위해 하는 모든 일을 하여야 하지만 신발 끈을 푸는 일만은 예외이다(Hooker, 38). 신발 끈을 푸는 일은 이처럼 비천한 일이었다. 세례자 요한 뒤에 오실 분은 세례자 요한이 그분의 종이 될 자격도 제자가 될 자격도 없을 만큼 위대한 분이다. 유대인들의 기대 속에서 종말론적 선지자보다 이처럼 더 위대한 분은 메시아 외에 다른 분일 수 없었을 것이다.

'더 강한 자'는 하나님 자신을 가리킬 수도 있겠지만, 세례자 요한의 선포 후에 예수께서 등장하시는 마가복음 1:4-15의 구조를 통해 마가는 세례자 요한이 선포한 '더 강한 자'가 예수임을 시사한다. 세례자 요한이 예수께 제자들을 보내어 오실 그분이 예수인지 질문하였음을 기록한 누가복음 7:19과 마태복음 11:3도 더 강한 자가 하나님 자신이라기보다는 하나님의 대리자를 가리킨다고 보는 관점을 지원한다(Webb, 287). 물론 마가의 관점이 마태복음과 누가복음의 관점과 달랐을 수 있다. 그러나 이 관점은 마태복음과 누가복음 모두에 담긴 것이므로 매우 초기의 것이라고 판단할 수 있다. 더구나, 이 관점은 예수에 관한 세례자 요한의 의심을 담은 것으로서 초기 기독교인들이 만들어 낼 가능성이 매우 낮은 것이므로 역사적 세례자 요한에 거슬러 올라갈 것이다. 마가는 역사적 세례자 요한의 관점에 따라 '더 강한 자'가 하나님 자신이 아니라 하나님께서 보내시는 메시아를 가리킨다는 관점을 가졌을 것이다.

---

27. Taylor, 156.

'내가 세례를 주었다'(ἐβάπτισα)라고 할 때 사용된 동사 형태는 부정과거형이다. 부정과거형은 대개 과거 시제를 가리키므로, 이것은 '내가 세례를 주었다'라고 번역할 수 있지만, 부정과거형이 과거, 현재, 미래를 모두 포괄하는(omni-temporal) 용법으로 쓰이기도 하므로 '내가 세례를 준다'라고 번역할 수도 있다.[28] 마가복음 1:8의 문맥에는 세례자 요한이 더 이상 세례를 주지 않는다는 암시가 없으므로 후자를 지지하는 듯하다. 과거를 가리키는 완료형이 현재적 의미를 지닐 수 있는 히브리어/아람어의 완료형을 염두에 두고 볼 때에도, 부정과거형 '에바쁘띠사'(ἐβάπτισα)는 이러한 히브리어/아람어의 용법을 반영한 것으로 간주하여 '세례를 준다'라고 현재형으로 번역할 수 있다(Hooker, 38 참고).

그렇지만, 마가가 현재형 대신 굳이 부정과거형을 선택한 데는 이유가 있을 것이다. 마가는 이 시점에서 요한의 사역이 완성된 것으로 보아서 이 시제를 택하였을 수도 있다(Hooker, 38). 마가는 예수의 등장과 함께 요한의 사역은 끝났다고 보았을 수 있다(Hooker, 38). 그러나, 마가가 과연 그러한 신학적 견해를 가졌는지를 확인할 수는 없다.

좀 더 간단한 설명은 마가복음 1:8의 경우에 부정과거형 '에바쁘띠사'(ἐβάπτισα)가 사용된 이유가 세례자 요한이 말하는 시점에서 볼 때 자신의 세례 사역이 과거에 행해진 사역이었기 때문이라고 보는 것이다. 8절이 대문(對文, 대조적 평행법)으로 되어 있다는 점은, 이어서 나오는 미래형 '세례를 줄 것이다'(βαπτίσει)가 가진 미래적 의미에 대조된 과거적 의미("세례를 주었다")로 읽는 것을 지지한다.

---

28. 부정과거의 이러한 용법에 관하여는 Porter, 38-39 참조.

ἐγὼ	ἐβάπτισα	ὑμᾶς	ὕδατι,
αὐτὸς δὲ	βαπτίσει	ὑμᾶς	ἐν πνεύματι ἁγίῳ.
나는	물로	너희에게	세례를 주었지만,
그는	성령으로	너희에게	세례를 줄 것이다.

세례자 요한은 성령으로 세례 주시는 분이 오실 것을 선포한다. 물과 성령의 평행법보다 물과 불의 평행법이 더 본래적인 것이라고 주장하는 이들도 있지만,[29] 물과 성령의 평행법은 이미 에스겔 36:25-27에 등장한다(Hooker, 42). 쿰란 문헌(1QS 3:4-6)도 물과 영을 대조하며 참다운 정결은 물이 아니라 하나님의 영으로 이루어짐을 지적한다. 세례자 요한은 이러한 전통에 따라 물과 성령을 평행시켰을 수 있으므로, 물/성령 평행법이 나중에 생겨난 것이라고 판단할 필요는 없다.

성령을 부으심은 종말론적 주제 중에 하나이다(겔 39:29).[30] 요엘서 (3:1-2, 개역은 2:28-29)는 종말에 성령이 부어질 것을 예언한다. 요엘서에 의하면 이스라엘 백성에게 성령이 부어지는 일은 "유다와 예루살렘 가운데에서 사로잡힌 자를 돌아오게 할 그때에" 발생한다(4:1, 개역은 3:1). 그러므로 성령으로 세례를 주시는 분이 오시리라는 선포는 새 출애굽이 가까움을 선포하는 것이나 다름없다. 에스겔 39:27-29은 이 점을 분명히 한다.

27 내가 그들을 만민 가운데서 돌아오게 하고, 원수들의 땅에서 그들을 모아 데리고 나올 때에, 뭇 민족이 보는 앞에서, 내가 그들로 말미암아

---

29. A. Y. Collins, 146도 이러한 입장을 여전히 취한다.
30. Hooker, 38. 사 33:15과 44:3도 동일한 전망을 보여 준다.

내 거룩함을 나타낼 것이다. 28 그때에야 비로소 뭇 민족이 나 주 이스라엘 하나님이 이스라엘을 여러 민족에게 포로가 되어 잡혀 가게 하였으나, 그들을 고국 땅으로 다시 모으고, 그들 가운데서 한 사람도 다른 나라에 남아 있지 않게 한 줄을 알 것이다. 29 내가 이스라엘 족속에게 내 영을 부어 주었으니(שפכתי את-רוחי), 내가 그들을 다시는 외면하지 않겠다. 나 주 하나님의 말이다. (표준새번역)

여기서, 성령의 부으심은 이스라엘 포로에서 해방되어 고토로 돌아오는 새로운 출애굽 때 일어나는 사건이다. 이사야 63:11, 14은 출애굽 때 성령께서 회중 가운데 계시며 그들을 인도하셨다고 한다. 성령 부음에 관한 이러한 구약 본문들을 배경으로 볼 때 마가복음 1:8이 언급하는 성령으로 세례를 주시는 분은 새 출애굽을 가져다주시는 구원자를 가리킨다고 볼 수 있다.

마가복음은 이 본문 이후에 성령으로 세례 주는 사역에 관하여 다시 언급하지 않는다. 그렇다면, 마가복음의 관점에서 볼 때 성령으로 주는 세례는 무엇인가? 마가복음 1:8에 담긴 세례자 요한의 관점에서 보자면, 수세 때에 성령이 예수께 강림하셨으므로(1:10), 그 후에 이루어진 예수의 모든 사역은 성령으로 세례 주는 사역이라 할 수 있다. 특히 축귀 사역은(막 3:27) 사탄의 포로를 해방하는 예수의 새 출애굽 사역으로서 물로 이루어지지 않고 성령으로 이루어진 것이므로(막 3:22-30) 성령으로 세례 주는 사역에 해당한다.

쿰란 문헌(1QS 4:21-22)은 이러한 해석을 지원한다. 이 문헌은 "거룩의 영"(רוח קודש)으로 악한 행위로부터 정결하게 하고, "진리의 영"(רוח אמת)을 물처럼 뿌려서 "더러운 영"(רוח נדה)의 오염으로부터 정결하게 한다고 한다. '영을 물처럼 뿌리다'는 표현을 배경으로 '성령으로 세례를 주다'라는 마가복음 1:8의 표현을 해석하면, 세례자 요한이 '성령으로 세례 주다'라는 표현을 통해 기대한 것이 더러운 영의 오염으로부터의 정결이었다고 볼 수 있다. 마가는 성령으로 더러운 영들을 쫓아내는 예수의 사역(막 1:27 등)이 이러한 기대를 성취하는 것으로 보았을 것이다.

물론 성령으로 주는 세례는 축귀에 국한되지 않는다. 에스겔 11:19-20; 36:26-27과 스가랴 12:10에 의하면 성령은 하나님 앞에서 의롭게 살게 하는 기능을 하며, 희년서 1:23도 성령이 그러한 기능을 함을 언급한다(Webb, 293). 그러므로 마가도 '성령으로 세례 주심'을 언급할 때, 이러한 성령의 역할을 염두에 두었을 가능성이 높다. 예수께서 하나님 나라가 가까웠음을 선포할 때 '회개하라'고 요구하였음을 마가(1:15)가 언급한 것은 이러한 가능성을 지원한다. 예수의 성령 세례가 요한의 물세례와 회개의 측면에서 다른 점은 예수의 십자가 고난이 가져오는 언약(막 14:24)이 예레미야 31:31에 언급된 대로 율법을 마음에 새기는 측면일 것이다. 마가복음 1:8에 담긴 세례자 요한의 선포를 통해서 볼 때, 율법을 마음에 새기어 하나님 앞에서 의롭게 살게 하는 사역은 성령을 통하여 이루어진다.

예수의 십자가로 인한 새 언약에 참여하여 사탄의 노예로부터 해방되는 새 출애굽을 경험하고 율법을 마음에 새기어 하나님의 뜻대로 살아가는 것은 마가복음이 묘사하는 세례자 요한의 관점에서 볼 때, 성령으로 주는 세례를 받는 것이라 할 수 있을 것이다.

III. 해설과 적용

1. 해설

마가는 세례자 요한의 세례 사역을 새 출애굽을 위하여 길을 준비하는 사역이라 간주했다. 마가복음의 관점에 따르면, 세례자 요한은 유대인들이 죄의 결과로 겪게 된 포로 상태로부터 해방되는 새 출애굽을 하려면 죄 사함이 필요하고, 죄 사함을 위해서는 회개의 세례를 받아야 한다고 본 듯하다.

마가의 기록에 의하면, 세례자 요한은 회개가 죄를 자백하는 것과 관련된다고 보았으며, 유대교에 뿌리 깊은 세례와 내적 정화의 연관성을 토대로 회개를 표현하는 의식으로서 세례를 사용했다. 종말에 회개가 발생하리라는 구약과 유대교의 기대에 따라서 마가는 회개의 세례를 선포한 세례자 요한이 종말론적 인물이라 여겼을 것이다.

마가는 세례자 요한에게 무리가 나온 것을 구약 성경에서 출애굽과 연관되어 사용된 '나가다'(ἐκπορεύομαι) 동사로 묘사함으로써 세례자 요한의 사역을 새 출애굽과 연관됨을 암시한다. 모든 유대 지역 사람들과 모든 예루살렘 주민이 세례 요한에게 나왔다고 함으로써 새 출애굽이 개인의 차원에 그치지 않고 민족적 차원을 가짐도 부각시켰다.

마가는 무리가 스스로 세례받는 당시의 관습과 달리 타인인 요한에게 세례받는 독특성을 지적함으로써 세례자 요한이 죄 사함을 위한 의식 속에서 구약의 제사장과 같은 역할을 하고 있음을 암시하였다. 그리하여 요한에게 받는 세례는 예수를 통해 받는 죄 사함의 전조임을 내비친다.

마가가 세례자 요한의 세례의 장소로서 요단강을 굳이 언급한 것은 요단강과 엘리야, 요단강과 출애굽의 연관을 연상시키기 위해서였을 것이다. 이러한 연관성은 세례자 요한의 사역이 말라기가 종말에 오리라 예언한 엘리야의 사역이며 새 출애굽을 준비하는 사역임을 암시한다.

마가가 세례자 요한의 음식과 복장을 묘사한 것도 그러한 음식과 복장의 광야적 특성을 통해 광야와 관련된 출애굽과 연관시키기 위해서였을 것이다. 또한 세례자 요한의 복장은 엘리야의 복장에 해당하므로 세례자 요한이 종말에 등장할 선지자 엘리야에 해당함을 암시할 수 있었다.

마가는 세례자 요한의 선포를 통해 그가 소개하고자 하는 자에 해당하는 예수께서 어떤 분이신지 이해하도록 돕는다. 예수께서는 세례자 요한보다 더 강한 분이시며, 예수의 세례는 요한의 물세례보다 더 나은 세례로서 성령으로 주는 세례이다. 성령으로 주는 세례가 무엇인지 마가는 명시적으로 설명하지는 않는다. 그러나 마가복음의 문맥 안에서 성령으로 주는 세례를 이해하자면 성령으로 이루어지는 축귀(막 3:22-30)가 이에 해당한다고 볼 수 있다. 축귀는 성령으로 사탄을 제압하고 사탄의 포로들을 해방시키는 사역으로서(막 3:27) 새 출애굽의 한 측면에 해당한다.

쿰란 문헌(1QS 4:21-22)은 "거룩의 영"을 통하여 악한 행위로부터 정결하게 되고, "진리의 영"을 물처럼 뿌려서 "더러운 영"의 오염으로부터 정결하게 됨을 기대한다. 이러한 기대를 배경으로, 마가복음 1:8에서 성령으로 세례 줌을 통해 기대된 것은 더러운 영의 오염으로부터의 정결이었다고 해석할 수 있다. 마가는 성령으로 더러운 귀신들을 쫓아내는 예수의 사역(막 1:27 참고)이 이러한 기대를 성취한다고 보았을 것이다.

마가복음 1:10은 성령이 예수 속으로 강림하셨다고 하므로, 그 후에 예수가 행한 다른 모든 사역도 성령으로 하는 사역이라 할 수 있고, 이 것은 마가복음 1:8이 언급하는 성령으로 세례 주는 사역이라 할 수 있 다. 물론 이 사역의 절정은 예수 자신이 자신의 '세례'라고 부른(막 10:38-39) 십자가 고난이며, 이를 통해 이루어지는 새 언약(막 14:24)은 예수께 서 성령으로 주는 세례의 내용이며, 세례자 요한이 준비한 새 출애굽의 내용이라 할 수 있다. 다른 복음서들이 이해한 '성령으로 주는 세례'는 다른 강조점을 가지겠지만, 마가의 관점에서 세례자 요한이 기대한 성 령으로 주는 세례의 성취가 무엇인가에 관해서는 마가복음 문맥 속에 서는 이렇게 해석될 수 있다.

2. 적용[31]

세례자 요한은 예루살렘으로 가지 않고 광야로 나갔다. 새 시대를 준비 하는 자는 예루살렘이 아니라 광야로 가야 한다. 우리는 광야를 택해야 한다. 새 시대는 광야에서 시작된다. 돈과 권력과 사람으로부터 떨어진 소외된 곳에서 새 출애굽의 역사는 시작된다. 주께서는 우리를 광야로 부르신다. 이 광야에는 하나님께서 임재하신다. 그곳에서 우리는 세례 자 요한과 같은 하나님의 사람이 될 것이다.

세례자 요한은 광야로 나아가서 메뚜기와 석청을 먹었다. 그저 생존

---

31. 이 부분은 웨스트민스터신학대학원대학교 채플(2009. 9. 15.) 설교 때 적용한 내용
을 신현우, 2018c: 17-20에 실은 것을 토대로 하였다.

을 위해 필요한 것을 먹었다. 광야는 단지 외로운 곳일 뿐 아니라 배고
픈 곳이다. 그러나 우리는 광야로 가야 한다. 사도 바울은 세례자 요한
처럼 춥고 배고픈 광야로 나아갔던 인물이다. "수고하며 애쓰고 여러
번 자지 못하고 주리며 목마르고 여러 번 굶고 춥고 헐벗었노라"(고후
11:27). 바울은 풍족한 가운데서 사역하지 않았다. 그는 스스로 일하여 생
활비를 벌어야 했다. 잠을 잘 시간이 없도록 바쁘기도 했다. 종종 먹을
것이 없어 굶주리고 목말랐다. 종종 옷이 없어서 추위에 떨어야 했다.
그러나 바울에게는 하나님께서 함께 계셨다.

세례자 요한은 낙타털 옷을 입고 가죽띠를 띠었다. 이것은 선지자
복장이다. 세례자 요한은 선지자의 정체성을 분명히 했다. 비록 광야에
서 메뚜기와 석청을 먹고 살았지만 그는 시대를 앞서가는 선지자였다.
우리는 광야에 거하는 것으로 임무를 다할 수 없다. 우리의 정체성을 분
명히 해야 한다. 옛 시대에 속한 자가 아니라 새 시대의 선구자가 되어
야 한다.

우리의 자기 비움은 광야로 가는 것에 그쳐서는 안 된다. 새 시대의
주인공이 아니라 예비자가 되어야 한다. 모든 수고를 하고도 오직 하나
님께 영광을 돌려야 한다. 사람들이 하나님을 바라보도록 한 후에 조용
히 무대 뒤로 사라져야 한다.

세례자 요한에게 나아온 사람들은 죄를 고백했다. 우리도 죄인임을
인정하며 주께로 나아가야 한다. 자기 의로움에 도취되기보다는 애통
하는 마음으로 주께 나아와야 한다. 죄를 자복하며 주께 나아와야 한다.
그래야 새 출애굽을 경험할 수 있다. 우리는 회개해야 한다. 날마다 더
비우고 덜어 내어야 한다. 날마다 올라가기를 추구하기보다 더 내려가
기를 추구해야 한다. 전에는 잘못으로 여기지 않던 것을 잘못인 줄 깨달

을 수 있어야 한다. 마침내 자신이 죄인 중의 괴수라고 고백한 바울을
닮아 가야 한다. 성경을 자기중심으로 해석하며 이용하는 지식을 늘려
가는 길을 중단해야 한다. 성경으로 나를 비판하는 비움의 길로 가야 한
다.

날마다 채우기만 한다면 그것은 동양 철학의 수준에도 못 미치게
된다. 노자의 글에는 위학일익 위도일손(爲學日益 爲道日損)이라는 말이
있다. 학문을 하는 자는 날마다 채우지만, 도를 닦는 자는 날마다 버린
다는 말이다. 우리가 버리고 비우는 것이 없다면 노자의 경지에도 도달
하지 못한다.

광야에서 외치는 세례자 요한은 위대한 선지자이다. 그러나 그에게
도취되어 있어서는 안 된다. 우리는 세례자 요한의 물세례가 전부라고
생각해서는 안 된다. 세례자 요한이 가리키는 메시아를 바라보아야 한
다. 메시아가 가져다주시는 성령 세례를 기대해야 한다.

성경 공부는 물세례와 같은 것이다. 우리는 성경 공부를 통해 우리
의 생각을 바꾸며 우리가 죄인임을 깨닫게 된다. 그것은 '회개'라고 부
를 수 있는 것이다. 날마다 생각을 바꾸며 잘못된 생각을 버리는 과정이
성경 공부이다. 그러나 이 과정 뒤에 놓인 더 중요한 세례를 바라보아야
한다. 그것은 성령으로 세례를 받는 것이다.

우리는 성경을 공부할수록 더 예수께 가까이 갈 수 있어야 한다. 더
십자가에 가까이 갈 수 있어야 한다. 더 성령으로 충만해져야 한다. 우
리는 이러한 길로 가야 한다. 우리는 배고파도 이 길을 가야 하고 아무
도 알아주지 않아도 이 길을 가야 한다. 조롱과 비방을 당하고 비판을
당하여도 이 길을 포기할 수 없다.

광야에 소망이 있는가? 하나님을 의지할 수 있기에 소망이 있다. 마

치 패배한 자처럼 느껴지더라도, 바로 그렇기 때문에 우리에게 소망이 있다. 하나님밖에 의지할 데가 없기 때문에 소망이 있다. 하나님은 우리가 상실한 모든 것보다 더 크신 분이다. 우리가 포기한 것이 많을지라도, 하나님은 우리가 포기하고 상실한 모든 것보다 더 크고 위대한 분이다. 하나님 한 분만으로 모든 것을 보상하고도 남는다. 우리는 모든 것을 다 잃을지라도 결코 하나님을 빼앗기지 않을 것이다. 하나님은 결코 우리를 떠나지 않을 것이기 때문이다.

> 너의 평생에 너를 능히 당할 자가 없으리니 내가 모세와 함께 있던 것같이 너와 함께 있을 것임이라. 내가 너를 떠나지 아니하며 버리지 아니하리니 마음을 강하게 하라 담대히 하라 너는 이 백성으로 내가 그 조상에게 맹세하여 주리라 한 땅을 얻게 하리라. (수 1:5-6)

제4장
마가복음 1:9-11
예수 복음의 기원*

I. 번역

9 그 무렵에 예수께서 갈릴리의 나사렛으로부터 오셔서 요단강에서 요
한에게 세례를 받으셨다.[1] 10 곧이어 물속으로부터 올라오실 때에, 하늘

---

* 제4장은 필자의 글, 신현우, 2013b: 465-87의 내용을 토대로 좀 더 읽기 쉽게 편집
하여 작성되었다.

1. 이러한 번역을 위해 다음이 고려되었다. (i) 9절을 시작하는 '까이'(καί)는 단락 시
   작의 표시라고 볼 수 있다(Porter, 301-2 참고). (ii) '까이 에게네또'(καὶ ἐγένετο) +
   시간의 부사(구) + 동사 구문은 히브리어 구문(יהי + 시간의 부사[구] + [ו] + 동사)
   을 반영한다(예. 창 8:13, 출 12:51; 40:17, 민 10:11, 왕상 14:25, 왕하 18:1, 9, 대하
   12:2, 슥 7:1, 사 7:1, 렘 52:4, 겔 8:1; 20:1; 29:17; 30:20; 31:1; 32:1). 이러한 구문은
   시간의 부사(구)를 앞으로 빼서 강조하기 위한 것으로 볼 수 있다. (iii) 테일러(V.
   Taylor)는 '저 그 날들에'(ἐν ἐκείναις ταῖς ἡμέραις)가 셈어적 색채를 가진다고 하며
   출 2:11과 눅 2:1을 언급한다(Taylor, 159). 출 2:11의 '저 많은 날들에'(ἐν ταῖς
   ἡμέραις ταῖς πολλαῖς ἐκείναις)는 히브리어 '바야밈 하헴'(בימים ההם)에 해당하고,
   70인역에서 '그 저 날들에'(ἐν ταῖς ἡμέραις ἐκείναις)는 '바야밈 하헴'(בימים ההם)
   의 번역어로서 종종 사용되며(창 6:4, 신 17:9; 19:17; 26:3, 삿 18:1; 19:1; 20:28, 삼
   상 3:1; 28:1, 왕하 10:32; 15:37; 20:1, 대하 32:24, 느 6:17; 13:23, 슥 8:6, 렘 27:20;

이 찢어지고 성령이 비둘기처럼 자기 속으로 내려오시는 것을 보셨다.
11 그리고 하늘로부터 소리가 났다.
"네가 바로 나의 사랑하는 아들이다. 내가 너를 기뻐한다."

II. 주해

사도행전(2:36)에 의하면 최초로 선포된 사도적 설교의 핵심은 십자가에
못 박힌 예수께서 메시아이시라는 것이다. 사도행전 5:42은 사도들이
"예수는 그리스도라고 복음 전하기를(εὐαγγελιζόμενοι) 그치지 않았다."라
고 하므로, 이러한 사도적 설교의 내용이 '복음'임을 알 수 있다. 마가복
음의 핵심도 바로 이 복음, 즉 십자가에 못 박힌 예수가 하나님의 아들
(즉 메시아)이라는 것이다.[2]

예수는 하나님의 아들이라는 진술은 마가복음 1:11; 15:39에 수미상
관(inclusio)을 이루며 등장하고, 마가복음의 중간(9:7)에도 반복되어 나타

38:29, 겔 38:17, 단 10:2 등), 신약 성경(눅 2:1; 4:2, 행 2:18; 7:41; 9:37, 계 9:6)에서
도 등장한다. '저 날들에'(ἐν ἐκείναις ταῖς ἡμέραις)는 구약 70인역에는 나타나지 않
지만, 신약 성경에서는 등장하는데(마 24:19, 막 1:9; 8:1; 13:17, 24, 눅 5:35; 9:36;
21:23), 70인역에 자주 등장하는 '그 저 날들에'(ἐν ταῖς ἡμέραις ἐκείναις)의 변이형
으로서 70인역적인 표현으로 볼 수 있고, 결국 히브리어 '바야밈 하헴'(בימים
ההם)에서 기원하는 표현이라고 할 수 있다. (iv) 신약 헬라어는 '에이스'(εἰς)를
'엔'(ἐν)의 뜻으로 사용하기도 한다(BDF, §205; Porter, 153). 그러므로 '에이스 똔
요르다넨'(εἰς τὸν Ἰορδάνην)을 '요단강에서'라고 번역할 수 있다. 그러나 본문에서
'에이스'는 방향("요단강 [물]속으로")을 뜻할 수도 있다. 10절은 예수가 물에서부
터 밖으로 올라오시는 장면을 묘사하므로 이 가능성이 더욱 높다(Porter, 153).
2. '하나님의 아들'이 메시아를 가리키는 용어임에 관하여는 아래 참고.

난다. 또한 마가복음의 제목에 해당하는 1:1도[3] '예수 그리스도의 복음'
이라는 표현을 담고 있어서, 예수께서 메시아이심이 마가복음의 핵심
주제임을 알려 준다. 요한복음의 경우에도 핵심 주제가 동일함이 요한
복음 20:31에서 분명히 드러난다. 그러므로 복음의 핵심은 '(십자가에서
고난을 통하여 죽임 당한) 예수는 메시아이시다.'라고 요약할 수 있다. 이러
한 복음은 어떻게 발생하게 되었는가?

신명기 21:23은 나무에 달린 자를 하나님의 저주를 받은 자라고 선
언한다. 따라서 십자가(나무)에 못 박힌 예수를 메시아로 선포하는 복음
이 유대인들 가운데 발생하고 믿어지려면 예수께서 십자가에 못 박혀
죽임 당하신 역사적 사건이 가지는 부정적 의미를 뒤집는 사건(부활)이
전제되어야 한다. 예수께서 부활하시면 신명기 21:23을 기억하는 유대
인들이 십자가에서 처형된 죄수를 저주받은 자라 여기는 대신 메시아
로 믿을 수 있다. 그러므로 부활은 기독교 복음과 신앙의 발생을 위한
필요조건이다.[4]

그러나 복음의 기원에 좀 더 거슬러 올라가려면 우리는 한 가지 질
문을 더 던지게 된다. 예수를 메시아로 선포하는 복음을 믿는 사람들은
예수께서 십자가에 못 박혀 죽임 당하심에도 불구하고 믿었다. 그런데,
예수께서는 왜 메시아이심에도 불구하고 십자가에 못 박혀 죽는 길로
가셨을까? 신명기 21:23을 아시는 예수께 이것이 어떻게 가능했을까?

---

3. 막 1:1이 마가복음의 제목에 해당한다는 논증에 관하여는 앞의 제1장 또는 신현우,
   2011a: 40-43 참고.
4. 기독교 신앙 발생과 부활의 역사성을 연관시키는 아이디어는 김세윤 교수의 1989
   년 총신대학교 신학대학원 강의에서 비롯한 것이다. 김세윤 교수는 예수를 메시아
   로 믿는 기독교 신앙의 발생은 예수의 부활을 전제하지 않으면 설명되지 않으므로,
   신앙의 발생은 부활의 역사성을 요청한다고 논증하였다.

더구나 자기 자신이 메시아임을 인식하신(막 14:62) 예수께서 메시아와 전혀 어울리지 않는 십자가를 어떻게 받아들일 수 있었을까?

마가복음은 이미 죽음의 길이 예수의 계획 속에 있었음을 거듭 강조한다(막 8:31; 9:9, 31; 10:33-34, 45; 14:8, 24, 36, 49). 이러한 예수의 계획은 어디에서 온 것인가? 예수께서 자신을 메시아로 간주하셨음에도 불구하고, 당시 유대인들의 군사적 메시아 기대에 부응하지 않고,[5] 고난의 길을 택하신 이유는 무엇인가? 예수를 믿은 (또는 믿고자 하는) 유대인이라면 당연히 이러한 질문을 한 번쯤 던졌을 것이고, 복음을 전하는 사람들은 이에 대답해야 했을 것이다. 마가복음도 예수께서 십자가에 못 박혀 죽임 당하셨음에도 불구하고 메시아이심을 변증하는 목적으로 기록되었을 것이므로,[6] 예수께서 고난의 길을 택하신 이유에 대한 답을 줄 것이다.

마가복음 1:9-11은 예수께서 고난을 택하신 이유에 관하여 어떤 정보를 제공하는가? 마가복음 1:9-11은 삼위일체론적으로도 매우 중요한 본문이다. 세 절이란 짧은 분량 속에 성부의 음성과 성자의 세례와 성령의 강림이 함께 담겨 있기 때문이다. 성부께서 성자에 관하여 음성을 통하여 말씀하시고, 성령은 시각적으로 볼 수 있는 모양으로 성자에게 강림하심을 통하여 무언의 메시지를 전한다. 성자께서는 이 과정에서 요한에게 세례를 받으시면서 성령 강림을 받고 성부의 음성을 듣는 역할을 하신다. 따라서 이 본문 주해를 통하여 깊이 있는 삼위일체론을 논할 수 있을 것이다. 그러나 이러한 논구보다 선행해야 하는 연구는 '예수는

---

5. 당시 유대인들의 군사적 메시아사상은 솔로몬의 시편 17:23-30(특히 17:24), 쿰란 문헌(CD 19:5, 10), 에스라4서 12:32 등에 반영되어 있다(신현우, 2011a: 49).
6. 건드리(R. H. Gundry)는 마가복음은 예수의 십자가 처형에 대한 변증이라고 주장한다(Gundry, 1).

메시아이다.'라는 기독론의 신적 기원을 변증하는 작업이다.

1. 예수의 등장과 요한의 세례

마가복음에서 예수께서 처음 등장인물로 출현하는 곳은 마가복음 1:9
이다. 마가는 1:7-8에서 요한의 선포를 통해 오실 분에 관하여 언급한
후, 곧바로 예수를 등장시켜 독자들로 하여금 요한이 선포한 '오실 분'
과 예수를 연관시키도록 한다. 그래서 건드리(R. H. Gundry)는 마가복음
1:9이 언급하는 예수의 오심(ἦλθεν)은 "오실 분"에 관한 세례자 요한의
예언의 성취로 묘사된다고 주장한다(Gundry, 47). 그렇다면, 본문은 유대
인들이 선지자로 여긴(막 11:32) 세례자 요한보다 예수께서 더 큰 분이시
며, 성령으로 세례를 주실 분이라고 소개하는 셈이다. 유대인들의 기대
속에서는 그처럼 위대한 분은 메시아일 것이다.[7] 따라서 마가는 예수의
등장을 묘사하면서 그가 메시아이심을 암시하고 있다고 볼 수 있다.

　마가는 예수께서 메시아이심을 암시하면서 동시에 나사렛 출신임
을 명시한다. 메시아로 소개되는 맥락에서 등장한 예수의 출신지가 당
시 유대인들에게 메시아의 출신지로 기대되지 않았던 나사렛이란 정보
는 갑작스럽다(마 2:4-6, 요 1:46). 그럼에도 불구하고 마가는 예수께서 유
대 지역이 아닌 갈릴리 나사렛 출신임을 아무런 주저 없이 기술한다. 나
사렛이란 지명은 세례자 요한에게 나아온 사람들이 유대와 예루살렘에
서 왔다는 5절의 언급을 배경으로 하여 볼 때에도 특이성을 가진다
(Gundry, 47 참고). 마가가 하필 나사렛을 언급하는 이유는 이러한 특이성
때문일 것이다. 예수의 출신지 나사렛은 메시아의 출신지로 기대되지

7.　신현우, 2013a: 83 참고.

않았고, 세례자 요한의 영향권으로도 여겨지지 않았다. 그렇지만, 메시아 예수는 처음부터 사람들의 기대를 벗어나게 등장했다. 이렇게 기대에 어긋난 출신지는 십자가에 못 박힌 예수께서 메시아이시라는 역설적인 복음과 부합하며 예수는 유대인들의 기대를 벗어나는 메시아이심을 암시하는 역할을 할 수 있다.

이어지는 마가의 기록은 다시 한번 독자를 당황하게 한다. 마가는 예수께서 메시아이심을 암시한 후, 예수께서 요한에게 세례를 받으셨음을 기록한다. 요한의 세례는 죄 사함을 목적으로 하는 것이었으므로 (막 1:4), 예수께서 요한에게 세례를 받으셨음은 예수께서 자신을 죄인으로 간주하셨거나 최소한 죄인들과 동일시하셨음을 암시한다(Lane, 54 참고). 예수께서 왜 그렇게 하셨는지는 마가복음 근접 문맥과 원격 문맥에서 드러난다. 마가복음 1:11의 "내가 너를 기뻐하노라."는 이사야 42:1을 연상시켜 예수의 역할이 이사야서에 나오는 고난받는 종의 역할임을 알려 준다(아래 참고). 대속을 위해 고난받게 되는 이사야서의 여호와의 종(사 53장 참고)처럼 예수께서 자기 백성의 죄 사함을 위해 대신 고난받아야 하는 분이심이 확인된다. 따라서, 예수께서 요한의 세례를 받으시며 죄인과 자신을 동일시하신 것은 이러한 대속(다른 사람을 대신하여 형벌을 받음으로 죄의 값을 치름)을 위해서 하신 것이라 할 수 있다. 예수께서 대속을 위하여 죽임 당하시게 됨은 마가복음 10:45("자기 목숨을 많은 사람의 대속물로 주려 함이니라."), 14:24("많은 사람을 위하여 흘리는 나의 피")에서도 확인된다.

대속을 위하여 당하는 죽음이 예수께서 받으신 세례와 연관되는 것은 마가복음 10:38-39에서 세례와 잔이 평행되어 나옴에서도 드러난다(Buse, 75 참고). 여기서 '세례'는 마가복음 14:36의 용례를 통해서 볼 때 죽음을 가리키는 '잔'과 평행되므로 예수의 수난을 가리킨다. 이처럼 '세례'가 예수의 고난을 가리킬 수 있기에, 예수께서 요한에게 받으신 세례는 예수의 고난과 연관성을 가짐을 암시한다. 그러므로 마가복음의 관점에서는 예수께서 요한에게 회개의 세례를 받으심은 대속의 고난을 염두에 두고 자신을 죄인들과 동일시하신 것이라 볼 수 있다.

비록 마가복음에서 대속은 매우 중요한 신학적 주제임에도 불구하고, 마가는 메시아이신 예수께서 요한에게 어떻게 죄 사함을 위한 세례를 받을 수 있을까 하는 질문에는 전혀 관심이 없는 듯 아무 설명을 주지 않는다. 그러나 이어지는 11절에서 이 질문에 대한 대답이 신학적 설명 대신 사건의 묘사를 통해 주어진다(아래 참고).

2. 성령 강림

마가는 곧이어 예수께서 세례받으실 때 하늘이 갈라졌다고 묘사한다(막 1:10). 건드리는 10절에서 '즉시'(εὐθύς)는 예수께서 물에서 올라오신 동작보다는 예수께서 성령을 보심과 하늘에서 난 음성을 들음에 관련된다고 주장한다(Gundry, 47). 그러나 포터(S. Porter)의 관찰이 보여 주듯이, 마가복음에서 '그리고 즉시'(καὶ εὐθύς)는 종종 중요한 전환점을 가리킨다(예. 막 1:23, 29; 6:45; 8:10; 14:43; 15:1).[8] 이 표현은 또한 단락 초두에서 단지 단락의 시작을 나타내는 접속어로서 사용되고, 단락 중간에서는 "그 후 즉시"라는 뜻의 부사어로서 기능할 수 있다(Decker, 75 참고). 따라서 10절에서 '그리고 즉시'는 예수의 메시아 정체가 계시되는 중요한 사건의 도입을 표시하기 위해 사용된 담화 표지로 볼 수 있다. 그러므로 '즉시'

---

8. Porter, 305.

를 물에서 올라오는 동작이나 봄과 들음과 관련시켜야만 할 필요는 없다.

마커스(J. Marcus)는 마가복음 1:10이 언급하는 하늘이 갈라진 현상은 이사야 63:19(개역개정판은 64:1, "원컨대 주는 하늘을 가르고 강림하시고")에 담긴 기도의 응답이라고 본다(Marcus, 1992: 58). 70인역 이사야 63:19은 "가르다"(σχίζω) 동사 대신 "열다"(ἀνοίγω) 동사를 사용하지만(ἀνοίξῃς τὸν οὐρανόν), 히브리어 본문은 "가르다"라는 뜻을 가진 '카라'(קרע)를 사용하므로, 마가가 이사야 63:19을 염두에 두었을 수 있다(Buse, 74). 마가복음 1:10과 이사야 63:19 사이의 연관성은 근접 문맥인 이사야 63:14이 '성령'과 '내려옴'을 모두 언급하여 마가복음 1:10과 평행을 이루기 때문에 더욱 지지된다(Buse, 74). 그렇다면 하늘이 갈라지고 성령이 강림하심은 이사야 63-64장이 간구하는 하나님의 구원이 이루어지는 것과 관련된 사건이라 할 수 있다.

하늘이 열리는 것은 하늘과 땅의 분리가 깨어지는 묵시적 현상이라 할 수 있다(Witherington, 74). 하늘이 찢어지는 것은 이보다 더욱 특별한 현상이다. 하늘이 열리는 경우는 다시 닫힐 수 있지만, 찢어지는 경우는 돌이킬 수 없기 때문이다. 하늘이 찢어졌다는 표현으로 마가는 "돌이킬 수 없는 우주적 변화"를 암시한다(Marcus, 2000: 165). 하늘이 찢어진 것은 하나님께서 계속 계시하시며 역사 속에 개입하시는 새 시대의 시작을 암시한다.[9]

하늘이 갈라진 것을 묘사하는 데 사용된 단어는 마가복음 15:38에

---

9. 마가복음은 묵시적 종말론(apocalyptic eschatology)을 그 배경으로 한다고 볼 수 있다. 묵시적 종말론의 특징은 두 시대의 구분 및 계시이다(Marcus, 1992: 24). 이제 새 시대가 임박하였고(막 1:14-15), 하나님의 뜻이 계시된다(막 1:11).

서 성전 휘장이 찢어진 것을 묘사하는 데 사용된 단어와 동일한 '스키조'(σχίζω 찢다)이다(Marcus, 1992: 56). 마가는 성전 휘장이 갈라진 사건과 하늘이 갈라진 사건을 연관시키기 위해 두 사건 모두에 '스키조' 동사를 사용한 듯하다. 성전 휘장이 갈라진 사건이 가지는 의미가 하늘이 갈라진 사건의 의미를 해석해 준다. 성전 휘장의 갈라짐은 성전 휘장이 구분하는 안과 밖의 의미를 상실시키며, 성전이라는 공간이 가지는 구별성을 없앤다. 그리하여 모든 공간을 성전처럼 만든다. 이렇게 보면 하늘이 갈라진 사건은 성전 휘장이 갈라진 사건과 평행되어 성전이 불필요하게 되는 새 시대의 도래가 시작되는 것과 관련된다고 해석할 수 있다. 성전이 더 이상 필요하지 않은 시대가 오게 되는 이유는 성전의 기능인 죄 사함을 성취하시는 예수의 (대속의 제물이 되시는) 사명과 관련된다고 볼 수 있다(이러한 사명에 관해서는 아래 참고).

하늘이 갈라짐과 함께 "그 영"이 예수께 강림한다. 하늘이 갈라진 후 강림한 이 영은 하나님의 영이라고 볼 수 있다(Gundry, 48). 이러한 해석은 배경 문헌에 의하여 지지받는다. 유다의 유언(Testament of Judah) 24:1-2은 야곱으로부터 일으켜지는 별은 죄가 없을 것이며, "하늘들이 그에게 열리고 그 영이 거룩하신 아버지의 축복으로서 부어질 것이다."라고 한다.[10] 레위의 유언(Testament of Levi) 18:6은 하늘이 열리고 "성결의 영"이 새 제사장에게 머물 것이라고 한다. 이 문헌들에서 '영'은 하늘이 열리고 임하였으며 '거룩하신 아버지의 축복'이므로 성령을 가리킨다고 볼 수 있다. 이러한 문헌적 배경은 마가복음에서도 하늘이 갈라지고 강림한 '그 영'을 성령이라고 볼 수 있게 한다.

성령이 예수께 임함은 예수께서 이사야 11:1-2; 61:1에 예언된 메시

---

10. *OTP*, vol.1, 801.

아적 존재이심을 암시한다. 하늘이 열리고 성령이 메시아적 존재에게 임할 것을 말하는 유다의 유언 24:1-2, 레위의 유언 18:6은 이 해석을 지원하며, 성령이 메시아에게 부어지고 머무신다고 하는 에녹1서 49:3; 62:2과 하나님께서 메시아를 성령으로 강하게 하신다고 하는 솔로몬의 시편 17:37도 그러하다. 이 구절들은 성령이 메시아적 존재에게 임한다고 하는 이사야 11:1-3에 토대하며 유대인들이 메시아적 존재에게 성령이 부어질 것을 기대했음을 보여 준다. 이러한 문헌적 배경을 토대로 볼 때 마가복음 1:10은 성령이 예수께 임함을 묘사함으로써 예수께서 메시아이심을 암시한다고 볼 수 있다. 그런데 성령을 부음 받는 이사야 11:1-2; 61:1의 메시아적 존재는 새 출애굽을 가져오는 분이므로(사 11:10-16; 61:1-5), 예수께 성령이 임함을 통해서 마가복음 1:10은 예수께서 새 출애굽을 가져오는 메시아이심을 알려 준다.

성령 강림과 새 출애굽과의 연관성은 이사야 32:15; 44:3; 63:14을 통해서도 지지된다. 이 구절들은 성령 강림과 새 출애굽을 연관시킨다. 따라서 마가복음 1:10에서 성령의 임하심도 새 출애굽을 암시한다고 볼 수 있다. 이러한 관점에서 볼 때, 이사야가 기대하는 새 출애굽은 예수께 성령이 강림하심으로 이루어지기 시작한다(Lane, 56).

마가는 성령을 독특하게 비둘기와 관련시켜 묘사한다. 마가는 "그 영이 비둘기처럼 내려왔다."라고 한다. 위더링턴(B. Witherington III)은 비둘기가 성령을 묘사하는 것이 아니라 성령의 내려오심을 묘사하는 것이라고 주장한다(Witherington, 74). 그런데 판 이어설(B. M. F. van Iersel)은 성령을 가리키는 헬라어 '쁘네우마'(πνεῦμα)가 본래 바람과 호흡을 뜻함을 고려할 때, 비둘기의 모습이 성령의 내려오심을 묘사한다고 보는 연결은 부적합하다고 지적하였다(van Iersel, 100). 그런데, '쁘네우마'(πνεῦμα)

앞에 정관사가 있으므로, 마가는 이 단어를 "바람"과 "호흡"이라는 뜻을 담아 사용하기보다는 성령을 가리키는 전문 용어로 사용하였을 것이다. 따라서 '비둘기처럼'이 성령의 내려오심을 묘사하는 표현으로 사용되었을 수 있다. 그렇지만 비둘기는 단지 그러한 묘사로 사용되기보다 깊이 있는 상징적 의미를 전달할 수 있다.

비둘기는 구약 성경(호 11:11; 시 74:19)에서 이스라엘을 상징한다. 랍비 문헌에서도 비둘기는 종종 이스라엘을 상징하기도 한다.[11] 그러나 마가복음 1:10 문맥에서는 비둘기가 성령과 관련되어 사용되었으므로 이스라엘을 상징하기 위해 사용되지 않았다(Gnilka, 52). 억지로 이스라엘과 관련시킨다면 비둘기 이미지로 묘사된 성령 강림은 성령 강림을 받은 예수께서 이스라엘의 대표이심을 암시한다(Lane, 57). 그렇다면, '비둘기'는 예수의 세례가 이스라엘의 회복이나 새 이스라엘의 창조를 위한 사건임을 암시한다고 해석할 수 있다. 또한, '비둘기'는 히브리어로 '비둘기'(יונה '요나')라는 이름을 가진 선지자 요나를 연상시킨다. 그리하여 요나처럼 이방에 복음을 전파할 사역이 예수와 연관됨을 암시할 수도 있다(Ryan, 23).

유대적 배경에서 볼 때, 성령과 비둘기의 연관은 낯설다. 물론 비둘기가 흔한 새이기 때문에(마 10:16) 비유를 위해 사용되었다고 볼 수도 있다(Schweizer, 40). 그러나, 가넷(P. Garnet)은 1세기 유대교에서 비둘기는 성령의 상징이 아니었음이 분명하다고 확신한다(Garnet, 50). 제로(S. Gero)는 후기 랍비 문헌까지 살펴보아도 비둘기와 성령의 연관이 기독교 발생 이전에 이미 유대교에 있었다고 판단할 근거를 찾기 어렵다고 한다(Gero, 17). 비록 아가서 탈굼(*The Targum on Canticles*) 2:12이 "땅에서 들리는

11. Edwards, 1991: 47; Str-B, vol.1, 123.

멧비둘기의 소리"를 "구원[을 선포하는] 성령의 음성"으로 번역하고, 바벨론 탈무드(b. Berakoth 3a)는 (성령의 음성의 잔여로서) 하늘에서 들리는 음성 '바트 콜'(בת קול "소리의 딸")이 비둘기처럼 탄식했다고 하며,[12] 솔로몬의 송시(Odes of Solomon) 24:1에서 "비둘기가 우리 주 메시아의 머리 위에서 날개 쳤다."라고[13] 묘사하지만, 이 구절들은 1세기 유대교에서 성령과 비둘기를 연관시켰다고 볼 수 있게 하는 충분한 증거가 될 수 없다. 또한 바벨론 탈무드(b. Hagigah 15a)가 창세기 1:2의 성령의 새 이미지를 비둘기와 관련시키지만, 바벨론 탈무드는 1세기 유대교를 반영하기에는 너무도 후기 문헌이므로, 바벨론 탈무드(b. Hagigah 15a) 이전에는 성령을 비둘기와 연관시킨 것은 발견되지 않는다는 딕슨(E. P. Dixon)의 지적은 옳다고 할 수 있다(Dixon, 763).

그렇다면, 마가복음에서 비둘기와 성령이 연관되어 나타나는 것은 1세기 유대교 속에서 독특한 것으로서 특별한 강조점을 가진다. 성령을 새의 이미지로 묘사한 것은 예수의 세례를 창조 기사와 관련시키는 듯하다. 새 이미지는 창세기 1장의 성령을 연상시킨다(Marcus, 2000: 165). 미드라쉬 라바(Midrash Rabbah) 창세기 2:4은 태초에 수면을 운행하던 (새 이미지로 묘사된) 하나님의 영을 메시아의 영이라 해석한다.[14] 마가도 새 이미지를 통해 창조 때의 성령을 연상시키고자 했을 수 있다. 그렇다면, 메시아에게 임한 성령은 새로운 창조를 시작하는 영임이 비둘기 이미지를 통해 암시된다. 마가복음 본문은 예수와 함께 새 창조가 시작됨을 묘사하고 있다(Marcus, 2000: 165). '비둘기처럼'이라는 표현은 예수의 세

---

12. Edwards, 1991: 47; Str-B, vol.1, 124-25; Neusner, trans., 1996a: 7; Alexander, trans., 108-9 참고.
13. OTP, vol.2, 757.
14. Freedman, trans., 1983: 17; Keck, 1970/71: 51; Lohmeyher, 25.

례가 하나님의 새 창조 사건임을 암시할 수 있다.

성령 강림에 관한 마가의 묘사를 마태복음과 누가복음의 평행구절과 비교하면 차이점이 발견된다. 마가는 마태복음이나 누가복음이 예수 위에(ἐπ᾽ αὐτόν) 성령이 임하셨다고 묘사한 것과 달리 성령께서 예수 안으로(εἰς αὐτὸν) 내려오셨다고 기록한다. 이것은 예수께서 성령을 취하신 것으로 그리기보다는 성령께서 예수를 취하신 것으로 묘사하는 듯하다(막 1:12 참고).[15] 이렇게 볼 경우 성령 강림 이후에 이루어지는 예수의 모든 사역은 성령으로 하시는 사역이다. 수면 아래 잠겨 있던 예수께서는 수면을 가르고 올라오시고, 하늘 저편에서는 성령께서 하늘을 가르고 내려오신다. 성령이 예수 안으로 들어오심으로써, 예수와 성령은 만나 합일을 이룬다. 그러므로 마가복음의 관점에서 볼 때 예수의 사역은 곧 성령의 사역이라 할 수 있다.

3. 하나님의 음성

마가는 예수께 성령이 강림하셨음을 묘사한 후 이어서 예수께서 누구인지 선언하는 음성이 하늘에서 들렸음을 기록한다(11절). 이 음성은 하늘에서 들린 것이므로 출애굽기 20:22("내가 하늘로부터 너희에게 말하는 것을")과 신명기 4:36("여호와께서 … 하늘에서 그의 음성을 네게 듣게 하시며")을 배경으로 하여 볼 때, 하나님의 음성이다. 유대인들의 문헌은 이러한 해석을 지지하는 정보를 제공한다. 바룩2서 22:1은 "하늘이 열렸고, … 음성이 높은 곳에서부터 들렸다."라고 한다.[16] 레위의 유언 18:6-7은 주께서

---

15. Fowler, 1996: 16.
16. *OTP*, vol.1, 629.

세우시는 새 제사장에게 "하늘이 열리고 영광의 성전으로부터 그에게 성결이 아브라함으로부터 이삭에게 말하듯 하시는 아버지의 음성과 함께 임할 것이다. … 깨달음과 성결의 영이 그에게 머물 것이다."라고 한다.[17] 레위의 유언 2:6은 "보라, 하늘들이 열렸고, 주의 천사가 나에게 말했다."라고 한다.[18] 하늘이 열린 후 들린 음성은 높은 곳, 아버지, 천사와 관련되므로 하나님으로부터 기원하는 음성이라 할 수 있다.

하늘에서 들린 이 음성은 랍비 문헌에 나타나는 "소리의 딸"(בת קול) 에 해당한다고 볼 수도 있을까? "소리의 딸"은 예언의 영의 빈약한 잔여이며 하나님께서 더 이상 선지자를 통해 말씀하시지 않으시는 시대에 말씀하시는 방편으로 여겨졌다.[19] 바벨론 탈무드(*b. Sotah* 48b)는 "학개, 스가랴, 말라기가 죽고, 성령이 이스라엘을 떠났다. 그럼에도 불구하고 사람들은 소리의 딸을 사용했다."라고 하며, 소리의 딸은 하늘로부터 주어지는 것으로 간주한다.[20] 바벨론 탈무드는 다른 곳에서(*b. Sanhedrin* 11a)도 동일한 내용의 주장을 한다.[21] 그런데 본문에 나타난 음성은 성령의 강림을 동반하므로 소리의 딸이라기보다는 하나님의 음성 자체라고 볼 수 있다.[22] 물론 이 음성이 소리의 딸로 여겨지는 경우에도 이 음성은 여전히 하나님과 관련된다.

이 음성은 청자를 '너'라고 부르고, '너'는 문맥상 예수이므로 이 음

---

17.   *OTP*, vol.1, 795.

18.   *OTP*, vol.1, 788.

19.   Edwards, 1991: 45; Str-B, vol.1, 125-26,

20.   I. Epstein, ed., *Hebrew-English Edition of the Babylonian Talmud. Seder Nashim. Nazir, Sotah* (London: Soncino, 1985).

21.   I. Epstein, ed., *Hebrew-English Edition of the Babylonian Talmud. Sanhedrin* (London: Soncino, 1987).

22.   Edersheim, 198. (= 1886년판의 1.286) 참고.

성을 들은 분은 예수이다. 이 음성이 예수 외에 다른 사람에게도 들렸다
는 암시는 없다(Lane, 58). 물론 이 음성이 세례 요한이나 다른 사람들에
게도 들렸을 수 있지만, 예수께서 '하나님의 아들'이심을 숨기는 모습이
마가복음에 소개된 것을 볼 때에(막 1:34; 3:12; 8:30; 9:9) 마가는 이 음성의
내용이 예수께만 전달되었음을 전제한 듯하다.

하늘이 갈라지고 (하나님의) 음성을 통하여 계시된 비밀은 예수께서
하나님의 사랑하는 아들이심이다. 여기서, '하나님의 아들'은 메시아 칭
호이다(France, 609). 이 표현이 마가복음에서 메시아를 가리키는 용어로
사용되었음은 마가복음 14:61에서 '찬송받을 자의 아들'과 '그리스
도'(즉 메시아)가 동의적 평행을 이루며 사용된 것을 통하여 알 수 있다.
에스라4서 7:28에 나오는 '나의 아들 메시아'라는 표현도 하나님의 아
들이 메시아를 가리킴을 암시한다.[23] 이러한 용법은 쿰란 문헌에서도 발
견된다. 쿰란 문헌(4Q246 2:1)은 왕적 존재가 하나님의 아들이라 불릴 것
이라고 말한다. "그는 하나님의 아들이라 불릴 것이고, 그들은 그를 가
장 높으신 분의 아들이라 부를 것이다."[24] 또한 이 문헌(4Q174 1:10-11a)은
다윗의 가지(메시아)를 사무엘하 7:12-14의 아버지-아들 이미지와 동일시
한다(Edwards, 2002: 448). "[그리고] 야훼가 너에게 선언하시기를 '그가 너
에게 집을 세워 줄 것이며, 나는 네 뒤에 너의 씨를 일으키고 그의 왕국
의 권좌를 [영]원하게 확립할 것이다. 나는 그에게 아버지일 것이고, 그
는 나에게 아들일 것이다.'라고 하실 것이다."[25] 이러한 용례들은 '하나
님의 아들'이 당시 유대인들에게 메시아를 가리키는 용어였음을 알려

---

23. Charlesworth, 1988: 150-51 참고.
24. 4Q246 2:1(Martínez & Tigchelaar, ed. & trans., vol.1, 495).
25. Martínez & Tigchelaar, ed. & trans., vol.1, 353.

준다. '하나님의 아들'이 '메시아'를 가리키는 용법은 시편 2편의 용례
와 관련된다. 시편 2편에서 7절의 하나님의 아들은 2절의 메시아(기름 부
음 받은 자)와 동일 인물이다. 이를 배경으로 '하나님의 아들'은 메시아 칭
호로 사용될 수 있었을 것이다.

마가복음 9:7에 예수가 하나님의 아들이라는 하나님의 선언이 반복
되는 것으로 보아 1:11의 '너는 내 아들이다.'라는 선언은 예수께서 하나
님의 아들로 입양되었다는 입양 선언이 아니라 예수의 메시아 정체성
에 대한 선언으로 볼 수 있다(Hooker, 48). 입양이 반복될 필요가 없기 때
문이다. 이 선언에 시편 2:7의 "오늘 내가 너를 낳았다."라는 말씀이 빠
진 것도 예수께서 입양된 것이 아님을 보여 준다(van Iersel, 103).

시편 2편을 배경으로 보면 하나님의 아들 메시아는 쇠몽둥이로 열
방을 질그릇처럼 부수고 땅끝까지 세계를 정복할 것이다(시 2:8-9). 시편
2:8에 의하면 메시아는 전 세계를 통치하게 되며, 시편 2:9에 의하면 이
메시아는 이방 나라들을 쳐부순다. 이러한 배경으로 인해 유대인들은
메시아가 군사적인 수단을 통해 전 세계를 정복하고 지배할 것으로 기
대하였을 것이다.

마가복음 1:11에서 하늘에서 들린 음성은 예수가 하나님의 '사랑하
는 아들'이라고 선언한다. 이것도 시편 2:7과 연관될 수 있는 표현이다.
시편 탈굼 2:7은 "아들이 아버지에게 그러하듯이 너는 나에게 사랑스럽
다."라고 번역하기 때문이다.[26] 시편 탈굼에 담긴 초기 전통은 1세기 또
는 그 이전까지 거슬러 올라간다(Evans, 2005: 197). 따라서 시편 탈굼은 마
가복음 해석을 위한 배경 문헌으로 사용될 수 있다. 시편 탈굼 2:7이 1세
기의 시편 이해를 반영할 경우, 마가복음 1:11의 '사랑하는'은 '하나님의

---

26.   Stec, ed., 30; Evans, 2005: 213.

아들'과 함께 시편 2:7과 연관될 수 있다. 그렇지만 이 경우에 '사랑하는'은 '하나님의 아들'에 의미를 더 부가하지는 않을 것이다.

'사랑하는'이라는 수식어는 창세기 22:2을 배경으로 해석될 수도 있다. 이 구절에서 이삭은 아브라함의 사랑하는 아들로 언급된다. 이 본문을 배경으로 본다면 '사랑하는'은 예수가 이삭처럼 제물로 드려질 것을 암시한다. 창세기 22:2에서 하나님은 모리아산에서 이삭을 제물로 바치라고 하고, 역대기하 3:1은 예루살렘의 모리아산에 성전이 세워진다고 하므로, 성전산은 모리아산이다. 이러한 지리적 연관성도 번제 나무를 지고 모리아산을 향하여 간 이삭과 예루살렘에서 나무(십자가)를 지고 가서 마침내 죽임을 당한 예수를 연관시킨다.

이삭을 묶음('아케다') 주제는 당시 유대교 전통 속에서 이미 매우 중요한 주제로 등장한다는 것을 보여 주는 데일리(R. J. Daley)의 관찰은 이러한 해석의 개연성을 지지한다(Daley, 45-75 참고). 특히 "아브라함으로부터 이삭에게 말하듯 하는 아버지의 음성"을 언급하는 레위의 유언 18:6은 '하나님의 음성'을 언급하는 마가복음 1:11이 언급하는 '사랑하는'이라는 표현이 등장하는 창세기 22:2을 통해 '이삭'과 연관될 가능성을 지원한다(Daley, 70 참고).

마가복음 1:11의 '나의 사랑하는 아들'에 더 긴밀하게 평행되는 표현은 70인역 예레미야 38:20(개역은 31:20, "에브라임은 나의 사랑하는 아들 기뻐하는 자식이 아니냐?")에서 발견된다(Gibbs, 512-20 참고). 이 구절은 마가복음 1:11과 유사한 표현(υἱὸς ἀγαπητὸς 사랑하는 아들)을 사용하므로 마가복음 1:11과 긴밀한 평행을 이룬다. 이 구절에서 사용된 '기뻐하는'에 해당하는 단어(ἐντρυφῶν)는 마가복음 1:11('기뻐하노라')에서 선택한 단어(εὐδόκησα)와는 다르지만 동일한 의미("기뻐하다")를 가진다. 그러므로 마가복음

1:11의 '내 사랑하는 아들'은 창세기 22:2이나 시편 2:7만이 아니라 이 구절들보다 더 긴밀한 평행을 이루는 예레미야 31:20을 배경으로 해석할 수 있다.

예레미야 31:20에서 '사랑하는 아들'은 에브라임을 가리키며, 예레미야 31:21에서 '이스라엘'이라는 명칭이 등장하므로 에브라임은 이스라엘을 가리키는 제유법적 표현임을 알 수 있다. 이 본문은 이스라엘이 새 출애굽을 경험하리라는 약속(렘 31:16-17, 21)과 새 언약을 세우리라는 약속(렘 31:31-33)을 제공하는 문맥 속에 위치한다. 그러므로 이 본문을 배경으로 마가복음 1:11의 '사랑하는'이 전달하는 것은 예수께서 이스라엘(의 대표)이시며, 이제 (예수를 통해서 대표되는) 이스라엘이 그 사로잡힌 땅에서 돌아오는 새 출애굽이 발생하고, 그들이 하나님과 새 언약을 맺게 되리라는 것이라 할 수 있다(Gibbs, 522-25 참고).

하늘에서 들린 음성은 예수를 '기뻐한다'라고 선언한다. '기뻐한다'에 해당하는 헬라어(εὐδόκησα '에우도께사')는 형태가 부정과거형으로 되어 있는데, 이것은 상태를 나타내는 히브리어 완료형(stative perfect)을 반영할 수 있다(Taylor, 162). 시제의 형태를 그대로 따라가면 이 단어는 "기뻐했다"는 과거적 의미를 가진다고 해석될 수 있지만, 동일한 대상(예수)에 관한 평행적 진술인 바로 전 문장 "너는 내 사랑하는 아들이다(εἶ)."에서 동사가 현재형이며 과거, 현재, 미래를 포괄하는 의미로 사용되었으므로, 이 동사와 짝을 이루는 '에우도께사'도 문맥상 과거, 현재, 미래를 포괄하는 의미를 가진다고 할 수 있다. 부정과거 형태가 모든 시간에 타당한 사태를 가리킬 수도 있다는 관찰은(Porter, 38-39) 이러한 해석을 지원한다.

'기뻐한다'는 창세기 1:31에 나타난 '매우 좋다'는 하나님의 평가를

암시할 수도 있다(Marcus, 2000: 166). 이렇게 보는 관점에서는 '기뻐한다'
가 예수를 통한 새로운 창조를 암시할 수 있다. 또한 '기뻐한다'는 예레
미야 31:20의 '기뻐하는 자식'을 연상시키고 예레미야 31장에서 이 구
절과 연관된 새 출애굽 모티프와 관련될 수도 있다(위 참고). 그리하여
'기뻐한다'는 표현은 예수를 통해 새로운 출애굽이 시작되고 있음을 알
려 준다고 해석할 수도 있다.

　그렇지만 '기뻐한다'와 좀 더 긴밀하게 관련된 표현은 이사야 42:1
에서 찾아진다. '기뻐하다'라는 표현은 이사야 42:1(רצתה)에 등장하며,
여호와의 종에 관련된 표현이다. 70인역은 여기서 '기뻐하다'에 해당하
는 단어로서 '에우도께오'(εὐδοκέω 기뻐하다) 동사 대신 '쁘로스데코마
이'(προσδέχομαι 받아들이다) 동사를 사용한다. 그럼에도 불구하고, 테오도
션(Theodotion), 아퀼라(Aquila), 심마쿠스(Symmachus) 역본은 70인역의 '쁘
로스데코마이' 동사 대신에 마가복음과 일치하는 '에우도께오' 동사를
사용하므로,[27] 두 본문 사이의 연관성은 간과할 수 없다. 또한 이사야
42:1이 성령의 강림을 언급하고 마가복음 1:10도 그러하므로 두 본문
사이의 연관은 더욱 지지된다. 따라서 마가복음 1:11의 '내가 너를 기뻐
하노라.'는 예수를 이사야 42장에서부터 소개되어 나오는 여호와의 종
으로 묘사한다고 볼 수 있다. 이 여호와의 종은 이방인들에게 하나님의
공의를 베풀며(42:2-4) 그 백성을 위하여 대신 고난받게 되므로(사 53장),
'내가 너를 기뻐한다.'는 음성은 예수께서 (메시아임에도 불구하고) 대속을
위한 고난을 통하여 그 백성을 출애굽시키고 이방인들에게 공의를 베
푸는 종의 사명을 감당하셔야 한다고 선언되었다고 볼 수 있다.

　예수 이전에는 '여호와의 종'이나 '인자'가 메시아와 연결되지는 않

27. Edwards, 1991: 54.

았다(Edwards, 1991: 250). 마가복음 10:45은 이러한 연결이 예수에 의해 이루어진 것으로 진술하며, 마가복음 1:11은 여호와의 종과 하나님의 아들(메시아)의 연결의 기원이 하늘에서 들린 음성임을 알려 준다. 즉 마가에 의하면 고난받는 메시아라는 새로운 개념은 하나님의 계시로부터 기원한다.

4. 예수 복음의 기원: 마가복음 1:9-11의 역사적 진정성

마가복음 1:9-11에 의하면, 고난받는 메시아사상은 예수께서 요한에게 세례받을 때 주어진 하나님의 계시로부터 기원한다. 예수께서 메시아이심에도 불구하고 고난의 길을 가신 이유는 예수께서 요한에게 세례받을 때 들린 하나님의 계시의 음성 때문이다. 그러므로 십자가에 못 박힌 예수께서 메시아이심을 선포하는 복음의 기원은 결국 그러한 길을 계시하신 하나님이다. 따라서 이 복음은 인간이 고안한 사상이 아니라, 하나님의 계시로부터 기원한다.

그런데, 마가복음 1:9-11의 역사적 진정성에 대해 의문을 가진 사람들은 이러한 결론에 동의하지 않는다. 예를 들어 불트만(R. Bultmann)은 예수께서 세례자 요한에게 세례받은 것을 역사적 사실로 전제하면서도, 마가복음 1:9-11을 헬라 교회에서 기원한 전설로 간주했다(Bultmann, 1963: 247, 250). 그러므로, 예수 복음의 신적 기원을 변증하기 위해서 우리는 마가복음 1:9-11의 역사적 진정성을 논증할 필요가 있다.

우선 문체를 관찰하면, 본문의 전통성이 드러난다. 마가복음 1:9에서 요한의 이름이 관사 없이 등장한다(Ἰωάννου). 마가복음 1:4에서 관사 없이 도입된 요한의 이름이 6절에서 이미 관사를 동반한 것과, 마가복음 6:14에서도 요한의 이름이 관사 없이 도입된 후 이어지는 16, 17, 18, 20절에서 다시 관사를 동반한 것을 고려할 때, 이것은 특이한 현상이다. 페쉬(R. Pesch)는 이러한 현상이 전통을 사용한 흔적이라 본다(Pesch, 88). 즉 마가가 1:9을 창작한 것이 아니고 이미 있는 전통을 사용하였기에 자신의 문체의 일관성을 깨고 전통적 자료에 담긴 문체를 사용했다는 것이다. 페쉬는 또한 주장하기를 마가의 잦은 '그리고 즉시'(καὶ εὐθὺς)의 사용도 마가복음 뒤에 놓인 구두 전승의 존재를 반영한다고 한다(Pesch, 90). 물론 기록된 글이 구어의 특징을 보유하고 있는 현상은 저자의 문체가 구어체의 특징을 가지기 때문일 수도 있다. 그럼에도 불구하고, 구어체적 특징은 말로 전해 내려오는 본문을 글로 된 본문으로 바꾸면서 발생하는 현상일 수 있는 가능성을 부정할 수 없다. 본문 뒤에 놓인 전통의 존재는 본문의 역사적 진정성 자체를 입증하지는 못하지만, 본문이 마가의 창작이 아님을 보여 줌으로써 본문이 역사적 진정성을 가짐을 지원한다.

마가복음 1:9의 '그리고 발생했다'(καὶ ἐγένετο) + 시간의 부사(구) + 동사 구문과 '저 날들에'(ἐν ἐκείναις ταῖς ἡμέραις)는 셈어적 문체를 반영한다(위 참고). 헬라어로 된 마가복음이 셈어적 문체로 반영하는 것은 마가가 유대인이기 때문일 수도 있고, 70인역의 영향일 수도 있지만, 아람어 구전을 반영하기 때문일 가능성도 배제할 수 없다. 이 가능성도 위의 증거들과 함께 마가복음 1:9 뒤에 더 오래된 전통이 존재함을 지지한다.

마이어(J. P. Meier)는 이 본문의 고대성을 다중 증언을 통해서 입증하고자 하며, 요한복음 1:32을 언급한다. 요한복음 1:32은 "요한이 또 증언하여 이르되 내가 보매 성령이 비둘기같이 하늘로부터 내려와서 그의 위에 머물렀더라."라고 하는데, 이 구절은 내용상 마가복음 1:10과 일치하며, 요한복음 1:34은 세례자 요한이 예수께서 "하나님의 아들이심을 증언"하였다고 기록하는데, 이것은 마가복음 1:11의 말씀에 담긴 하나님의 증언과 일치한다. 요한복음이 공관복음으로부터 독립적이라고 가정할 때,[28] 이러한 논증은 가치가 있다.

마이어는 마태복음(4:1-11)과 누가복음(4:1-13) 공통 자료에 나오는 시험 기사에서 사탄이 예수의 하나님의 아들이심과 관련하여 시험하는 이야기가 마가복음 1:11의 하나님의 아들 계시와 일관성 있게 연결된다는 점을 통해서도 마가복음 1:11이 다중 증언을 받는다고 지적한다 (Meier, 1994: 103).

본문의 역사적 진정성 증명을 위해 세 번째로 사용할 수 있는 방법은 이른바 '다름의 원리'(초기 교회 및 유대교와 다른 예수의 모습은 창작되지 않은 진짜 예수의 모습이라고 입증된다고 보는 원리)이다. 예수께서 세례자 요한에게 세례를 받았다는 것은 예수께서 요한보다 열등하시다는 인상을 주며, 그 세례가 죄 사함을 위한 회개의 세례이므로, 죄를 회개할 필요가 있으셨다는 인상도 준다. 따라서 예수를 죄 없는 분으로 믿고 죄 사함의 근원으로 보는 초대 교회가 이러한 내용을 창작했을 리가 없다(Meier, 1994: 101). 마이어는 누가복음 3:21-22에서 요한의 이름을 언급하지 않고 예수께서 세례받았다고만 기록한 것과 요한복음에서 오히려 이 기사를 생략한 것이 이러한 추측을 지원한다고 본다(Meier, 1994: 102-3). 마가복음 1:9은 이러한 곤란성에도 불구하고 예수께서 요한에게 세례받으셨다고 한다. 이것은 이 기사가 초대 교회에 의해 창작된 것이 아니라 역사적 진정성을 가짐을 암시한다.

---

28. 요한복음이 공관복음으로부터 독립적이라는 논증에 관하여는 신현우, 2005: 191-201 참조.

본문에 담긴 메시아사상은 유대교와 다르다. 예수 이전에는 고난받는 '여호와의 종'이 메시아와 연결되진 않았기 때문이다(Edwards, 2002: 250). 따라서 마가복음 1:11에 담긴 고난받는 메시아사상은 당시 유대교와 다르므로 이러한 메시아사상은 유대교의 영향으로 발생할 수도 없다. 그러므로 이러한 독특한 메시아사상의 기원이 마가복음 1:11이 밝혀 주듯이 하나님의 계시라는 설명은 설득력을 얻는다.

다름의 원리는 세부적으로 '비둘기'에 관한 언급에도 적용될 수 있다. 에더샤임(A. Edersheim)에 의하면, "랍비 문헌 어디에서도 메시아가 세례받는다거나, 그에게 성령이 비둘기의 모습으로 강림할 것이라는 암시를 주는 곳이 없다."[29] 그러므로 메시아가 세례를 받고 그때 성령이 비둘기처럼 강림하였다는 것은 예수 당시의 유대교에서도 자연스럽게 나올 수 있는 생각이 아니었을 것이다. 그러므로 우리는 그 기원을 역사적 사건으로부터 찾아야 할 것이다(Johnson, 221 참고).

다름의 원리는 예수의 적대자들의 비난을 담고 있는 본문인 마가복음 3:22을 통하여 성령이 예수께 강림하심의 역사적 진정성을 간접적으로 지지한다. 마가복음 3:22은 예수의 적대자들이 예수가 바알세불 들렸고 귀신의 왕을 힘입어 축귀한다고 비난했음을 기록하는데, 이것은 초기 교회의 입장과 상반되며 이러한 비난을 예수의 추종자들이 일부러 고안해 내었을 리는 없기 때문에 실제 발생한 일의 기록일 것이다. 이러한 비난은 예수의 축귀 사역이 예수의 적대자들도 부인할 수 없는 사실이었다는 것과 예수가 신들린 상태에 있게 보였다는 것을 지지한다. 예수 안으로 성령이 강림하였다는 마가복음 1:10의 기록처럼 예수께서 성령 들렸다면 이것은 예수의 적대자들의 비난의 근거가 될 수 있

---

29. Edersheim, 197. (= 1886년판의 1.285)

다. 그러므로 예수의 적대자들의 비난은 마가복음 1:10의 역사적 사실성을 간접적으로 증거한다.

우리가 사용할 수 있는 네 번째 원리는 유비의 원리이다. 유비의 원리는 트뢸취(E. Troeltsch)가 역사 연구를 위해 제안한 것으로서, 일상적인 현상에 일치됨을 통하여 과거 사건의 역사적 개연성을 검증하는 원리이다.[30] 예수께서 성령을 받으셨다는 진술의 역사적 개연성은 유비의 원리를 통하여 부정되는 것이 아니라 오히려 지원받는다. 부르기뇽(E. Bourguignon)과 굿맨(F. D. Goodman)의 보고는 다른 사회에서처럼 1세기 유대 사회에서도 입신 현상이 일상적이었음을 알려 준다(DeMaris, 18). 최근에 키너(C. S. Keener)는 인류학적 연구가 제시하는 광범한 증거들을 통해 신약 성경에 나타난 귀신 들림 현상이 목격자의 진술로 믿을 수 있다고 지적하였다(Keener, 2010: 215-36). 따라서, 예수께서 성령 받으셨음은 유비의 원리를 통해서 볼 때 역사 속에서 실제로 발생하였다고 볼 수 있다.

마지막으로 설명 가능성 원리가 본문의 진정성을 위해 사용될 수 있다. 마가복음 1:11의 "너는 내 사랑하는 아들이라. 내가 너를 기뻐하노라."는 예수께서 왜 십자가 고난을 향하여 가셨는지 설명해 준다. 예수께서는 자신이 메시아임을 인정하시면서도(막 8:29; 14:61-62) 고난을 받고 죽임 당하는 길로 가셨는데(8:31), 하늘에서 들린 이 음성은 예수께서 메시아이심에도 불구하고 왜 고난의 길을 가셨는지 설명해 준다. 이러한 계시의 말씀이 예수께 주어지지 않았다면 구약 성경에서도 낯설고 당시 유대교에도 없는 고난받는 메시아의 길로 예수께서 가게 되시지 않았을 것이다. 그런데, 자신을 메시아로 시인하신 예수께서 그러한 길을 가셨으므로, 마가복음 1:11이 전해 주는 하나님의 계시는 실제로 예수께

---

30. 이 기준에 관한 토론은 필자의 책 Shin, 2004: 138-40 참조.

서 받은 계시라고 보아야 할 것이다.

III. 해설과 적용

1. 해설

고난받는 종과 왕적 메시아는 서로 무관하게 여겨졌지만, 십자가에 못
박히고 부활하신 예수를 통하여 연결되었다. 이러한 연결의 기원은 세
례자 요한에게 세례받을 때 하늘에서 들린 하나님의 음성이다. 그러므
로 고난받는 종으로서 십자가에 못 박힌 예수께서 실은 유대인들이 기
다리던 구원자 메시아라는 복음 선포의 기원은 하나님 자신이다. 우리
가 복음을 믿을 만하다고 여길 수 있는 근거는 복음이 사람이 고안해
낸 것이 아니고, 하나님께서 창조하신 것이기 때문이다. 신명기 21:23의
저주를 무효화하는 예수의 부활 없이는 십자가에 못 박혀 죽은 예수를
메시아로 믿는 신앙의 발생은 설명되지 않는다. 마찬가지로 예수께서
요한에게 세례받으실 때에 하늘에서 들린 계시의 음성이 없이는 예수
께서 자신을 메시아로 간주하셨음에도 불구하고 고난받는 종의 사명을
가지고 십자가를 향하여 가셨는지 설명할 수 없다. 그러므로 십자가에
못 박힌 예수를 하나님의 아들 메시아로 선포한 복음의 기원은 예수께
서 요한에게 세례받으실 때 들린 하나님의 계시의 음성이다. 이 계시야
말로 복음의 기원이다.

2. 적용[31]

예수께서는 제자들을 부르실 때 "나를 따르라."라고 말씀하셨다. 그런
데 예수님은 십자가를 지러 가셨다. 그래서 "나를 따르라."라는 말씀은
함께 죽으러 가자는 말씀이다. 예수께서는 왜 하필 고난의 길을 가셔야
했는가? 하나님께서 그러한 길로 부르셨기 때문이다. 언제 그 길로 부
르셨는가? 요한에게 세례받으실 때였다.

우리는 십자가에서 연약한 모습으로 못 박혀 죽은 예수를 온 세상
을 구원하실 메시아라고 믿는다. 이러한 믿음은 세상이 보기에는 어리
석은 믿음이다. 고린도전서 1:22-24은 말씀한다.

> 유대인은 표적을 구하고 헬라인은 지혜를 찾으나 우리는 십자가에 못
> 박힌 그리스도를 전하니 유대인에게는 거리끼는 것이요 이방인에게는
> 미련한 것이로되 오직 부르심을 받은 자들에게는 유대인이나 헬라인
> 이나 그리스도는 하나님의 능력이요 하나님의 지혜니라.

우리는 십자가에 못 박힌 그리스도를 믿는다. 우리는 힘으로 세상을
정복하신 메시아가 아니라 힘없이 죽임 당한 메시아를 믿는다. 이러한
메시아를 믿기에 우리는 승리주의에 빠질 수 없다. 재물과 권력으로 세
상에 영향을 미치는 길을 추구할 수 없다.

고난받는 메시아를 믿으면 자기 부인의 삶을 살아가게 된다. 십자가
에 못 박힌 메시아를 믿으면 자기주장의 삶을 살아갈 수 없다. 십자가에

---

31.   이 부분은 총신대학교 신학대학원 수요일 저녁 채플(2009. 10. 7.) 설교 때 적용하
      고, 신현우, 2018c: 26-30에 실은 것을 토대로 하였다.

못 박힌 메시아를 믿으면 경제적 부와 정치적 힘을 의지할 수 없다. 부와 권력을 의지하면 십자가에 못 박힌 메시아를 믿는 것이 아니다. 그것은 경제적 메시아, 정치적 메시아를 믿는 것이다.

예수를 믿는다는 것은 예수를 위해 고난을 받는 것을 포함한다. 빌립보서 1:29은 말씀한다. "그리스도를 위하여 너희에게 은혜를 주신 것은 다만 그를 믿을 뿐 아니라 또한 그를 위하여 고난도 받게 하심이라." 예수께서 고난을 받으셨기에 예수를 믿고 따르는 자도 고난을 받는다.

많은 교회들이 정치적 메시아사상을 거부해 왔다. 십자가에 못 박힌 메시아를 믿는 믿음을 지켜 왔다. 정교분리를 외치며 교회와 정권이 결탁해서는 안 됨을 말해 왔다. 그러나 실제로는 정치적 메시아사상에 깊이 빠지는 경우가 있다. 정치적 해방을 복음과 뒤섞어 다른 정치적 입장을 가진 자들을 주 안에서 용납하지 못하고 절대적 종교적 신념으로 정죄하는 행위를 서슴지 않는 자들도 있다. 또한 일종의 정치적 메시아사상인 경제적 메시아사상에 빠져 기복주의에 지배당하기도 한다. 성공과 성장, 번영을 추구하며 십자가를 버리기도 한다. 이것은 십자가에 못 박힌 메시아를 믿는 것이 아니다. 십자가 없는 복음은 성공과 번영을 약속할지는 몰라도 예수의 복음은 아니다.

하나님은 기뻐하시는 아들 예수께 고난을 주신 것처럼 우리에게도 고난을 주신다. 우리는 하나님의 자녀이기 때문이다. 예수의 십자가 고난은 우리를 하나님의 자녀로 삼으시는 언약의 제사였다. 십자가를 통하여 우리는 하나님의 자녀들이 되었다. 그리하여 하나님의 나라를 상속받을 수 있게 되었다. 갈라디아서 4:7은 말씀한다. "그러므로 네가 이후로는 종이 아니요 아들이니 아들이면 하나님으로 말미암아 유업을 받을 자니라."

우리는 하나님의 사랑하는 자녀이다. 하나님께서는 우리를 기뻐하신다. 하나님께서 예수를 기뻐하셨듯이 우리를 기뻐하신다. 하나님께서 기뻐하시는 아들 예수께 고난을 주셨듯이 우리에게도 고난을 주신다. 우리가 당하는 고난은 사랑하시기 때문에 주시는 고난이다. 하나님께서는 사랑하시는 자에게 고난을 주신다. 우리가 당하는 고난은 무의미한 것이 아니다. 그것은 예수께서 당하신 십자가 고난을 닮은 고난이다. 골로새서 1:24은 말씀한다. "그리스도의 남은 고난을 그의 몸 된 교회를 위하여 내 육체에 채우노라."

예수께서 고난을 당하셔서 우리를 구하셨는데 우리가 왜 고난을 당해야 하는가? 예수께서 함께 고난을 당하도록 우리를 부르셨기 때문이다. 단지 예수를 그리스도로 믿을 뿐 아니라 예수를 따르도록 부르셨기 때문이다. 베드로전서 2:21은 말씀한다. "이를 위하여 너희가 부르심을 받았으니 그리스도도 너희를 위하여 고난을 받으사 너희에게 본을 끼쳐 그 자취를 따라오게 하려 하셨느니라."

그러므로 우리는 고난을 당할 때 놀라지 말아야 한다. 우리가 심지어 가족에 의해, 동족에 의해 죄 없이 정죄당할 때, 억울한 누명을 쓸 때, 죄 없이 핍박을 받을 때, 억울해 하거나 분통해 하지 말아야 한다. 이것을 당연한 것으로 받아들여야 한다. 예수께서 죄 없이 고난을 당하셨으니, 우리도 억울하게 고난을 당하는 것이 당연하다. 그리스도께서 분노하시지 않으신 것처럼 우리도 분노하지 말아야 한다. 예수께서 침묵하신 것처럼 그렇게 침묵해야 한다. 의로움을 과시하는 것보다 차라리 억울하게 정죄당하는 것이 신앙인의 길이다. 고린도전서 6:7에서 바울은 이렇게 말한다. "왜 차라리 불의를 당해 주지 못합니까? 왜 차라리

속아 주지 못합니까?"(표준새번역).

늘 자신이 옳다는 것을 주장하는 삶에는 말은 있으나 능력은 없다. 그러나 신앙의 본질은 능력에 있다. "하나님의 나라는 말에 있지 아니하고 오직 능력에 있음이라"(고전 4:20). 이것은 십자가를 따르는 능력이다. 이것은 죄인 취급당하는 능력이다. "세상의 더러운 것과 만물의 찌꺼기같이 되"는 능력이다(고전 4:13). 십자가는 죄인이 완전히 무시당하는 비참한 형틀이다. 그래서 십자가를 진다는 것은 죄인 취급당하며, 무시당하는 것을 포함한다. 예수를 따르려면 사람에게 칭찬받는 것을 포기해야 한다. 십자가에 못 박힌 메시아 예수를 따르려면 사람에게 칭찬받기를 포기해야 한다.

예수님은 대제사장에게 사형에 해당한다고 정죄당했다. 우리는 사람에게 인정을 받는 자로 남기보다는 예수와 함께 욕먹는 길을 택해야 한다. 우리가 예수의 길을 택했다면 우리가 세상에서 악한 말을 듣는다고 분노할 필요가 없다. 오히려 기뻐해야 할 것이다. 마태복음 5:11-12은 우리에게 고난을 기뻐하라고 명한다. "나로 말미암아 너희를 욕하고 박해하고 거짓으로 너희를 거슬러 모든 악한 말을 할 때에는 너희에게 복이 있나니 기뻐하고 즐거워하라 하늘에서 너희의 상이 큼이라."

성도의 고난은 그리스도의 십자가의 고난에 참여하는 고난이다. 그러한 고난을 우리는 오히려 기쁨으로 여겨야 한다. 베드로전서 4:13은 말씀한다. "오히려 너희가 그리스도의 고난에 참여하는 것으로 즐거워하라." 예수께서는 십자가를 통과하여 부활의 영광에 이르셨다. 우리는 예수와 함께 영광에 참여할 것이다. 그러므로 고난도 함께 받아야 한다. 로마서 8:17에서 사도 바울은 이 점을 분명히 한다. "우리가 그와 함께 영광을 받기 위하여 고난도 함께 받아야 할 것이니라."

세상에서 우리가 당하는 고난은 장차 누리게 될 영광과 비교할 수 없으리만큼 작은 것이다. 로마서 8:18은 말씀한다. "현재의 고난은 장차 우리에게 나타날 영광과 비교할 수 없도다." 세상에서 우리가 당하는 고난은 순간적으로 지나가는 것이다. 내세의 영광은 영원하지만 현세의 고난은 순식간에 지나간다. 베드로전서 5:10은 말씀한다. "모든 은혜의 하나님 곧 그리스도 안에서 너희를 부르사 자기의 영원한 영광에 들어가게 하신 이가 잠깐 고난을 당한 너희를 친히 온전하게 하시며 굳건하게 하시며 강하게 하시며 터를 견고하게 하시리라."

우리 앞에 놓인 신앙의 길은 고난의 길이다. 고린도전서 4:11-13에서 바울은 그 길이 어떠한 것인지 잘 보여 준다.

> 주리고 목마르며 헐벗고 매 맞으며 정처가 없고 또 수고하여 친히 손으로 일을 하며 모욕을 당한즉 축복하고 박해를 받은즉 참고 비방을 받은즉 권면하니

이것이 바로 신앙인의 모습이다. 고난받는 어린양 같은 연약한 모습이다. 그러나 이러한 모습이야말로 그리스도를 본받는 모습이다. 바울은 이러한 모습을 지녔다. 바울은 고린도전서 11:1에서 이러한 모습을 본받으라고 한다. "내가 그리스도를 본받는 자가 된 것같이 너희는 나를 본받는 자가 되라." 이러한 바울의 권면은 교만하게 보이지만 그것을 다른 말로 하면 바울처럼 고난을 받으라는 말이다. 결코 교만한 말이 아니다. 이것은 디모데후서 2:3에서 분명하다. 바울은 여기서 "나와 함께 고난을 받으라."라고 말한다. 우리 시대에 절실하게 필요한 사람은 복음과 함께 고난을 받는 사람이다. 누가 그러한 사람이 될 것인가?

제5장

마가복음 1:12-13

예수의 광야 시험*

I. 번역

12 곧이어 성령께서 그를 광야 속으로 쫓아내셨다.[1] **13** 그는 사십 일 동안 광야에 거하시며 사탄에게 시험을 받고 계셨다.[2] 그런데 그는 들짐

---

* 제5장은 필자의 논문, 신현우, 2014a: 27-58을 토대로 작성한 것이다.

1. '그리고 즉시'(καὶ εὐθὺς)는 마가복음에서 단락 초두에 쓰일 경우 단락의 시작을 나타내는 접속어로 간주할 수 있다(Decker, 75 참고). 마가의 잦은 '그리고 즉시' 사용은 구두 전승의 존재를 암시한다(Pesch, 90). '내던진다'(ἐκβάλλει)라는 표현의 사용은 어색하게 보인다. '내던진다'는 현재형이지만 문맥상 과거를 가리킨다. 이러한 용법을 '역사적 현재'(the historic present)라고 한다. 이러한 표현을 사용한 데에는 의도가 있을 것이다. 아마도 역사적 현재를 사용한 것은 12절에서 새로운 장면(광야)과 새로운 사건이 시작되므로 단락이 나누어짐을 표시하기 위함일 것이다. 역사적 현재는 과거시제 형태보다 동작을 더욱 강조하여 표현하기도 한다(Porter, 31). 그러나 여기에서는 단락 시작 표지로 사용되었다고 볼 수 있다. 마가복음에서 역사적 현재가 이러한 용법으로 사용되었음에 관한 논증으로는 필자의 논문 Shin, 2012: 40-41 참조.

2. 동사 '에이미'(εἰμι)는 "살다"(to live)를 뜻할 수 있으므로(BDAG, 285) 이 동사의 미완료형인 '엔'(ἦν)은 '살고 있었다' 또는 '거주했다'로 번역할 수도 있다. '사따

승들과 함께 계셨고, 천사들이 그분께 시중들고 있었다.

II. 주해

로마서 5장에서 바울은 아담을 모형으로 언급하며 이 모형을 완성하는 그리스도를 통해 발생한 구원을 표현한다. 특히 로마서 5:14은 '모형'(τύπος)이라는 단어를 사용한다. "아담은 오실 자의 모형이라." 바울은 아담을 그리스도의 모형이라고 분명하게 밝혀 주장한다. 이처럼 아담을 모형으로 하여 그리스도를 이해하는 아담-그리스도 모형론은 복음서 특히 마가복음에서는 잘 드러나지 않는다. 그러나 아담-예수 모형론이 암시되어 있다고 볼 수 있는 구절이 전혀 없는 것은 아니다. 마가복음 1:12-13이 바로 그러한 구절이다. 컬페퍼(R. A. Culpepper)는 이 본문에 아담-그리스도 모형론이 담겨 있다고 주장한다. "여기서 마가는 바울이 로마서에서 발전시킨 것과 같은 아담/그리스도 모형론을 사용한다."[3] 그러나 스타인(R. H. Stein)은 이 본문에서 아담-그리스도 모형론을 읽으면 안 된다고 주장한다.[4] 한편, 케인데이(A. B. Caneday)는 이 본문에서 이스라엘-예수 모형론을 읽으며, 엘리야-예수 모형론도 함께 등장한다고 본다(Caneday, 29-32). 동일 본문을 이처럼 다양한 모형론으로 읽는 것이 모두 다 옳다고 볼 수는 없다. 그러나 저자 자신이 여러 모형론의 중첩을 의도했을 가능성을 배제할 수는 없다.

나'(σατανᾶ)는 아람어 '사타나'(סטנא)의 음역이다(Taylor, 164).

3. Culpepper, 51: "Here Mark employs an Adam/Christ typology like that Paul develops in Romans."

4. Stein, 2008: 65.

마가복음 1:12-13에는 시험의 내용과 결과가 생략되어 있다. 그래서 마가복음을 최초로 읽는 독자가 시험의 내용 및 결과를 파악할 길은 없다. 따라서 이 구절에서 사탄의 패배를 읽는 해석을 반대하는 스타인의 주장은 옳을 수도 있다.[5] 그러나 마가복음을 거듭 읽어 마가복음의 내용을 숙지한 독자들이 이 본문을 다시 읽을 때, 마가복음의 전체 문맥 속에서 이 시험의 내용 및 결과를 추측하는 것은 불가능하지 않다. 본문이 시험의 내용 및 결과를 함축하고 있다면, 그것은 이 본문이 어떤 모형론으로 읽혀야 하는지에 관한 단서도 제공해 줄 수 있을 것이다.

1. 이스라엘-예수 모형론

마가복음 1:12-13은 주로 이스라엘과 예수 사이의 공통점을 통하여 예수를 이해하는 이스라엘-예수 모형론을 담고 있는 것으로 해석된다. 이 본문에 담긴 아담-예수 모형론의 가능성을 살펴보기 전에 우선 이스라엘-예수 모형론의 가능성을 살펴보기로 하자.

마가복음 1:13은 예수께서 광야에서 거하며 40일 동안 사탄에게 시험받았다고 한다. '광야에서'와 '40일 동안'은 이스라엘-예수 모형론을 표현할 수 있다. 왜냐하면 신명기 8:2-4이 기록하듯이 하나님께서 이스라엘을 광야로 인도하여 40년 동안 시험하셨기 때문이다.[6] 비록 40일은 40년과는 다르지만, 40일을 40년과 연관시키는 민수기 14:34을 염두에 둔다면 40일이 40년을 반영할 수 있다(Caneday, 30). 예수께서 40일 동안 광야에서 시험받은 것도 이스라엘이 40년 동안 광야에서 시험

---

5.   Stein, 2008: 66.

6.   Gibson, 1994: 17.

받은 것과 비슷하다. '광야'와 '시험'의 관련성은 쿰란 문헌(1QS 8:1-23)에서도 발견된다(Stegner, 22-23, 26). 예수와 이스라엘 백성이 광야에서 시험받은 공통점을 가짐에도 불구하고, 차이도 있다. 이스라엘은 광야에서 시험에 실패하였지만, 예수는 시험에 이기셨다. 옛 이스라엘은 출애굽 후에 광야에서 실패하지만, 새 이스라엘(의 대표)인 예수는 광야에서 승리하시고 광야에서 새 출애굽의 길을 여신다.

마가복음 1:13은 예수께서 야생동물들과 함께 계셨다고 하며, 천사들이 그를 섬겼다고 한다(διηκόνουν). 천사들의 섬김은 식사 시중을 뜻한다고 볼 수 있다(Gibson, 1994: 20). '디아꼬네오'(διακονέω 섬기다) 동사는 누가복음 17:8에서도 식사 시중을 드는 것을 가리킨다. 이 동사의 미완료형(διηκόνουν)이 사용된 것은 천사들의 식사 시중이 40일 끝에 이루어진 것이라기보다는 40일 내내 이루어진 것이라고 볼 수 있게 한다(Gnilka, 58). 슈바이저(E. Schweizer)도 그렇게 본다(Schweizer, 42). 그러나 미완료형이 지속/반복을 의미하더라도 천사들의 식사 시중이 40일 끝에 지속/반복적으로 이루어졌다고 볼 수도 있다. 또한 미완료형이 이야기 줄거리에 부연 설명을 덧붙이는 기능을 하기도 함을 고려한다면(Campbell, 101) 단지 미완료형에 토대하여 저자가 식사 시중의 기간에 관하여 어떤 정보를 제공하는지 명확히 파악할 수는 없을 것이다.

천사들의 식사 시중은 이스라엘이 출애굽 후 광야에서 생활한 모습을 연상시킨다. 천사들의 식사 시중은 광야에서 내린 만나를 연상시키기 때문이다. 왜냐하면 70인역 시편 77:24-25에서 만나는 곧 "천사들의 빵"(ἄρτον ἀγγέλων)이라고 해석되고, 출애굽기 16:4은 하나님께서 만나를 통하여 이스라엘을 시험하셨다고 하기 때문이다(van Henten, 363). 더구나 솔로몬의 지혜서 16:20도 하나님께서 천사들의 음식으로 그의 백성(이스라엘)을 먹이셨다고 하기 때문이다(Heil, 75). "당신은 천사들의 음식을 당신의 백성에게 먹이셨고, 준비된 빵을 하늘로부터 그들에게 공급하셨습니다"(ἀγγέλων τροφὴν ἐψώμισας τὸν λαόν σου καὶ ἕτοιμον ἄρτον ἀπ᾽ οὐρανοῦ παρέσχες αὐτοῖς). 천사들의 식사 시중을 언급하는 마가복음 본문은 이러한 문헌을 배경으로 하여 볼 때 이스라엘이 광야에서 먹은 만나를 연상시킬 수 있다.

예수께서 광야에서 야생동물들과 함께 계셨음도 출애굽 후 광야에서 생활한 이스라엘을 연상시킨다. 광야의 야생동물은 민수기 21:6이 언급하는 광야의 불뱀을 연상시키기 때문이다. 그런데 헨텐(J. W. van Henten)에 의하면, '야생동물들과 함께'(μετὰ τῶν θηρίων)는 다니엘 4:29(개역은 4:32)의 '들짐승들과 함께'(עִם־חֵיוַת בָּרָא)를 연상시킨다(van Henten, 362 참고). 이것은 느부갓네살 왕이 하나님께서 다스리신다는 것을 깨달을 때까지 야생동물들과 살며 징계받을 것을 가리킨다(단 4:33). 마가복음 1:12-13이 광야 시험을 언급한 후에 이어지는 14-15절이 하나님의 나라(다스리심)에 관한 예수의 선포를 소개하므로(막 1:15), 이 시험 기사가 다니엘 4:33과 연관되는 측면이 있다. 그러나 예수의 경우는 광야에 거하신 것이 징계가 아닌 시험이었으므로 느부갓네살의 경우와는 다르다. '야생동물들과 함께'(μετὰ τῶν θηρίων)는 70인역 호세아 2:20(개역은 2:18)에도 나오므로, 이 본문을 연상시킬 수도 있다. 이 호세아서 본문은 하나님께서 야생동물과 언약을 맺고 땅에 평화를 회복하리라고 한다. 이러한 다양한 함축에도 불구하고, '야생동물들과 함께'가 불뱀이 출현한 광야에서 생활한 이스라엘 백성을 연상시킨다는 점은 부정할 수 없다.

케인데이는 '천사,' '성령' 등의 용어를 사용하면서 이스라엘의 광야 생활을 묘사하는 이사야 63:8-10이 본문의 배경이 되고 있다고 본다

(Caneday, 29-30). 불신실한 이스라엘을 언급하는 이 구약 본문을 배경으로 보면 마가복음 1:12-13에 담긴 예수의 광야 시험은 예수께서 세례받으실 때, 하늘에서 (고난받는 종의 길을 암시하며) "내가 너를 기뻐하노라."라고 말씀하신 하나님의 계시의 말씀에 순종하는지에 관한 시험이라고 볼 수 있다(Caneday, 30). 시험을 받을 때 이스라엘은 불신실하였지만, 예수께서는 신실하셨음을 마가복음 본문은 보여 주고 있다.

우리는 위에서 언급한 신명기, 이사야, 또는 출애굽기의 한 본문만을 마가가 마가복음 1:12-13의 배경으로 의도했다고 볼 필요는 없다. 광야에서 이스라엘이 시험받았음을 언급하는 기록은 구약 성경의 여러 본문에서 발견되기 때문에 마가가 이러한 여러 본문들을 염두에 두었을 수 있다. 또한 마가가 어느 본문을 염두에 두었든지, 공통분모는 광야에서 시험에 실패한 이스라엘이므로 이러한 이스라엘과 광야에서 시험에 이긴 예수를 비교하여 대조하는 것이 마가의 의도였을 것이다.

2. 아담-예수 모형론

마가복음 1:13에서 천사들이 예수께 식사 시중을 들었다고 한 것은 이스라엘-예수 모형론뿐만 아니라, 아담-예수 모형론을 가진다고 볼 수도 있다. 본문에 의하면 예수께서는 야생동물들과 친화적인 관계 속에 거하였으며(아래 논증 참고), 사탄에 의해 시험받았고, 천사들의 시중을 받았다. 그런데, 아담도 이처럼 야생동물과 함께 평화롭게 살았으며(창 2:19-20), 뱀(사탄?)에 의해 시험받았다(창 3:1-7). 또한 바벨론 탈무드에 담긴 유대 전설(*b. Sanhedrin* 59b)은 아담이 에덴동산에 있을 때 섬기는 천사가 아

---

7. 모세의 묵시 17:4은 이 뱀을 사탄이라고 해석한다.

담에게 식사 시중을 들었다는 내용을 담고 있다. 그 식사 시중의 내용은 고기를 굽고 포도주를 차갑게 해 주는 것이었다고 한다.[8] 비록 바벨론 탈무드의 내용은 후기의 것이어서 마가복음 본문 해석을 위한 직접적 증거가 될 수는 없지만, 마가복음 1:12-13이 창세기 2-3장과 관련되면서 에덴 주제를 가진 것으로 이해될 수 있음을 보여 주는 보조적 증거로 작용할 수는 있을 것이다.

마가복음 1:13에서 아담 모형론을 읽으려면 이 구절에서 예수와 야생동물의 관계를 아담의 경우처럼 평화로운 공존으로 볼 수 있어야 한다. 케인데이는 야생동물의 언급을 야생의 맹수들이 새 출애굽 길을 방해하지 않고 복종하는 것으로 묘사하는 이사야 35:8-10을 배경으로 이해하고자 한다(Caneday, 33). 또한 그는 주께서 맹수들을 제압한다고 하는 시편 91:13이 마가복음 본문에 암시되었다고 본다(Caneday, 34-35). 케인데이는 예수와 야생동물의 관계를 적대적 관계로 이해하면서 야생동물이 복종하였다고 주장하지만, 마가복음 1:13은 예수께서 야생동물들과 함께 있었다고만 언급하므로(Bauckham, 20), 적대적 관계를 전제한 복종이 특별히 염두에 두어졌다고 볼 수는 없다. 또한 그의 주장처럼 적대적인 야생동물이 예수께 순복했다고 보아도 결과적으로는 평화로운 관계가 형성된다. 따라서 그가 언급하는 구약 본문들을 배경으로 하여 해석할지라도 마가복음 1:13이 야생동물과의 평화로운 관계를 표현한 것일 수 있다. 이처럼 아담 모형론으로 이 구절을 해석할 수 있다.

하일(J. P. Heil)은 '야생동물'(θηρίον)은 악하고 사나운 짐승을 가리키므로 본문이 친화적 관계를 가리키지 않는다고 주장한다(Heil, 65). 그는 신

---

8. 번역된 본문을 위해서는 Goldschmidt, trans., 700을 보라. Marcus, 2000: 168 참고.

명기 7:22, 에스겔 34:5에서 '야생동물'(θηρίον)은 이스라엘에 적대적인 존재로 언급된다고 지적한다(Heil, 74). 그러나 그는 한 본문에서 적대적인 존재는 다른 본문에서도 언제나 적대적으로 등장해야 한다는 증명되지 않은 전제를 사용하고 있다. 그리하여 야생동물과 예수 사이에 종말론적 친화가 이루어질 가능성을 배제하고 있다. 물론 구약 성경에서 '야생동물'(θηρίον)은 종종 부정적인 존재로 등장한다(출 23:29, 레 26:6, 신 7:22; 32:24, 욥 5:22, 사 35:9, 겔 14:15, 습 2:15). 유대인들의 문헌(모세의 묵시 11장)은 아담이 뱀의 유혹을 받아 타락한 후부터 인간들은 야생동물과 부정적 관계에 처하게 되었다고 한다.[9] 그러나 구약 성경에는 야생동물이 긍정적으로 등장하는 구절도 있다. 창세기 2:19-20은 야생동물들이 아담에게 나아와 이름을 지음 받았다고 한다. 창세기 8:1은 야생동물들이 방주에서 노아와 평화롭게 공존하였음을 서술한다. 더구나 본문처럼 '야생동물들과 함께'라는 표현이 등장하는 70인역 호세아 2:20(개역은 2:18)은 하나님께서 이스라엘을 위하여 야생동물과 언약을 맺고 평화를 회복시킬 것이라고 말씀하신다. 70인역 시편 103:11(개역은 104:11)은 하나님께서 야생동물들에게 샘물을 마시게 하신다고 하고, 이사야 43:20은 야생동물들이 하나님을 공경할 것이라고 한다.

'야생동물'(θηρίον)이 악하고 사나운 짐승을 가리킨다고 할지라도 그러한 존재와 친화적 관계가 이루어지는 것이 불가능하지 않다. 이사야 11:6-9은 그러한 친화적 관계가 이루어질 것을 구체적으로 예언하고 있다. 마가복음 1:13의 야생동물 언급이 이사야 11:6-9과 관련된다는 것은 마가복음의 이 본문이 성령 강림 후에 위치하는 것처럼, 이사야 11:6-9도 메시아적 존재에게 성령이 강림하실 것을 언급하는 이사야 11:1-2 뒤

9. 본문은 *OTP*, vol.2, 275 참고.

에 위치함에서도 지지된다. 따라서 마가복음 1:13의 야생동물 언급은 야생동물과의 친화적 관계를 기대하는 이사야 11:6-9을 염두에 둔 듯하다.

마가복음의 문체도 이러한 해석을 지원한다. 마가복음에서 '에이미'(εἰμί 있다) + '메따'(μετά 함께)는 친화적인 관계를 가리키므로(3:14; 4:36; 5:18; 14:67), 예수께서 '야생동물들과 함께 계셨다'라는 표현을 그들이 예수를 적대했다고 해석할 필요가 없다. '에이미' + '메따'는 70인역(창 8:1, 17; 9:12; 26:3; 29:14; 35:3, 출 3:12, 수 1:5, 시 138:18[개역은 139:18], 학 1:13 등)에서도 친화적인 공존을 표현하고, 요세푸스의 글(*Ant.* 6:181)에서도 그러하므로, 이러한 표현이 유대인들의 헬라어 속에서 폭넓게 사용되었다고 볼 수 있다. 그러므로 마가복음 1:13에서 예수와 야생동물과의 부정적 관계를 읽어야 한다는 하일의 논증은 적절하지 않다.

하일은 마가복음 1:12-13이 교차대구 구조로 되어 있어서 A(성령)-B(사탄)-B′(야생동물)-A′(천사)의 대조를 가지므로, 야생동물은 사탄과 유사한 악한 존재로 본문에 등장한다고 본다(Heil, 65-66). 야생동물과 사탄을 평행시켜 악한 존재를 야생동물로 비유하여 묘사하는 것은 유대인들의 문헌에서도 발견된다. 잇사갈의 유언(*Testament of Issachar*) 7:7은 "벨리알[사탄]의 모든 영[귀신]이 너희에게서 달아나고, … 모든 야생동물이 너희에게 복종할 것이다."라고 하고, 납달리의 유언(*Testament of Naphtali*) 8:4은 "악마가 너희로부터 떠날 것이며, 야생동물들이 너희 곁에 설 것이다."라고 하며, 베냐민의 유언(*Testament of Benjamin*) 5:2은 "더러운 영들마저도 너희로부터 달아날 것이며 야생동물들이 너희를 두려워할 것이다."라고 한다.[10] 이러한 평행은 야생동물이 사탄처럼 유대인들에게 적대적 존

---

10.   *OTP*, vol.1, 804, 813, 826 참고.

재로 여겨졌음을 알려 준다. 그러나 이렇게 본다고 할지라도, 본래 악한 존재로 여겨졌던 야생동물이 마침내 예수께 복종하여 친화적인 관계가 형성되었다고 해석하는 것은 여전히 가능하다. 유대인들의 문헌에도 야생동물이 친화적 관계를 형성하리라는 기대가 담겨 있다는 사실은 이러한 해석을 지원한다. 잇사갈의 유언 7:7에서 야생동물들이 귀신의 경우와는 달리 떠나지 않고 복종하게 되며, 납달리의 유언 8:4도 야생 동물들이 악마와는 달리 떠나지 않고 곁에 있게 됨을 말한다.

위더링턴(B. Witherington III)은 잇사갈의 유언 7:7과 납달리의 유언 8:4은 야생동물과 사탄을 연관시키므로, 야생동물의 언급은 (아담과 연관 된) 에덴 주제를 약하게 한다고 주장한다(Witherington, 76). 그러나 후에 모세의 묵시 17:4에서[11] 사탄이라 해석된 뱀을 70인역 창세기 3:1은 야 생동물 중에 하나로 간주하므로 야생동물과 에덴은 결국 연관된다. 그 러므로 위더링턴이 제시하는 증거 본문들은 오히려 아담-예수 모형론 을 강화시킨다.

그럼에도 불구하고 '40일'과 '천사'가 창세기의 아담 기사에는 등장 하지 않는다. 그렇지만 아담과 이브의 생애 6:1은 아담이 40일 동안 금 식하였다고 한다.[12] 또한 모세의 묵시 29:14은 천사들이 아담을 둘러싸 고 아담을 위해 기도했다고도 기록한다.[13] 이러한 배경 문헌들은 '40일' 과 '천사'가 등장하는 마가복음 1:12-13에서 유대인들이 아담-예수 모형 론을 읽었을 수 있다고 판단하게 하는 보조적 증거가 될 수 있다.[14]

---

11. 본문은 *OTP*, vol.2, 279 참고. "The devil answered me through the mouth of the serpent."("악마가 그 뱀의 입을 통하여 나에게 대답했다.")

12. 본문은 *OTP*, vol.2, 258 참고.

13. 본문은 *OTP*, vol.2, 261 참고.

14. Culpepper, 50-51과 Marcus, 2000: 169 참고.

하지만, 예수는 광야에, 아담은 동산에 있었기 때문에 아담-예수 모형론이 마가복음 1:12-13 전체에 맞아 들어가지는 않는다.[15] 최소한 광야에 관한 언급은 아담-예수 모형론으로만은 해석될 수 없는 부분이므로, 이스라엘-예수 모형론을 배제할 수 없게 한다. 13절 전체를 해석할 수 있게 하는 것은 이스라엘-예수 모형론이다.

그럼에도 불구하고 12절은 아담-예수 모형론을 강하게 암시하고 있으므로 아담-예수 모형론을 배제할 수 없다. 광야는 세례자 요한의 사역지였고 주의 길을 준비하는 곳이었기에(막 1:2-4) 그 뒤에 오시는 예수께서 광야에서 시작하시는 것은 마가복음의 문맥 속에서 매우 자연스럽다. 그렇지만 성령을 주어로 사용하여 성령께서 예수를 광야로 '쫓아내셨다'(ἐκβάλλει)라고 기록한 것은 특이하다. 성령이 예수를 광야로 쫓아내신 것은 하나님께서 아담을 에덴동산으로부터 쫓아내셨다(ἐξέβαλεν)고 기록한 창세기 3:24을 연상시킨다.[16] '쫓아내셨다'라는 표현을 통하여 아담과 예수가 비교되면서 아담-예수 모형론이 제시된다. 아담은 사탄의 시험에 넘어가 하나님의 명령을 어기고 에덴동산에서 쫓겨나지만, 광야로 쫓겨나 사탄에게 시험을 받은 예수는 에덴을 회복하게 된다는 신학적 주제를 담기 위해 창세기 3:24의 '쫓아내셨다'를 연상시키는 단어를 사용한 듯하다.

스타인은 마가복음 1:12-13에 아담-예수 모형론이 등장한다는 것을 부정하며, 그 근거로 예수는 아담과는 달리 시험에 넘어지지 않았으며, 아담-예수 모형론은 마가복음의 다른 부분에서 등장하지 않는다고 지

15.　Gibson, 1994: 21.

16.　Heil, 64 참고.

적한다.[17] 그러나 이 논증은 아담과 예수의 모든 측면이 다 동일해야 아담-예수 모형론이 성립한다는 전제를 가지고 있다. 만일 모형론이 모든 측면에서 유사함을 전제로 해서만 성립한다면, 어떤 모형론도 성립할 수 없을 것이다. 어떤 모형론도 유사성과 비유사성을 함께 내포할 수밖에 없다. 마가복음의 다른 부분에서도 아담-예수 모형론이 등장하지 않음은 마가복음 1:12-13에서 아담-예수 모형론이 의도되었을 확률을 낮추는 것은 사실이다. 그러나 그렇다고 해서 마가가 마가복음 1:12-13에서만 아담-예수 모형론을 의도하는 것이 불가능한 것도 아니다. 그러므로 스타인의 논증은 본문에서 아담-예수 모형론을 읽을 수 있는 가능성을 배제하지 못한다.

3. 모형론의 중첩

마가복음 1:12-13은 아담-예수 모형론을 통하여 아담은 예수의 모형이며 예수는 아담의 실체로서 새 아담임을 암시하며, 에덴의 회복이 시험을 이기신 새 아담 예수를 통하여 이루어지고 있음을 알려 준다고 볼 수 있다. 또한 이 본문은 이스라엘-예수 모형론을 통하여 예수께서 시험을 이기신 새 이스라엘로서 이스라엘을 회복시킴을 암시하는 듯하다. 그렇다면 마가복음 1:12-13에서 이스라엘-예수 모형론과 아담-예수 모형론이 중첩되고, 새 출애굽 주제와 에덴의 회복 주제가 중첩된 것으로 볼 수 있다.

이러한 모형론의 중첩은 마가복음 1:13에서 "야생동물들과 함께 있었다."(야생동물과의 평화로운 공존)의 배경을 제공하는 이사야 11:6-9에서도

17. Stein, 2008: 65.

발견된다. 이사야 11:6-12에는 이스라엘의 회복 주제와 에덴의 회복 주제가 이미 중첩되어 있다. 이사야 11:6-12을 배경으로 보면 야생동물들과 함께 평화롭게 살 수 있는 것은 종말(이스라엘의 회복의 때, 즉 새 출애굽의 때)이 지금 다가왔음을 암시한다. 이사야 11:11-12은 이사야 11:6-9이 묘사하는 야생동물과의 평화가 이스라엘의 회복 때에 일어나는 사건임을 보여 준다. 이사야 11:6-9은 또한 야생동물과의 평화를 에덴의 회복과 관련시킨다. 이사야 11:9은 하나님의 거룩한 산(τὸ ὄρος τὸ ἅγιόν μου)을 언급하는데 이것은 에스겔 28:13-14의 용례를 고려할 때 에덴동산을 가리킨다. 왜냐하면 여기서 에덴동산(τοῦ παραδείσου τοῦ θεοῦ "하나님의 파라다이스")과 '하나님의 성산'(ὄρει ἁγίῳ θεοῦ)은 동의어로 사용되기 때문이다. 따라서 이사야 11:6-9을 배경으로 하여 마가복음 1:12-13도 예수를 통해 에덴이 회복됨을 암시한다고 볼 수 있다.

　우리는 마가가 오직 한 가지 모형론만을 의도하였다고 전제할 필요가 없다. 호세아 2:14-18에서도 출애굽 주제("애굽 땅에서 올라오던 날과 같이")가 아담 주제("들짐승과 공중의 새와 땅의 곤충으로 더불어 언약을 세우며")와 만난다. 이처럼 마가복음 1:12-13에서도 이 두 가지가 서로 만난다고 볼 수 있다. 출애굽 모형론과 아담 모형론이 중첩된 이 호세아 구절이 마가복음 1:12-13에서 마가가 염두에 둔 구약 본문이라면 마가는 이 호세아 구절에 반영된 새 출애굽과 새 언약, 호세아 2:23("내 백성이 아니었던 자에게 향하여 이르기를 너는 내 백성이라 하리니")에 반영된 하나님의 용서하시는 사랑이 예수의 사역을 통하여 실현됨을 지적하고자 했을 것이다.

　이사야 43:19-20을 배경으로 볼 때에도 야생동물과의 평화로운 공존이 아담 모형론만이 아니라 이스라엘 모형론으로 해석될 수 있다. 이 이사야 구절은 야생동물들이 하나님을 존경하게 되는 것과 광야에 길을 내는 것을 연관시킨다. 그런데 이 길은 이스라엘이 포로 상태로부터 해방(새 출애굽)되어 돌아오는 길이다. 이 본문을 배경으로 보면 예수께 서 광야에서 야생동물들과 평화롭게 함께 계신 것을 묘사하는 마가복 음 1:13은 하나님의 새 출애굽 길이 광야에서 만들어지고 있음을 암시 한다. 그래서 이 마가복음 구절은 세례자 요한을 광야에서 길을 준비하 는 자로 소개하는 마가복음 1:2-4과 연관된다. 세례자 요한이 준비하던 광야의 길, 새 출애굽 길이 이제 예수를 통하여 만들어지고 있음이 예수 와 평화롭게 공존하는 야생동물들의 모습을 통해 그려지고 있다.

이사야 65:25도 이리, 사자, 뱀 등이 (사람을) 해치지 않게 될 것을 예 언하는데, 이것은 하나님의 성산(즉 에덴동산, 위의 논증 참고)과 관련되므로, 이를 배경으로 마가복음 1:13이 언급하는 야생동물과 예수의 평화로운 공존은 에덴 모형론을 가질 수 있다. 에덴 모형론을 통하여 이사야서는 궁극적으로 새 하늘과 새 땅의 창조를 바라보는데(사 65:17), 이것은 예루 살렘의 회복으로 실현되므로(사 65:18-19) 이스라엘 모형론과 중첩된다.

아담 모형론을 통하여 에덴의 회복을 기대하든지, 이스라엘 모형론 을 통하여 새 출애굽을 기대하든지, 궁극적으로 기대되는 것은 종말론 적 구원이다. 바룩2서 73:6도 종말의 구원의 때에 야생동물과의 친화적 관계가 회복될 것이라고 한다.[18] "그리고 야생동물들이 숲에서 와서 사 람들을 섬길 것이다. 독사들과 용들이 그들의 구멍에서 나와 아이에게 순복할 것이다."[19] 바룩2서는 2세기 작품이라 여겨지지만,[20] 이사야서와

---

18. Pesch, 96.

19. "And the wild beasts will come from the wood and serve men, and the asps and dragons will come out of their holes to subject themselves to a child"(*OTP*, vol.1, 646).

20. *OTP*, vol.1, 617.

함께 야생동물과의 친화적 관계가 종말에 이루어질 것을 동일하게 기대하므로, 그 사이에 놓인 1세기에도 유대인들 가운데 동일한 기대가 있었을 것이라고 추측된다. 따라서 1세기 유대인들에게도 야생동물과의 친화는 구원의 때에 이루어질 모습을 의미하였을 것이다. 그러므로 이러한 배경 속에서 광야에서 야생동물과 친화적으로 거하신 예수의 모습은 종말의 새 창조 또는 구원의 때의 모습을 미리 보여 준다고 해석된다. 본문은 야생동물과 친화적인 예수의 모습을 통하여 예수께서 종말론적 평화를 가져오시는 분임을 알려 준다.

이와 더불어 엘리야가 천사들에게 음식 시중을 받으며 호렙산으로 간 40 주야를 기록하는 열왕기상 19:5-8을 배경으로 하여 엘리야-예수 모형론도 함께 등장한다고 볼 수 있는지 고려해야 한다(Caneday, 32). '40일,' '광야,' '천사'는 엘리야와 연관되므로(왕상 19:4, 7, 8), 이것은 가능하다. 보컴(J. Bauckham)이 지적하듯이 '40일'은 이스라엘의 40년 광야 생활보다 엘리야의 40 주야를 반영할 수 있다(Bauckham, 8). 그러나 야생동물에 관한 언급이나 시험에 관한 언급은 엘리야와는 무관하다. 따라서 엘리야-예수 모형론은 마가가 염두에 두었더라도 우선적으로 의도한 것이 아닐 것이다.

한편 모세가 시내산에서 보낸 40 주야(출 24:18; 34:28, 신 9:9)도 마가복음의 시험 기사의 배경으로 작용할 가능성이 있다(France, 85 참고). 그러나 모세-예수 모형론이 이 마가복음 구절에 담겨 있다고 보기에는 발견되는 공통점이 부족하다.

4. 승리의 암시

쿰란 문헌은 광야가 종말론적 전쟁 장소로 기대되었음을 알려 준다 (1QM 1:3-4). 이사야 40:3도 광야와 하나님의 구원(새 출애굽)을 연관시키므로, 이러한 기대는 단지 쿰란 공동체만의 기대는 아니고 더 많은 유대인들의 기대였을 것이다. 쿰란 문헌은 이 종말론적 전쟁에서 천사가 도움을 줄 것이라 기대한다(1QM 12:8; 17:6). 마카비2서 10:29-30은 천사들이 유대인들을 도와 적군을 물리친 이야기를 전하며, 마태복음 26:53은 하나님께서 "열두 군단 더 되는 천사를 보내시게" 예수께서 요청하실 수 있다고 한다. 따라서 천사들이 물리적 힘으로 전쟁을 도울 수 있다는 기대는 단지 쿰란 공동체만의 기대는 아니었을 것이다.

광야를 배경으로 천사들의 도움으로 승리하는 종말론적 전쟁이 발생하리라는 기대가 1세기 유대인들에게 있었다면, 우리는 마가복음 1:12-13을 종말론적 전쟁과 관련하여 읽을 수 있을 것이다. '광야'를 배경으로 하여 천사가 등장하며, 적대 세력인 사탄이 등장하는 이 마가복음 본문은 예수와 사탄의 종말론적 전쟁을 그려 주는 듯하다. 독자들은 이 전쟁의 결과에 관하여 관심을 가질 수밖에 없는데, 마가는 이에 관하여 명확히 서술하지 않는다. 그러나 이것을 마가가 이 전쟁의 내용과 결과에 관심이 없었기 때문이라고 단정할 수는 없다. 이것은 글의 서두 부분에서 구체적 기술을 삼가고 단지 암시하며 복선을 깔아서 독자들의 흥미를 유발하는 문학적 기법일 수도 있기 때문이다.

예수께서 시험에 승리하셨음이 이어지는 마가복음 1:15에 암시되어 있다. 이 구절에서 하나님 나라(통치 시대)가 가까이 와 있다는 예수의 선포는 사탄이 패배하였음을 암시한다. 적대적인 야생동물과 친화적인 관계가 형성되고 천사들이 식사 시중을 드는 것도(위 참고) 종말론적인 구원의 상태(또는 에덴 회복의 상태)에 해당하므로 예수께서 사탄의 시험을 이기셨음을 암시한다.

레인(W. Lane)은 주장하기를 이 40일 기간 동안 예수께서 결정적인 승리를 하시지 않았기에 마가가 이를 언급하지 않았다고 주장한다(Lane, 61). 그러나 마가가 사탄이 시험한 내용을 뺀 이유를 이렇게 단정할 수는 없다. 마가가 시험 내용을 전해 받고도 고의적으로 뺀 것이라고 단정할 수 없거니와 설령 그러한 내용을 의도적으로 뺐다고 해도 그 이유가 시험에 결정적으로 이기지 않았기 때문이라고 할 수는 없다. 레인은 광야가 낙원으로 바뀔 때에는 사나운 짐승이 그곳에 없을 것이라고 하는 이사야 35:9을 그의 논증을 위한 근거로 제시한다(Lane, 61). 이사야 35:9을 염두에 두고 볼 때, 마가복음 1:12-13에서 야생동물이 광야에 등장하고 있다고 서술하고 있는 것은 아직 광야가 낙원으로 바뀌지 않았다는 증거가 된다. 그러나 이사야 11:6-9을 염두에 둔다면 야생동물과 함께 광야에서 친화적으로 거하는 모습은 분명히 종말론적 회복과 관련된다고 볼 수 있다. 최종적인 승리는 십자가와 부활에서 이루어지고, 심판은 재림 후에 이루어진다고 할지라도 예수께서 광야에서 시험에 이기지 않았다고 단정할 수는 없다.

우리는 마가복음에서 예수께서 사탄에게 승리하지 않았다는 증거를 찾을 수 없다. 그러나 반대로 예수께서 승리하셨다는 증거는 찾을 수 있다. 마가복음 1:23 이하에 소개되는 예수의 축귀도 사탄의 패배를 암시한다. 사탄의 졸개들인 귀신들이 퇴출되는 것은 사탄의 패배를 암시한다. 마가복음 3:27은 귀신이 쫓겨나는 것이 사탄이 더 강한 자에 의해 결박된 것을 증명하는 현상임을 비유를 통하여 지적한다. 사탄을 결박한 더 강한 자는 귀신들을 쫓아내는 예수일 것이다. 그렇다면 축귀 현상은 예수께서 사탄과 싸워 이기셨음을 암시한다.

스타인은 마가복음 3:27이 말하는 사탄의 결박당함이 예수의 시험 때에 발생한 것이라고 마가 자신이 명확하게 해석하지 않았다고 지적하며, 마가복음 1:12-13 본문에서 사탄의 패배를 읽는 해석을 반대한다.[21] 그러나 현대인들의 저술 방식, 또는 해석자의 저술 방식을 고대 저자에게 강요하는 것은 부당하다. 마가가 명확한 설명을 통하여 자신의 신학을 전달하는 저자가 아니라면 우리는 마가의 표현 방식을 존중하며 마가가 암시하는 의도를 파악해야 한다.

사탄에 대한 예수의 최종적 승리는 예수의 죽음과 부활 때에 이루어지지만, 십자가 고난을 향해 가는 행진에서 이를 피하라고 꾀는 사탄의 유혹을 예수께서 이기고 승리하셨음은 마가복음 내에서 부정할 수 없다. 죽음의 잔을 피하는 것이 예수 자신이 원하는 바였음에도 불구하고, 예수께서는 궁극적으로 하나님이 원하시는 바대로 이루어지기를 기도하셨고(막 14:36), 마침내 십자가의 잔을 마시셨기 때문이다(막 15:24). 또한 고난받는 메시아의 길을 가시며 군사적 메시아의 길을 일관되게 거부하시는 예수의 모습이 마가복음에 그려져 있기 때문이다(막 8:31-33; 9:9, 12, 31; 10:34, 45; 14:24, 62; 15:4).

5. 시험의 내용

예수께서 사탄에게 받으신 시험의 내용은 마가복음에 기록되어 있지 않다. 그러나 마가복음의 문맥 속에서 시험의 내용을 추측할 수 있다.

---

21.   Stein, 2008: 66.

마가복음에는 '시험하다'($\pi\epsilon\iota\rho\acute{\alpha}\zeta\omega$) 동사가 4회 나타난다. 이 동사가 사용된 곳들(막 8:11; 10:2; 12:15)을 보면 예수께서 유대 종교 지도자들에게 당한 시험이 소개된다.

마가복음 8:11에는 바리새인들이 예수를 시험하는 장면이 나온다. 바리새인들은 "하늘로부터 오는 표적"을 구한다. '하늘로부터'라는 표현은 마카비2서 2:18의 '하늘 아래로부터'($\grave{\epsilon}\kappa$ $\tau\tilde{\eta}\varsigma$ $\mathring{\upsilon}\pi\grave{o}$ $\tau\grave{o}\nu$ $o\mathring{\upsilon}\rho\alpha\nu\grave{o}\nu$)와 유사한데, 이 표현은 전력의 열세에도 불구하고 하나님의 도우심으로 전쟁에서 승리한 것과 관련된다고 볼 수 있다.[22] 그렇다면 바리새인들이 구한 표적은 전쟁에서의 승리였을 수 있다. 바리새인들이 예수께 군사적 승리의 표적을 통하여 메시아임을 입증하라고 요구했다면, 이것은 마태복음 4:3에 기록된 돌로 떡을 만들어 하나님의 아들에 대한 기대에 부응하라는 사탄의 유혹과 유사하다(Dormandy, 185). 둘 다 당시 사람들이 기대하는 메시아의 역할을 하라는 유혹이기 때문이다. 물론 예수께서는 이러한 유혹을 이기신다.

마가복음 10:2에도 바리새인들(또는 본문의 선택에 따라, '사람들')의 시험이 나타난다. 그들은 이혼이 허용되는지 묻는다. 헤롯이 자신의 아내를 버리고 형제의 아내와 재혼한 것을 세례자 요한이 반대하다가 결국 처형당한 상황에서 이러한 질문은 정치적 차원을 가질 수 있었다. 이 시험은 예수께서 세례자 요한의 입장을 따라 답하여 헤롯의 박해를 받게 하거나, 고난을 피하기 위해 세례자 요한의 입장을 부정하게 하여 군중들로부터 멀어지게 하려는 것이었을 수 있다. 그렇다면 이것은 마태복음 4:6에 기록된 성전에서 뛰어내리리라고 요구한 마귀의 시험과 유사하다. 이때 마귀는 시편 91:11-12을 인용하는데 악인이 고난을 받는다고 하는

22.　Gibson, 1990: 44.

근접 구절(시 91:8)을 고려해 볼 때, 이것은 고난받는 메시아사상을 성경으로 부정하기 위한 것이었다고 할 수 있다. 그렇다면 (이혼 문제를 질문하면서) 고난을 피하는 길로 예수를 유혹한 사람들의 시험은 사탄의 시험과 유사하다. 그런데 예수께서는 세례자 요한의 입장에 동의하시며 (다른 여자와 결혼하고자) 아내를 마음껏 버릴 수 있었던 당시 관습을 부정하신다. 그리하여 예수께서는 고난받는 길을 피하지 않으신다.

마가복음 12:15에는 세 번째 시험이 나온다. 바리새파와 헤롯파 사람들이 함께 예수를 시험하였다. 이 시험은 로마 황제에게 내는 세금에 관한 것으로서 헤롯과 같은 지방 정권이 아니라 로마제국의 권력과 관련된 것이었다. 세금을 로마 황제에게 내지 말라고 대답할 경우 로마인들에 의해 처형당할 것이고, 세금을 로마 황제에게 바치라고 할 때에는 유대인들로부터 외면당하게 될 것이다. 이것은 마태복음 4:10에 기록된 (사탄이 자기에게 절하라고 한) 시험과 유사하다(Dormandy, 186). 예수께서는 뒤에 강조가 있는 대조적 평행법을 자주 사용하셨으므로(Jeremias, 1971: 18), "가이사의 것은 가이사에게 하나님의 것은 하나님께 돌리라."라는 말씀도 뒤에 강조가 놓이는 대조 평행구로 볼 수 있다. 그렇다면 이 말씀은 "주 너의 하나님께 경배하고, 그분만을 섬겨라."(마 4:10)라고 예수께서 사탄에게 대답하신 것과 동일 선상에 있다. 두 경우 모두 예수께서 하나님을 섬겨야 함을 강조하신다(Dormandy, 186).

마가복음이 소개하는 세 가지 시험은 마태복음과 비교해 볼 때 사탄이 행한 시험의 내용과 유사하다. 어쩌면 마가는 이처럼 유사한 시험을 다른 곳에서 소개하기 때문에 사탄이 시험한 내용을 생략했을 수도 있다. 물론, 이것은 추측일 뿐이다. 마가복음에서 바리새파, 헤롯당 등을 통하여 이루어진 시험이 광야에서 사탄이 행한 시험과 그 내용이 동일하다고 볼 분명한 증거는 없다.

예수께서 광야에서 사탄에게 받은 시험의 내용을 알려 주는 좀 더 명확한 단서는 마가복음 8:33에서 발견된다. 여기서 예수께서는 베드로를 '사탄'이라고 부르며 그가 하나님의 일을 생각하지 않는다고 지적하신다. 이것은 베드로가 사탄과 동일한 입장을 취하고 있었다고 간주되었기 때문일 것이다. 예수께서는 많은 고난을 받고 죽임을 당할 것을 말씀하셨고(막 8:31), 베드로는 이를 반대한다(8:32). 베드로는 예수의 고난과 죽음을 반대한 것인데, 예수께서는 이러한 베드로의 입장을 사탄적인 것으로 본다. 고난받는 메시아의 길을 거부하는 것은 단지 베드로의 견해만이 아니라 당시 유대인들 대부분의 생각이었을 것인데, 예수께서 굳이 베드로를 사탄이라고 부르신 이유는 무엇일까? 아마도 베드로의 유혹이 사탄의 유혹과 비슷하였기 때문이었을 것이다. 광야에서 예수께서 40일 동안 계실 때 사탄은 고난받는 메시아의 길을 거부하라고 유혹했을 것이다.

예수께서 베드로의 꾸지람을 듣고(8:32), 그를 사탄이라고 부르신 것은 그의 주장이 사탄이 유혹하며 주장한 것과 같았음을 암시한다. 또한 예수께서 주저함 없이 베드로의 주장을 거부하신 것은 예수께서 이미 광야 시험에서 사탄의 주장을 이기셨음을 암시한다. 예수께서 베드로의 주장을 거부하시며, '하나님의 일'을 언급한 것은 하늘에서 들린 (하나님의) 음성을 기억나게 한다. 이 음성은 "너는 내 사랑하는 아들이다. 내가 너를 기뻐한다."라는 말씀으로 예수께 고난받는 메시아의 길을 계시하셨다(막 1:11).[23] "내가 너를 기뻐한다."라는 말씀은 이사야 42:1을 연

---

23. 신현우, 2013b: 480 참고.

상시키면서 예수께서 고난받는 종의 길을 가셔야 함을 알려 준다.[24] 이러한 계시의 말씀이 주어진 직후에 광야 시험이 이어지는 것은 이 시험이 이 계시의 말씀과 관련된 것이라고 추측하게 한다.

이러한 추측은 마가복음 14:36에 나오는 예수의 기도를 통해 다시금 지지받는다. 예수께서 "이 잔을 내게서 옮기시옵소서."라고 기도하신 것은 '죽음의 잔'이라는 표현이 발견되는 탈굼의 용례(tg. Neof. 창 40:23; tg. Neof. 신 32:1)와[25] 곧이어 예수께서 체포되어 죽임을 당하는 마가복음의 문맥을 통해서 볼 때 예수의 고난과 죽음을 가리킨다. 이 기도에서 예수께서는 고난을 피하는 것이 '내가 원하는 바'(τί ἐγὼ θέλω)라고 한다. 이것은 고난의 길을 피하는 것이 예수께서 원하신 바였음을 보여 준다. 사탄은 고난의 길을 피하고 싶은 예수의 마음을 부추기며 시험했을 것이다. 예수의 십자가는 실제적 고통의 십자가였으며 예수께서 받은 유혹도 실제적 유혹이었음을 우리는 "이 잔을 내게서 옮기시옵소서."라고 간구하신 예수의 기도를 통해 알 수 있다.

시험의 내용이 대속의 의미를 가진(막 14:24) 예수의 죽음의 잔과 관련된 것이었다면, 성령에 의하여 광야로 보내어지는 예수의 모습은 이스라엘의 죄를 지고 광야로 보내어져야 하는(ἐξαποστελεῖ) 속죄 염소의 모습을(레 16:21) 기억나게 한다고 볼 수 있다.[26] 이것은 마가가 성령이 예수를 광야로 내보내었다(ἐκβάλλει)고 표현한 이유에 관한 또 하나의 설명이 될 수 있다. 마가복음의 문맥을 통한 마가복음 1:12-13 해석은 '광야,' '내보내다' 용어에서 속죄 염소 모형론을 읽게 한다. 그리하여 본문의

24. '내가 너를 기뻐하노라.'의 의미에 관한 해석은 신현우, 2013b: 480 또는 본서 제4장의 막 1:11 주해 부분 참조.
25. 양용의, 2010: 245.
26. Edwards, 2002: 39 참고.

표면에 보이는 이스라엘-예수 모형론, 아담-예수 모형론 이외에 본문 심층에 모형론 하나가 더 중첩되어 있음을 보게 한다.

III. 해설과 적용

1. 해설

마가복음 1:12-13은 여러 가지 모형론으로 읽히고 있는 본문이다. 이러한 다양한 모형론 중에 한 가지만을 선택할 필요는 없으며 그것들을 함께 취할 수 있는 이유는 저자 자신이 한 구절에서 여러 가지 모형론을 중첩하였을 가능성 때문이다.

이 마가복음 본문은 이스라엘-예수 모형론으로 읽을 수 있다. 이 본문은 광야, 40일, 시험 등의 주제를 담고 있으므로 광야에서 40년간 시험받은 이스라엘을 연상시키기 때문이다. 13절이 언급하는 야생동물과 천사의 식사 시중도 이스라엘이 광야에서 경험한 야생동물(불뱀)과 만나를 기억나게 하므로 이 본문은 이스라엘-예수 모형론으로 읽을 수 있다.

이 본문을 아담 모형론으로도 읽을 수 있는 이유는 이 본문에 담긴 야생동물과의 친화적인 관계, 사탄에 의한 시험이 에덴동산에서의 아담을 연상시키기 때문이다(창 2:19-20; 3:1-7). 비록 구약 성경과 유대 문헌들에서 '야생동물'(θηρίον)은 종종 인간에 대하여 적대적인 존재로 등장하지만, 마가복음 1:13의 '야생동물과 함께 계셨다.'(ἦν μετὰ τῶν θηρίων)라는 표현은 '있다'(εἰμί '에이미') + '함께'(μετά '메따')를 친화적 관계를 묘사하기 위해 사용하는 마가의 용례를 고려할 때, 예수와 야생동물 사이의 친화적인 관계를 그린다고 볼 수 있기에 이러한 해석이 가능하다. 성령 께서 예수를 광야로 '쫓아내신다'(ἐκβάλλει)라는 표현도 하나님께서 아담 을 에덴동산으로부터 쫓아내셨다(ἐξέβαλεν)고 하는 창세기 3:24을 연상 시킴으로써 아담-예수 모형론을 형성한다. '40일,' '천사,' '식사 시중'도 유대 문헌(아담과 이브의 생애 6:1, 모세의 묵시 29:14)에 담긴 아담 이야기를 연 상시키므로, 아담 모형론으로 본문을 읽을 수 있다.

　마가복음 1:12-13에서 마가 자신이 이스라엘 모형론과 아담 모형론 을 모두 의도하였다고 볼 수 있는 가능성은 본문의 배경이 되는 이사야 11:6-12; 43:19-20; 65:17-25과 호세아 2:14-18이 각각의 본문 속에 아담 모형론과 이스라엘 모형론을 중첩하여 담고 있는 점에서 지원받는다. 이 마가복음 본문에서 이러한 모형론 중첩은 이스라엘의 회복과 에덴 의 회복이라는 다양한 이미지를 제공하지만, 이를 통하여 그려지는 것 은 예수를 통하여 이루어지는 종말론적 구원이다. 다양한 과거의 모형 들이 새롭게 도래하는 한 가지의 원형을 묘사하기 위해 동원된다.

　이사야 40:3에서 하나님의 구원이 도래하는 장소로 기대되고 쿰란 문헌(1QM 1:3-4)에서 종말론적 전쟁의 장소로 기대된 광야에서, 서로 대 조적인 존재인 사탄과 천사가 함께 등장하는 것은 예수의 광야 시험이 종말론적 전쟁을 통한 하나님의 구원의 길과 관련됨을 암시한다. 이 시 험 후에 예수께서 "하나님의 나라가 가까이 와 있다."라고 선포하셨다 고 기록하는 근접 문맥(막 1:15)을 통하여 우리는 예수께서 이 종말론적 전쟁에서 승리하셨다고 추측할 수 있다.

　'야생동물'은 유대인들의 문헌에 주로 적대적으로 등장하지만, 본문 에서는 야생동물들이 예수와 친화적 관계 속에 있는 것으로 묘사되는 점은 예수께서 사탄의 시험을 이기심으로써 이사야 11:6-9이 기대하는 종말론적 평화를 도래하게 하심을 내비친다. 또한 천사들이 예수께 식사 시중을 드는 모습은(13절) 사탄이 물러갔음을 암시하므로 예수께서 승리하셨다고 보게 한다. 마가복음의 문맥은 이러한 추측을 지원한다. 마가복음 1:23에서부터 축귀 사역이 계속적으로 보도되는데, 3:27은 사탄이 예수께 패배하여 결박당하였기에 축귀가 발생한다고 지적한다. 따라서 예수의 축귀 사역도 사탄이 패배하였음을 보여 주는 증거라고 할 수 있다.

마가복음 1:12-13에는 시험의 내용이 담겨 있지 않다. 그러나 마가복음의 원격 문맥에는 그 내용을 추측할 수 있게 하는 단서가 있다. 마가복음 8:33에서 예수께서는 자신의 고난과 죽음을 반대하는 베드로를 '사탄'이라고 부르신다. 따라서 사탄이 예수께 요구한 것은 베드로가 예수께 요구한 것과 동일한 것이었다고 추측할 수 있다. 예수께서 세례를 받으실 때에 하나님으로부터 받은 고난과 죽음의 길을 가는 사명을 사탄은 거부하라고 유혹하였을 것이다.

예수의 죽음은 대속을 위한 것이었다(막 14:24). 대속의 역할을 하는 예수를 성령이 광야로 내보내는(ἐκβάλλει) 것은 이스라엘의 죄를 지고 광야로 내보내는(ἐξαποστελεῖ) 속죄 염소의 모습을(레 16:21) 연상시킨다. 마가복음 1:12에서 성령이 예수를 광야로 내보냈다고 표현한 것은 이 속죄 염소를 모형으로 하여 예수의 광야 시험 사건을 해석할 수 있게 한다. 속죄 염소 모형론은 마가복음 1:12-13 본문이 담은 또 하나의 모형론이다. 이것은 본문의 표면에 드러난 이스라엘 모형론, 아담 모형론과 함께 본문의 심층에 담긴 모형론으로서 본문의 의미를 파악하는 데 도움을 준다. 이스라엘 모형론은 예수의 광야 시험을 새 출애굽을 위한 사탄과의 대결로 묘사하고, 아담 모형론은 이 광야 시험에서의 승리를 통해 에덴이 회복되는 종말론적 구원을 예견한다. 본문의 심층에 담긴 속죄 염소 모형론은 이러한 구원이 예수의 대속 사역(죽음과 부활)을 통하여 이루어질 것을 암시한다.

2. 적용[27]

예수께서는 사역을 시작하시기 전에 광야에 가셨다. 성령께서 우리에게 임하시면 우리도 광야로 나아가게 될 것이다. 성령께서 임하시면 그 때부터 사탄의 시험이 시작된다. 영적인 싸움이 시작된다. 성령의 인도하심을 받는 기쁨이 있지만 동시에 사탄의 시험이 더욱 강해진다.

사탄은 예수 믿는 사람도 유혹한다. 하나님 외에 다른 것을 섬기도록 유혹한다. 세상 욕심을 버리고 신앙생활을 하는 그리스도인에게도 사탄은 하나님 대신 돈을 섬기고 권력을 섬기고 쾌락도 누리라고 한다.

우리가 광야에서 당하는 시험은 이스라엘이 광야에서 당하는 시험과 유사할 것이다. 광야에서 이스라엘은 우상을 숭배하였다. 그래서 고린도전서 10:7은 말씀한다. "그들 가운데 어떤 사람들과 같이 너희는 우상숭배하는 자가 되지 말라." 우리는 하나님 대신 다른 것을 섬기게 되지 않도록 깨어 있어야 한다. 그렇지 않으면 우리는 하나님과 성경마저도 이용하여 다른 것을 추구하게 된다. 이러한 유혹에 넘어지면 신앙생활마저도 하나님을 섬기는 일이 아니라 우상숭배하는 일로 전락한다.

광야에서 이스라엘은 음행하였다. 그래서 고린도전서 10:8은 말씀

---

27. 이 부분은 웨스트민스터신학대학원대학교 화요일 저녁 채플(2009. 11. 17.) 설교 때 적용하고, 신현우, 2018c: 36-38에 실은 것을 토대로 작성한 것이다.

한다. "그들 중의 어떤 사람들이 음행하다가 하루에 이만 삼천 명이 죽었나니 우리는 그들과 같이 음행하지 말자." 광야에서 이스라엘은 하나님을 원망했다. 그래서 고린도전서 10:10은 말씀한다. "그들 가운데 어떤 사람들이 원망하다가 멸망시키는 자에게 멸망하였나니 너희는 그들과 같이 원망하지 말라."

예수 믿고 교회에 나오는 것으로 마음을 놓으면 안 된다. 이 광야에서 시험은 시작된다. 이 광야에서 하나님의 말씀을 공부할 때 우리의 마음은 완고하게 되어 말씀을 거절하게 될 수 있다. 이스라엘이 그렇게 했다. 그래서 히브리서 3:7-8은 시편 95:7-8을 인용하며 이렇게 말씀한다. "오늘 너희가 그의 음성을 듣거든 광야에서 시험하던 날에 거역하던 것 같이 너희 마음을 완고하게 하지 말라."

신앙생활의 광야에서 우리에게는 두 가지 선택이 있다. 우리는 마음을 부드럽게 하여 하나님의 말씀을 받아들일 것인가? 마음을 완고하게 하여 하나님의 말씀을 거역하고 우상을 택할 것인가?

우리는 이 광야에서 사탄의 시험을 이겨야 한다. 사탄이 주는 생각을 이겨야 한다. 사탄이 주는 고난을 이겨야 한다. 우리는 사탄을 이길 수 없다. 그러나 우리는 예수로 인해 소망을 가질 수 있다. 히브리서 2:18은 말씀한다. "그가 시험을 받아 고난을 당하셨은즉 시험받는 자들을 능히 도우실 수 있느니라." 예수로 인해 우리는 넉넉히 시험을 이길 수 있다. 로마서 8:35-37은 말씀한다.

누가 우리를 그리스도의 사랑에서 끊으리요. 환난이나 곤고나 박해나 기근이나 적신이나 위험이나 칼이랴. 기록된 바 우리가 종일 주를 위하여 죽음을 당하게 되며 도살당할 양같이 여김을 받았나이다 함과 같으

니라. 그러나 이 모든 일에 우리를 사랑하시는 이로 말미암아 우리가
넉넉히 이기느니라.

제6장
마가복음 1:14-15
예수의 하나님 나라 선포*

I. 번역

14 이제 그 요한이 체포된 후에, 예수께서 갈릴리로 들어가시어 하나님의 복음을 선포하셨다.

15 "그 시대가 찼고, 하나님 나라가 가까이 와 있다.[1]

너희는 회개하고 이 복음을 믿으라!"

---

*   제6장은 필자의 논문, 신현우, 2014b: 380-404을 토대로 좀 더 읽기 쉽게 편집하여 정리한 것이다.

1.   이 부분은 해석(아래 참고)을 반영하여 다음처럼 번역할 수 있다. "그 시대가 다 지나갔고, 하나님께서 통치하시는 시대가 가까이 와 있다." '그리고 ~라고 말하면서'(καὶ λέγων ὅτι)는 직접인용 부호 기능을 하는 담화 표지로 보아 번역하지 않고 따옴표(" ")로 처리할 수 있을 것이다.

II. 주해

마가복음 1:15은 예수께서 "하나님 나라가 가까이 와 있다."라고 선포하셨다고 한다. '가까이 와 있다'(ἤγγικεν)에 관한 학자들의 해석은 크게 두 가지로 갈린다. 이 표현을 "이미 와 있다"라는 뜻이라고 해석하기도 하고, "아직 오지는 않았지만 임박하였다"라는 뜻이라고 보기도 한다. 전자를 주장하는 대표적인 학자는 도드(C. H. Dodd)이며,[2] 후자를 주장하는 학자는 위더링턴(B. Witherington), 보링(M. E. Boring), 윌리암슨(L. Williamson) 등이다.[3] 이 두 가지 해석 중에 어느 것이 옳은가?

이러한 연구를 위해서는 평행구절인 '때가 찼다'라는 표현의 의미가 함께 연구되어야 한다. 이 표현에 관한 학자들의 해석도 크게 두 가지로 나뉜다. 이 표현이 "결정적 순간이 도래했다"라는 뜻이라고 보기도 하고, "옛 시대가 끝났다"라는 뜻이라고 보기도 한다. 리더보스(H. Ridderbos), 귈리히(R. H. Guelich), 프란스(R. T. France), 허타도(L. W. Hurtado), 양용의 등 대부분의 학자들은 전자를 택한다.[4] 그러나 마커스(J. Marcus)는 후자를 택한다.[5] 어느 것이 옳은 해석일까?

마가복음 1:15에서 복음에 관한 반응으로서 요청된 회개와 믿음은 무엇인가? '회개'(μετάνοια, 동사형은 μετανοέω)는 마가복음 1장의 문맥에서 4-5절에서처럼 죄를 자복하는 것을 가리킬 수도 있겠지만, 이 단어의

---

2. Dodd, 29.
3. Witherington, 78; Boring, 2006: 50-51; Williamson, 1983: 41.
4. Ridderbos, 61; Guelich, 1989: 43; France, 15; Hurtado, 21; 양용의, 2010: 49. 이런 입장을 가진 다른 많은 학자들에 관해서는 Palu, 55-56 참조.
5. Marcus, 2000: 175. 신현우, 2011c: 27과 필자의 지도로 연구된 논문, 유태호, "예수의 하나님 나라 복음 선포 연구"도 이러한 입장을 취한다.

70인역 용례에서처럼 "심사숙고함"을 뜻할 수도 있다. '믿음'(πίστις, 동사형은 πιστεύω)도 지식적 동의나 확신을 뜻한다고 간주되기도 하지만, 야고보서 2:17이 지적하듯이 행위를 포함하는 개념을 담을 수도 있다. 마가복음 1:14-15에서 이 단어들이 무엇을 뜻하는지는 용례가 주는 가능성의 범위 내에서 문맥을 통하여 밝혀져야 할 것이다.

1. 예수의 사역 개시와 하나님 나라 복음 선포

마가복음 1:15을 연구하기 위해서는 이것을 도입하는 역할을 하는 14절을 살펴볼 필요가 있다. 14절은 세례자 요한이 잡힌 후에 예수께서 '오셔서'(ἦλθεν) 사역을 시작하셨다고 한다. 이것은 예수께서 마가복음 1:7에 소개된 세례자 요한 후에 '오시는' 분임을 암시한다. 세례자 요한이 소개한 바로 그분이 등장했다.

14절은 예수께서 하나님 나라 복음을 선포하셨다고 한다. 그런데, '하나님의 복음'(τὸ εὐαγγέλιον τοῦ θεοῦ)은 무엇인가? 후커(M. D. Hooker)는 '하나님의'를 주어적 소유격으로 보아서 "하나님으로부터 전해 오는 좋은 소식"으로 해석할 수 있다고 본다(Hooker, 54). '하나님의'(τοῦ θεοῦ)를 기원의 소유격으로 보는 경우에도 비슷하게 "하나님으로부터 기원하는 복음"으로 해석할 수 있다. 그런데, 15절에 나오는 선포의 내용은 하나님 나라에 관한 것이므로 '하나님의'를 목적어적 소유격으로 보아, '하나님의 복음'을 "하나님에 관해서 선포하는 기쁜 소식"으로 해석할 수도 있다.

그렇지만 근접 문맥은 이 표현을 주어적 소유격("하나님께서 선포하시는 복음") 내지 기원의 소유격("하나님으로부터 기원하는 복음")으로 해석할 수 있는 근거를 제공한다. 이 표현을 "하나님으로부터 기원하는 복음"으로 해석할 경우, 마가복음 1:14은 예수께서 선포하신 복음의 기원이 하나님이라는 진술이다. 근접 문맥(11절)은 예수의 수세 때에 하늘에서 들린 음성을 언급한다. 예수의 수세 때 하늘에서 들린 (하나님의) 음성은 예수가 고난받을 메시아임을 선포한다(막 1:11).[6] 예수의 메시아 정체와 사명을 알려 주는 이러한 하나님의 음성으로부터 (14-15절에서 언급하는) 예수의 하나님 나라 선포가 기원한다면 예수께서 전한 복음의 기원은 하나님이다.

하나님의 메시아 정체 선포와 예수의 복음 선포의 연결은 쿰란 문헌에서도 기대된 것이다. 쿰란 문헌(4Q521 frag.2, 2:1-12과 11Q13 2:15-18)에 의하면 메시아(משיח)의 과업은 하나님의 구원과 통치의 기쁜 소식을 전하는 것이다.[7] 따라서 유대인들에게는 메시아가 등장하면 하나님의 통치가 곧 임하게 되리라는 기대가 있었다고 보인다. 이러한 기대를 통하여 볼 때 메시아가 도래했다는 것은 곧 하나님 나라가 가까이 와 있음을 의미한다. 메시아가 등장했다고 선포하신 하나님의 음성(11절)이 하나님 나라가 가까이 왔다는 선포의 근거이므로, 예수의 하나님 나라 선포는 곧 "하나님으로부터 기원하는 복음"이다. 그러므로 예수께서 선포하신 하나님 나라의 가까이 옴은 그 기원이 하나님의 계시이다. 마가는 그런 관점에서 예수께서 선포하신 복음의 기원이 하나님임을 지적하면서 이 것을 하나님의 복음이라고 불렀을 것이다.

예수를 메시아로 선포하는 하늘에서 들린 계시의 음성과 함께(막

---

6. 이에 관한 자세한 논증은 신현우, 2013b: 465-87 또는 이 책의 제4장(예수 복음의 기원) 참조.

7. Witherington, 1045, 1209 참고. 언급된 쿰란 문헌 본문은 Martínez & Tigchelaar, ed. & trans., vol.2, 1208-9 참고.

1:11) 예수의 광야 시험도(막 1:12-13) 하나님 나라가 가까이 와 있다는 선포의 기초가 되었을 것이다. 하늘에서 들린 음성을 통하여 고난받는 메시아로서의 사명을 확인받은 예수께서[8] 광야에서 사탄에게 시험을 받으며 승리하신 것은 사탄이 메시아에게 패배하였음을 암시한다.[9] 이러한 사탄의 패배도 하나님 나라가 가까이 와 있다는 선포의 기초로 볼 수 있다. 그러므로 '하나님의 복음'에서 '하나님의'(τοῦ θεοῦ)를 주어적 소유격이나 기원의 소유격으로 보아 "하나님으로부터 기원하는 복음"으로 해석하는 것은 문맥에 의하여 지지받는다.

물론 '하나님의'를 목적어적 소유격으로 보아서, '하나님의 복음'을 하나님에 관하여 선포하는 복음이라는 뜻으로 해석하는 것도 불가능하지 않다. 15절의 내용은 어쨌든 하나님과 관련된 내용이기 때문이다. 그럼에도 불구하고 '하나님의'를 주어적 소유격이나 기원의 소유격으로 읽는 것은 위에서 살펴본 바와 같이 전후 문맥에 맞으면서 깊이 있는 의미를 담으므로 더 설명력이 있다.

물론 마가복음 1:1의 '예수 그리스도의 복음'에서는 '예수 그리스도의'가 목적어적 소유격일 수 있다. 왜냐하면 1:1에서는 마가복음의 제목으로서 '복음'이 마가복음 전체 내용을 포함하는 의미를 가지기 때문이다. 마가복음 전체의 내용을 '복음'이라고 부를 경우에는 이것이 예수에 관한 복음이라고 할 수는 있지만, 마가복음 내용 모두가 예수께서 선포한 복음일 수는 없기 때문이다.[10] 그러나 1:14에서 '하나님의 복음'은 복음서 내용 전체를 가리키는 것이 아니라 15절의 내용을 가리킨다. 따라

---

8. 신현우, 2013b: 475-80 참고.
9. 자세한 논증은 신현우, 2014a: 27-58, 특히 43-45 참조.
10. 자세한 논증은 신현우, 2011a: 48 참조.

서 이것은 하나님으로부터 기원하는 복음을 가리키는 것으로 해석할 수 있다. 1:1에서 복음을 수식하는 '예수 그리스도의'가 목적어적 소유 격이라고 해서 1:14에서 복음을 수식하는 '하나님의'도 목적어적 소유 격일 필연성은 없다.

'복음'(εὐαγγέλιον)이라는 단어는 구약 성경 및 헬라 문헌에서 전쟁에 서의 승리 소식 내지는 포로 해방(출애굽) 소식이라는 의미를 지닌다.[11] 따 라서 마가복음 1:14에서도 '복음'은 이러한 의미로 사용되었을 가능성 이 있다. 이 가능성은 근접 문맥에 의하여 지지된다. 예수께서 사탄과 싸워 이기셨음을 암시하는 11-13절은 14절의 '복음'(εὐαγγέλιον)이라는 단 어가 메시아 예수께서 사탄과 싸워 이기고 사탄의 포로들을 해방시키 시는 소식이라는 의미를 내포한다고 추측하게 한다. 사탄에 대한 승리 의 주체는 예수이므로 사탄에게 노예 된 자들의 해방의 주체도 예수라 할 수 있다. 그런데, 예수를 통한 해방(새 출애굽) 소식을 예수의 복음이라 부르지 않고 하나님의 복음이라 부르는 이유는 메시아를 기름 부어 세 우시는 분이 하나님이시기 때문이라 할 수 있다(시 2:2). 또한 근접 문맥 에서 볼 때에는 성령이 예수 안으로 들어가시고(1:10) 예수의 사역이 시 작되므로 예수의 모든 사역은 성령(하나님의 영)의 사역이며, 따라서 하나 님의 사역이라 할 수 있기 때문일 것이다.

2. '때가 차다'는 결정적 순간의 도래를 뜻하는가?

예수의 선포는 "때가 찼다."(πεπλήρωται ὁ καιρός)로 시작한다.[12] 여기서 주

---

11. 자세한 논증은 신현우, 2011a: 46-7 참조.
12. 어떤 사본들(D it)은 '까이로스'(καιρός)의 복수형(καιροί)을 사용한다. 그러나 마가

로 '때'라고 번역되어 온 '호 까이로스'(ὁ καιρὸς)는 무엇을 가리키는가? 팔루(M. Palu)는 마가복음 1:15의 '호 까이로스'가 예레미야 33:20-21, 25-26에 담긴 "하나님의 시간 언약"을 가리키며, 따라서 '때가 찼다'라 는 말은 이러한 시간 언약이 성취되어 다윗의 후손 아래서 이스라엘이 회복되는 것을 가리킨다고 주장하였다(Palu, 76-80). 예레미야 33:20에는 하나님의 낮 언약(בריתי היום)과 하나님의 밤 언약(בריתי הלילה)이 언급 되는데, 이것은 낮과 밤이 정한 때에 오는 현상을 통해 맺은 하나님의 언약을 가리킨다. 이 언약의 내용은 이 예레미야 본문(20-21절)에 의하면 하나님이 다윗과 맺은 언약이다(삼하 7:12-14 참고). 근접 문맥(25-26절)은 이 것이 다윗의 후손을 세워 이스라엘 백성을 다스리게 하신다는 언약임 을 밝힌다. 그런데 이 본문(20-21절)은 낮과 밤이 정한 때에 오듯이 다윗 과 맺은 언약도 반드시 성취되리라고 한다. 낮과 밤이 매일 정한 때에 오는 것은 다윗 언약이 성취되리라는 하나님의 보증으로 제시된다. 팔 루는 이 낮과 밤의 언약이 마가복음 1:15의 '호 까이로스'의 내용이라고 본다.

그러나 이 경우에는 마가가 왜 '시간 언약'이라고 하지 않고 '시간' 이라고 했는지 설명이 안 된다. '시간 언약'이라고 하면 평행구의 '하나 님 나라'와 길이도 비슷해지므로 굳이 '시간 언약'이라는 표현을 피할 이유도 없었을 것이다. 또한 여기서 개역개정판이 '찼다'로 번역한 동사 (πληρόω)는 시간을 가리키는 주어와 함께 종종 사용되는 단어이기에, 이 동사의 주어인 '호 까이로스'의 의미를 "시간" 대신 "시간 언약"이라고

는 다른 곳에서 이 단어의 복수형을 사용하지 않고 단수형만 사용한다(10:33; 11:13; 12:2; 13:33). 따라서 이 사본들에 담긴 복수형은 마가의 문체에 부합하지 않 는다. 그러므로 마가복음의 원래의 본문에 담긴 표현이 아니라고 추정된다.

해석할 이유는 없다. 더구나 '호 까이로스'의 뜻을 "시간"으로 해석할 때 마가복음 1:15의 문맥에 잘 들어맞음에도 불구하고, 굳이 본문에 없는 한 단어를 추가하여 '시간 언약'이라고 번역할 이유도 없다. 그러므로 팔루의 제안은 신선하기는 하지만 채택되어야 할 필요는 없다.

구티에레즈(G. Gutiérrez)를 비롯한 많은 학자들은 '까이로스'(καιρός)가 양적인 시간이 아닌 질적인 시간, 결정적 순간의 의미를 가진다고 해석한다.[13] 그러나, 마가복음에서 '까이로스'는 "결정적 순간"(12:2; 13:33)뿐 아니라, "기간"(10:30; 11:13)을 가리키기도 한다.[14] 마가복음 10:30에는 '현세에'(ἐν τῷ καιρῷ τούτῳ)라는 표현이 나오는데 여기서 '세'(世)는 '까이로스'의 번역이며 문맥상 "시대"라는 뜻이다. 이 시대는 문맥 속에서 볼 때 내세와 대조되는 시대로서 매우 긴 기간이다. 마가복음 11:3에서 '까이로스'는 '무화과의 까이로스'라는 표현 속에 사용되어 무화과가 열매 맺는 시기를 가리킨다. 여기서도 결정적 순간을 가리키기보다는 일정한 길이를 가진 기간을 가리킨다. 무화과는 잠깐 열매 맺는 것이 아니라 일 년 중 상당히 긴 기간 동안 열매 맺으며, 본격적인 수확기도 여러 달에 걸쳐 있다(8월 35%, 9월 28%, 10월 19%).[15]

이처럼 '까이로스'가 "기간"을 뜻하는 경우, 앞에 정관사를 둔 '호 까이로스'는 예수께서 사탄의 시험을 이기신 후 승리의 소식으로서의 복음을 선포하신 문맥을 고려할 때, 특정한 시대 즉 사탄이 왕처럼 행세하는 옛 시대를 가리킨다고 볼 여지가 있다. 이러한 해석의 가능성은 '호 까이로스'의 술어로서 개역개정판에서 '찼다'라고 번역된 단어인 '뻬쁠

---

13.   Gutiérrez, 428-29. 이러한 견해를 가진 많은 학자들에 관해서는 Palu, 55-56 참조.
14.   Marcus, 2000: 172. 이것을 지적한 또 다른 학자는 무스너(F. Mussner)이다(Palu, 55-56 참고).
15.   Oakman, 257.

레로따이'(πεπλήρωται)의 의미를 통하여 검증될 수 있을 것이다.

'뻬뻘레로따이'(πεπλήρωται)의 기본형은 '뻘레로오'(πληρόω)이다. 이 단어가 '까이로스'와 함께 사용될 때에는 무슨 의미를 가지는가? 토비트(Tobit) 14:5에는 "그 시대의 까이로스들이 차기까지"(ἕως πληρωθῶσιν καιροὶ τοῦ αἰῶνος)라는 표현이 나온다. 여기서 '뻘레로오' 동사의 변화형(부정과거 수동태 가정법) '뻘레로토신'(πληρωθῶσιν)은 마가복음 1:15처럼 '까이로스'를 주어로 하여 사용되었다. 여기서 "그 시대의 까이로스들"(καιροὶ τοῦ αἰῶνος)은 문맥상 첫 성전과 같은 영광스러운 성전이 재건될 때까지의 기간을 가리키며, '뻘레로토신'은 그러한 기간이 다 채워져 끝나는 것을 가리킨다. 이러한 용례를 따르면, 마가복음 1:15에서도 '뻬뻘레로따이 호 까이로스'(πεπλήρωται ὁ καιρὸς)는 마가가 염두에 두고 있는 어떤 기간이 다 채워져서 끝나게 됨을 표현한다고 볼 수 있다.

"채우다"라는 기본적 뜻을 가진 '뻘레로오' 동사가 '까이로스'를 주어로 하여 한 시대가 끝남을 표현하는 용례는 신약 성경에서도 발견된다. (1) 누가복음 21:24에는 '뻘레로오' 동사가 한 시대가 끝남을 가리키는 데 쓰였다. 여기서 "이방인의 때가 차기까지"(ἄχρι οὗ πληρωθῶσιν καιροὶ ἐθνῶν)는 "이방인들에게 밟히리라."는 말씀이 이어지는 문맥 속에 있으므로, '차다'는 동사는 이방인이 지배하는 기간이 끝나는 것을 가리킨다. (2) 요한복음 7:8에서 "나의 때가 아직 차지 않았다"(ὁ ἐμὸς καιρὸς οὔπω πεπλήρωται)는 예수의 때(예수가 예루살렘으로 가서 고난을 받을 때)가 도달하지 않았음을 뜻할 수 있지만, 위의 용례들에서처럼 예수의 때(예수가 죽고 부활하시기까지의 사역 기간)가 다 채워져서 종결되지 않았음을 가리킨다고 볼 수도 있다.

'뻘레로오' 동사가 '헤메라'(ἡμέρα 날, day)와 함께 사용되는 경우에도 유사하게 사용된다. '쁠레로오'는 구약 성경(70인역)에서 '헤메라'와 함께 사용되어 어떤 기간이 채워져 지나감을 뜻한다. ⑴ 창세기 25:24에는 '그녀가 출산하기 위한 날들(즉 10개월의 기간)이 차기까지'(ἐπληρώθησαν αἱ ἡμέραι τοῦ τεκεῖν αὐτήν)라는 표현이 나온다. 여기서 '쁠레로오'는 출산을 위한 임신 기간이 꽉 채워져서 끝나는 것을 가리킨다. ⑵ 창세기 29:21에는 '나의 날들이 다 찼기 때문이다'(πεπλήρωνται γὰρ αἱ ἡμέραι μου)라는 표현이 나온다. 여기서 '나의 날들'은 문맥상(창 29:18, 20) 라헬을 위하여 일하며 채워야 하는 칠 년을 가리킨다. 그러므로 여기서 '쁠레로오'는 라헬과 결혼하기 위해 채워야 하는 시간을 다 채워서 그 결혼을 기다려야 하는 기간이 다 끝났음을 뜻한다. ⑶ 창세기 50:3의 "그의 40일을 채웠다"(ἐπλήρωσαν αὐτοῦ τεσσαράκοντα ἡμέρας)에서 '쁠레로오'는 "어떤 순간이 도래했다"라는 뜻으로 사용되지 않고 어떤 기간이 만료되었음을 뜻한다. ⑷ 레위기 8:33의 "날이 차기까지"(ἕως ἡμέρα πληρωθῇ)에서 '날'은 의식을 행해야 하는 7일간의 기간을 가리킨다. 여기서 '날이 차다'는 7일간의 기간이 만료됨을 뜻한다. ⑸ 레위기 12:4의 "그녀의 정결의 날들이 차기까지"(ἕως ἂν πληρωθῶσιν αἱ ἡμέραι καθάρσεως αὐτῆς)에서 '쁠레로오'는 여인이 남자아이를 출산한 후 산혈이 정결하게 되기까지 보내야 하는 33일을 다 채움을 뜻한다. ⑹ 민수기 6:5의 "그 날들이 차기까지"(ἕως ἂν πληρωθῶσιν αἱ ἡμέραι)에서 이 단어는 서원하여 구별하기로 한 모든 날들이 다 차서 끝남을 가리킨다. ⑺ 민수기 6:13의 "그가 그의 서원의 날들을 채운 날에"(ἡμέρα πληρώσῃ ἡμέρας εὐχῆς αὐτοῦ)에서 이 단어는 서원하며 작정한 기한을 다 끝내기까지 채움을 가리킨다. ⑻ 사무엘하 7:12의 "너의 날들이 차면"(ἐὰν πληρωθῶσιν αἱ ἡμέραι σου)에서 이 동사는 다윗이 그의 인생의 날들을 다 채우고 인생을 마감하게 됨을 가리킨다. ⑼ 역대기상

17:11에서도 이 단어는 앞의 예와 비슷한 표현(ὅταν πληρωθῶσιν αἱ ἡμέραι σου "너의 날들이 찼을 때") 속에서 동일한 뜻으로 사용되었다. (10) 예레미야 32:34(개역은 25:34)의 "너희의 날들이 찼다"(ἐπληρώθησαν αἱ ἡμέραι ὑμῶν)에서 이 동사는 도살당할 때까지 남은 기간이 다 채워짐을 가리킨다.[16]

이 단어는 구약 외경에서도 같은 뜻으로 사용된다. (1) 토비트 8:20의 "14일이 차기까지"(ἐὰν μὴ πληρωθῶσιν αἱ δέκα τέσσαρες ἡμέραι τοῦ γάμου)에서 이 단어는 결혼식 잔치 기간(14일간)을 다 채움을 가리킨다. (2) 토비트 10:1의 "그 날들이 찰 때"(ὡς ἐπληρώθησαν αἱ ἡμέραι)에서 이 단어는 여행을 위해 필요한 기간을 채움을 가리킨다. (3) 마카비1서 3:49의 "그 날들을 채운 나실인들"(τοὺς ναζιραίους οἳ ἐπλήρωσαν τὰς ἡμέρας)에서 이 동사는 나실인의 서원 기간을 채워서 마침을 가리킨다.

신약 성경에서 이 단어가 '헤메라'(ἡμέρα 날)와 함께 사용된 곳은 사도행전 9:23뿐이다. 이곳의 "많은 날들이 찼을 때"(ὡς δὲ ἐπληροῦντο ἡμέραι ἱκαναί)에서 이 동사는 상당한 시간이 흘러감을 뜻한다.

지금까지 살펴본 용례들은 모두 '쁠레로오' 동사가 시간을 나타내는 명사를 주어로 하여 사용될 때, 그 시간이 가리키는 기간이 다 채워져서 끝나게 됨을 뜻함을 보여 준다. 이러한 용례들 속에서 '쁠레로오'를 그러한 어떤 시간(또는 시대)이 도래했다는 뜻으로 해석하는 것은 불가능하다. 물론 어떤 기간이 만료되면 다른 기간이 시작되며 그렇게 시작되는 순간은 매우 의미 있는 결정적 시점이다. 그러나 70인역과 신약 성경의 용례 중에 '쁠레로오'의 주어로 사용된 '헤메라'나 '까이로스'가

---

16. '쁠레로오'는 애 4:18에서도 유사하게 사용되었다. 이것은 번역(개역개정판) 성경을 통해서도 확인할 수 있다. "우리의 끝이 가깝고 우리의 날들이 다하였으며." 자세한 분석은 아래 참고.

그러한 결정적 순간 자체를 가리키는 것으로 사용된 용례는 없다.

'쁠레로오'가 '헤메라' 외에 시간을 나타내는 단어를 주어로 하여 사용된 용례들도 이 동사가 어떤 기간이 만료됨을 뜻함을 보여 준다. (1) 70인역 레위기 25:30의 "그것의 한 해 전부가 차기까지"(ἕως ἂν πληρωθῇ αὐτῆς ἐνιαυτὸς ὅλος)에서 이 단어는 가옥을 무를 수 있는 1년이 다 채워져 끝남을 가리킨다. (2) 70인역 예레미야 36:10(개역은 29:10)의 "바벨론에서 70년이 찰 때까지"(ὅταν μέλλῃ πληροῦσθαι Βαβυλῶνι ἑβδομήκοντα ἔτη)에서 이 동사는 바벨론에서 포로로 잡혀 사는 70년의 기한이 다 채워져서 지나 감을 가리킨다. (3) 사도행전 7:23의 "그에게 40년의 시간이 찼을 때"(ὡς δὲ ἐπληροῦτο αὐτῷ τεσσερακονταετὴς χρόνος)에서 이 동사는 모세가 40년의 세월을 채움(그리하여 40세가 됨)을 가리킨다. (4) 사도행전 7:30의 "40년 이 찼을 때"(πληρωθέντων ἐτῶν τεσσεράκοντα)에서도 이 동사는 40년의 기간을 채워서 보냄을 뜻한다. (5) 마커스(Marcus)는 워싱턴(W) 사본의 마가복음 16:14 끝에 담긴 "사탄의 권세의 해들의 한계가 찼다."(πεπληρωται ο ὅρος των ετων της εξουσια του σατανα)를 '쁠레로오'가 어떤 기간의 만료를 뜻하는 용례임을 언급한다.[17] (6) 무스너(F. Mussner)는 토비트 14:5(S)의 "까이로스들의 크로노스가 채워졌다"(πληρωθῇ ὁ χρόνος τῶν καιρῶν)를 예로 든다(Palu, 63 참고). 여기서 '쁠레로오'는 '크로노스'(χρόνος)를 주어로 하여 어떤 기간이 꽉 채워져서 끝나는 것을 가리킨다.[18]

---

17. Marcus, 1989b: 54-55; Palu, 64 참고.

18. 무스너는 요세푸스, *Ant.* 6:49(τὸν καιρὸν γενέσθαι πληρωθέντος "그 까이로스가 채워지게 됨")를 용례로서 언급하지만, 여기서는 '쁠레로오'의 의미가 "어떤 기간 이 만료되다"라는 의미임을 문맥 속에서 확정할 수 없다. 무스너는 엡 1:10, 갈 4:4 도 용례로 들지만(Palu, 63 참고), 이곳들에서는 '쁠레로오' 동사가 사용되지 않았 다.

이러한 '쁠레로오' 동사의 용례들에 토대하여 마가복음 1:15의 '그 까이로스가 찼다'(πεπλήρωται ὁ καιρὸς)도 어떤 특정한 기간이 다 채워져서 끝났음을 가리킨다고 볼 수 있다. 우리말에서도 유사하게 '만료되다'(꽉 차다)는 표현이 어떤 기간의 끝남에 대해서 사용된다. 그러므로 이 표현은 "그 시대가 만료되었다"라고 번역할 수 있을 것이다.

그렇다면 다 채워져 끝이 나는 기간으로서의 '호 까이로스'는 어떤 기간인가? 이 시대는 일단 부정적인 기간이라고 볼 수 있다. 왜냐하면 이 기간이 만료되었다는 소식을 15절이 담고 있는데, 이것을 14절은 복음(좋은 소식)이라고 소개하기 때문이다. 어떤 기간이 만료된다는 선포가 복음이려면 그렇게 만료되는 시대는 부정적인 시대라고 볼 수 있다.

물론 15절이 좋은 시대가 끝나고 더 좋은 시대가 온다는 소식을 뜻한다고 볼 여지도 있다. 이것도 복음이라고 부를 수 있다. 그러나 배경 문헌들의 용례는 '호 까이로스'가 부정적인 기간으로서 사탄이 왕처럼 행세하는 기간을 가리킨다고 볼 수 있게 한다. 사탄이 압제하는 기간을 전제하는 관점은 워싱턴 사본의 마가복음 16:14 끝에 담긴 "사탄의 권세의 해들의 한계가 찼다."에서도 발견된다. 사탄이 권세를 부리는 악한 시대를 전제하는 것은 쿰란 문헌(4Q215a frag.1, 2:4-6)에서도 발견된다. "악의 시대(קץ הרשע)가 찼다. … 의의 시간(עת הצדק)이 도래했다. … 평화의 시대(קץ השלום)가 왔다."[19] 에스라4서 11:44은 세상을 심판하던 악한 존재의 "시간들이" "끝났고 그의 시대들이 찼다"라고 한다. 여기서도 악한 존재가 다스리던 시대가 전제되고 있다.[20] 이러한 관점은 "세상

19. 본문은 Martínez & Tigchelaar, ed. & trans., vol.1, 456-67 참고.
20. 본문은 *OTP*, vol.1, 549 참고.

의 시간"을 언급하는 바룩2서 70:2에서도 발견된다.[21] 그러므로 마가복음 1:15에서도 그러한 시대를 언급한다고 볼 수 있다. 여기서 대조된 뜻의 두 동사 '만료되었다'(πεπλήρωται)와 '가까이 와 있다'(ἤγγικεν)가 대조되어 사용되는 구조도 '호 까이로스'가 '하나님 나라'와 대조된 부정적 시대라고 보는 해석을 지원한다.

마가복음 1:15에서 '뻬쁠레로따이'(πεπλήρωται 만료되었다)는 '엥기껜'(ἤγγικεν 가까이 와 있다)과 대조되어 사용되고 있다. '엥기껜'은 용례상 가까이 와 있음을 뜻하므로 아직 오지 않은 시점을 가리킨다(아래 연구 참조). 따라서 마가복음 1:15의 내용은 마커스의 해석처럼 사탄이 통치하는 악한 시대가 이제 꽉 찼으며(끝이 났으며), 하나님의 통치 시대가 시작되려 한다는 것이다.[22] 이렇게 보면, 15a절의 구조는 사탄이 왕 노릇하는 시대의 종말과 하나님이 통치하시는 시대의 시작을 대조하는 대조 평행법이다.[23]

그러나 이러한 대조 평행법에는 마가복음 1:15이 옛 시대가 이미 끝이 났는데, 새 시대는 아직 시작하지 않은 애매한 시점을 가지고 있는 문제가 있다. 이처럼 이미와 아직의 중간에 존재하는 시간이 가능한가? 옛 시대와 새 시대 사이의 이러한 종말론적 중간기를 두는 긴장을 풀기 위해서는 '뻬쁠레로따이'(찼다)를 아직 완전히 끝나지 않은 것을 표현한다고 보거나, '엥기껜'(가까이 와 있다)을 이미 시작된 것으로 보아야 한다. '엥기껜'을 이미 시작된 것으로 보는 것은 용례상 불가능하므로(아래 참

---

21. 본문은 *OTP*, vol.1, 644 참고.
22. Marcus, 2000: 175 참고.
23. '뻬쁠레로따이 호 까이로스'(πεπλήρωται ὁ καιρὸς)를 "결정적 순간이 다가왔다"라고 해석하며 '결정적 순간'이 하나님 나라가 시작되는 순간을 가리킨다고 보는 경우에는 이것은 '하나님 나라가 가까이 와 있다.'와 동의적 평행법을 이룬다.

조), '뻬쁠레로따이'가 완전히 끝난 것은 아닌 시점을 가리킬 가능성을
검토해 보아야 한다.

70인역 예레미야애가 4:18에서는 마가복음 1:15에서처럼 '쁠레로
오'(πληρόω 채우다) 동사가 "가까이 와 있다"(ἤγγικεν)와 평행을 이루며 사
용되었다.

> ἤγγικεν ὁ καιρὸς ἡμῶν ἐπληρώθησαν αἱ ἡμέραι ἡμῶν
>
> 우리의 때가 가까이 와 있고, 우리의 날들이 채워졌다.

여기서 "우리의 때가 가까이 와 있다"(ἤγγικεν ὁ καιρὸς ἡμῶν)에 해당하는
히브리어 본문은 "우리의 끝이 가까이 왔다"(קרב קצינו)이다. 여기서 '호
까이로스'(ὁ καιρὸς)는 히브리어 본문의 "(시간의) 끝"(קץ)에 해당하고, '엥
기껜'(ἤγγικεν)은 히브리어 본문의 "가까이 오다"(קרב)에 해당하므로, "우
리의 때가 가까이 와 있다."(ἤγγικεν ὁ καιρὸς ἡμῶν)는 "우리의 시간의 끝이
가까이 왔다."라는 뜻으로 볼 수 있다. 원수의 매복을 언급하는 근접 문
맥(19절)도 이러한 해석을 지원한다. 원수가 우리를 공격하려고 매복하
고 있는 상태는 아직 우리의 끝이 아니기 때문이다. 따라서 이와 평행된
"우리의 날들이 채워졌다."(ἐπληρώθησαν αἱ ἡμέραι ἡμῶν)에서 '에쁠레로테
산'(ἐπληρώθησαν '쁠레로오'의 부정과거 수동태)은 "어떤 기간이 채워졌다"라
는 뜻의 표현이지만, 그 기간이 완전히 끝나지는 않은 시점을 가리킨다
고 볼 수 있다. 이처럼 마가복음 1:15에서도 '뻬쁠레로따이'가 옛 시대가
완전히 끝이 나지는 않은 시점(곧 끝나는 시점)을 가리킬 수 있다. 이 시점
은 사탄이 왕 노릇하는 시대가 곧 끝이 나는 시점이고, 하나님께서 통치
하시는 시대가 곧 시작되는 시점이다. 한 시대의 끝자락에 놓인 종말론

적 시점이다.

이처럼 한 시대의 종말과 하나님 나라의 도래가 모두 임박한 미래로 그려지는 것은 모세의 유언(*Testament of Moses*) 10:1에서도 발견된다.

> 그때 그의 나라가 그가 만드신 온 세상에 나타날 것이다. 그때 악마는 종말을 맞이할 것이다.[24]

마가복음 1:15에서도 이처럼 옛 시대의 끝이 아직은 완전히 도래하지 않은 근접 미래로 간주되었을 수 있다. 이러한 해석을 따르면, 이 마가복음 구절은 사탄의 시대가 완전히 끝났음을 말하지 않는다. 사탄이 패배하여 사탄의 나라가 무너지고 있으나 그들의 시대가 아직 완전히 끝난 것은 아님을 말한다.

3. '하나님의 나라가 가까이 와 있다'는 이미 왔음을 뜻하는가?

마가복음 1:15에서 '하나님의 나라'는 무엇을 가리키는가? 이를 파악하기 위해서 우선 이 표현이 마가복음에서 어떻게 사용되었는지 살펴보자. 마가복음 9:1은 하나님 나라가 능력 있게 임하는 것을 제자들 중에 볼 사람이 있을 것이라고 예언하는데, 이어지는 문맥에서 하나님 나라는 예수의 변모와 관련됨을 알 수 있다. 이렇게 변모된 모습은 예수의 부활 이후의 모습을 미리 보여 준 것이라 할 수 있다. 이 구절은 예수께서 부활하신 후에 변화하게 될 모습을 미리 본 것을 하나님 나라를 본

---

24. "Then his kingdom will appear throughout his whole creation. Then the devil will have an end"(*OTP*, vol.1, 931).

것으로 간주하고 있다. 따라서 하나님 나라는 예수의 부활과 관련이 있음을 알 수 있다. 마가복음 14:25에서 예수께서는 포도주를 하나님 나라에서 다시 마시기까지 절대로 마시지 않겠다고 선언한다. 그런데 십자가에 못 박히시기 전에는 포도주를 거부하시고(막 15:23), 못 박히신 후에는 포도주를 마신다(막 15:36). 이것은 예수의 십자가 수난으로 인해 하나님 나라가 도래했음을 암시한다. 이처럼 마가복음에서 하나님 나라는 예수의 십자가 고난과 부활을 통해 도래하는 것이다. 그러나 이러한 용례들만으로는 '하나님의 나라'가 구체적으로 무엇인지 아직 불분명하다.

배경 문헌에 담긴 용례는 이 표현의 의미를 좀 더 명확히 파악하게 한다. 솔로몬의 시편 17:3에서 '하나님의 나라'는 '하나님의 권능'과 평행을 이룬다. "우리의 하나님의 권능은 자비와 함께 영원하고, 우리의 하나님의 나라는 민족들 위에 심판 가운데 영원하다."[25] 그러므로 '하나님의 나라'는 하나님의 권능과 유사한 의미를 가진다고 볼 수 있다.

마가복음 1:15에서 '하나님의 나라'(ἡ βασιλεία τοῦ θεοῦ)가 무엇을 가리키는지에 관한 최종적인 증거는 근접 문맥이다. 이 표현은 문맥 속에서 '그 시대'(ὁ καιρὸς)와 대조적으로 평행되어 쓰였으므로 문맥상 시간적 개념으로서 하나님의 치세(통치 시대, reign)를 가리키는 것으로 볼 수 있다.

그렇다면 '가까이 와 있다'(ἤγγικεν '엥기껜')는 무슨 뜻을 가지는가? '엥기껜'(ἤγγικεν)은 현재 완료형이므로 완료된 것을 가리킨다고 보더라도, 완료되는 내용은 가까이 오는 동작이다. '엥기껜'은 가까이 오는 동작이 이미 완료되었음을 표현한다. 가까이 오는 동작이 완료되었다는

---

25. τὸ κράτος τοῦ θεοῦ ἡμῶν εἰς τὸν αἰῶνα μετ' ἐλέους καὶ ἡ βασιλεία τοῦ θεοῦ ἡμῶν εἰς τὸν αἰῶνα ἐπὶ τὰ ἔθνη ἐν κρίσει(솔로몬의 시편 17:3).

표현은 아직 목표지점에 도달하지는 않았음을 내포한다. 보링, 위더링턴 등은 신약 성경의 용례 속에서 이 표현은 아직 도래하지 않은 상태를 가리킨다고 올바르게 지적한다.[26]

용례의 관찰은 이들의 지적이 정확함을 알려 준다. 다음의 용례들은 마가복음 1:15에서 '엥기껜'이 이미 도래하였다는 뜻이 아니라 가까이 와 있으되 아직 도래하지 않은 상태를 묘사한다고 해석하게 한다. (1) 로마서 13:12에서 "밤이 깊고 낮이 가까이 와 있으니(ἤγγικεν)"는 '엥기껜'(ἤγγικεν)이 아직 도래하지 않은 근접 미래를 가리킴을 알려 준다. 밤이 깊은 시점을 낮이 가까웠다고 표현한 것이므로 이 시점이 이미 낮이라고 할 수 없기 때문이다. 이 용례를 통해서 볼 때, '하나님의 나라가 가까이 와 있다.'라는 표현을 하나님 나라가 이미 왔다고 해석하면 안 됨을 알 수 있다. (2) 야고보서 5:8은 "주의 재림이 가까이 와 있다."(ἡ παρουσία τοῦ κυρίου ἤγγικεν)라고 하는데, 문맥상 이 문장은 예수께서 이미 재림하셨음을 뜻하지 않는다. 예수께서 이미 재림하신 후라면 야고보서가 기록될 필요가 없었을 것이다. (3) 베드로전서 4:7은 "그런데 만물의 끝이 가까이 와 있다."(πάντων δὲ τὸ τέλος ἤγγικεν)라고 하는데 이것은 만물의 종말이 이미 도래하였다는 뜻이 아니다. 이미 만물의 종말이 왔다면 베드로전서는 기록될 수 없었을 것이다. (4) 누가복음 21:20은 "그것의 멸망이 가까이 와 있다."(ἤγγικεν ἡ ἐρήμωσις αὐτῆς)라고 하는데, 이것은 문맥상 예루살렘이 멸망하였다는 진술이 아니라 곧 멸망할 것이라는 진술이다. (5) 마태복음 26:45의 "그 시가 가까이 와 있다."(ἤγγικεν ἡ ὥρα)는 "인자가 죄인들의 손에 넘겨질 것이다."는 구절과 평행되므로, 근접한 미래를 가리킨다. 예수께서 이 말씀을 하신 시점이 아직 체포된

---

26. Boring, 2000: 50-51; Witherington, 78.

시점은 아니기 때문이다. (6) 마태복음 26:46에서 "나를 넘겨주는 자가 가까이 와 있다."(ἤγγικεν ὁ παραδιδούς με)는 인자를 팔아넘기는 자가 이미 온 것을 가리키는 것이 아니라 그가 곧 올 것을 가리키는 표현이다. 왜냐하면 예수를 배신하는 가룟 유다는 47절에서야 등장하기 때문이다. (7) 마가복음 14:42에서도 "나를 넘겨주는 자가 가까이 와 있다."(ὁ παραδιδούς με ἤγγικεν)는 이어지는 43절에서 가룟 유다가 등장하는 것을 감안할 때 이미 왔음을 뜻하지 않고 곧 올 것을 뜻한다.[27]

70인역의 용례들도 이러한 해석을 지지하게 한다. (1) 예레미야애가 4:18은 "우리의 까이로스(καιρός)가 가까이 와 있다(ἤγγικεν)."라고 하는데, 여기서 '엥기껜'(ἤγγικεν)은 문맥상 이미 시작된 것이기보다는 곧 시작될 미래를 가리킨다고 볼 수 있다. 왜냐하면 이어지는 19절이 원수들의 매복을 언급하기 때문이다. 매복을 한 상태는 아직 공격하여 끝장을 낸 상태가 아니라 공격을 할 준비를 마친 상태이다. (2) 에스겔 7:4(개역은 7:7)에서는 이 동사가 '헤꼬'(ἥκω) 동사와 평행되게 쓰였다. "그 시간이 왔다. 그날이 가까이 와 있다."(ἥκει ὁ καιρός ἤγγικεν ἡ ἡμέρα)에서 '헤꼬'(ἥκω)는 이미 도래한 것을 가리키는 데 쓰이는 단어이므로, 이에 평행된 '엥기껜'도 이미 도래한 것을 뜻할 수도 있다. 그러나 이 단어는 여기서도 문맥상 아직 발생하지 않은 미래를 가리킨다. 왜냐하면 이어지는 5절(개역은 7:8)이 다가온 심판을 '엑케오'(ἐκχεῶ "쏟을 것이다"), '쉰뗄레소'(συντελέσω "끝낼 것이다"), '끄리노'(κρινῶ "심판할 것이다"), '도소'(δώσω "줄 것이다") 등 미래형으로 표현하기 때문이다. 그러므로 오히려 '헤꼬'(ἥκω)가 이곳에서

---

27. 눅 21:8에서 "그때가 가까이 와 있다."(ὁ καιρὸς ἤγγικεν)는 거짓 그리스도가 하는 말로 언급되는데, 이것은 그때가 어떤 때인지, 그러한 때가 이미 왔다는 것인지 아직 오지 않았다는 것인지 파악하기 쉽지 않은 문맥 속에 있다.

미래를 가리키는 현재형(the futuristic present)으로 사용되었다고 보아야
한다. (3) 에스겔 9:1에서 "그 도시의 심판이 가까이 와 있다."(ἤγγικεν ἡ
ἐκδίκησις τῆς πόλεως)는 도시가 아직 망하지는 않은 상태임을 뜻한다. 왜냐
하면 그 도시 사람들이 죽임을 당하는 것은 7절에 가서야 실행되기 때
문이다. (4) 마카비1서 9:10에서 "우리의 때가 가까이 와 있다."(ἤγγικεν ὁ
καιρὸς ἡμῶν)는 죽음의 때가 임박하였음을 뜻한다. 이미 죽었다는 해석은
죽은 자 스스로 말할 수는 없기에 불가능하다.

이처럼 신약 성경과 70인역의 용례들을 통하여 볼 때 '엥기껜'은 가
까이 왔지만 아직 도착하지는 않았음을 뜻한다. 이러한 용례로 마가복
음 1:15을 해석하면, '하나님의 나라가 가까이 와 있다.'는 표현은 하나
님의 통치 시대가 근접했지만 아직 도착하지는 않았음을 뜻한다고 볼
수 있다. 하나님의 통치 시대가 가까이 왔다는 것은 물론 하나님께서 전
에는 통치하시지 않다가 이제 비로소 통치하시기 시작할 것임을 뜻하
지는 않을 것이다.

마가복음은 하나님 나라가 예수의 십자가 고난을 통하여 도래함을
알려 준다(위 참고). 그런데 예수께서는 자신의 고난의 의미를 "많은 사람
을 위하여 흘리는 … 언약의 피"라고 소개하므로(막 14:24), 하나님 나라
는 예수께서 십자가 위에서 흘리신 언약의 피를 통하여 죄인들을 대속
하고 사탄의 노예들을 해방시키는 시대라고 볼 수 있다. 그렇다면 '하나
님의 나라'는 하나님의 새 언약의 시대로서 새 출애굽의 시대이다. 이것
은 사탄을 제압하는 하나님의 권능을 통하여 이루어진다는 측면에서
'하나님의 나라(통치 시대)'라고 부를 수 있었을 것이다. 물론 당시에 로마
치하에서 식민지 백성으로 살던 유대인들에게는 이 하나님 나라의 약
속이 로마가 유대인들을 지배하는 시대가 끝나고 오는 이스라엘의 주

권 회복의 시대로서의 새 출애굽의 시대로 오해될 수밖에 없었을 것이
다.

4. 회개란 무엇인가?

마가복음 1:15에서 예수께서는 사탄이 왕 노릇하는 시대가 끝나가고 하
나님의 통치 시대가 곧 시작된다는 사실에 관한 선포에 이어 "회개하고
이 복음을 믿으라."라고 요구한다. 그러므로 요구되는 회개와 믿음은
앞서 선포된 메시지에 토대한 것이라고 볼 수 있다. 즉, 15절은 왜 회개
하고 믿어야 하는지 알려 준다. 사탄이 왕 노릇하는 악한 시대가 이제
끝장날 것이므로 회개하여야 하며, 하나님의 통치 시대가 곧 시작되므
로 이 소식을 믿어야 한다.[28]

　그런데, 회개란 무엇인가?[29] 본문에 사용된 단어는 '메따노에이
떼'(μετανοεῖτε "회개하라")인데, 이 동사의 명사형은 '메따노이아'(μετάνοια)
이다. 이것은 어원상 "생각의 변화"를 뜻한다. 그러나 이 단어는 늘 이
러한 의미로 사용된 것은 아니다. 이 단어는 70인역 잠언 14:15에서 '메
따노이아로 들어간다'(ἔρχεται εἰς μετάνοιαν)라는 표현 속에 사용된다. 이
표현은 히브리어 본문의 '자기의 발걸음을 분별한다'(יבין לאשרו)에 대응
한다. 온갖 말을 믿는 어리석은 자와 "메따노이아로 들어간다"고 묘사
되는 슬기로운 자를 대조하는 잠언 14:15 문맥 속에서 '메따노이아'는
아무 말이나 분별없이 믿는 맹신에 대조된 지혜로운 분별을 가리킨다.

---

28. Marcus, 2000: 175.
29. '회개'(μετάνοια, μετανοέω)에 관한 구약적 배경에 관한 연구로는 김성규, 57-87 참
　　조.

그러므로 여기서 '메따노이아'는 어떤 말을 들을 때 사려 깊게 분별하는 반응을 가리킨다.

70인역 잠언 20:25의 "왜냐하면 서원한 후에 메따노이아하게 되기 때문이다."(μετὰ γὰρ τὸ εὔξασθαι μετανοεῖν γίνεται)는 서원한 후에 후회한다는 것인지 서원부터 하고 곰곰이 생각하기 시작한다는 것인지 문맥 속에서는 애매하다. 그러나 히브리어 본문에서 '메따노에인'(μετανοεῖν)에 대응하는 단어는 "찾다"(בקר "성찰하다")이므로 곰곰이 생각한다는 뜻으로 사용된 듯하다.

70인역 잠언 24:32의 "그 후에 나는 메따노이아하였고, 교훈을 얻으려고 살펴보았다."(ὕστερον ἐγὼ μετενόησα ἐπέβλεψα τοῦ ἐκλέξασθαι παιδείαν)에서 '메떼노에사'(μετενόησα)는 황폐한 포도원을 보고 보인 반응이며 그 결과 교훈을 얻는 것이므로 뉘우치는 행위를 가리키기보다는 곰곰이 생각하는 것을 가리킨다. 왜냐하면 뉘우치는 것은 교훈을 얻은 후에 가능한 것인데, 본문에서는 교훈을 얻는 것이 '메따노이아' 후에 놓이기 때문이다. 히브리어 본문에서 '메떼노에사'에 대응하는 표현이 "나의 마음을 두다"(אשית לבי)임은 이러한 해석을 지원한다.

이러한 용례를 따라 해석하면, 마가복음 1:15에서 '메따노에이떼'는 방금 선포한 말씀을 신중하게 분별하라는 뜻으로 볼 수 있다. 이러한 해석은 근접 문맥에 조화되는 듯하다. '회개하라'를 죄를 자복하라는 뜻으로 읽으면 '복음을 믿으라'가 그 뒤에 놓이는 것이 어색하다. 선포된 복음을 믿어야 죄를 자복하는 것이 가능하기 때문이다. 따라서 마가복음 1:15의 '메따노에이떼'는 믿음에 이르기 이전의 과정으로 본다면, "심사숙고하라"의 뜻으로 읽을 수 있는 듯하다.

그러나 마가복음의 원격 문맥 속에서는 '메따노에이떼'를 죄를 자복하라는 뜻으로 보아야 하는 근거도 있다. 마가복음 1:4-5은 회개와 죄를 자복함을 동일시한다. 마가복음 1:15의 구조도 회개가 죄의 자복을 뜻한다고 해석하게 한다. 때가 찼다(a), 하나님 나라가 가까이 와 있다(b), 회개하라(a′), 복음을 믿으라(b′)의 평행법 구조 속에서[30] '메따노에이떼'가 '그 (사탄이 왕 노릇하는) 시대가 만료되었다.'라는 선포에 대한 반응이고 '믿으라'는 '하나님의 나라가 가까이 와 있다.'라는 선포에 대한 반응으로 볼 수 있다. 죄를 자복하는 것은 사탄의 시대가 만료된 것에 대한 적절한 반응이다. 사탄의 종으로서 사탄이 시키는 대로 죄짓고 살던 삶을 청산하려면 먼저 그러한 삶이 잘못되었음을 인정하여야 한다.

'회개'(μετάνοια, μετανοέω)의 용례는 마가복음 1:15에서 이 단어가 단지 죄를 자복하는 것이 아니라 죄로부터 돌이켜 삶의 방식을 바꾸는 것을 포함한다고 보게 한다. 시락서(집회서) 48:15에서 회개는 죄로부터 돌이키는 것을 뜻한다. 왜냐하면 여기서 '회개하다'(μετενόησεν)는 '죄로부터 떠나다'(ἀπέστησαν ἀπὸ τῶν ἁμαρτιῶν)와 평행된 구조 속에서 사용되었기 때문이다. '회개'(μετάνοια)는 히브리서 6:1에서 죄를 짓는 행위를 중단하는 것을 가리키고, 마태복음 3:8, 누가복음 3:8, 사도행전 26:20에서는 선한 행위를 시작하는 것을 가리킨다.[31] 이러한 용례를 통해서 보면 마가복음 1:15이 요구하는 '회개'는 지금까지 사탄에게 종노릇하며 죄를 짓고 살아온 것을 뉘우치고 자복하며 돌이킬 뿐 아니라 적극적으로 선한 행위를 시작함을 가리킨다.

그러나 회개를 죄의 자복과 동일시하는 마가복음 1:4-5과 회개와 믿음을 구분시켜 각각 '때가 찼다.'와 '하나님 나라가 가까이 와 있다.'에

---

30. 김성규, 79.
31. 신현우, 2013a: 72.

평행시키는 15절의 구조를 고려하면 여기서 요청되는 회개는 사탄에게 종노릇하며 죄지은 것을 고백하고 돌이키는 것을 가리키고 새로운 방식의 삶을 살아가는 부분은 '믿으라'는 명령에 담겨 있다고 볼 수 있다.

5. 믿음이란 무엇인가?

믿음(동사형 πιστεύω, 명사형 πίστις)은 무엇인가?[32] 이것을 위해 믿음의 대상으로 제시된 '그 복음'이 무엇인지 살펴보자. '그 복음'은 문맥상 앞에 언급된 하나님께서 다스리시는 시대가 가까이 와 있다는 예수의 선포이다. 사탄이 통치하는 시대가 곧 끝나고 사탄의 노예들이 해방되는 시대가 곧 시작된다는 선포이다. 이 선포를 믿는다는 것은 무슨 뜻인가? 그 내용을 의심하지 않고 확신한다는 것인가? 만일 15절에서 '회개하다'가 "곰곰히 생각하여 분별하다"라는 뜻이라면 '믿음'은 그러한 분별의 결과로 도달하는 확신을 뜻할 수 있다. 그러나 15절에서 '회개'가 죄를 자복하고 돌이키는 것을 가리킨다면, 믿음은 죄를 짓지 않는 삶을 꾸준히 영위하는 신실함을 가리킬 수 있다.

　'복음'이 '믿으라'의 목적어로 제시되는 문맥 속에서 '믿으라'를 복음의 내용의 진정성을 확신하라는 뜻으로 읽을 수는 없는가? 이러한 해석을 지지하는 용례는 70인역 시편 105:12(개역은 106:12)에 있다. 여기서 "그들이 그의 말씀을 믿었다."에서 믿음의 대상은 말씀의 내용이다. 이어지는 문맥에서 말씀을 믿은 이스라엘 백성들의 불순종이 언급되므로

---

32. '안에 믿으라'(πιστεύετε ἐν)는 셈어적 표현(האמין ב)일 것이다(Guelich, 1989: 41). 그러나 이러한 표현은 70인역의 영향을 통해 간접적으로 들어왔을 가능성도 있다 (70인역 시 77:22; 77:32; 105:12, 렘 12:6, 시락서 32:21 참고).

여기서 언급된 믿음은 불순종하는 자들이 보이는 지식적인 믿음이다. 이러한 믿음은 시편 문맥에서 부정적으로 평가되고 있으므로, 마가복음 1:15에서 예수께서 이러한 지식적 믿음을 요구하셨다고 보기는 힘들다.

우리는 복음을 목적어로 하여 '믿는다'와 '순종하다'가 평행되어 믿음이 순종을 가리키는 로마서 10:16의 용례에 주목해야 한다. 로마서 10:16에서 "복음에 순종하였다."는 "우리의 메시지를 믿었다."에 평행되어 사용된다. 여기서 '우리의 메시지'(우리가 전한 복음)는 '복음'에 평행되고, '믿다'는 '순종하다'에 평행된다. 그러므로 이 용례는 믿음이 순종의 의미로 사용됨을 보여 준다. 복음을 믿는다는 것은 복음에 순종한다는 뜻이다.

물론 이러한 바울의 믿음 개념을 마가도 그대로 사용했다고 단정할수는 없다. 그러나 마가복음의 용례를 살펴보면 마가도 믿음을 행위를 포함한 개념으로 사용했음을 알 수 있다. 마가복음에서 '믿음'(명사형)이 사용된 용례들을 보면 이것은 복음의 내용에 대한 확신에 그치는 것이 아니라 그러한 확신에 따라 행동하는 것을 뜻한다. 마가복음 2:5; 10:52에서 믿음은 메시아 예수를 통한 치유의 확신에 입각한 집요한 행동과 관련된다.[33] 죄를 고백하는 회개와 함께 확신에 입각한 집요한 행동은 하나님 나라 복음을 확신하는 사람이 보이는 반응이다. 하나님의 통치

---

33. 이러한 믿음과 관련하여 맹인 치유가 발생한다(막 10:46-52). 맹인 치유는 새 시대의 표징 중에 하나로 기대된 것이다(사 35:5-7). 그러므로 맹인 바디매오의 치유는 새 시대가 가까이 와 있음을 알려 주는 표징으로서의 의미가 있다(Marcus, 1992: 34). 맹인 치유와 관련된 새 시대는 사 34:8에서 시온을 위한 하나님의 복수와 관계되며, 사 35:10은 이러한 때를 하나님의 구속받은 백성들이 시온으로 돌아오는 때라고 한다. 그러므로 맹인 치유는 새 출애굽 시대(하나님 나라)가 가까이 와 있음을 알려 주는 표징으로서 의미를 가진다.

가 가까이 와 있다는 복음을 확신하면 이 확신에 따라 행동하게 되어 있다. 그렇게 행동하지 않고 여전히 사탄에게 종살이하며 사탄이 시키는 대로 죄를 짓는다면 참으로 믿는 것이 아니라 할 수 있다.

III. 해설과 적용

1. 해설

예수께서 선포한 복음은 하나님으로부터 기원하는 하나님의 복음이었다(막 1:14). 그 이유는 메시아의 등장을 선언한 것은 하나님 자신이며(막 1:11), 하나님의 구원과 통치를 선포하리라 기대된 메시아의 등장은 하나님의 나라(통치)가 가까이 왔다고 선포할 수 있는 근거가 되기 때문이다. '복음'이 본래 전쟁에서의 승리나 포로 해방의 소식을 뜻하는 단어이므로 예수께서 선포하신 하나님의 복음은 마가복음 1:12-13에 담긴 예수의 광야 시험과 관련하여 메시아 예수께서 사탄에게 승리한 결과 발생하는 사탄에게 포로된 자들의 해방 소식을 가리키는 것으로 볼 수 있다.

많은 학자들은 '때가 찼다.'(πεπλήρωται ὁ καιρὸς)를 결정적 시점의 도래를 가리킨다고 해석한다. 그러나 '까이로스'(καιρός)가 일정한 길이를 가진 기간을 가리키기도 하는 용례를 고려하고, 함께 사용된 '쁠레로오'(πληρόω)가 시간을 나타내는 주어와 함께 사용되는 경우 어떤 기간의 만료를 가리키는 용례들을 고려할 때, '때가 찼다.'라는 말은 어떤 특정한 기간의 만료를 뜻한다고 해석할 수 있다. 이 선포는 좋은 소식(복음)이라 소개되었으므로 이때 만료되는 기간은 부정적인 기간이며, 워싱턴 사본의 마가복음 16:14과 쿰란 문헌(4Q215a frag.1, 2:4-6)에서 보듯이 악마가 권세를 부리는 시대 또는 악의 시대에 해당할 수 있다. 그런데, 70인역 예레미야애가 4:18-19의 용례는 '찼다'는 표현이 한 시대가 완전히 끝난 시점을 가리킬 필연성은 없음을 알려 준다. 따라서 때가 찬 시점은 사탄이 이미 패배하였으나 아직은 활동하는 시점을 가리킬 수 있다. 이러한 해석은 '가까이 와 있다'(ἤγγικεν)의 해석과 조화를 이루므로 문맥에도 맞는다.

'하나님의 나라가 가까이 와 있다.'라는 선포는 무슨 뜻인가? '하나님의 나라'(ἡ βασιλεία τοῦ θεοῦ)는 솔로몬의 시편 17:3의 용례를 통해서 볼 때, 하나님의 권능을 가리키는데, 시간을 나타내는 '때'와 평행된 마가복음 1:15 문맥을 고려할 때 "하나님께서 다스리시는 시대"를 가리키는 듯하다. 이러한 시대가 '가까이 와 있다'는 것은 이 표현(ἤγγικεν)의 용례를 통해서 볼 때 이미 가까이 왔으되 아직 완전히 오지는 않은 상태를 가리킨다고 해석될 수 있다.

사탄이 권세 부리는 때가 끝나 가고, 하나님이 통치하시는 시대가 곧 시작된다는 복음에 대한 반응으로 예수께서 요청하신 것은 회개와 믿음이었다. '회개'(μετάνοια, μετανοέω)는 용례를 통해서 볼 때 심사숙고한다는 의미를 가질 수 있다. 그러나 회개는 마가복음 1:4-5에서 문맥상 죄의 자복과 관련되며, 이러한 의미는 사탄의 시대가 만료됨에 대한 반응으로 회개가 제시되는 15절 문맥에도 들어맞는다. 그러므로 예수께서 요청하신 회개는 사탄이 시키는 대로 살던 죄를 자복하는 것이다. '믿음'(πιστεύω, πίστις)은 이 단어가 확신만이 아니라 행동을 포함하는 마가복음의 용례들을 고려할 때, 하나님의 통치 시대가 가까이 와 있음을 확신할 뿐 아니라 이 확신에 따라 행동하는 반응을 가리킨다고 판단된다.

2. 적용[34]

우리는 어떻게 복음에 반응하는가? 우리는 회개로 반응하는가? 우리는 성경을 읽을 때, 얼마나 심사숙고하는가? 치밀한 심사숙고의 결과는 생각의 변화로 나타난다. 참으로 회개하는 사람은 생각이 바뀌는 사람이다. 그리하여 세계관이 바뀌고 행동이 바뀌게 되는 사람이다. 자신이 죄인임을 깨닫고 돌이켜 변화된 삶을 사는 사람이다. 이러한 변화가 없다면 복음에 제대로 반응하는 것이 아니다.

우리는 믿음으로 복음에 반응하는가? 우리는 복음을 확신하고 있는가? 하나님께서 통치하신다는 확신 가운데 살고 있는가? 하나님께서 다스리시는 시대임에도 불구하고 사람을 두려워하고 있지 않은가? 하나님을 두려워하기보다 다른 것을 더 무서워하고 있지는 않은가? 우리는 장애물을 극복하는 믿음, 포기하지 않는 끈기 있는 믿음으로 사는가? 우리에게 환란이 닥칠 때, 우리는 복음이 명하는 삶을 쉽게 포기하지는 않는가?

반지성주의와 반행위주의에 빠진 잘못된 신앙 풍조에는 회개와 믿음이 없다. 생각을 바꾸기를 거부하는 반지성주의에는 회개도 없다. 행위의 중요성을 간과하는 반행위주의에는 참된 믿음이 없다. 우리는 이러한 풍조에 반대하고 지적인 능력을 다해 생각하여 잘못된 것들을 분별하고, 우리의 힘을 다하여 행하는 믿음의 기풍을 세워 가야 한다.

학문에는 학풍이 있듯이 신앙에도 자유주의, 복음주의, 개혁주의,

---

34. 이 부분은 웨스트민스터신학대학원대학교 새벽 채플(2010. 8. 25.) 설교 때 적용한 것이며, 신현우, 2018c: 45-48에 실은 것을 토대로 하였다.

전통주의, 은사주의 등등의 풍조가 있다. 그런데 본문은 우리에게 무엇이 바른 신학과 신앙의 풍조인지 알려 준다. 그것은 회개와 믿음이다. 복음에 대해 회개와 믿음의 반응을 보이지 않는다면 그것은 복음주의도 개혁주의도 아니다. 그것은 한낱 불신앙일 뿐이다. 진정한 신앙의 특징은 회개와 믿음에 있다. 우리는 회개와 믿음을 회복해야 한다.

우리가 참으로 회복해야 하는 것은 회개와 믿음이다. 반지성주의에 빠져 진지한 성경 공부를 거부하는 것은 진정한 회개가 아니다. 반행위주의에 빠져 행동을 거부하고 교리만 강조하는 것은 참된 믿음이 아니며 진정한 개혁주의도 아니다. 회개와 믿음은 학문과 실천을 다 포함하는 용어이다. 그러나 회개와 믿음은 학문과 실천이라는 말에 다 담을 수 없다. 회개는 단순한 학문이 아니다. 우리의 전 인격과 영혼이 반응하는 진지한 생각으로 나의 죄성을 성찰하고 의로우신 하나님을 사랑하며 날마다 주님의 마음에 더 다가가는 것이다. 믿음은 단순한 실천이 아니다. 우리의 목숨과 힘을 다해 하나님을 사랑하며 자기 십자가를 지고 주께서 가신 십자가의 길을 따라가는 것이다. 회개와 믿음은 학문과 실천, 학문과 경건이라는 얄팍한 말로 다 환원될 수 없다.

교회에는 회개가 있어야 한다. 예배당에서 골방에서 날마다 회개가 있어야 한다. 그리고 회개는 믿음으로 나아가야 한다. 마음을 다하여 주를 사랑하는 우리의 진지한 신앙은 목숨과 힘을 다해 주를 사랑하는 진지한 삶의 길로 우리를 인도해야 한다.

제7장
마가복음 1:16-20
갈릴리 어부들을 제자로 부르심[*]

I. 번역

16 이제, 예수께서 갈릴리 바닷가를 따라 지나가시다가 시몬과 그의 형제 안드레가 바다에서 그물을 펼치며 던지고 있는 것을 보셨다. - 그들은 어부들이었다. - 17 예수께서 그들에게 말씀하셨다.

"나의 뒤에 따라오라!

그러면, 내가 너희를 사람들의 어부들이 되게 하겠다."

18 그러자 즉시 그들은 그물을 버려두고 그를 따르기 시작하였다. 19 그는 조금 더 나아가신 후에 세베대의 아들 야고보와 그의 형제 요한을 보셨다. 그들은 배 안에서 그물을 수선하고 있었다. 20 곧이어 예수께서 그들을 부르셨다. 그러자 그들은 그들의 아버지 세베대를 고용된 근로자들과 함께 배에 남겨 두고, 그의 뒤에서 따라가기 시작하였다.

---

[*] 제7장은 필자의 논문, 신현우, 2014c: 599-626을 토대로 좀 더 읽기 쉽게 편집하여 정리한 것이다.

II. 주해

마가복음 1:17의 '사람들의 어부'(ἁλιεῖς ἀνθρώπων)는 어떤 일을 하는 사람을 가리키는가? 위더링턴(B. Witherington)은 시편 74:13을 배경으로 '사람들의 어부'가 구원 사역을 하는 사람을 가리킨다고 본다.[1] 그러나 '어부'라는 단어가 실제로 등장하는 예레미야 16:16을 배경으로 보면 '사람들의 어부'는 심판 사역을 하는 자들일 수 있다. 그렇지만 스타인(R. H. Stein)과 양용의는 예레미야 16:16의 문맥과는 달리 마가복음에서는 '사람들의 어부'가 구원 사역을 하는 자를 가리킨다고 본다.[2]

그런데 최규명은 마가복음 1:17의 '사람들의 어부'가 심판 사역을 한다고 주장하였다(최규명, 223-58). 그는 이 구절이 마가복음 문맥에서 예수께서 성전 파괴를 예언하신 것과 수미상관을 이룰 수 있다고 논증한다(최규명, 251). 그러나 제자들이 성전을 파괴하는 역할을 부여받지 않기에 과연 엄밀하게 수미상관이 이루어지는지 의문이다. 그는 마태복음 3:11-12, 누가복음 3:16-17에 의하면 세례자 요한이 성령과 불로 세례 주시는 분으로 메시아를 소개했다고 논증한다(최규명, 252-53). 그러나 이것은 마가복음을 주해하면서 마태복음과 누가복음에 호소할 뿐 아니라, 세례자 요한의 의도와 예수의 의도를 혼동하므로 증거력이 없다. 또한 세례자 요한이 소개한 사역 중에서 심판(불) 사역은 예수께서 재림하실 때 성취한다고 볼 수 있기에, 예수께서 초림 때 이스라엘을 심판하는 사역을 제자들이 하도록 의도하셨다고 보아야만 할 필요도 없다.

시몬과 안드레에게 '사람들의 어부'가 되게 하겠다고 하신 예수의

---

1.   Witherington, 86.
2.   Stein, 2008: 78; 양용의, 2010: 53.

약속은 어떤 의미였으며 이 약속을 받은 갈릴리의 어부들에게 어떤 의미로 이해되었을까? 마가복음 1:16-20에서 볼 때 예수께서 부르신 최초의 제자들 네 명은 모두 갈릴리 지역 사람들이고, 모두 어부들이다. 예수께서는 왜 하필이면 갈릴리 지역에서 어부를 제자로 부르셨을까? 예수께서 그들을 제자로 부를 때 '내 뒤에 오라.'라고 하신 말씀은 어떤 의미를 가졌으며 어떤 의미로 전달되었을까?

1. 마가복음 1:16-20의 위치와 구조

마가복음 1:17의 '사람들의 어부'의 의미를 파악하기 위해서는 이 부분을 포함하면서 하나의 이야기 단위를 이루고 있는 1:16-20의 문맥을 살펴보아야 한다. 이 구절은 마가복음의 서언(1:1-15)이[3] 끝나고 이어지는 마가복음 제1막(1:16-8:21)의 처음에 놓인다.[4] 마가복음의 제1막은 3부로 나누어질 수 있는데, 제자를 부르시고, 세우시고, 파송하시는 내용이 제1, 2, 3부의 초두에 각각 언급된다.

서언　　세례자 요한과 예수(1:1-15)

제1부　제자를 부르심(1:16-20)

　　　　갈릴리 초기 사역(1:21-3:12)

제2부　열두 제자를 세우심(3:13-19)

---

3. 마가복음의 서언을 1:15까지로 보는 구조 분석을 위한 논증은 신현우, 2013a: 68 또는 이 책의 제2장 참조.
4. 막 8:22-26의 소경 치유와 막 10:46-52에 나오는 소경 치유는 수미상관(*inclusio*)을 이루며 8:22-10:52을 하나의 단위로 묶는다(Hooker, 197 참고). 그리하여, 1:1-8:21을 제1막, 막 8:22-10:52을 제2막, 막 11:1-16:8을 제3막으로 나누게 한다.

갈릴리 후기 사역(3:20-6:6)

제3부   열두 제자 파송(6:7-13)

갈릴리 주변 사역(6:14-8:21)[5]

마가복음의 제1막은 갈릴리와 그 주변 사역을 소개하는데, 이 지역
에서의 사역들은 항상 제자와 관련된 사역으로 시작한다. 예수께서는
제자를 부르시고, 세우시고, 파송하시며 사역을 시작하신다. 이것은 예
수의 사역 속에서 제자 사역이 매우 우선적인 중요성을 가지고 있었음
을 보여 준다. 마가복음 1:16-20은 이처럼 중요한 예수 사역의 핵심을
담고 있다. 본문의 직전과 직후를 살펴보면 다음과 같다.

1:14-15   예수의 하나님 나라 선포(A)

1:16-20   예수께서 제자들을 부르심(B)

1:21-22   예수께서 가버나움 회당에서 가르치심(A')

본문은 예수의 말씀 사역들을 소개하는 기사들의 중간에 위치하고
있다. 이러한 샌드위치 구조는 예수의 제자 부르심이 예수의 말씀 사역
과 밀접한 관계가 있다고 해석할 수 있게 한다. 예수의 제자 부르심은
예수의 말씀 사역 프로그램의 일부로서 그 사역을 지속시키고 확장하
기 위한 것임을 이러한 구조는 암시한다. 예수께서 제자들 중에서 열둘
을 세우시고(3:13-19), 이들은 파송을 받고 나가서 "회개하라."라고 전파
한 것은(6:7-13) 이러한 해석을 지원한다. 이러한 구조 속에서 마가복음
1:17이 제시하는 '사람들의 어부'라는 제자들의 정체성은 특별히 말씀

5.   양용의, 2010: 46 참고.

사역과 관련된다. 콜린스(A. Y. Collins)가 지적하듯이 마가복음 1:14-15을 고려할 때, 제자들의 사역은 예수의 하나님 나라 복음 선포 및 회개와 믿음의 촉구 사역을 돕는 것이라고 할 수 있다.[6]

예수께서 사역의 초기에 제자를 부르신 것은 특이하다. 예수께서는 제자들을 부르신 후 함께 사역의 현장으로 가신다(1:21). 그리하여 제자들은 예수의 가르침을 항상 듣는 사람들이 되었다. 또한 그들은 예수 사역의 목격자들이 되었다. 이것은 그들이 예수의 모든 사역을 증언하고 예수의 가르침을 모두 전할 수 있는 역할을 할 수 있는 토대가 되었다. 예수께서 제자들을 사역 초기에 부르신 것은 자신의 가르침과 사역이 가지는 중요성을 예수께서 인식하고 계셨음을 보여 주며, 그 사역이 증언되고 지속되게 하고자 하셨음도 알려 준다. 제자들이 사역의 초반부에 부름받은 것은 예수께서 혼자 사역하지 않고 제자들과 함께 거하며 훈련하면서 사역하기 원하셨음도 알려 준다.

2. 갈릴리의 어부

예수께서 제자를 부른 곳은 갈릴리 바닷가이다(막 1:16). 갈릴리 호수를 '바다'(θάλασσα)라고 부르는 것은 아마도 '킨네렛 바다'(ים־כנרת)라는 히브리어 표현(민 34:11; 수 13:27)에서 온 것이다. '호수' 대신 '바다'란 표현을 쓴 것은 고대 근동 문헌들과 구약 성경에서 바다를 혼돈과 연결한 것과 관련하여 해석할 수 있다.[7] 이것은 바다를 부정적으로 보는 구약 성경의

---

6.   A. Y. Collins, 160.
7.   Boring, 2006: 58.

배경과 관련된다고도 볼 수 있다(시 74:13, 욥 38:16-17, 욘 2:2-3).[8] 이러한 배경을 통해서 볼 때 갈릴리 호수를 바다라고 부른 것은 이 호수를 혼돈의 장소로 간주한 것이다. 따라서 마가는 '바다'를 언급함으로써 예수께서 혼돈의 장소로부터 제자들을 부르셨음을 언급하고 있다고 볼 수 있다.

그런데, 왜 예수께서는 하필이면 갈릴리 해변에서 제자들을 부르셨을까? 마태복음 4:13에 의하면 이 지역은 스불론과 납달리 지역 해변이다. 이사야 9:1-2에 의하면 이 지역은 하나님께서 영화롭게 하시겠다고 약속하신 땅이다. 마태복음 4:14에 의하면 예수께서 이 지역에서 사역하신 것은 이 이사야서 말씀의 성취와 관련된다. 마가복음은 이것을 언급하고 있지 않지만, '갈릴리 해변'이라는 배경을 언급하면서 이 이사야 구절을 연상시키므로, 동일한 해석에 도달할 수 있는 단서를 제공한다.

마가복음 1:21에서 가버나움의 회당이 언급되고 이어지는 29절에서 예수께서 회당에서 나온 후 시몬과 안드레의 집으로 들어가시는 것으로 보아 예수께서 시몬과 안드레를 부르신 지역은 가버나움 지역이다. 요세푸스(*Ant.* 5:86)에 의하면 가버나움은 납달리 지역에 속한다고 볼 수 있다.[9] 예수께서 제자들을 납달리 지역에서 부르신 것은 어떤 의미를 가지는가? 이것은 창세기 49:21과 관련된다고 볼 수 있다. "납달리는 놓인 암사슴이라 아름다운 소리를 발하는도다." 이러한 배경을 통해서 볼 때, 데렛(J. D. M. Derrett)의 주장대로 예수께서 복음(좋은 소식)을 전파할 제자들을 부를 때, 가장 적당한 사람은 아름다운 소리를 발하는 자로 묘사

8.　Mánek, 138-39.
9.　Derrett, 1980: 112 참고.

된 납달리 지역 사람이라 할 수 있다.[10]

마가는 예수께서 다른 사람이 아니라 어부를 부르셨음을 강조한다. 17절에서 '말씀하셨다 그들에게 예수께서'(εἶπεν αὐτοῖς ὁ Ἰησοῦς)의 어순은 동사, 목적어, 주어의 순이므로 목적어가 강조되었다. 신약 성경에서는 대개 목적어가 주어 뒤에 나오므로 주어 앞에 나오는 목적어는 강조되었을 것이다(신현우, 2013c: 40 참고). 마가는 예수께서 다른 사람들이 아닌 어부들을 특별히 부르신 것에 의미를 부여하며 강조한 듯하다.

왜 예수께서는 하필 어부를 부르시고자 하셨는가? 예레미야 16:16에서 어부가 이스라엘을 모으는 자로 등장한다. 예수께서 물고기를 잡고 있는 어부들에게 "내가 너희를 사람들의 어부가 되게 하겠다."라고 말씀하신 것은(막 1:17), 예수께서 예레미야 16:16을 염두에 두셨을 것이다. 예수께서는 이 구절이 언급하는 어부들의 사역(이스라엘 모으는 사역)을 위해서 어부를 부르셨을 것이다.

예수께서 예레미야 16:16에 따라 이스라엘을 모으는 사역을 위해 어부를 사역자로 부르려고 하셨다는 것은 예수께서 갈릴리 바닷가에서 제자를 부르시게 되는 또 하나의 이유라 할 수 있다. 갈릴리 바다를 차지하고 있는 납달리 사람들은[11] 유대인들의 전통 속에서 어부와 관련되므로,[12] 어부를 부르려면 납달리 지역으로 가는 것이 당연하게 기대되었을 것이다.

예수께서 부르신 최초의 제자 두 명은 안드레와 시몬이었다. 안드레(Ἀνδρέας '안드레아스')는 헬라어 이름이다. 시몬(Σίμων)도 헬라식 이름인데,

---

10. Derrett, 114-15.
11. 70인역 신 33:23 참고.
12. 이와 관련한 자세한 배경 문헌은 Derrett, 1980: 114 참고.

히브리어 이름 시므온(שמעון)에 해당한다(France, 95). 비록 70인역에 나오는 히브리어식 이름인 '쉬메온'(Συμεών)이 사도행전 15:14, 베드로후서 1:1에서 베드로를 가리키며 사용되었기에 베드로의 경우는 본래 히브리식 이름을 가졌을 것이다. 그렇지만, 어쨌든 마가는 베드로의 이름 '시몬'을 헬라식 이름 형태로 소개한다. 마가의 관점을 따라서 보면, 이 두 형제는 유대인임에도 불구하고 헬라식 이름을 사용하였다. 따라서 이들은 상당히 헬라화된 사회 속에서 헬라 문화를 다소간 수용하며 살 수밖에 없었던 백성의 모습을 보여 준다.

예수께서는 그런 자들을 제자로 부르셨다. 우리가 예수의 제자 부름과 관련하여 던질 수 있는 또 하나의 질문이 있다. "왜 하필이면 형제를 함께 부르셨는가?" 본문은 이에 대해 아무런 암시도 주지 않지만, 이것은 형제 사이였던 모세와 아론을 염두에 두고 베드로와 안드레를 새로운 모세와 아론처럼 소개하는 모형론과 관련이 있을 수도 있다.[13]

안드레와 시몬은 그물로 물고기를 잡고 있었다.[14] 마가는 이어서 "그들은 어부들이었기 때문이다."(ἦσαν γὰρ ἁλιεῖς)라고 부연한다. 여기서 사용된 헬라어 '가르'(γάρ)는 이유("왜냐하면")가 아니라 설명의 표지인 듯하다. 포터(S. Porter)는 '가르'가 추론만이 아니라 설명을 위해 사용될 수 있다고 주장한다(Porter, 207). 마태복음 4:18, 마가복음 2:15; 5:42; 16:4, 요한복음 4:8, 로마서 7:1, 고린도전서 16:5, 갈라디아서 4:25에서도 이러한 용법이 사용되었다고 지적되기도 한다(BDAG, 189). 그런데 마태복음 4:18은 마가복음 1:16의 평행구절이므로, 순환논법을 피하려면 이 구절

---

13. 모세/아론 모형론의 가능성은 필자의 학생이었던 임경준이 2014. 6. 19.에 제안한 것이다.
14. '암피발론따스'(ἀμφιβάλλοντας)는 그물(ἀμφίβληστρον '암피블레스뜨론')을 사용해 물고기를 잡는 동작을 가리킨다(France, 95).

들에서의 '가르' 용법은 마가복음 1:16의 '가르' 용법에 관한 결론을 내리기 위해 사용하지 말아야 한다. 그렇지만 로마서 7:1에서 '가르'는 설명의 용법으로만 문맥에 맞는다.[15] 따라서 로마서 7:1의 경우에서처럼 마가복음 1:16에서도 '가르'가 설명의 용법으로 사용되었을 가능성을 고려할 수 있다.

'가르'의 설명적 용법에 관한 이러한 문법적 가설은 마가복음 자체의 용례의 지지를 받는다. 마가는 2:15; 5:42; 7:3; 9:49; 13:8; 14:2에서 '가르'를 보충 설명을 위해 사용한다.[16] (BDAG는 막 16:4도 예로 제시하지만, 이곳에서 '가르'는 3절에 관한 이유를 제시하며 연결된다.) 이처럼 마가복음 1:16에서도 '가르'가 이유나 원인이 아닌 설명을 제공하는 기능을 한다고 볼 수 있다. 만일 '가르'를 이유의 표지로 간주하여 "왜냐하면, 그들은 어부였기 때문이다."라고 번역하면 그들이 그물을 던지고 있었던 이유가 그들이 어부였기 때문이라는 동어반복적 진술이 된다. 그러나 '가르'가 설명의 기능을 한다고 보면 부가적 정보를 제공하는 절로 간주할 수 있다. 이것은 괄호를 사용하여 '(그들은 어부들이었다.)'라고 번역될 수 있다. 파울러(R. M. Fowler)는 이러한 것을 저자가 독자들에게 전달하는 '서사적 주석'(narrative commentary)이라고 부른다. '그들이 어부들이었다.'도 마가의 서사적 주석으로서 괄호 속에 들어가는 설명(parenthetical comment)인 듯하다.[17] 이 설명은 그들이 취미로 물고기를 잡고 있었던 것이 아니라

---

15. 고전 16:5과 갈 4:25에서 '가르'는 설명의 용법뿐 아니라 이유의 용법으로도 간주할 수 있다.
16. 물론 마가는 더 많은 경우에 '가르'를 이유를 표현하기 위해 사용한다. 막 1:22, 38; 3:10, 21, 35; 4:25; 5:8, 28; 6:14, 17, 18, 20, 31, 48, 50, 52; 7:10, 21, 27; 8:35, 36, 37, 38; 9:6(x2), 31, 34, 39, 40, 41; 10:14, 22, 27, 45; 11:13, 18(x2), 32; 12:12, 14, 23, 25, 44; 13:11, 19, 22, 33, 35; 14:5, 7, 40, 56, 70; 15:10, 14; 16:4(3절에 연결됨), 8(x2).
17. Fowler, 1996: 92-93.

생업을 위해 그물을 던지고 있었음을 알려 준다.[18]

이들의 직업이 어부였다는 것을 마가가 굳이 부연하여 언급한 이유는 무엇일까? 그것은 예수께서 어부를 제자로 부르셨음을 분명히 하려고 했기 때문일 것이다. 예수께서 어부를 제자로 부르셔야 했던 이유는 무엇일까? 그것은 예레미야 16:16을 배경으로 하여 어부가 하리라 기대된 독특한 역할 때문이었을 것이다.

3. 사람들의 어부

예수께서는 물고기를 잡고 있는 어부들에게 "내 뒤에 오라."(δεῦτε ὀπίσω μου)라고 하셨다(17절). 근접 문맥은 그들이 그물을 버리고 예수를 따랐다고 한다(18절). 이것을 볼 때 '내 뒤에 오라.'라는 표현은 생업을 버리고 따르라는 뜻이었다고 할 수 있다. 20절은 야고보와 요한이 아버지를 버리고 예수의 뒤를 따라갔다고 하는데, 이것은 '내 뒤에 오라.'가 가족도 떠나서 예수를 따르라는 의미였다고 해석할 수 있게 한다.

구약과 유대교는 '내 뒤에 오라.'라는 표현이 담을 수 있는 의미의 배경을 제공한다. 헹엘(M. Hengel)에 의하면 랍비들이 '내 뒤에 오라.'라거나 '나를 따르라.'라고 요청하며 제자들을 부르는 경우는 없었다(Hengel, 50). 랍비 학교에는 제자들이 스승을 택하여 들어갔는데, 이러한 경우는 '뒤따랐다'(הלך אחרי)는 표현으로 묘사되지 않았다.[19] 구약 성경에서 (문자적으로 동일한 표현을 사용하지는 않았지만) 자기를 따르라고 요청한

---

18. Fowler, 1996: 94 참고.
19. Hengel, 51; France, 96.

인물은 에훗, 사울과 같은 전쟁의 지도자였다(삿 3:28; 삼상 11:7).[20] 마카비1
서 2:27에서도 마타티아스(Ματταθίας)는 "내 뒤에 오라."(ἐξελθέτω ὀπίσω
μου)라고 하는데, 그를 따른 자들은 이방 세력과 전투를 시작하여 나라
의 주권을 되찾게 된다. 그러므로 예수께서 제자들을 부른 방식은 예수
께서 유대인들의 랍비들과 같은 인물의 범주에 해당하는 분이 아니라
카리스마적 지도자 범주에 해당하는 분임을 보여 준다.[21]

베드로와 안드레는 이러한 배경으로 '내 뒤에 오라.'라는 표현을 이
해했을 수 있다. 그렇다면 그들은 로마와 군사적 대결을 하게 될 날을
염두에 두고 예수를 따랐을 것이다. 물론 이러한 기대가 예수의 의도와
달랐음을 알게 되었을 때 베드로는 예수께 맞서다가 꾸중을 듣게 된다
(막 8:31-33).

마가복음의 문맥 속에서 "내 뒤에 오라."라는 부르심은 이방 세력과
의 전투로의 초대와 무관하다는 것은 분명하다. 마가복음 8:34을 통하
여 볼 때에는 예수를 따르려면 자기 십자가를 지고 따라야 한다. 이것은
이방 세력에 의해 죽임을 당하는 것을 암시하지만, 승리를 위해 그들을
무찌르는 전투를 하게 된다는 암시가 없다. 마가복음 10:21-22은 율법
(레 25:23, 신 19:14)을 어기고 불법적으로 소유한 많은 토지 재산(κτῆμα)의
포기가 제자도에 포함됨을 알려 준다.[22] 마가복음 10:28-31은 제자로 따
르는 데 포기하는 목록에 집, 토지 외에도 가족이 있음을 보여 준다. 마
가복음 9:34-35; 10:41-45은 예수를 따르는 것이 더 높은 권력의 자리
를 향하는 것이 아니고 오히려 낮은 자리를 향해 가는 것임을 보여 준

20. Hengel, 18-19.
21. Hengel, 50-51, 58-59; 박윤만, 85도 헹엘의 견해를 따른다.
22. '끄떼마'(κτῆμα)가 토지 재산을 가리킴에 관한 자세한 논증은, 신현우, 2008: 245-
      74 참조.

다. 이처럼 마가복음이 제시하는 제자의 길은 권력을 더 얻고 재물을 취하는 전쟁의 길과 다르다.

마가복음 2:18-28; 7:1-23을 보면 제자들은 바리새인들의 금식 전통이나 안식일 전통, 정결 전통을 따르지 않는다. 이를 통해 볼 때 예수의 부르심은 유대 전통을 지키도록 부르신 부르심은 아니다. 그것은 새 가르침을 전수하고 새 부대를 만드는 사역으로의 부르심이다(막 2:22). 마가복음 3:34-35은 예수의 제자들을 '형제'라고 부르시며 하나님의 뜻대로 사는 자가 자신의 형제라고 말씀하신다. 그러므로 예수께서 제자를 부르심은 예수의 가족으로 부르심이고 하나님의 뜻을 행하는 삶으로의 부르심이다. 그런데 마가복음 9:7에서 볼 때, 하나님은 제자들에게 예수께 순종하라고 명하시므로, 이것은 또한 예수의 가르침에 순종하는 삶으로의 부르심이라 할 수 있다.

그런데 왜 예수께서 제자를 부르실 때 "내 뒤에 오라."라고 하며 전투에 참여할 사람을 모집하는 언어를 사용하셨을까? 아마도 마귀와의 전투를 염두에 두었기 때문일 것이다. 제자를 부르신 후 곧 행해진 예수의 축귀 사역(막 1:21-28)이나 후에 제자들이 행하게 된 축귀 사역(막 6:13)은 마귀와의 전투의 단면을 잘 보여 준다. 헹엘은 사탄(마귀)에 의해 발생되는 질병의 치유도 사탄과의 전투의 한 단면으로 본다(Hengel, 60).

헹엘에 의하면, 가족을 떠나고, 소유를 포기하고, 순교의 길로 부름받는 것은 묵시적 열광주의 집단이나 열심당의 카리스마적 지도자의 특징이다(Hengel, 58-59). 예수께서 제자들을 부르신 모습도 이러한 카리스마적 지도자의 특징을 보인다. 그렇지만 이러한 부르심이 염두에 둔 전투는 이방 세력과의 전투가 아니라 마귀와의 전투라는 점이 다르다.

예수께서는 안드레와 시몬을 제자로 부르시며 그들에게 '사람들의 어부'(ἁλιεῖς ἀνθρώπων)가 되게 하겠다고 약속하신다. 마가복음 본문의 '사람들의 어부' 해석을 위해서는 구약 성경의 구절들을 배경으로 고려하여야 한다. 위더링턴에 의하면 물은 시편 74:13 등에서 악의 상징이므로 '사람들의 어부'는 어둠의 왕국으로부터 그들을 구하는 사역을 하는 사람을 가리킬 수 있다(Witherington, 86). 그러나 구약 성경에서 물은 살리는 역할을 하는 것으로 등장하기도 하므로(예. 겔 47:9) 이렇게 단정할 수는 없다. 에스겔 47:10에도 어부가 등장하는데, 이 어부는 성전으로부터 흘러내리는 물에 사는 많은 물고기를 잡는다. 이것은 물고기를 잡지 못하는 나일 강가의 어부들의 경우(사 19:8)와 대조되어, 이스라엘을 회복하는 성소의 생명수 물의 풍요에 참여하는 인물들이다. 이 본문을 배경으로 읽으면 '어부'는 하나님으로 인해 회복되는 이스라엘의 생명과 풍요를 누리는 자들이다. 그러나 이 본문을 배경으로 할 경우에는 제자들이 하게 되는 역할을 굳이 '사람들의 어부'라고 표현해야 할 이유가 없다.

'사람들의 어부'라는 표현은 예레미야 16:16을 배경으로 좀 더 잘 설명된다. 예레미야 16:16에서 어부의 과업의 일부는 새 출애굽 때에 이스라엘 백성을 불러 모으는 것인 듯하다.[23] 예레미야 16:15에서 하나님은 "내가 그들을 그들의 조상들에게 준 그들의 땅으로 인도하여 들이리라."라고 말씀하시기 때문이다. 그렇다면 예수께서는 이스라엘을 다시 모으기 위해 제자들을 부르신 것이다. 그런데 예레미야 16:17-18은 흩어진 이스라엘을 불러 모으신 것이 구원이 아니라 심판과 관련됨을 보여준다. 예레미야 16:17은 이스라엘 백성의 "죄악"을 언급하는데, 예레미야 16:18은 (렘 16:11-12을 살펴볼 때) 이것이 이스라엘 백성이 우상을 숭배

---

23. Marcus, 2000: 184.

하고 율법을 지키지 않은 죄임을 알려 준다.

아모스 4:2에서도 사람들을 낚시하여 잡는 어부는 가난한 자를 압제하는 이스라엘의 권력자들을 심판하는 역할을 한다(C. W. Smith, 189). 하박국 1:14-15에서는 사람들을 낚시하여 잡는 어부는 심판의 도구로 사용되는 갈대아 사람들을 가리킨다(C. W. Smith, 189-90). 에스겔 29:4-6 은 이집트의 바로 왕을 심판하시는 하나님의 이미지를 강의 물고기를 잡아 들에 던지는 것으로 묘사한다.

고기를 잡는 이미지는 부정적으로도 사용된다. 쿰란 문헌은 바다에 펼쳐진 "악당들의 그물"(מכמרת הלכאים)을 언급하며(1QHᵃ 11:26), 이스라엘 백성을 잡는 "벨리알의 그물"(מצודות בליעל)도 언급한다(CD 4:15-16).[24] 쿰란 문헌(1QH 13:8-9)에서 어부들은 불의의 자식들(בני עולה)을 사냥한다.[25] 뷜너(W. H. Wuellner)의 연구에 의하면 그리스-로마 전통 속에서도 사람들을 물고기처럼 잡는 이미지는 불의한 자들을 심판하거나 바로잡는 일을 묘사하는 데 사용되기도 했다.[26] 이러한 배경 속에서 '사람들의 어부'는 불의를 심판하는 역할을 하는 자를 가리키기 위해 사용될 여지가 있다.

마가복음은 '어부들'을 제자들에게 적용할 때, 이스라엘 백성의 죄를 심판하는 부정적인 이미지를 포함하고 있는가? 배경이 되는 구약 본문에서는 '어부'가 심판자의 역할을 하게 되지만, 그렇기 때문에 마가복음 본문이 반드시 구약 본문과 동일한 의미를 가져야 한다고 주장할 수는 없다. 신약 성경을 이해하기 위해서는 그 배경이 되는 구약 본문을

---

24. 본문은 Martínez & Tigchelaar, ed. & trans., vol.1, 166-67, 556-57 참고.

25. Martínez & Tigchelaar, vol.1, 171; Collins, *Mark*, 159.

26. Wuellner, 72.

이해해야 한다. 그러나 신약 본문은 구약 본문을 토대로 새로운 의미를 전달하므로, 구약 본문의 뜻을 신약 본문에 강요할 수 없다. 마가복음 본문의 의미는 마가복음 문맥 속에서 검증해야 한다. 우리는 양용의의 해석처럼 예레미야 16:16에서는 모으는 목적이 심판이지만, 마가복음에서는 구원이라고 볼 수 있다(양용의, 2010: 53).

'사람들의 어부'가 되리라는 약속을 들은 유대인 어부들은 사람들을 잡는 어부를 언급하는 예레미야 16:16을 떠올렸을 것이다. 그들은 어부였고 유대인이었기에 어부에 관해 언급하는 구약 구절들을 인상 깊게 기억했을 것이다. 그런데 예수의 약속을 듣고 예수를 따른 제자들은 예레미야 16:16을 배경으로 그들이 심판하는 역할도 한다고 생각했을 것이다. 이것은 마가복음에 암시되어 있다. 유대인으로서 이스라엘을 심판하는 역할은 그가 이스라엘의 권력자가 될 때 하게 된다. 따라서 예수의 제자들은 권력의 자리를 약속받았다고 생각했을 것이다. 그런데 제자들은 권력 다툼을 하였고(막 9:34), 베드로는 예수의 고난 예언을 듣고 예수를 꾸짖었다(막 8:32). 야고보와 요한은 예수 다음으로 높은 권좌를 요구하였다(막 10:37). 그러나 이러한 그들의 모습은 마가복음에서 부정적으로 평가되고 있다. 따라서 제자들은 '사람들의 어부'가 권력의 자리에서 심판하는 역할을 한다고 본 것은 오해였다고 간주될 수 있다.

마가복음에서 제자들이 심판을 위해 역할을 하게 된다고 구체적으로 명시된 곳은 없다. 그러나 구원을 위한 역할을 언급하는 곳은 있다. 마가복음에 기록된 열두 제자 세움의 목적(막 3:14-15)이나 그들이 파송받고 하는 사역(막 6:12-13, 30)을 보면 복음 선포, 축귀, 치유이다. 이러한 사역은 마귀의 포로된 사람들을 구하는 사역에 참여하는 것이다. 그렇지만 제자들의 사역 속에 악한 자들을 징계하는 사역은 포함되어 있지 않다. 그러므로 마가복음의 문맥 속에서는 '사람들의 어부'의 사역 속에 악한 자들을 벌하는 심판 사역이 포함되어 있지 않다고 이해하게 된다.

말씀 사역이 제자들의 사역 속에 특히 중요함은 위에서 구조 분석을 통해서 이미 살펴보았다. 이것은 제자들이 하게 되는 사역(막 3:14-15; 6:12-13, 30)을 통해서 더욱 분명해진다. 이것은 마가복음 4장에서 확인된다. 마가복음 4:11은 그들에게 특별히 천국의 비밀을 주셨다고 한다. 제자로 부르심은 그들에게 천국의 비밀을 전수하여 그들이 가르침 사역을 하도록 세우기 위한 것이다. 마가복음 4:21-22은 제자들이 그들에게 전해진 비밀을 언젠가 전파하게 된다는 것을 알려 준다. 실제로 베드로가 예수의 약속대로 많은 사람들을 사로잡는 사람들의 어부가 되었음은 사도행전 2:41에서 확인된다.

그리스-로마 사회에서 사람들을 잡는 어부 이미지는 플라톤(Sophist 221e-222d)의 경우 사람을 가르치는 사람에게 사용되었다.[27] 사람을 물고기처럼 잡는 이미지는 아르테미도루스(Artemidorus, Oneirocriticon II.14)에 의하여 선생이 학생을 얻는 것을 가리키기 위해 사용되었고, 루시안(Lucian)도 가르치는 역할과 관련하여 자신을 사람들의 어부라고 불렀다(Wuellner, 70-71). 고대 근동 문화 속에서도 사람들을 물고기처럼 잡는 이미지는 메시지를 전하는 자나 지혜로운 교사의 사역을 묘사하기 위해 사용되었다(Wuellner, 85-86). 이러한 배경으로 보면 '사람들의 어부'는 말씀 사역자로 일하게 되는 제자들을 가리키기에 적절한 표현으로서 이방 독자들에게도 이해될 수 있었을 것이다.

긍정적 이미지로 '어부'라는 표현을 사용하는 것이 가능했음은 뷜너가 관찰한 바와 같이 고대 근동 문화 속에서 사람들을 물고기처럼 잡

---

27. Marcus, 2000: 184.

는 이미지가 종말론적 구원을 가리킬 수 있었음에 의해 지지된다 (Wuellner, 83 참고). 또한 구약 위경 문헌인 요셉과 아스낫(*Joseph and Aseneth*)을 통해서도 사람들의 어부가 긍정적인 의미를 가질 수 있음을 알 수 있다. 이 책은 BC 1세기-AD 1세기경의 작품이므로[28] 신약 성경 연구를 위한 배경 문헌으로 사용할 수 있다. 이 책 21:21은 "그(요셉)는 마치 어부가 물고기를 낚듯이 그의 지혜로 나(Aseneth)를 사로잡았습니다."라고 한다.[29] 여기서 어부는 지혜로 사람을 사로잡는 요셉의 모습을 비유한다. 랍비 유대교 문헌은 신약 성경보다 후대를 반영하지만, 이 문헌도 사람들을 물고기처럼 잡는 이미지로 토라 교육을 묘사한다(Wuellner, 111). 이러한 배경으로 보면, 사람을 잡는 어부의 이미지는 유대인들에게 오랜 세월 동안 긍정적으로 사용되었기에, 마가복음에서도 긍정적 이미지로 사용되었다고 볼 수 있다. 마가복음이 소개하는 제자들의 사역 내용을 보면(막 3:14; 6:12), '사람들의 어부'는 (지혜로운 복음 선포로) 사람들을 사로잡는 사역을 하는 자들을 가리키는 표현이라고 해석할 수 있다.

4. 따름의 의미

베드로와 안드레는 부름을 받고 예수를 따랐다(ἠκολούθησαν)(18절). 여기서 '따랐다'(ἠκολούθησαν '에꼴루테산')는 시작의 부정과거("그들이 따르기 시작하였다")로 볼 수 있다. 예수의 제자들은 예수를 단회적으로 따른 것이 아니라 지속적으로 따랐다. 그러므로 단지 부정과거 형태로 되어 있다고

---

28. *OTP*, vol.2, 187.
29. *OTP*, vol.2, 237.

해서 단회적 동작을 가리킨다고 해석해서는 안 된다.[30] 부정과거 형태는
과거의 사태를 요약적으로 기술한 것이거나 시작을 표현하기 위해 사
용된 부정과거로 볼 수도 있다. 18절 문맥에서는 요약의 부정과거 용법
보다는 시작의 부정과거가 적합하다. 왜냐하면 18절은 예수를 따른 전
체 행위를 요약하기보다는 따르지 않고 있다가 비로소 따르기 시작한
것을 서술하고 있기 때문이다.

여기서 '따르다'(ἀκολουθέω)의 의미는 무엇인가? 문맥상 이 표현은
예수를 "제자로서 따르다"라는 의미이다. 마가복음의 용례를 살펴보아
도 이 단어는 종종 "제자로서 따르다"라는 뜻으로 사용됨을 알 수 있다.
이 단어는 마가복음 2:14에서 레위를 부르실 때 2번 등장한다. 예수께
서는 레위에게 "나를 따르라."(ἀκολούθει μοι)라고 말씀하셨고, 그는 예수
를 따랐다(ἠκολούθησεν αὐτῷ). 여기서 이 단어는 제자로서 예수를 따름을
뜻한다.[31] 마가복음에서 이 단어는 예수의 삶의 방식을 모방하고 가르침
을 순종한다는 뜻으로 종종 사용되었다. 8:34에서 이 단어는 2번 사용
되었는데, 제자도를 뜻하는 전문적 의미로 사용된다. 9:38에서도 이 단
어는 공간적 따름의 의미보다는 제자처럼 복종하고 순종하는 것을 가
리킨다. 10:21에서 이 단어는 제자가 되어 스승을 따르는 것을 가리킨
다. 10:28에서 이 단어는 제자들의 예수 따름에 적용되었으므로 예수를
스승으로 모시고 따름을 뜻한다. 10:52에서 이 단어는 바디매오가 예수
를 따랐다고 서술할 때 사용되었는데, 공간적 의미인지 제자로서의 추
종인지 애매하다. 그러나 예수를 메시아(다윗의 자손)로 선포한 바디매오

---

30. 부정과거와 관련된 문법 사항에 관해서는 신현우 2013c: 108-9 참조.
31. 막 3:7의 '그가 따랐다'(ἠκολούθησεν)는 많은 사본들에 포함되어 있지 않으므로,
    필사자의 추가일 가능성이 있다. 따라서 용례 관찰에서 생략한다.

의 믿음을 고려할 때 제자로서의 추종이라 볼 여지가 있다.

　　마가복음 2:15에서 '그들이 그를 따랐다'(ἠκολούθουν αὐτῷ)는 표점(구두점 찍기)에 따라서 주어가 다를 수 있지만, 주어가 세리와 죄인들인 경우에는 예수를 추종하며 따른 것을 가리킨다고 볼 수 있다. 주어가 바리새인들과 서기관인 경우에도 '심지어'(καί)라는 단어 때문에 역시 예수를 추종함을 가리킨다고 볼 수 있다. 물론 그들의 경우에는 예수를 감시하려고 따라다녔을 수 있다.

　　이 단어는 공간적 이동(뒤에서 따라가서 함께 이동함)을 뜻하는 맥락에서도 종종 사용되었다. 마가복음 5:24에서 이 단어는 무리가 예수의 뒤를 따라감을 묘사한다. 여기서 제자로서 따름의 의미는 약하다. 6:1에서 이 단어는 제자들에게 적용되었지만, 예수의 뒤를 공간적으로 따라간 것을 뜻한다. 10:32에서 이 단어는 제자들에게 적용되었지만, 예수를 길에서 따르는 공간적 의미를 가진다. 11:9은 앞에서 가는 자들과 대조하여 뒤에서 따르는 자들을 표현하기 위해 이 단어를 사용했으므로 공간적 의미로 사용되었다. 14:13에서 이 단어는 예수의 제자들이 물동이를 이고 가는 사람을 따르도록 명하는 맥락에서 사용되었으므로 공간적으로 뒤따름을 뜻한다. 14:54에서 이 단어는 베드로가 예수를 따른 것을 묘사하는 데 사용했으나, 제자로서 스승의 길을 따른 것이 아니라 단지 공간적으로 따라간 것을 뜻한다. 15:41에서 이 단어는 갈릴리에서부터 예루살렘까지 오며 예수를 섬긴 여인들이 예루살렘까지 따라온 것을 서술하는 데 사용되었다. 이처럼 이 단어는 공간적 이동에 관계해서도 사용되었다.

　　이러한 두 가지 용법 중에서 어떤 의미로 사용되었는지는 문맥 속에서 결정해야 한다. 예수께서 시몬과 안드레에게 "나의 뒤에 오라."라고 부르시며 "사람들의 어부들"이 되게 하겠다고 약속하셨는데, 그들이 "따랐다."라고 하므로, 이 따름은 사람들의 어부들이 되기 위한 따름이다. 또한 이것은 그물을 버리고 따름이었다(18절). 이러한 따름은 단순히 공간적으로 뒤따라가서 이동하는 행위가 아니므로, 스승의 가르침과 삶의 방식에 따라 살아가고 스승이 맡기는 사역(사람들의 어부 사역)을 감당하고자 함을 뜻한다고 볼 수 있다.

열왕기상 19:20은 엘리사가 엘리야의 제자가 됨을 '뒤에 따르다'(ἀκολουθέω ὀπίσω, הלך אחרי)라고 묘사한다. 유대인들의 출애굽기 주석인 메킬타(출 14:15)는 '뒤에 가다'(הלך אחרי)라는 표현을 사람들이 모세 뒤에 갔다고 하는 문맥에서 사용한다(Hengel, 21). 누가복음 21:8은 이러한 표현을 거짓 메시아 '뒤에 가지 말라'(μὴ πορευθῆτε ὀπίσω)라고 하는 문맥에서 사용한다. 이러한 용례는 '뒤에 가다'는 표현이 엘리야, 모세, 메시아와 같은 카리스마적 인물에게 적합한 표현임을 알려 준다.

제자들이 예수의 부름을 받고 따른 것의 의미는 엘리야의 부름을 받고 엘리사가 따른 사건을 소개하는 열왕기상 19:19-21을 배경으로 해석될 수 있다. 엘리야는 밭을 갈고 있는 엘리사에게 자기의 옷을 던지는 방식을 통해 그를 제자로 부른다(왕상 19:19). 예수께서는 엘리야처럼 제자를 선택하고 부른다. 제자들의 경우도 엘리사가 엘리야를 따랐듯이 예수를 따른다. 그러나 예수의 부름을 받은 제자들의 경우에는 부모에게 인사하고 잔치를 벌인 후에 엘리야를 따른 엘리사의 경우와 달리 부름받은 즉시(εὐθύς) 따른다(막 1:18).[32] 예수께서 제자들을 불렀을 때 제자

---

32. 막 1:18의 '그들이 그를 따랐다'(ἠκολούθησαν αὐτῷ)는 70인역 왕상 19:20의 '내가 당신의 뒤에 따라갈 것이다'(ἀκολουθήσω ὀπίσω σου)를 연상시킨다(A. Y. Collins, 157).

들이 곧바로 따른 것은 엘리야가 엘리사를 제자로 불렀을 때 부모에게 인사를 하고 따른 경우보다 훨씬 더 강력함을 보여 주려고 제시되었을 것이다(A. Y. Collins, 157 참고). 이것은 예수께서 엘리야보다 훨씬 더 위대한 스승임을 암시한다. 제자를 부르시는 예수의 모습은 이미 예수께서 위대한 선지자 엘리야보다 훨씬 위대한 분으로서의 메시아이심을 암시한다. 마가복음의 독자들은 예수께서 메시아이심을 이미 마가복음 1:1에서 소개받았고, 마가복음 1:11에서 다시 한번 확인받았다. 그러므로 마가복음 1:18에서의 '따름'은 결국 메시아를 제자로서 따름을 뜻한다.

베드로와 안드레가 예수를 따를 때 그물을 버린 것은 생업을 포기했음을 암시한다. 이러한 생업의 포기는 마가복음 10:28에서 모든 것을 버린 것으로 표현된다. 물론 마가복음 1:29에서 볼 때 베드로는 예수를 따른 후에도 아직 집을 소유하고 있으므로, 실제 모든 것을 버린 것은 아니다. 여기서 '모든'(πᾶς)은 "많은"을 뜻하는 히브리적 개념(כל)으로 사용되었을 것이다. 베드로는 그에게 소중한 생업을 버리고 예수를 따라나섰다.

예수께서 시몬과 안드레를 부르신 기사 후에 야고보와 요한을 제자로 부르신 기사가 이어진다. 두 기사는 유사한 사건을 소개한다. 야고보와 요한을 부르실 때에도 예수께서 약속을 하며 부르셨는지 소개되어 있지 않지만, 우리는 동일한 약속을 했으리라 기대할 수 있다.

이 두 기사에서 분명한 차이점은 야고보와 요한의 경우는 부친, 배, 고용된 품꾼들이 언급된 점이다(20절). 그러므로 야고보와 요한은 근로자를 고용할 만큼 경제력이 있는 가족 출신이었음을 알 수 있다. 따라서 최소한 이들은 극빈층에 속하지는 않은 사람이었을 것이다(France, 98 참고). 또 하나의 차이는 야고보(יעקוב), 요한(יוחנן)과 그들의 부친 세베대

(וּבַדְיָה)의 이름은 히브리식이라는 점이다(Cranfield, 70).

III. 해설과 적용

1. 해설

마가복음의 구조는 마가복음 1:17의 '사람들의 어부'가 말씀 사역자들임을 암시한다. 이렇게 해석할 수 있는 이유는 그들이 따르게 될 예수의 말씀 사역을 소개하는 마가복음 1:14-15과 1:21-22 중간에 위치하기 때문이다.

예수께서 하필이면 가버나움 주변의 갈릴리 해변에서 제자들을 부르신 이유도 말씀 사역과 관련된다. 이 지역은 납달리 지역에 속하는데, 납달리 지역은 창세기 49:21을 배경으로 볼 때 "아름다운 소리"를 발하는 자들의 지역이므로, 예수께서는 복음(좋은 소식)을 전하는 역할을 할 사역자들을 세우고자 하는 의도로 이 지역에서 제자를 부르셨을 것이다.

예수께서 하필이면 어부를 제자로 부르신 것은 예레미야 16:16에 언급된 이스라엘을 모으는 어부의 역할을 제자들에게 기대했기 때문일 것이다. 이러한 기대는 "내가 너희로 사람들의 어부가 되게 하겠다."라는 예수의 약속에서 명확히 드러난다. 마가가 "그들은 어부들이었다." 라고 그들의 직업을 밝힌 것은 그들의 직업이 어부인 사실이 중요함을 보여 준다. 이것은 예수께서 어부들을 제자로 부른 것에 의미를 부여한다. 그 의미는 이스라엘을 모으는 어부의 역할을 기록하는 예레미야

16:16을 통해 파악될 수 있다.

제자들은 자신들을 '사람들의 어부'가 되게 하겠다는 예수의 약속을 예레미야 16:16을 배경으로 심판 사역자가 되게 하겠다는 것으로 이해하였을 것이다. 이러한 이해는 그들이 권력 다툼을 하고(막 9:34), 높은 권좌를 요구한 데서 드러난다(막 8:32). 이러한 제자들의 모습은 긍정적으로 평가되지 않으므로, '사람들의 어부'에 관한 그들의 이해는 오해였다고 볼 수 있다. 마가복음에서 '사람들의 어부'가 어떤 사역을 하는 자로 예수에 의해 의도되었는지는 제자들이 부름을 받은 후 하게 되는 사역을 통해서 드러난다. 그들의 사역은 복음 전파와 축귀와 치유를 통하여 사람들을 구하는 사역이었다(막 3:14; 6:12-13).

제자로 부름받은 시몬과 안드레는 "내 뒤에 오라."라는 부르심을 사사기 3:28, 사무엘상 11:7, 마카비1서 2:27 등을 배경으로 이방 세력과 전투하도록 초대하는 말씀으로 이해하였을 수 있다. 베드로의 이러한 이해는 예수의 고난 예언에 반대하는 마가복음 8:31-33에서 드러난다. "내 뒤에 오라."라는 예수의 부르심이 이방 세력과의 전투로의 초대가 아니었음은 마가복음 전체에 담긴 예수의 사역의 모습을 통해서 분명하게 드러난다. 그럼에도 불구하고 예수께서 '내 뒤에 오라.'라는 전투로의 초대 언어를 사용하신 것은 마귀와의 전투를 염두에 두셨기 때문이라고 볼 수 있다.

시몬과 안드레는 예수 뒤에 따라간다. '뒤에 가다'라는 표현을 모세, 엘리야에 사용된 구약과 유대교 문헌의 용례를 통하여 볼 때, 제자들의 예수 따름은 이미 그들이 예수를 모세나 엘리야 같은 선지자적 인물로 믿었음을 보여 준다. 그들은 '사람들의 어부'에 대해 예수께서 의도하신 대로 이해하지 못하였지만, 그들 나름의 이해를 가지고 예수를 따랐을 것이다. 비록 그들은 자신들이 하게 될 일을 정확히 이해하지 못했지만, 그들은 생업을 위한 그물을 버리고 즉시 예수를 따랐다. 그들의 이러한 따름은 엘리사가 엘리야를 따른 과정보다 더 즉각적이다(왕상 19:19-21 비교). 이것은 그들이 예수를 엘리야 이상의 인물로 받아들였음을 암시한다. 그리하여 갈릴리의 어부가 사람들의 어부가 되는 과정은 오해 속에서도 이미 시작되었다.

2. 적용[33]

예수께서는 제자를 부르실 때, '나를 따르라'라고 하신다. 예수께서는 십자가를 향하여 가신다. 그러므로 나를 따르라는 주의 부르심은 십자가로의 부르심이다. 우리들 각자에게 어떤 부르심이 있든지 그 부르심은 모두 십자가로의 부르심이다. 십자가 위에서 맞이하는 죽음으로의 부르심이다. 모든 기독교인들은 이러한 부르심을 받았으며, 이것이 바로 제자로의 부르심이다.

예수께서는 우리 더러 오라고 부르신다. 십자가를 향하여 가시며 우리를 부르신다. 십자가 위에서 우리를 부르신다. 그 보혈의 피로 받는 죄 사함을 위해 부르실 뿐 아니라, 함께 고난의 잔을 마시도록 우리를 부르신다.

예수의 부르심을 받은 바울은 평생 고난의 길을 갔다. 고린도후서 11:24-27에서 바울은 말한다.

---

33. 이 부분은 웨스트민스터신학대학원대학교 새벽 채플(2010. 9. 7.) 설교 때 적용한 내용을 2018c: 52-54에 실은 것을 토대로 한 것이다.

유대인들에게 사십에서 하나 감한 매를 다섯 번 맞았으며 세 번 태장으로 맞고 한 번 돌로 맞고 세 번 파선하고 일주야를 깊은 바다에서 지냈으며 여러 번 여행하면서 강의 위험과 강도의 위험과 동족의 위험과 이방인의 위험과 시내의 위험과 광야의 위험과 바다의 위험과 거짓 형제 중의 위험을 당하고 또 수고하며 애쓰고 여러 번 자지 못하고 주리며 목마르고 여러 번 굶고 춥고 헐벗었노라.

이것이 부르심을 받은 제자의 길이다. 이러한 길로 예수님은 우리를 부르신다. 예수께서 우리를 부르신 길은 육체적으로만 고난당하는 것이 아니라 정신적으로도 고난당하는 길이다. 고린도전서 4:11-13에서 사도 바울은 말한다.

바로 이 시각까지 우리가 주리고 목마르며 헐벗고 매 맞으며 정처가 없고 또 수고하여 친히 손으로 일을 하며, 모욕을 당한즉 축복하고, 박해를 받은즉 참고, 비방을 받은즉 권면하니, 우리가 지금까지 세상의 더러운 것과 만물의 찌꺼기같이 되었도다.

예수께서 우리를 부르신 부르심은 새 출애굽의 길로 우리를 부르심이다. 영혼을 해방시키는 새 출애굽 사역을 위해 부르셨다. 마귀의 노예가 되어 죄를 지으며 살던 사람들을 해방시키는 사역을 위해 우리를 부르신다. 예수께서는 이스라엘의 회복을 위해 우리를 부르신다. 오늘날 이스라엘에 해당하는 것은 교회이다. 따라서 예수의 부르심은 교회의 회복을 위한 부르심이다.

부르심을 받고 예수를 따라가는 길은 고난의 길이다. 그러나 이 길에는 넘치는 위로가 있다. 고린도후서 1:5은 말씀한다. "그리스도의 고난이 우리에게 넘친 것같이 우리가 받는 위로도 그리스도로 말미암아 넘치는도다." 십자가 후에는 부활이 있다. 넘치는 고난 속에는 넘치는 위로가 있다.

부르심에 응답하여 고난당할 때 우리는 하나님을 더 의지하게 된다. 고린도후서 1:8-9에서 바울은 말씀한다.

> 형제들아 우리가 아시아에서 당한 환란을 너희가 모르기를 원하지 아니하노니, 힘에 겹도록 심한 고난을 당하여 살 소망까지 끊어지고, 우리는 우리 자신이 사형 선고를 받은 줄 알았으니, 이는 우리로 자기를 의지하지 말고 오직 죽은 자를 다시 살리시는 하나님만 의지하게 하심이라.

지금도 예수께서 우리를 부르신다. 큰 해일처럼 몰려오는 주님의 부르심 앞에 우리는 저항할 수 없다. 우리는 그 부르심에 항복할 수밖에 없다.

I. 번역

21 이제, 그들이 가버나움으로 들어갔다. 그는 곧바로 안식일에 회당에 들어가서 가르치셨다. 22 이에 그들이 그의 가르침에 놀랐다. 왜냐하면 그가 권위 있는 자처럼 그들을 가르치셨고 율법사들처럼 가르치지 않으셨기 때문이었다. 23 그들의 회당에 더러운 영에 들린 사람이 있었는데 그가 곧이어 소리 지르기 시작하였다.

24 "왜 우리에게 (이렇게 하쇼?) (우리가) 당신에게 (뭘 어쨌소?)

나사렛 사람 예수여, 당신은 우리를 없애러 오셨소?

나는 당신이 누구인지 알고 있소. 하나님의 거룩한 자요."

25 그러자 예수께서 그에게 명하셨다.

"입 닥치고, 그에게서 나오라!"

---

* 제8장은 필자의 논문, 신현우, 2015a: 367-96을 토대로 일반 독자들이 좀 더 쉽게 읽을 수 있도록 편집하여 정리한 것이다.

26 이에, 그 더러운 영이 그를 경련케 한 후, 큰 소리를 지르고, 그에게서 나왔다. 27 그러자 모두 놀라 서로 의논하며 말했다.

"이게 무어냐? 새로운 가르침이다!

그가 심지어 더러운 영들에게도 권세 있게 명령하니 그에게 순종하는구나!"

28 그래서 그분에 관한 소문이 즉시 주변 전역 갈릴리로 퍼지기 시작했다.[1]

II. 주해

마가복음은 자세한 축귀 기사를 네 개나 담고 있다(1:21-28; 5:1-20; 7:24-30; 9:14-29). 그 외에도 예수께서 축귀하셨음을 요약적으로 소개하는 부분이 두 군데 있다(1:34, 39). 뿐만 아니라 예수께서 열두 제자를 세우신 목적도 그들에게 축귀하는 권세를 주시기 위함이었으며(3:15), 실제로 예수께서는 그들을 파송하여 축귀 사역을 하게 하신다(6:13). 이처럼 마가복음에서 축귀는 예수의 사역 속에서 본질적인 가치를 가진 것으로 간주되고 있다. 그런데 마가복음 1:21-28에서 예수의 축귀 사역은 가르침 사역과 긴밀하게 연관되어 소개되고 있다. 특히 1:27은 예수의 새로운

---

1. 1:28의 '뗀 뻬리코론 떼스 갈릴라이아스'(τὴν περίχωρον τῆς Γαλιλαίας)는 "갈릴리의 주변"이라고 해석하여 갈릴리를 벗어난 지역이 이미 염두에 두어졌다고 볼 수도 있지만, 이것은 가버나움 사역의 소문이 퍼지는 영역에 대한 언급치고는 비약적이다. 그래서 '갈릴리의'(τῆς Γαλιλαίας)를 설명을 위한 소유격(an epexegetic genitive)으로 보아 "주변 지역 즉 갈릴리"로 번역할 수 있다(France, 106). 또는 이것을 동격적 소유격(the genitive of apposition)으로 보아서 "주변 지역인 갈릴리"로 해석할 수도 있다.

가르침에 관한 감탄과 예수의 축귀에 관한 놀라움을 병치한다. 마가복음이 소개하는 예수의 사역 속에서 핵심적인 위치를 차지하는 축귀의 의미는 무엇인가? 마가복음 1:21-28에서 축귀가 예수의 가르침과 긴밀하게 연관되어 등장하는 이유는 무엇일까?

1. 마가복음 1:21-28의 구조

마가복음 1:21-28의 내용을 다루기 위해 우선 구조를 파악해 볼 필요가 있다. 마가복음은 제목 및 서언(1:1-15), 제1막(1:16-8:21), 제2막(8:22-10:52), 제3막(11:1-16:8)으로 나누어질 수 있다. 제1막은 다시 다음과 같이 구분될 수 있다.

제1부   제자를 부르심(1:16-20)

갈릴리 초기 사역(1:21-3:12)

제2부   열두 제자를 세우심(3:13-19)

갈릴리 후기 사역(3:20-6:6)

제3부   열두 제자 파송(6:7-13)

갈릴리 주변 사역(6:14-8:21)[2]

이러한 구조 분석을 따르면, 마가복음 1:21-28은 갈릴리 초기 사역의 첫 부분이며, 구조상 갈릴리 후기 사역의 첫 부분(3:20-30)과 평행을 이룬다. 마가복음 1:21-28은 예수의 축귀 사역을 다루는데, 3:20-30은 예수의 축귀 사역에 관한 해석을 담고 있어서 서로 짝을 이룬다. 3:20-

---

2.   이 구조 분석은 양용의, 2010: 46에서 제안된 것을 토대로 필자가 수정한 것임.

30은 예수의 축귀 사역이 성령의 능력으로 이루어지는 것으로서 사탄 (마귀)이 제압되었기에 발생하는 것임을 알려 준다. 예수의 축귀가 사탄을 통해서 이루어지는 것이 아님을 지적하는 문맥상 3:27에 담긴 비유에서 '강한 자'는 사탄을 가리키고 이를 제압한 자는 더 강한 자로서의 예수를 가리킨다고 볼 수 있기 때문이다. 그렇다면 예수께서는 언제 사탄을 제압하셨는가? 마가복음의 문맥을 통해서 볼 때 사탄에게 시험받으신 광야에서 (1:13) 제압하셨다고 볼 수 있다.

마가복음 1:21-28은 2:1-12과도 평행을 이룬다 (Garland, 332 참고). 두 단락은 모두 가버나움을 배경으로 하고 있으며 (1:21; 2:1), 예수의 가르침 사역을 소개하고 (1:21; 2:2), 예수와 서기관들을 대조하며 (1:22; 2:6), 예수의 권세를 다루고 (1:27; 2:10), 청중의 놀라움을 소개한다 (1:27; 2:12). 이러한 평행을 통하여 1:21-28이 언급하는 예수의 가르침과 축귀 사역에 나타난 권세가 2:1-12에서 다루는 예수의 죄 사함의 권세와 연관성이 있다는 암시를 얻을 수 있다.

마가복음 1:21-28의 내용은 '예수의 가르침 - 청중의 반응 - 예수의 축귀 사역 - 청중의 반응 - 소문의 전파'로 구성되어 있다.

A (21절)   가버나움 회당에서 가르치심

B (22절)   가르침에 대한 청중의 반응

A' (23-26절) 가버나움 회당에서 축귀하심

B' (27절)   가르침과 축귀에 대한 청중의 반응

C (28절)   예수의 소문이 퍼짐

그러나 이 본문은 그 표현에 따라 분석하면 다음과 같이 교차대구 구조

를 가진 것으로 드러난다.[3] 이 중에서 가장 선명한 평행은 동일한 단어들이 함께 나타나는 22절과 27절에 담겨 있다.

A (21절) 예수가 즉시(εὐθὺς) 가버나움 회당에 들어가(εἰσελθὼν) 가르치심

  B (22절) 사람들이 예수의 가르침(διδαχῇ)과 권위(ἐξουσίαν)에 놀람

    (ἐξεπλήσσοντο)

    C (23절) 더러운 영 들린 사람이 소리 지름(ἀνέκραξεν)

      D (24절) 더러운 영이 말함(λέγων)

      D′ (25절) 예수가 말씀하심(λέγων)

    C′ (26절) 더러운 영이 소리 지르며(φωνῆσαν) 나감

  B′ (27절) 사람들이 예수의 가르침(διδαχὴ)과 권위(ἐξουσίαν)에 놀람

    (ἐθαμβήθησαν)

A′ (28절) 소문이 즉시(εὐθὺς) 갈릴리 주변 전역으로 퍼져 나감(ἐξῆλθεν)

본문은 예수의 가르침과 권위를 반복하여 언급하며 강조하고 있으나, 그 구체적 내용은 밝히지 않고 다만 축귀 사역을 비교적 자세히 소개한다.

마가복음 1:21-28의 앞뒤 문맥을 살펴보면 다음과 같다. 예수의 사역의 시작은 갈릴리 호수 주변, 회당, 가정집이며, 사역의 내용으로 보면, 제자 부르심, 가르침, 축귀, 치유의 순서로 전개된다.

---

3. 이 구조 분석은 필자의 학생이었던 홍성은의 발표 내용(2014. 9. 30.)을 필자가 보완한 것이다.

A (1:16-20)   갈릴리 바닷가에서 어부들을 제자로 부르심

A' (1:21-28)   갈릴리 바닷가 가버나움 회당에서의 가르침과 축귀

B (1:29-31)   시몬과 안드레의 집에서 행하신 시몬의 장모 치유

B' (1:32-34)   시몬과 안드레의 집에서 행하신 축귀와 치유

마가복음 1장에서 21-28절은 16-20절에서 이어지는 갈릴리 바닷가 사역이다. 이것은 32-34절과 축귀 사역이라는 공통성을 가진다. 차이가 있다면 하나는 회당에서의 축귀 사역이고 다른 하나는 집에서 행하신 축귀 사역이다. 예수께서는 우선 제자를 부르신 후에 회당에서 가르침 사역을 시작하신다. 이 가르침 사역은 축귀 사역으로 이어지고, 회당 사역은 집에서 행하신 치유와 축귀 사역으로 이어진다. 21-28절은 갈릴리 바닷가에서 제자를 부르심을 기록하는 16-20절 뒤에 놓인다. 이것은 예수의 가르침/축귀 사역을 네 제자들이 함께 듣고 목격하였음을 알려 준다. 예수의 대중 사역은 단순히 대중 사역으로 그치는 것이 아니라, 제자들을 훈련시키는 사역이었다.

2. 사탄과의 전쟁으로서의 축귀

본문이 기록하는 사건의 배경은 가버나움의 회당이다. 가버나움은 현재의 텔훔(Tel Hum)에 해당한다(Hurtado, 32). 이 지역이 예수의 사역의 초기 공간으로 선택된 이유를 마가는 언급하고 있지 않다. 그 이유를 추측할 수 있게 해 주는 본문은 이사야 9:1-2이다. 이 구절은 납달리 땅 해변 길이 영화롭게 된다고 하는데, 납달리 땅에 속하며 갈릴리 해변에 있는 가버나움은 그러한 지역에 해당한다. 예수께서는 이 구절을 염두에 두

고 갈릴리에서 하나님 나라를 선포하시고, 제자들을 부르신 후 갈릴리의 해변에 위치한 가버나움에서 사역을 시작하셨을 것이다. 이어지는 이사야 9:6-7은 가버나움이 사역지로 선택된 의미를 알려 준다. 이사야 9장 문맥에서 갈릴리 사역은 다윗의 왕좌에 앉아 나라를 세우고 영원히 보존할 메시아적 존재의 등장과 관련된다. 그러므로 예수의 갈릴리 사역은 예수의 메시아 정체성과 밀접하게 관련되어 있다. 예수께서 제자들을 부르신 후 가버나움에서 사역을 시작하신 이유는 이사야 9:1-7에 따라 이 지역을 메시아의 사역지로 간주하셨기 때문이었을 것이다. 가버나움 사역 후 예수께서는 갈릴리 전역을 활동 무대로 하시는데(막 1:39) 이것도 이사야 9:1-2의 성취로 이해할 수 있다. 마가복음 1:28은 예수의 소문이 갈릴리 전역으로 퍼진다고 하여 갈릴리가 예수의 사역과 관계됨을 언급한다.

   본문에서 회당은 예수의 가르침의 공간적 배경이면서 동시에 예수의 축귀 사역의 공간적 배경이다. 하나님의 통치를 선포하신 예수께서 축귀 사역을 회당에서 시작하신 것은 왜일까? 이것은 어쩌면 회당이라는 종교적 공간마저도 귀신들이 작용하는 공간이어서 정화될 필요가 있으며 다른 곳보다 우선적으로 축귀가 필요한 공간임을 보여 주기 위함일 수도 있다.

   회당은 성인 남자 10명 이상이 있어야 구성 가능하였으므로(Hurtado, 32), 회당 건물은 유대인들이 공동체 생활을 영위하는 중심 공간으로 기능하였을 것이다. 마가복음 1:21-28 본문을 통해서 볼 때 회당은 예수께서 가르치신 장소이므로, 가르침이 행해질 수 있는 공간이었음을 알 수 있다. 요세푸스는 이미 AD 66년에 가이사리아(*J.W.* 2:285, 289)에, 최소한 AD 80년에 시리아 안티오크에 종교적 건물로서의 회당이 있었음을 언급한다(*J. W.* 7.43-44).[4] 팔레스타인 땅 가말라(Gamala)에서 발굴된 회당은 정결 의식을 위한 욕조(*mikvah*)를 가지고 있을 뿐 아니라 성전 모양 (iconography)이 상인방돌(lintel)에 그려져 있고 홀의 크기가 가족 거실로 보기에는 너무 크므로 특별히 종교적 모임을 위해 지은 것으로 보인다 (Witherington, 89). 이러한 증거들을 통해서 볼 때 회당의 기능 속에는 종교적 기능이 포함되었음을 알 수 있다. 비록 신약 성경보다 훨씬 후기의 자료이지만 바벨론 탈무드(*b. Berakoth* 6a)는 2세기 랍비 아바 벤야민(Abba Benjamin)은 회당에서 기도하는 사람을 언급하는데 이것은 회당의 기능 에 종교적 기능이 포함되었음을 지원하는 보조 증거가 될 수 있다. "아 바 벤야민은 말했다. '사람의 기도는 어느 곳보다 기도의 집에서 들으신 바 된다. 왜냐하면 찬양과 기도를 듣는다고 하고, 찬양이 있는 곳에 기 도도 있다고 하기 때문이다'."[5]

　당시에 회당장은 평신도 지도자들이었고(Hurtado, 32), 회당에서 가르 치는 기능을 담당한 이들은 주로 랍비들과 서기관(율법학자)들이었지만 (Boring, 2006: 63), 원칙적으로는 누구든지 강해가 가능한 사람은 회당장 의 초대에 응하여 강론을 할 수 있었다(Hooker, 63). 예수께서는 아마도 직업적 율법학자가 아니었을 것이다. 그럼에도 불구하고 예수께서 초 청받은 것은 예수의 명성이 이미 상당히 퍼져 있었음을 알려 준다 (Hurtado, 32 참고). 예수의 가르치는 능력은 가버나움 회당으로 초대받기 전에 하나님 나라를 선포하신 사역(1:15)을 통하여 이미 드러났을 것이 다. 예수의 선포는 회당 밖에서 시작하여(1:15) 회당으로 이어지고(1:23)

4.　Witherington, 89; Gundry, 80.

5.　"Abba Benjamin sagte: Das Gebet des Menschen wird nirgends als im Bethause erhört, denn es heißt: den Gesang und das Gebet zu hören; wo der Gesang, da auch das Gebet"(*b. Berakoth* 6a. trans. by Goldschmidt, 18).

나사렛 회당에서 배척을 받으신 후에는(6:3) 다시 회당 밖에서 행해지게
된다.

마가복음은 이 본문과 6:2을 제외하고는 예수께서 회당 밖에서 가
르치셨다고 소개한다(2:13; 4:1-2; 6:6, 34; 8:31; 9:31; 10:1; 11:17; 12:35; 14:49). 따
라서 예수께서 회당에서 가르치셨다는 묘사는 마가복음의 전체적 흐름
에 부합하지 않는다. 그렇기에 이를 마가가 편집하여 추가한 것이라고
볼 수는 없다(Gundry, 79). 물론 이러한 증거를 역으로 사용하여 예수께서
회당 밖에서 가르치셨음을 소개하는 본문들이 마가에 의하여 창작되어
기록되었다는 증거로 사용될 수는 없다. 반복되어 나타나는 것이 반드
시 저자의 편집이라고 단정할 수 없거니와 저자의 편집이 반드시 역사
적 허구성을 담을 필연성도 없기 때문이다.

회당에서 행하신 예수의 축귀 사역은 광야에서 예수께서 사탄에게
받으신 시험(1:12-13)과 관련된다. 베냐민의 유언 5:2은 '더러운 영들'과
'야생동물들'을 평행시킨다. "네가 계속하여 선행을 하면, 더러운 영들
마저도 너로부터 달아날 것이고 야생 동물들도 너를 두려워할 것이
다."[6] 예수께서 광야 시험을 받을 때 야생동물들을 제압하신 모습은[7] 이
후에 축귀를 통하여 행하실 더러운 영들을 제압하시는 사역의 복선이
된다. 예수께서는 광야에서 사탄에게 시험당하실 때 귀신들의 우두머
리인 사탄과 싸워서 승리하시고,[8] 회당으로 오셔서 귀신들을 쫓아내는
축귀 사역을 행하신다.

예수의 축귀 사역이 진행되는 과정을 살펴보면 축귀의 성격을 파악

---

6. "If you continue to do good, even the unclean spirits will flee from you and wild
    animals will fear you"(*OTP*, vol.1., 826).
7. 자세한 토론은 신현우, 2014a: 27-58 또는 이 책의 제5장 참조.
8. 논증은 신현우, 2014a: 27-58 또는 이 책의 제5장 참조.

할 수 있다. 마가복음 1:24은 귀신의 발언을 소개한다. 귀신은 '왜 우리에게 그리고 당신에게'(τί ἡμῖν καὶ σοί)라고 말하는데, 이것은 히브리어 '마-라누 발라크'(מה-לנו ולך)에 해당하는 표현이다. 70인역 사사기 11:12, 역대기하 35:21, 열왕기상 17:18에서 '왜 나에게 그리고 당신에게'(τί ἐμοὶ καὶ σοί)는 히브리어 본문 '마-리 발라크'(מה-לי ולך)에 해당하기 때문이다. 이 히브리어 표현은 "왜 나에게 이렇게 하십니까, 도대체 내가 당신에게 무엇을 했길래?"라는 뜻으로 쓰인다.[9] 사사기 11:12에서 이 표현은 입다가 이스라엘 땅을 치러 온 암몬 자손의 왕에게 사신을 보내어 항의한 말이며, 역대기하 35:21에서는 이집트 왕 느고가 치러 왔을 때 요시아 왕이 방어하러 나오자 느고 왕이 사신을 보내어 요시아 왕에게 불평하며 한 말이다. 열왕기상 17:18은 전쟁 상황은 아니지만, 과부가 엘리야에게 "내 아들을 죽게 하려고 오셨나이까?"라고 항의하는 맥락에 위치하여 상대방의 적대적인 의도를 전제하고 불평하는 표현이다. 70인역 사무엘하 19:23(개역은 19:22)에서 '왜 나에게 그리고 너희에게'(τί ἐμοὶ καὶ ὑμῖν)도 그렇게 사용되었다. 이어지는 문맥은 "너희가 오늘 나의 원수가 되느냐 오늘 어찌하여 이스라엘 가운데에서 사람을 죽이겠느냐?"라고 하므로 이 표현은 공격하여 죽이려고 하는 적대자에게 하는 말임을 알 수 있다.

그런데, 사무엘하 16:10에서 '왜 나에게 그리고 너희에게'(τί ἐμοὶ καὶ ὑμῖν, מה-לי ולכם)는 "그것은 나의 일이다. 왜 당신들이 관여해야 하는가?"라는 뜻을 가진다. 여기서는 이 표현이 화자와 청자 사이의 적대적인 관계를 전제한 맥락에서 사용되지 않았다. 70인역 열왕기하 3:13에서는 유사한 표현(τί ἐμοὶ καὶ σοί)이 "그것은 당신의 일입니다. 왜 내가 관

---

9.   www.bible.org/netbible

계해야 합니까?"라는 뜻으로 쓰였다.[10] 여기서 이 표현은 문맥상 도움을
요청하는 자에게 거절하는 의미로 사용되었다. 유사하게 70인역 호세
아 14:9(τί αὐτῷ ἔτι καὶ εἰδώλοις, 개역은 14:8),[11] 열왕기하 9:18(τί σοι καὶ εἰρήνῃ)
는 '왜(무엇) A 그리고 B'(τί A καὶ B)라는 표현이 "A와 B가 무슨 관계가 있
느냐?"라는 수사의문문으로서 A와 B가 무관하다는 뜻을 가짐을 보여
준다.

마가복음 본문에 나오는 '왜 우리에게 그리고 당신에게'(τί ἡμῖν καὶ
σοί)는 어떤 의미를 가질까? "우리를 멸하러 오셨습니까?"라고 항의하
는 말이 이어지는 것으로 보아 청자와의 적대적 관계를 전제하고 항의
하는 의미를 취한다고 보는 것이 적합할 것이다. 레인(W. Lane)은 이 표
현이 전쟁이나 심판과 관련된 표현이라고 한다(Lane, 73). 위에서 살펴보
았듯이 이 표현이 늘 전쟁이나 심판에 관련된 것은 아니지만 종종 전쟁
의 맥락에서 사용되었음은 분명하다. 마가복음 1:24의 경우에도 이 표
현은 귀신들이 "우리를 멸하러 오셨습니까?"라고 항의하는 문맥으로
볼 때 예수와 사탄의 세력인 귀신들 사이의 대결을 전제한 것이라고 볼
수 있다.

귀신이 "나는 당신이 누구인 줄 안다."라고 말한 것도 예수의 축귀
가 전쟁 맥락에서 발생한다는 해석을 지원한다. 트웰프트리(G. H.
Twelftree)는 이러한 표현이 영적 세력을 제압하기 위해 고안된 주문에 등
장함을 관찰하였다(Twelftree, 67). 그는 또한 4-5세기의 파피루스(*PGM*
8.13)의 "나는 너 헤르메스가 누구이며 어디서 왔는지 너의 도시가 어디

---

10. www.bible.org/netbible
11. 이 표현이 여기서는 우상과 관계를 끊고 그것을 섬기지 않겠다는 의미로 사용되었
    다.

인지 안다."라는 표현을 마가복음 1:24에서 더러운 영이 예수를 안다고 말하는 것을 이해하기 위한 배경으로 제시한다(Twelftree, 66). 귀신은 예수에 관한 자기들의 지식이 예수를 통제할 수 있다고 기대한 듯하다(A. Y. Collins, 169). 그렇다면 마가복음 1:24이 소개하는 귀신의 발언은 적대적인 것으로 간주되어야 한다(A. Y. Collins, 173).

여기서 귀신이 사용한 '우리'라는 표현은 예수의 공격이 귀신 집단 전체와 관련된 것임을 암시한다.[12] 귀신이 '우리'(ἡμῖν)라는 표현을 사용한 것은 예수와 귀신 전체를 대조시킨 것일 수 있기 때문이다(Gundry, 75). 이러한 대조 속에서 이루어진 예수의 축귀는 귀신 전체를 제압하는 예수의 권세를 보여 주는 대표적인 사건으로 제시되고 있다(Gundry, 75-6).

예수와 귀신들 사이의 관계가 친화적이지 않음을 표현하는 "왜 우리에게 그리고 당신에게"에 이어 발설되는 "당신은 우리를 멸하려 왔습니까?"(ἦλθες ἀπολέσαι ἡμᾶς)는 예수와 귀신들 사이의 관계가 적대적 관계임을 밝혀 준다. 이 표현은 예수의 능력이 귀신들보다 강하며, 예수의 등장 목적은 귀신들을 멸하는 것과 관계있음을 알려 준다. 이 표현은 마가복음 1:15에서 언급된 사탄이 권세 부리는 시대의 종료와 하나님이 통치하시는 시대의 임박함이 구체적으로 예수에 의하여 이루어짐을 알려 준다. 그러므로 이 표현은 귀신들이 하나님 나라가 예수를 통하여 다가오고 있으며 사탄의 나라는 예수를 통하여 무너질 것임을 알고 있었음을 보여 준다.

주로 의문문으로 간주하여 '우리를 멸하러 오셨습니까?'로 번역하는 표현(ἦλθες ἀπολέσαι ἡμᾶς)은 평서문으로 보아서 '당신은 우리를 멸하러

---

12. Witherington, 91; Pesch, 122.

온 것입니다!'로 번역할 수도 있다(Taylor, 174). 메시아의 시대에 악의 세력이 멸망한다는 것은 널리 기대된 사항이다(에녹1서 69:27-29, 모세의 유언 10:1-2; 참조. 눅 10:18, 계 20:10).[13] 미드라쉬(*Pesiq. R.* 36.1)에 의하면 종말론적 귀신 제압을 행하실 분은 메시아이다(Marcus, 2000: 193). 레위의 유언 18:12에 의하면 메시아적 대제사장의 임무는 벨리알(사탄)을 묶고 그의 자녀들에게 악한 영들을 제압할 권세를 주는 것이다(*OTP*, vol.1, 795). 에녹 1서 55:4에 의하면 메시아적 존재인 인자가 사탄과 그의 군대를 심판한다(*OTP*, vol.1, 38). 이러한 배경으로 보면 예수의 축귀는 예수께서 메시아이심을 알려 주는 표증이다. 따라서 예수께서 자신들을 멸하고자 함을 언급하는 귀신의 발언(막 1:24)은 예수를 메시아로 간주하는 내용을 담은 것이다(Taylor, 174 참고).

귀신이 예수께 적용한 칭호인 '하나님의 거룩한 자'(ὁ ἅγιος τοῦ θεοῦ)도 귀신이 예수를 메시아로 간주하였음을 보여 준다. '하나님의 거룩한 자'는 요한복음 6:69에서 베드로가 예수께 적용한 칭호와 동일하므로, 이를 배경으로 볼 때 '하나님의 거룩한 자'는 긍정적인 의미를 가진다. 마가복음의 문맥에서 볼 때에도, 마가복음 3:11과 5:7에서 귀신들은 예수를 '하나님의 아들'이라고 부르므로, '하나님의 거룩한 자'는 '하나님의 아들'과 유사한 뜻의 표현임을 알 수 있다(Garland, 333 참고). 그러나 근접 문맥 속에서 볼 때에는 예수께서 거룩한 자이신 이유는 요한에게 세례받을 때에 예수께 '거룩한' 영이 임하였기 때문이다(막 1:10).[14]

열왕기하 4:9는 엘리사를 '하나님의 거룩한 사람'(ἄνθρωπος τοῦ θεοῦ ἅγιος)이라고 하며, 70인역 시편 105(개역은 106):16은 아론을 '주의 거룩

13.　Taylor, 174; Twelftree, 66.
14.　Gundry, 76 참고.

한 자'(τὸν ἅγιον κυρίου)라고 한다. 이러한 배경으로 볼 때에 '하나님의 거룩한 자'는 엘리사-예수 모형론, 아론-예수 모형론을 통하여 예수를 선지자, 제사장의 역할을 하시는 분으로 묘사한다.

그런데 70인역 사사기 13:7, 16:17에서 삼손이 '하나님의 거룩한 자'(ἅγιος θεοῦ)라고 소개된다. 이 표현은 '네지르 엘로힘'(נזיר אלהים)의 번역으로서 나실인이란 뜻이다. 귀신이 이러한 표현을 예수께 적용한 것은 예수가 나실인이라는 뜻은 아니겠지만, 삼손에게 적용된 이 용어가 예수께 사용된 것은 예수께서 삼손과 같은 용사로서 사탄을 물리치시는 강한 자이심을 묘사하는 표현일 수도 있다(삼손 모형론). 따라서 이러한 표현도 예수와 사탄의 세력(귀신들)의 전쟁 상황을 전제한 표현이라 할 수 있다.

마가복음의 근접 문맥에서 볼 때에 축귀는 전투에 참여할 사람을 모으는 표현인 '내 뒤에 오라.'는 초청으로 제자들을 모집한(1:17) 예수께서 행하신 사역으로서 사탄과의 전투이다.[15] 쿰란 문헌을 통해서도 보면 축귀는 하나님 나라의 다가옴을 의미한다고 할 수 있다. 키(H. C. Kee)는 쿰란 문헌에서 '에삐띠마오'(ἐπιτιμάω) 동사에 해당하는 '가아르'(נער "꾸짖다") 동사가 하나님이나 하나님의 대변인이 악의 세력을 복종시키고 하나님의 통치의 수립을 위한 길을 준비시키는 명령을 내리는 것을 표현함을 관찰하였다(H. C. Kee, 75-76 n.121). 쿰란 문헌(1QapGen 20:28-9)은 귀신을 꾸짖어 병을 치유한 내용을 소개한다. "나는 기도했다. … 그리고 나는 그의 [머]리에 안수했다. 역병은 그로부터 물러갔다. 악[령]이 [그로부터] 추방되었고 그는 치유되었다."[16] 그러나 여기서 귀신을 꾸짖는 자는

---

15. 신현우, 2014c: 609-11.
16. "I prayed … and I laid my hands upon his [hea]d. The plague was removed from

아브라함이고 하나님의 통치와 직접 관련되는 문맥 속에 있지 않다. 그러나 쿰란 문헌(1QM 14:10)에서 악령을 꾸짖는 내용("당신은 [우리]로부터 그의 [파괴의 영들을 쫓아내셨습니다.")은[17] 하나님이 권능을 가지고 일어서심을 기원하는 문맥(1QM 14:16) 속에 있다. 그러므로 이 용어가 악의 세력에 대한 하나님의 투쟁을 표현한다는 키의 주장에는 일리가 있다.[18] 이러한 용례를 통해서 볼 때, 꾸짖음을 통해 발생하는 예수의 축귀는 사탄의 왕 노릇 아래 복속된 세상에 하나님의 통치가 회복되고 있음을 보여 주는 것이다(Lane, 76 n.121). 마가복음의 근접 문맥 속에서도 축귀는 예수께서 선포하신 대로 사탄의 세력이 무너지고 하나님 나라가 임박함(1:15)을 실제로 보여 주는 표증이라 할 수 있으므로, 이러한 해석은 지지받을 수 있다. 사탄의 세력이 무너지고 하나님의 통치가 세워지는 종말론적 변화는 어떻게 발생하는가? 이 변화는 예수와 사탄의 대결에서 예수께서 승리하심과 무관하지 않을 것이다.

예수께서 귀신을 꾸짖어 쫓아내신 방식은(25절) 유대인들의 조잡한 축귀 방식과 다르다. 유대 배경 문헌에 기록된 축귀 방식에는 (1) 물고기의 염통과 간을 태워 연기를 피우는 방식(토비트 6:8), (2) 솔로몬이 언급한 고리를 귀신 들린 자의 코에 걸고 솔로몬의 이름을 대며 솔로몬이 만든

---

him; the evil [spirit] was banished [from him] and he recovered"(Martínez & Tigchelaar, ed. & trans., vol.1, 43). 여기서 'banished'(추방된)는 꾸짖음을 뜻하는 히브리어 단어(אתנערת)의 번역이다(Martínez & Tigchelaar, ed. & trans., vol.1, 42).

17. "You have chased away from [us] his spirits of [de]struction"(Martínez & Tigchelaar, ed. & trans., vol.1, 137). 여기서 'chased away'는 꾸짖음을 뜻하는 히브리어 단어(נערתה)의 번역이다(Martínez & Tigchelaar, ed. & trans., vol.1, 136).

18. H. C. Kee, 238 참고. 이 본문들은 엄밀한 의미에서의 귀신 들림 현상이 아니라 성적인 불구와 악함 일반을 다루고 있지만, 꾸짖는 행위가 귀신들을 떠나게 함은 분명하다(Gundry, 77).

주문을 외우는 방식(요세푸스, *Ant.* 8:47) 등이 있다(Whiston, trans., 214). 그리스도인들이 축귀를 한 방식도 당시 사람들의 축귀 방식과 달랐다. 오리겐(Origen)은 그리스도인들이 주문이 아니라 예수의 이름으로 힘을 얻는다고 한다(*Contra Celsum* 1.6).[19] 마술 파피루스들에서도 예수의 이름을 사용하여 축귀하는 표현이 등장한다(*PGM* IV.3019-20).[20] 마태복음 7:22, 마가복음 9:38//누가복음 9:49, 사도행전 19:13은 사람들이 예수의 이름을 축귀에 사용한 것을 알려 준다. 예수의 제자들의 축귀 방식도 예수의 이름을 사용한다(눅 10:17; 행 16:18). 초기 교회도 예수의 이름으로 축귀하였다(Arnobius, *Adv. Gent.*).[21] 그러나 예수께서는 누구의 이름도 사용하지 않고 스스로의 권위로 축귀하신다.

마가복음 1:27은 예수께서 사탄의 세력을 이겼다는 해석을 지원한다. 예수께서 권세 있게 귀신에게 명령하니 귀신이 복종한다고 감탄하는 목격자들의 반응을 소개하기 때문이다. 개역개정판에서 '권위 있는'으로 번역된 부분(κατ᾽ ἐξουσίαν '까뜨 엑수시안')은 종종 예수의 가르침의 특징을 묘사하는 것으로 여겨지지만, 이것은 예수의 축귀의 특징을 묘사하는 말로 이해될 수 있다. 구두점을 (NA27과 NA28처럼) 이 부분 뒤에 찍지 않고, 앞에 찍으면 이렇게 해석될 수 있다. 이 경우 이 부분은 '명령하다'를 한정하는 말로 이해될 수 있다.

구두점을 '까뜨 엑수시안'의 앞에 찍느냐, 뒤에 찍느냐에 따라 이 표현이 "권세 있게" 또는 "권세 있는"으로 다르게 해석된다. 구두점을 앞에 찍으면 27절은 다음처럼 번역된다. "이에 모두들 놀라 서로 의논하

---

19. Twelftree, 139.
20. Twelftree, 139.
21. Twelftree, 140.

며 말했다. '이게 무어냐? 새로운 가르침이다! 심지어 더러운 영들에게
도 권세 있게 명령하니 그에게 순종하는구나!'."[22] 이것은 예수의 가르침
과 권세를 직접 연결하지는 않고, 예수의 권세를 축귀와 연결한다. 구두
점을 '까뜨 엑수시안'의 뒤에 찍으면 다음처럼 번역된다. "이에 모두들
놀라 서로 의논하며 말했다. '이게 무어냐? 권세 있는 새로운 가르침이
다! 심지어 더러운 영들에게도 명령하니 그에게 순종하는구나!'." 이러
한 번역은 예수의 가르침과 권세를 연관 짓는다.

마가복음에서 '까따'(κατά) + 목적격은 공간적 의미(공간의 확장, 막
13:8), 시간적 의미("때마다," 막 14:49; 15:6), 전체 중의 일부(막 6:40; 14:19), 규
범을 따름(막 7:5) 등을 가리키기 위해 사용되었다(BDAG, 511-13). 마가복음
1:27의 '까따'와 '엑수시안'(ἐξουσίαν 권세)을 결합한 '까뜨 엑수시안'(κατ᾽
ἐξουσίαν)은 권세와 관련되므로 이러한 용례들 중에서 시간이나 공간, 부
분에는 해당하지 않고, 규범을 따름을 뜻할 것이다. 그러므로 '까따'가
"~을 따라서"라는 뜻으로 쓰인 마가복음 7:5의 경우와 유사하다. 그렇
다면 '까뜨 엑수시안'은 "권세를 따라서"를 뜻한다. 다만 "권세를 따라
서"가 무슨 뜻인지 명확하지 않다. 테일러(V. Talyor)는 '까따' + 목적격이
"~의 방식으로"를 뜻하기도 함을 지적하였다(롬 4:16, 빌 2:3).[23] 마가가 '까
뜨 엑수시안'('까따' + '엑수시안')을 이러한 방식으로 사용했다면, 이것은
"권세의 방식으로"(즉 "권세 있게")를 뜻한다.

일반적으로 '전치사 + 목적격/여격'은 부사적으로 사용되고, '전치
사 + 소유격'은 형용사적으로 사용된다(Wallace, 357). 마가복음에서 '까따

---

22. 비잔틴 사본들에 담긴 본문을 따른다면 "이게 무어냐? 웬 새로운 가르침이냐 이
    게? 어찌하여 더러운 귀신들에게도 권세 있게 명하면 그들이 복종하는가?"로 번역
    될 수 있다(신현우, 2006: 43-49).
23. Taylor, 176.

(κατά) + 목적격'은 모두 동사를 한정하는 방식으로 (즉 부사적으로) 사용되었다(4:10, 34; 6:31, 32; 7:5, 33; 9:2, 28; 13:8; 14:49; 15:6). 심지어 '까따'(κατά) 뒤에 목적격이 나오지 않는 경우에도 동사를 한정하는 방식으로 사용되었다(3:6; 6:40; 9:40; 11:25; 14:19, 55, 56, 57). 따라서 마가복음 1:27에서도 그렇게 사용되었을 것이다. 따라서 '까뜨 엑수시안'은 명사를 수식하는 "권세 있는"의 뜻보다는 동사를 한정하며 "권세 있게"라는 의미로 사용되었을 것이다. 이러한 추측은 고린도후서 13:10에 나오는 유사 표현 (κατὰ τὴν ἐξουσίαν)을 통하여 지지된다. 여기서 이 표현은 동사 '크레소마이'(χρήσωμαι)를 한정하는 부사어로 사용되었다.[24] 마가복음 1:27의 평행 본문인 누가복음 4:36(ἐν ἐξουσίᾳ καὶ δυνάμει ἐπιτάσσει)에서 '까뜨 엑수시안' 대신에 '엔 엑수시아'(ἐν ἐξουσίᾳ 권세를 가지고)가 동사를 한정하는 부사어로 사용된 것도 마가복음의 '까뜨 엑수시안'이 유사한 의미로 사용되었을 가능성을 지원한다.

'까뜨 엑수시안'이 부사적으로 사용된 용례는 사본들 속에서도 발견된다. 대다수의 사본들이[25] 가진 마가복음 1:27 본문(τί ἐστι τοῦτο; τίς ἡ διδαχὴ ἡ καινὴ αὕτη, ὅτι κατ' ἐξουσίαν καὶ τοῖς πνεύμασι τοῖς ἀκαθάρτοις ἐπιτάσσει, καὶ ὑπακούουσιν αὐτῷ.)에서 '까뜨 엑수시안'은 동사(ἐπιτάσσει)를 한정하는 부사어로 기능한다. 이것은 '까뜨 엑수시안'이 부사어로 사용된 분명한 용례이다. 네스틀레-알란트 28판의 본문(τί ἐστι τοῦτο; διδαχὴ καινὴ κατ' ἐξουσίαν·)에는 '까뜨 엑수시안'(κατ' ἐξουσίαν)이 "새로운 가르침"(διδαχὴ καινή)을 꾸며 주는 관형어("권세 있는")로 기능하도록 표점되어 있다. 그러

---

24. 고후 13:10 용례는 필자의 학생이었던 최지원이 발견하여 수업 시간에 발표한 것이다(2014. 9. 16.).
25. C K Γ Δ 28ᶜ. 892. 1241. 2542. *l*2211. (A *f*¹³ 565ᵐᵍ. 1424) 𝔐 lat syᵖ·ʰ

나 알렉산드리아 사본들($\aleph$ B L 33)을 따라간 네스틀레-알란트 28판의 본문도 단지 표점 방식을 '까뜨 엑수시안' 앞에 구두점을 찍는 것으로 바꾸면(τί ἐστι τοῦτο; διδαχὴ καινή· κατ᾽ ἐξουσίαν) '까뜨 엑수시안'이 동사 '명령한다'(ἐπιτάσσει)를 한정하는 부사적 의미("권세 있게")를 가진 것으로 읽을 수 있다. 이렇게 본문을 읽으면 예수의 축귀가 권세 있게 명령하여 귀신을 쫓아내는 방식을 통하여 사탄이 이미 예수에 의해 제압되었다고 볼 수 있게 된다.

그런데 예수께서 회당에서 축귀를 행하신 날과 집에서 시몬의 장모를 고친 날은 안식일이다(21절). 미쉬나(*m. Yoma* 8:6)는 생명이 위험한 경우에는 안식일에 일할 수 있음을 언급한다. "목숨이 위험할 수 있다는 의혹이 있는 경우에는 안식일을 어길 수 있다."[26] 바리새인들의 전통도 아마 그러하였을 것이다(Hooker, 107). 귀신 들린 자의 경우는 안식일이 지나기까지 기다린다고 해서 목숨이 위험하지는 않기에 바리새인들이 문제 삼을 수 있었을 것이다. 마가복음 1:32은 유대인들이 안식일에 일반적인 치유만이 아니라 축귀까지도 피하고자 했음을 보여 준다. 사람들이 해가 지고 나서야 집 앞에 모인 이유는 안식일이 지난 후에 축귀와 치유를 요청하기 위함이었을 것이다.

안식일에 축귀 사역을 하는 것을 사람들이 문제 삼지 않은 것은 당시에 축귀 사역이 안식일에 명확하게 금지된 행위가 아니었음을 알려 준다고 볼 수도 있다(양용의, 2010: 56). 말만을 사용하여 축귀하는 것이 안식일에 금지되지는 않았을 수 있다. 유대교 학자들은 안식일에 말로만 치유하는 것은 율법에 어긋나지 않는 것으로 간주한다(Hooker, 108 참고).

---

26. "… whenever there is doubt whether life is in danger this overrides the Sabbath." Danby, trans., 172.

예를 들어 버미스(G. Vermes)는 다음처럼 주장한다. "말은 유대인들의 안식일법을 위반하는 '일'로 간주될 수 없다."[27] 이러한 관점에서 보면 오로지 말로 행해진 예수의 축귀는 구약의 안식일법이나 유대인들의 안식일 전통을 어긴 것이 아니다.

그러나 미쉬나(*m. Shabbath* 14:3-4)는 안식일에 행동이든 말이든 어떤 것이든 치유를 의도한 것은 금해졌음을 알려 준다(A. Y. Collins, 207). 이 미쉬나 전통이 예수 시대까지 거슬러 올라간다고 확신할 수는 없지만, 만일 이 전통이 예수 시대를 반영한다면 예수께서는 안식일에 축귀하시며 유대인들에게 안식일을 어긴다는 인상을 주는 것을 감수하셨다고 해석할 수 있다.

그런데 예수께서는 왜 하필 안식일에 축귀를 하셨는가? 그 이유는 축귀 사역이 사탄으로부터 노예를 해방시키는 사역으로서 이집트에서 노예 생활하던 히브리인들을 해방시킨 출애굽 정신을 따라 종들을 쉬게 하는 안식일에 행해지는 것이 적합하기 때문일 것이다.

3. 예수의 가르침

마가복음 1:22에 의하면 예수께서는 서기관들처럼 가르치시지 않으셨다. 서기관들은 유대인 율법학자들이며 서기관 에스라(느 8:1, 4; 12:26, 36)의 후예들로서 성경 해석의 전문가들이었다.[28] 랍비 전통 속에서 '서기관'은 임명받은 신학자를 가리킨다.[29] 그들은 율법 전문가로서 사람들

---

27. "Speech could not be construed as 'work' infringing the law governing the Jewish day of rest"(Vermes, 1983: 25).
28. Williamson, 1983: 50.
29. Jeremias, 1964: 740.

가운데서 권위가 있었다.[30]

　　마가복음은 그들이 가르치는 방식을 "권위 있는 자"와 대조하면서 권위가 없는 방식으로 간주한다. 이러한 방식은 남의 권위에 의존하는 방식이었을 것이다. 2세기 이후 랍비들이 스승들의 가르침을 인용하면서 스승들의 권위에 의존하여 가르쳤듯이[31] 1세기 서기관들도 아마 그러하였을 것이다. 서기관들의 가르침의 방식은 마가복음 7:8-9에 암시되어 있듯이 스승들로부터 전해 받은 전통을 중요시하는 방식이었다. 7:8에 의하면 그들은 하나님의 계명을 버리고 사람의 전통을 따랐다. 마가복음 1:22은 이러한 방식을 권위 없는 방식으로 간주하며, 예수의 가르침 방식은 이와 달랐음을 알려 준다. 서기관들의 가르침과 예수의 가르침 사이의 서로 다름은 서기관들과의 대결 양상을 띨 가능성을 내포하고 있었다.

　　가르침의 방식의 차이는 결국 내용의 차이를 동반할 수밖에 없었음을 마가복음 7:9-13은 보여 준다. 바리새인들과 서기관들의 가르침은 전통을 따르다가 구약 성경을 폐지하는 내용을 담지만, 예수의 가르침은 구약 성경을 바르게 따르기 위해 전통을 폐지하는 내용을 담는다. 예수의 가르침이 서기관들과 달랐다는 것은 예수께서 전통을 무시하셨음을 뜻할 수 있다(막 2:23-3:6; 7:1-23; 10:2-12 참고). 유대인들의 전통에 매이지 않고 오직 기록된 말씀에 토대하는 예수의 가르침의 방식은 궁극적 권위의 근원이신 하나님 외의 다른 모든 유사 권위로부터의 자유를 함축한다.[32]

30.　A. Y. Collins, 164.
31.　Hooker, 63; Baljon, 15 참고.
32.　고전 8:9에서는 '권세'(ἐξουσία)가 '자유'와 유사한 개념으로 쓰였다(고전 8:9). 롬 13:1은 권세의 기원이 오직 하나님임을 지적한다(롬 13:1).

다우브(D. Daube)는 랍비적 권위에 관한 그의 연구 결과, 결정을 내릴 수 있는 권위 있는 임명된 교사와 그렇지 않은 서기관을 구분한다(Cave, 249). 이러한 구분을 따르면 예수께서 보이신 권위는 스스로 판단할 수 있는 교사로서의 권위이다. 그러나 이러한 설명은 무리가 예수의 가르침에 놀라는 반응을 보인 것(22절)을 잘 설명하지 못한다(Lane, 72 n.111).

예수의 가르침의 방식에 차이를 주는 것이 다른 서기관들의 권위에 의존하지 않고 하나님의 기록된 말씀에 의지함에서만 기인하는 것은 아니었을 것이다. 마가복음 1:10을 통하여 볼 때에는 예수의 가르침에 나타난 권위의 근거는 예수께 강림하신 성령이다. 바벨론 탈무드(b. Sotah 48b)는 "학개, 스가랴, 말라기가 죽고, 성령이 이스라엘을 떠났다."라고 한다.[33] 예수 당시의 유대인들도 이런 생각을 하고 있었을 가능성이 있다. 선지자의 가르침이 사라진 시대를 살아가던 유대인들에게 성령 강림을 받은 메시아의 선지자적 가르침은 그 시대의 교사들(서기관들)과 전혀 다른 가르침으로서 놀랍게 여겨질 수밖에 없었을 것이다.[34]

본문 27절은 예수의 가르침의 새로움을 예수의 권위 있는 축귀와 연관 짓고 있다. 따라서 본문에서 예수의 가르침 사역의 '새로움'은 귀신을 명령으로 축출하는 권위와 관련된다. 그런데 축귀는 성령 강림받은 예수께서 가르치실 때 발생한 것이므로 성령으로 가르치시는 방식과 관련된다고 볼 수 있다.

이러한 가르침의 방식의 차이는 결과적으로 내용상의 차이를 낳을

---

33. I. Epstein, ed., *Hebrew-English Edition of the Babylonian Talmud. Seder Nashim. Nazir, Sotah* (London: Soncino, 1985). *b. Sanhedrin* 11a도 동일한 내용의 주장을 한다(I. Epstein, ed., *Hebrew-English Edition of the Babylonian Talmud. Sanhedrin* [London: Soncino, 1987]).

34. Taylor, 173도 같은 의견이다.

수밖에 없다. 이렇게 방식과 내용이 다른 가르침은 마가복음 1:27이 언급하듯이 청중에게 새로운 가르침일 수밖에 없다. 예수의 새로운 가르침의 내용은 무엇일까? 본문은 예수의 가르침의 내용을 소개하지 않지만, 그 내용은 아마도 마가복음 1:15에 소개된 대로 하나님의 통치 시대의 임박함과 사탄이 왕 노릇하는 시대의 종료에 관한 내용이었을 것이다.[35] 이러한 추론은 예수의 가르침을 듣고 귀신이 "우리를 멸하러 오셨습니까?"(24절)라고 질문한 것을 통하여 지지된다(Taylor, 172).

마가복음 1:22에 의하면 예수의 가르침은 새로움이라는 측면과 함께 권세라는 측면을 가졌다. '권세'란 무엇인가? '권세'는 시락서 17:2에서 "통치권"이라는 뜻으로 사용되었다. "그는 그들에게 그것 위에 있는 것들에 대한 권세를 주셨다"(ἔδωκεν αὐτοῖς ἐξουσίαν τῶν ἐπ᾽ αὐτῆς). 마가복음 문맥에서 예수의 '권세'는 1:15에서 예수께서 선포하신 것으로 소개된 하나님 나라(하나님의 통치)와 관련된다고 볼 수 있다. 예수께서는 하나님의 통치를 선포하였는데, 그 통치는 하나님의 아들 예수의 가르침과 축귀를 통하여 실현되기 시작하였다. 따라서 예수의 가르침은 하나님의 통치를 구현하는 권세를 지닐 수밖에 없었다.

예수께서는 사탄의 왕 노릇의 종말과 하나님의 통치 시대의 가까움을 선포하셨는데, 이 선포를 입증하는 표증이 바로 축귀 사역이었다. 따라서 예수의 가르침과 축귀는 긴밀한 관계를 가진다. 예수의 가르침은 하나님의 권세에 관한 선포였고, 예수의 축귀는 선포된 하나님의 권세의 실현이었다.

22절은 예수께서 '권위 있는 자'처럼 가르치셨다고 하는데, 27절은 예수의 권위를 축귀와 관련시킨다. 따라서 예수의 권위는 귀신에게 명

---

35. 이에 관한 자세한 논증은 신현우, 2014b: 380-404 또는 이 책의 제6장 참조.

령할 수 있는 권위이다.[36] 이것은 24절에서 귀신이 인정하였듯이 "하나님의 거룩한 자"로서의 권위이다. 그렇다면, 예수의 가르침에 담긴 권위도 "하나님의 거룩한 자"의 권위라 할 수 있다. 이러한 예수의 권세는 마가복음 1:11에서 소개된 예수의 정체인 "하나님의 아들"(메시아)로서의 권세이다. 예수의 권세가 하나님의 아들로서의 권세임은 예수 권세의 기원에 관한 질문(막 11:28)에 대한 답변으로 주어진 비유 속(막 12:6)에서 명확히 드러난다. 예수의 권위는 단지 가르침의 방식이나 내용에서 나오는 것에서 그치지 않고 궁극적으로 예수께서 하나님의 아들로서 권위 있는 자이심에서 나오는 것이었다.

예수의 권세는 마가복음 2:10에도 죄 사함의 권세로서 언급된다. "죄가 (하나님에 의해) 사함 받았다."라는 선포는 제사장이 제사 의식 속에서 할 수 있는 것이다(레 4:26, 31, 35; 5:10 참고). 그래서 그러한 제의와 관계없이 이루어진 예수의 죄 사함 선언을 유대인들은 신성모독으로 간주할 수 있었을 것이다(Dillon, 105 참고). 제의와 관계없이 죄 사함을 선언함은 하나님으로부터 받은 권세가 없이는 정당화될 수 없었을 것이다. 그러한 죄 사함을 선포할 뿐 아니라 죄 사함의 권세를 가진 인물로서의 예수의 권위는 신적인 권위이다.

27절은 이러한 예수의 권위 있는 가르침을 '새로운 가르침'이라고 소개한다. 메시아의 시대에 새로운 가르침이 주어질 것을 기대한 유대인들에게 예수의 새로운 가르침은 메시아 시대의 증거로 제시된 것이라 할 수 있다(Gundry, 85).

---

36. 이러한 해석과 관련해서는 앞의 표점에 관한 토론 참조.

4. 예수의 축귀와 가르침의 관계

마가복음 1:21-28은 왜 예수의 축귀와 예수의 가르침을 서로 긴밀하게 연관시키며 소개하는가? 이것은 본문의 배경이 되는 구약 본문을 통해서 설명될 수 있다. 마가복음 1:23은 '더러운 영'을 언급한다. 마가복음 1:34은 23절의 '더러운 영' 대신 '다이모니온'(δαιμόνιον)이라는 표현을 사용하므로, 이 두 가지 표현은 동일한 대상을 가리킨다고 볼 수 있다. '다이모니온'을 '더러운 영'이라고 부르는 것은 창세기 6:1-4, 에녹1서 15:6-11(특히 15:3-4)에 나타난 인간의 여인들을 취하여 자녀를 낳은 타락한 천사들 이야기와 관련될 것이다(A. Y. Collins, 167). 에녹1서 15:3-4은 천사들이 스스로를 여인들로, 육체를 가진 자녀들의 피로 더럽혔다고 한다(A. Y. Collins, 167). 이러한 배경으로 인해, 마가복음이 '더러운 영'이라 할 때에는 타락한 천사들을 가리킬 수 있다. 바룩서 4:35은 '다이모니온'을 사람 속에 거할 수 있는 존재로 서술한다. 희년서 7:27; 10:1에서 '다이모니온'은 사람들을 잘못된 길로 인도하는 존재로 소개된다. 에녹1서 19:1은 '다이모니온'을 제사를 받는 존재로 묘사하고 에녹1서 99:7은 예배를 받는 존재로 그린다. 이러한 배경을 고려하면, 예수께서 사람 속에 거하는 '다이모니온'을 축출하신 것은 사람들을 '다이모니온'으로부터 해방하여 바른 길로 인도하시고, 오직 하나님께 예배하도록 하시는 새 출애굽 사역으로 간주될 수 있다.

구약 성경에서 '더러운 영'(τὸ πνεῦμα τὸ ἀκάθαρτον)은 오직 70인역 스가랴 13:2에만 나온다. 그러므로 스가랴 13:2은 마가복음 1:23과 두 본문이 긴밀히 연관된 간본문성(intertextuality)을 가진다고 볼 수 있고, 따라서 마가복음 1:23은 스가랴 13:2을 통하여 이해될 수 있다. 스가랴 13:2

은 종말에 더러운 영이 축출될 것을 예언한다. "그날이 오면, 내가 이 땅에서 우상의 이름을 지워서, 아무도, 다시는 그 이름을 기억하지 못하도록 하겠다. 나 만군의 주가 하는 말이다. 나는 또 예언자들과 더러운 영을 이 땅에서 없애겠다"(표준새번역). 이 본문에서 축귀가 발생하는 '그날'이란 예루살렘을 침공하는 모든 민족들을 하나님이 멸하시는 날이다(슥 12:9). 이 날은 하나님이 예루살렘을 구원하시는 날이다. 이 본문을 배경으로 보면 예수의 축귀는 구원의 때에 발생하는 표증이다. 예수의 축귀는 "때가 찼고 하나님 나라가 가까이 와 있다."라는 예수의 구원의 날 선포(1:15)가 참됨을 알려 주는 현상이다.

스가랴 12:9의 근접 구절인 13:1은 축귀의 발생과 죄 씻음을 연관시키게 하는 배경을 제공한다. 마가복음에서도 이러한 연관성을 발견할 수 있다. 예수께서 더러운 영에게 명령하여 축귀하시는 권세를 보이신 후(막 1:27), 병자 치유의 맥락에서 죄 사함의 권세를 가졌다고 주장하신다(막 2:10). 이처럼 축귀는 예수의 핵심 사역인 죄 사함과 무관한 것이 아니라 긴밀히 연결된 것이다.

그런데 스가랴 13:2에서 '더러운 영'은 '거짓 선지자'(τοὺς ψευδο-προφήτας)에 평행된 표현이다. 따라서 스가랴 문맥에서 '더러운 영'은 거짓 선지자와 관련된 영으로서 잘못된 가르침을 전하게 하는 영이다. 요한계시록 16:13에서도 거짓 선지자와 더러운 영이 긴밀한 관계 속에 등장한다. 이러한 배경 속에서 볼 때 축귀는 거짓 선지자와 깊은 관련이 있다. 따라서 축귀는 잘못된 가르침을 전하게 하는 거짓 선지자의 영을 축출하는 사역으로 간주될 수 있다. 마가복음에 거짓 선지자들이 등장하지는 않지만, 그 대신 예수와 대립된 교사들로서 서기관들이 등장한다. 마가복음 1:23이 스가랴 13:2과 간본문성을 가짐을 고려할 때, 마가복음에서 축귀와 긴밀히 연관되어 등장하며 예수와 대조된 서기관들은 거짓 선지자의 일종으로 간주되고 있다고 볼 수 있다.

마가복음은 축귀 기사(4개)보다 더 많은 서기관들과의 논쟁 기사(5개)를 담고 있다는 사실이 이러한 해석을 지지한다. 당시 서기관들과의 대결은 축귀와 함께 마가복음의 주요 주제 중의 하나이다. 마가복음에서 소개하는 예수의 사역 가운데 서기관들은 예수의 대적으로 등장하여 (2:6, 16; 3:22; 7:1, 5; 11:18, 27; 14:1, 43, 53; 15:1, 31) 계속 갈등을 일으킨다. 예수께서는 서기관들과 논쟁하여 그들을 제압하실 뿐 아니라(2:6-12; 2:16-17; 3:22-30; 7:1-13; 11:27-12:12), 제자들이나 무리에게 가르치시며 서기관들의 가르침의 오류를 지적하시기도 하셨다(9:14-13; 12:35-37). 또한 서기관들의 행태까지도 신랄하게 비판하시며, 그들을 조심하라고 하신다(12:38-40).

'더러운 영'이라는 공통적인 표현을 통해 마가복음 1:23이 연상시키는 스가랴 13:2을 배경으로 볼 때 종말론적 축귀의 발생은 거짓 선지자의 제거와 함께 이루어지는 것이다. (거짓 선지자를 없애는 것은 거짓 선지자를 죽이라고 명하는 신 13:1-5의 성취로 볼 수 있다.) 따라서 예수의 사역 속에 축귀가 발생함은 예수의 사역을 통하여 거짓 선지자들도 배제될 것을 기대하게 한다. 비록 본문에서 거짓 선지자들이 언급되고 있지 않지만, 본문이 스가랴 13:2의 성취를 다루고 있다면 더러운 영과 평행되어 등장하는 서기관들이 그러한 거짓 선지자들에 해당한다.

예수의 가르침의 사역은 축귀 사역과 함께 스가랴 13:2을 배경으로 하고 있기에 하나님의 구원의 때에 등장하는 표증으로서 마가복음 1:21-28 본문에 함께 등장하는 듯하다. 더러운 영과 거짓 선지자가 함께 등장하는 스가랴 13:2을 배경으로 보면, 마가복음 1:21-28이 소개하는 예수의 가르침은 더러운 영을 제압하는 사역과 함께 더러운 가르침을 전달하는 거짓 선지자에 해당하는 서기관들을 제압하는 사역으로 여겨질 수 있다.

III. 해설과 적용

1. 해설

광야에서 사탄을 제압하신 예수께서는(1:13) 하나님 나라가 가까이 와 있음을 선포하시고(1:15), 하나님 나라가 임하고 사탄의 세력이 무너지는 것을 실제로 보여 주는 축귀를 행하신다. 예수의 축귀는 이러한 가르침을 확증하는 시청각 교육이자, 동시에 미리 맛보는 하나님의 통치 그 자체였다. 메시아가 오면 새로운 가르침이 주어지고, 사탄의 세력이 무너진다는 기대 속에 있는 유대인들에게 예수의 새로운 가르침과 축귀는 메시아가 등장하였다는 증거이기도 하였다.

　예수의 축귀는 권세 있게 이루어진다. 귀신을 꾸짖고 명령하여 제압하시고 쫓아내신다(1:25-27). 귀신은 전투적으로 예수께 항의하고 저항하지만 예수께서는 그들을 제압하신다. 축귀는 "내 뒤에 오라."(1:17)라고 하시며 전투원들을 모으신 메시아가 행하신 사탄과의 전투였다.

　예수의 가르침의 방식은 당시 서기관의 방식과 달리 권위 있는 방식이었다. 이것은 인간의 전통에 의존하지 않고 하나님의 말씀에 토대한 방식과 관련된다(막 7:1-13 참고). 또한 성령을 강림받은 하나님의 아들로서의 예수의 가르침은 성령을 통한 가르침이자 메시아로서의 가르침이라는 점에서 새롭고 권위 있을 수밖에 없었을 것이다. 예수의 가르침은 그 방식만이 아니라 그 내용도 새로웠을 것이다(막 1:27 참고). 그것은 아마도 마가복음 1:15이 소개하는 대로 사탄의 왕 노릇은 무너졌고 하나님의 통치는 곧 세워지게 된다는 내용이었을 것이다.

스가랴 13:2을 배경으로 보면 축귀는 하나님의 구원의 날에 발생하는데, 거짓 선지자들의 제거와 함께 발생하는 것으로 기대된다. 이러한 배경 속에서 서기관들의 가르침과 대조된 예수의 가르침은 거짓 선지자들을 제거하는 사역으로 이해될 수 있다. 그러한 관점에서 보면 예수의 축귀와 가르침을 긴밀히 연관시키며, 예수의 가르침을 서기관들의 가르침과 대조한 마가복음 1:21-28 문맥 속에서 당시 서기관들은 일종의 거짓 선지자들에 해당한다.

2. 적용[37]

복음을 전하는 사역이 있는 곳에 축귀가 발생한다. 예수의 십자가는 사탄에 대한 승리이므로, 십자가를 전하는 사역은 동시에 축귀 사역이기도 하다. 사탄의 졸개들인 더러운 영들('다이모니온'들, 귀신들)은 사탄을 이기신 예수의 십자가 앞에 쫓겨날 수밖에 없다.

복음에는 축귀의 능력이 있다. 축귀는 복음의 본질에 의하여 나타나는 자연스러운 현상이다. 그러므로 우리는 인위적으로 축귀를 하려고 애쓸 필요가 없다. 우리는 다만 십자가의 복음을 전하면 된다.

우리는 예수께서 하나님의 아들이심을 아는 것을 신앙이라고 착각하기도 한다. 그러나 귀신들도 그것을 안다. "나는 당신이 누구인 줄 아

---

37. 이 부분은 2010. 9. 8. 웨스트민스터신학대학원대학교의 새벽 사경회 설교 때 적용하고, 신현우, 2018c: 58-60에 실은 내용을 토대로 한 것이다.

노니 하나님의 거룩한 자이다"(24절). 십자가를 향하여 가시는 예수를 따라가는 믿음이 아니라면 예수께서 누구신지 아는 지식은 헛된 것이다. 그러한 지식을 가지고 마귀의 세력을 이겨낼 수 없다.

십자가를 향하여 나아가는 믿음이 없다면 사탄이 주는 유혹에 넘어지게 된다. 명예욕과 권력욕에 사로잡힌다. 재물에 눈이 멀게 된다. 음욕에 빠지게 되기도 한다. 우리는 십자가의 복음을 믿으며 사탄의 유혹을 벗어나야 한다. 죽고자 하면 살게 된다. 우리가 예수와 함께 십자가에 못 박혀 죽고자 할 때 사탄의 세력으로부터 해방된다.

우리의 싸움은 혈과 육에 대한 것이 아니다. 우리의 싸움은 사탄에 대한 싸움이다. 에베소서 6:12은 말씀한다. "우리의 씨름은 혈과 육을 상대하는 것이 아니요, 통치자들과 권세들과 이 어둠의 세상 주관자들과 하늘에 있는 악의 영들을 상대함이라." 이 사탄의 세력을 물리치는 능력은 오직 예수의 십자가뿐이다. 십자가에 못 박히신 하나님의 아들 예수의 능력은 사탄을 능히 이긴다. 예수 이름으로 이 사탄을 이길 때, 복음을 선포하여 사탄에 의해 조종되는 자들의 영혼을 해방시킬 때, 우리는 종말에 올 구원의 날을 미리 맛보게 된다.

우리는 가버나움 회당과 같은 곳에서 살고 있다. 예수의 말씀이 있지만, 귀신 들린 사람들도 있다. 그러나 예수께서 그 회당에 계시면 귀신들이 힘을 쓸 수 없다. 귀신 들린 사람들은 마침내 귀신의 세력으로부터 해방된다. 빛은 어둠을 이긴다. 결코 어둠이 빛을 이길 수 없다.

사탄에게 사로잡힌 자들을 대할 때 우리는 그들을 긍휼히 여겨야 한다. 그들은 사탄의 포로이다. 우리는 예수의 능력으로 그들을 구해 내야 한다. 그들의 악에 대항해야 하지만, 그들의 영혼을 구해 내기 위하여 기도해야 한다.

제9장
마가복음 1:29-39
예수의 광야 기도와 설교 사역*

I. 번역

29 곧이어 그들이 회당에서 나온 후, 시몬과 안드레의 집 안으로 야고보와 요한과 함께 들어갔다. 30 그런데 시몬의 장모가 열병을 앓으며 계속 누워 있었다. 그래서 사람들이 곧바로 그에게 그녀에 관하여 말했다. 31 이에 그가 앞으로 나아가 손을 잡아 그녀를 일으키셨다. 그러자 열병이 그녀를 떠나가고 그녀는 그들에게 식사 시중을 들고자 하였다. 32 그런데 저녁이 되어 해가 졌을 때, 사람들이 그에게 온갖 병든 자들과 귀신 들린 자들을 계속하여 데려왔다. 33 그리하여 온 도시 주민이 그 문 앞에 모여 있었다. 34 그래서 그는 많은 각종 병자들을 치유하시고, 많은 귀신들을 쫓아내셨다. 그는 또한 귀신들이 말하는 것을 줄곧 허락하지 아니하셨는데, 왜냐하면 그것들이 그를 알고 있었기 때문이

---

* 제9장은 필자의 논문, 신현우, 2015b: 371-90을 사용하여 좀 더 읽기 쉽게 편집한 것이다.

었다.

35 아침 일찍 매우 어두울 때에, 그는 일어나셔서, 한적한 곳으로 떠나가셨다. 그는 그곳에서 계속 기도하고 계셨다. 36 그러자 시몬과 그의 일행이 그를 찾아 나섰다. 37 그리하여 그들이 그를 발견하자 그에게 말했다.

"모두 당신을 찾고 있습니다."

38 이에 그가 그들에게 말씀하셨다.

"다른 곳 주변 성읍들로 가자!

나는 그곳에서도 선포해야 한다.

나는 이 일을 위하여 왔기 때문이다."

39 그리고 갈릴리 전역에 있는 그들의 회당들로 가시어 계속 선포하시며, 귀신들을 계속 쫓아내셨다.

II. 주해

마가복음 1:38에 의하면 예수께서 오신 주된 목적은 말씀 사역이다. 여기서는 예수께서 자신의 사명을 이렇게 소개한다. "우리가 다른 가까운 마을들로 가자 거기서도 전도하리니 내가 이를 위하여 왔노라." 예수께서는 이러한 목적대로 갈릴리 전역에 있는 회당들에서 설교하셨다(막 1:39).[1] 그런데 설교 사역에 축귀가 동반되었음을 마가복음 1:39은 지적한다. 이어지는 1:40-42은 예수의 사역 속에 축귀와 함께 치유도 동반

---

1. 마가는 예수의 말씀 사역을 '선포하다'(κηρύσσω '께뤼소') 동사로 표현하는데, 회당에서 선포하는 사역의 경우에는 설교라 할 수 있을 것이다.

되었음을 보여 준다. 예수의 치유 사역은 이미 1:29-30에서 시몬의 장모의 열병을 치유하면서 시작된다. 이어서 더 많은 사람들이 치유됨을 1:34에서 보게 된다. 축귀 역시 1:23-26에 이어 1:34에서 다시 소개된다. 마가복음 1:21-45이 소개하는 예수의 축귀와 치유 사역의 흐름 속에 위치한 것이 예수의 말씀 사역이며 이 사역은 예수께서 오신 목적이라고 소개된다. 이 사역은 이미 1:14-15에서 예수께서 광야 시험 후 행하신 바 있는 하나님 나라의 임박함을 선포하시는 사역이다. 광야에서 시험을 당하신 후 복음 선포 사역이 이루어지는 구도는(막 1:12-15) 1:35-39에서 광야(한적한 곳) 기도 후 설교 사역이 이루어지는 구도로 반복된다. 광야(한적한 곳)는 1:45에서 다시 한번 등장하여 예수의 사역과 밀접한 연관을 맺는다.

그런데 예수의 설교 및 기도는 마가복음 1:29-39에서 예수의 치유 및 축귀와 병치되어 소개된다. 이렇게 병치되어 나오는 축귀와 치유는 예수의 사역 속에서 본질적인 중요성을 지닌 것일 수 있다. 당시 사람들도 예수께서 축귀와 치유를 행하는 자라고 간주했을 것이다(Davies, 66). 이 마가복음 본문에서 축귀 및 치유가 예수의 설교 및 기도 사역과 긴밀하게 병치되어 소개되는 이유는 무엇일까? 그 이유를 살펴보자.

1. 구조

마가복음 1:29-45의 구조는 다음처럼 평행 구조로 분석될 수 있다. 이 구조에서 35-45절은 29-34절에 평행된다.

A (29절)   예수께서 회당 밖으로 나가심(ἐξελθόντες)

B (30절)   제자들이 말함(λέγουσιν)

C (31-34절)   예수의 사역(치유와 축귀)

A′ (35절)   예수께서 집 밖으로 나가심(ἐξῆλθεν)

B′ (36-37절)   제자들이 말함(λέγουσιν)

C′ (38-45절)   예수의 사역(설교, 축귀, 치유)

예수의 기도와 설교를 소개하는 마가복음 1:35-39은 1:16-2:17의 교차대구 구조의 속에서 다음처럼 1:32-34에 평행된다.

A (1:16-20) 바닷가에서(παρὰ τὴν θάλασσαν) 제자들을 부르심

  B (1:21-28) 가버나움(εἰς Καφαρναούμ)에서 보이신 축귀의 권세(ἐξουσίαν)

    C (1:29-31) 시몬의 장모를 손(χειρός)을 잡아 치유하심

      D (1:32-34) 예수의 치유와 축귀

      D′ (1:35-39) 예수의 기도와 설교

    C′ (1:40-45) 나병환자를 손(χεῖρα)을 내밀어 고치심

  B′ (2:1-12) 가버나움에서(εἰς Καφαρναούμ) 보이신 죄 사함의 권세(ἐξουσίαν)

A′ (2:13-17) 바닷가에서(παρὰ τὴν θάλασσαν) 제자를 부르심[2]

이러한 구조는 마가복음에서 예수의 치유와 축귀, 설교와 기도가 매우 중요한 신학적 의미를 가짐을 알려 준다. 또한 예수의 축귀 및 치유

---

2. 이 구조는 필자의 학생이었던 김성우의 아이디어(2015년 6월)를 필자가 발전시킨 것이다.

사역이 예수의 기도 및 설교 사역과 밀접하게 관련된 사역임을 암시한
다. 이 구조의 핵심부에 있는 마가복음 1:29-45의 구조를 살펴보면, 열
병 치유(1:29-31)와 나병환자 치유(1:40-45) 사이에 예수의 치유, 축귀, 기
도, 설교 사역이 소개되는데(1:32-39), 예수의 주된 사명은 선포 사역임이
명시된다(38절). 그리하여 예수의 말씀 사역의 중요성이 부각되며, 이에
동반되는 치유/축귀 사역은 말씀 사역을 지원하는 사역으로 간주된다.

　　마가복음 1:21-45은 예수의 갈릴리 사역을 축귀, 치유, 기도, 말씀 사
역으로 소개한다.[3] 이 부분은 다음과 같은 평행 구조를 가진다. 이러한
구조 속에서는 1:35-38이 소개하는 예수의 광야 기도는 1:45이 소개하
는 예수의 광야 사역과 평행된다. 이러한 구조는 예수의 사역과 기도의
배경으로서 광야가 가지는 중요성을 암시한다.

A (21-34절)　　　예수의 갈릴리 사역(말씀, 축귀, 치유 사역)

B (35-38절)　　　예수의 광야 기도

A′ (39-44절)　　예수의 갈릴리 사역(말씀, 축귀, 치유 사역)

B′ (45절)　　　　예수의 광야 사역

　　21-45절은 예수의 사역이 가버나움 회당에서 시몬의 집으로, 집 앞
으로 몰려온 사람들에게로, 갈릴리 전역의 성읍으로 그리고 한적한 곳
(일종의 광야)으로 넓혀져 가는 것을 그린다. 사역의 장소가 회당(21절), 집
(29절), 집 밖(32절), 마을 밖(40절, 나병환자 치유의 경우)으로 옮겨지고, 마침

3.　갈릴리가 예수의 중요한 사역의 무대가 되는 이유는 사 9:1의 성취를 위한 것인 듯
　　하다. "옛적에는 여호와께서 스불론 땅과 납달리 땅이 멸시를 당하게 하셨더니 후
　　에는 해변 길과 요단 저쪽 이방의 갈릴리를 영화롭게 하셨느니라"(사 9:1).

내 광야가 예수의 거처가 된다(45절). 중심적인 공간에서 변두리 공간으로 사역지가 이동한다. 21-34절과 39-44절은 예수의 말씀, 축귀, 치유 사역을 소개하고, 35-38절과 45절은 이러한 사역 후에 예수께서 광야로 가심을 소개한다. 한적한 곳(일종의 광야)에서 기도하신 예수의 모습은 후에 광야에 은거하시게 된 예수의 모습의 전조이며, 이러한 모습은 이미 1:12-13에서 소개된 광야에서 시험받은 예수의 모습과도 통한다. 이러한 연관성도 예수의 사역 속에서 광야가 가지는 중요성을 암시한다.

2. 이사야서에 비추어 본 예수의 광야 기도

위에서 살펴본 바와 같이 예수의 사역 속에서 특히 예수의 기도와 관련하여 광야는 중요성을 가진다. 마가복음 1:35은 예수께서 (치유를 행하신 후) '한적한 곳'(ἔρημον τόπον)에서 새벽에 기도하심을 묘사한다. '한적한 곳'은 광야를 가리킬 수 있는 단어 '에레모스'(ἔρημος 한적한)를 형용사로서 포함하여 가지므로 "광야 같은 장소"를 뜻한다.

　제자들이 곧 예수를 찾을 수 있었던 것과(1:37) 예수께서 주변 마을로 가자고 제안하신 것으로 보아(1:38), '한적한 곳'은 가버나움에서 멀리 떨어진 곳이 아니었을 것이다. 가버나움 주변 지역은 당시에 경작되었으므로, 이곳은 광야라기보다는 조용한 곳을 가리킬 것이다.[4] 그렇지만 마가는 이 장소를 광야를 연상시키는 '에레모스'라는 단어를 사용하여 표현하였다. 마가복음 1:35은 6:46; 14:32과 함께 예수의 기도의 공통적 특징을 보여 준다. 그것은 혼자 한적한 곳에서 어두운 때에 기도하신 것

4.　Taylor, 183. '에레모스'(ἔρημος)는 렘 2:6에 의하면 사람이 거주하지 않는다는 특징을 가진다.

이다. 6:46은 예수께서 (오병이어 표적을 행하신 후) 산에서 저녁에 기도하심을 소개하고, 14:32은 예수께서 밤에 겟세마네 동산에서 기도하심을 소개한다.

예수의 기도의 장소가 광야와 연관된 의미는 이사야서(43장)를 배경으로 파악할 수 있을 것이다. 이사야 40:3("광야에서 여호와의 길을 예비하라")에서 광야는 새 출애굽의 배경이 되는 장소로 제시된다. 이사야 43:19("내가 광야에 길을, 사막에 강을 내리니")과 43:20("보라 내가 새 일을 행하리니 내가 광야에 물을, 사막에 강들을 내어 내 백성, 내가 택한 자에게 마시게 할 것임이라") 도 그러하다. 이사야 43:20에서 '새 일'은 43:16이 언급하는 출애굽 사건과 비교된 것이므로 새 출애굽을 가리킨다. 따라서 예수께서 기도의 장소로 광야를 택하신 것은 자신의 기도와 새 출애굽을 연관시키고자 했기 때문이라 할 수 있다. 이사야 35:1은 광야의 변화로 구원의 때의 모습을 묘사한다. "광야와 메마른 땅이 기뻐하며 사막이 백합화같이 피어 즐거워하며." 이어지는 35:4에서 이것은 하나님의 구원과 관련되는 모습이다("하나님이 오사 너희를 구원하시리라"). 그러므로 예수의 광야 기도는 이사야가 예견하는 구원과 관련될 수 있다. 이사야서에서 기대하는 구원은 새 출애굽으로 묘사되므로(예를 들어, 사 43:16) 결국 광야 이미지는 새 출애굽 주제와 관련된 것으로 이해할 수 있다.[5] 이러한 배경으로 볼 때 광야에서 기도하시는 예수의 모습은 새 출애굽 사역자의 모습이다.

유대인들의 문헌도 광야가 새 출애굽 기대와 관련되었음을 보여 준다. 마카비1서 2:29은 광야가 주권을 상실한 유대인들이 새 출애굽을 추구하는 장소였음을 보여 준다. "그때 의와 공평을 추구하는 많은 사람들이 광야로 내려가서 그곳에 거주했다"(사역). 쿰란 공동체가 광야로

---

5. 출애굽 주제로 마가복음을 읽은 시도에 관해서는 신현우, 2011c 참조.

가서 거주한 것도 새 출애굽 준비와 관련된다고 볼 수 있다(1QS 8:13-14).

쿰란 문헌(1QM 1:3-4)은 광야를 종말론적 전쟁의 장소로 기대한다. 이러한 배경으로 보면 예수의 광야 기도는 사탄과 싸우는 종말론적 전쟁으로 해석할 수 있다. 그렇다면 예수의 광야 기도는 한적한 곳에 가서 휴식을 취하며 쉬고 재충전하는 것이 아니라, 사탄의 나라를 무너뜨리고 하나님 나라의 도래(즉 새 출애굽)를 가져오는 치열한 전투로서 예수의 본질적인 사역에 해당한다. 마카비2서 15:26-27은 유다와 그의 군사들이 기도하면서 전투하여 승리하였음을 언급한다. 이러한 배경도 기도와 전투를 연관시킨다. 따라서 광야에서의 기도는 충분히 전투를 연상시킬 수 있다.

예수의 기도를 소개하면서 마가가 특히 염두에 둔 이사야 본문은 기도를 언급하는 이사야 53:12("범죄자를 위하여 기도하였느니라")이었을 것이다.[6] 히브리어 표현(יפגיע)을 직역하면 '기도' 대신 '중재'라는 단어를 씀이 적합하지만, 중재가 하나님과 사람 사이에서 발생하는 것이라면 그것은 일종의 기도에 해당한다고 볼 수 있다. 이런 배경으로 보면 예수의 기도는 이사야 53장이 소개하는 고난받는 종의 사역과 관련된다. 예수가 세례받을 때 하늘에서 들린 음성이 예수를 "기뻐한다"라고 선언하여(ἐν σοὶ εὐδόκησα, 막 1:11) 이사야 42:1에서 '내 마음이 그를 기뻐한다'(רצתה נפשי)라고 하는 여호와의 (고난받는) 종과 연관시킨 것도 예수께서 이사야서가 언급하는 고난받는 종으로서 대속의 사역을 감당함을 암시한다. 이렇게 고난받는 종의 사명을 가진 것으로 소개된 예수께서 기도하시는 모습은 예수께서 이사야 53장이 기록한 바와 같이 죄인을 위하여 중보하는 사명을 감당하시는 분임을 암시한다. 예수의 기도는 새 출

6.　이것은 오성호 교수와의 대화 속에서 얻은 아이디어이다.

애굽을 위해 (고난받지 않는 메시아의 길로의) 유혹을 이기고, (고난받는 메시아의 길을 통하여) 백성의 죄를 대속하는 새 출애굽을 위한 기도였다고 볼 수 있다.

그런데, 예수의 기도가 치유 사역에 이어 놓이면서 광야를 배경으로 하는 것(막 1:34-35)은 어떻게 설명할 것인가? 이것도 이사야서를 배경으로 보면 설명이 된다. 이사야 35장에 의하면 새 출애굽 때 발생하는 것이 치유이다. "그때에 맹인의 눈이 밝을 것이며 못 듣는 사람의 귀가 열릴 것이며 그때에 저는 자는 사슴같이 뛸 것이며 말 못하는 자의 혀는 노래하리니 이는 광야에서 물이 솟겠고 사막에서 시내가 흐를 것임이라"(사 35:5-6). 여기서 치유는 광야의 변화와 연관되고 있다. "뜨거운 사막이 변하여 못이 될 것이며 메마른 땅이 변하여 원천이 될 것이며"(사 35:7). 이러한 변화의 이미지는 이사야 35:10에서 새 출애굽과 관련된다. "여호와의 속량함을 받은 자들이 돌아오되 노래하며 시온에 이르러"(사 35:10). 예수의 치유 사역은 이사야 35:5-6을 성취하는 사역으로서 또한 이사야 35:10의 성취라면 그것은 사탄의 포로들을 해방하는 새 출애굽 사역의 일환이다. 그러므로 이사야 35장을 배경으로 하여 볼 때 마가가 예수의 치유에 이어 예수의 기도를 소개할 때 굳이 광야와 연관시켜 소개한 것은 예수의 사역을 출애굽 주제와 연관시키기 위함이었다고 추측할 수 있다.

마가복음 1:34-35은 예수께서 '많은' 병자를 치유하셨다고 한다. 많은(πολλοὺς) 병자를 고쳤다는 것은 모든(πάντας, 32절) 병자를 데려온 중에서 고치지 못한 자들이 있다는 뜻은 아니다. 마가는 '뽈뤼스'(πολύς 많은)를 배타적으로 사용하지 않기 때문이다(France, 110). 즉 '뽈뤼스'는 예외가 있다는 뜻으로 사용하지 않는다. 많은 것은 전부일 수도 있고 아닐

수도 있다.[7]

그런데 마가복음 1:34-35에서 예수의 치유 사역과 함께 기도가 긴밀하게 연결되어 병치된 것은 이사야 53장을 통하여서도 이해될 수 있다. 12절은 '많은' 죄인을 위한 중재(기도)를 언급하며, 5절은 치유를 언급한다. 5절에서 고난받는 종은 사람들을 치유하기 위해 채찍에 맞는다. "그가 찔림은 우리의 허물 때문이요, 그가 상함은 우리의 죄악 때문이라. 그가 징계를 받으므로 우리는 평화를 누리고 그가 채찍에 맞으므로 우리는 나음을 받았도다." 따라서 치유와 기도의 병치는 이사야 53장에 나오는 고난받는 종의 사명을 가진 예수의 정체성을 암시한다.

마가복음 1:34-35에 담긴 (죄 사함을 위한) 기도와 치유의 병치는 죄 사함과 치유를 병치한 이사야 33:24에서도 이미 발견된다(Watts, 174 참고). "그 거주민은 내가 병들었노라 하지 아니할 것이라 거기에 사는 백성이 사죄함을 받으리라." 이러한 배경을 통해서 볼 때 예수의 치유 사역은 죄 사함의 시대의 도래를 눈으로 보게 해 주는 표증이라 할 수 있다. 따라서 예수의 치유와 기도가 병치되어 나타나는 현상은 이 둘이 모두 이사야서에서 죄 사함과 관련되는 공통점을 통해 설명될 수 있다.

예수의 치유가 이사야서에서처럼 죄 사함과 연관성을 가진다는 것은 예수의 치유가 율법의 저주로부터의 해방의 차원을 가짐에서도 드러난다. 예를 들어, 마가복음 1:29-31이 소개하는 열병 치유는 단순한 질병 치유가 아니라 악행의 결과로 받은 율법의 저주로부터의 해방이라는 의미도 가진다. 왜냐하면 이 구절에서 열병을 가리키는 헬라어 단

---

7. 한편, 마가복음에서 '모든'(πᾶς)은 반드시 전체를 의미하기보다 때로 "많음"을 의미하기 위해 사용되기도 한다. 그러므로 막 1:34의 '많은'(πολλοὺς)은 32절의 '모든'(πάντας)과 대조하여 쓰인 단어가 아니다(France, 110).

어(πυρετός)는 구약 성경에서는 오직 신명기 28:22에만 등장하는데, 여기
서 '열병'(πυρετός)은 악을 행한 자에 대한 저주의 일종이기 때문이다(신
28:20). 레위기 26:16에는 신명기 28:22에서 '열병'(πυρετός)으로 번역된
'카다하트'(קדחת)라는 히브리어 단어가 등장하는데, 역시 하나님의 계
명을 실천하지 않을 때 내리는 벌에 해당한다. 유대인들의 문헌들도 질
병을 죄에 대한 벌로 간주한다. 모세의 묵시 8:2은 아담이 하나님의 언
약을 저버렸기 때문에 하나님께서 아담에게 70가지 질병을 내리셨다고
말한다. 시락서 38:15("자신을 만드신 분에게 죄를 짓는 자는 의사의 손에 떨어지기
바란다." 사역)도 죄에 대한 벌로서 병을 기대한다. 그러므로 예수의 질병
치유는 죄 사함의 의미를 함축한다. 특히 열병 치유는 죄인이 율법의 저
주로부터 해방되는 시대가 임하고 있음을 보여 주는 표증의 일환으로
기능할 수 있었다.

마가복음 1:29-35에서 예수의 기도가 치유와 긴밀하게 연결된 것을
이사야서를 배경으로 새 출애굽 사역의 성격으로 설명하는 해석은 예
수의 치유 자체가 출애굽의 모습을 가진다는 점을 통하여 지지된다. 마
가복음 1:31이 굳이 언급하는 손을 잡아 일으키는 치유의 방식은 출애
굽을 연상시킨다. 유대인들의 관습에 따르면 가족이 아닌 여인의 손을
잡는 것은 문제가 되므로 안식일에 그렇게 한 것은 더더구나 문제가 되
었을 것이다(Witherington, 98). 물론 이것이 율법 자체를 어기는 것은 아
니다. 그렇지만, 예수께서 시몬의 장모를 치유하실 때 하필이면 '손'을
잡아 일으키시며 유대인 관습을 무시하신 것은 특별한 의미를 가질 수
있다. 이것은 출애굽을 연상시킨다. 신명기 26:8이 하나님의 손을 출애
굽과 연관시키기 때문이다("여호와께서 강한 손과 편 팔과 큰 위엄과 이적과 기사
로 우리를 애굽에서 인도하여 내시고"). 이 구약 구절을 배경으로 보면 예수의

손이 일으키는 치유는 하나님의 손이 행하신 출애굽에 해당하는 사역을 행하신 것으로 묘사된 것이다.

예수의 치유가 시작된 날이 안식일인 것도 출애굽과 관련된다. 예수께서 시몬의 장모를 치유하신 날은 안식일에 회당에서 사역하신 날이다(막 1:21 참고). 왜 예수께서는 안식일에 치유하셨을까? 아마도 이집트(애굽)에서 쉼 없이 노동에 시달리던 히브리인들에게 그들의 종들을 쉬도록 하신 안식일(신 5:14-15)이야말로 질병으로부터 해방되는 새 출애굽 표증을 행하기에 적합한 날이기 때문이었을 것이다.[8]

유대 문헌들도 치유와 새 출애굽을 연관시킬 수 있게 한다. 희년서 23:29-30, 스불론의 유언 9:8, 바룩2서 73:2 등에서는 치유가 (새 출애굽에 해당하는) 종말의 구원과 연관된다(Watts, 171). 에스라4서 7:123; 8:53도 종말에 열릴 파라다이스의 상태의 특징 중에 치유를 언급한다. 쿰란 문헌(1QS 4:6)은 이 세상에서 바르게 행한 자들에 대한 종말의 보상 중의 하나로 치유를 언급하며,[9] 에녹1서 96:3은 고통당하는 의로운 자들이 치유하는 약을 얻게 될 것이라 한다.[10] 미드라쉬(*Genesis Rabbah* 20.5)는 "메시아 시대에 뱀과 기브온 족속을 제외하고 모두가 치유될 것이다."라고 랍비 레위가 말했음을 소개하며 치유를 종말과 연결한다.[11] 이러한 배경

---

8. 위더링턴(B. Witherington)은 시몬의 장모가 치유받은 후 안식일임에도 불구하고 식사 시중을 든 것이 유대인의 안식일 관습을 어긴 것이라고 한다(Witherington, 98). 그러나 이 식사 시중이 요리를 하는 과정을 포함하지 않고 그저 전날에 이미 준비된 요리로 대접하는 것일 수 있으므로 안식일 전통을 어긴 것이라 볼 필연성은 없다.

9. Martínez & Tigchelaar, ed. & trans., vol.1, 77.

10. *OTP*, vol.1, 76.

11. "R. Levi said: In the Messianic age all will be healed save the serpent and the Gibeonite"(Freedman, trans., 1983: 163).

을 통해서 볼 때 예수의 치유는 새 출애굽 내지는 종말의 구원의 모습
을 미리 보여 주는 예표적인 측면을 가진다고 할 수 있다. 종말에 치유
가 발생하리라는 이러한 기대는 예수의 치유가 종말의 평화를 상징하
는 안식일에 발생함을 설명하는 적절한 배경이 되기도 한다
(Witherington, 100 참고).

한편, 예수의 광야 기도와 치유의 연관성은 광야와 왕을 연관시키는
이사야 32:15-16을 통해서도 설명된다. 예수의 광야 기도는 단지 종으
로서의 사명만이 아니라 동시에 왕적 정체성을 암시하기도 한다. 이사
야 32:15-16은 "마침내 위에서부터 영을 우리에게 부어 주시리니 광야
가 아름다운 밭이 되며 아름다운 밭을 숲으로 여기게 되리라."라고 하
며 "그때에 정의가 광야에 거하며"라고 한다. 이러한 결과는 32:1의 "보
라 장차 한 왕이 공의로 통치할 것이요."와 관련된다. 따라서 광야를 배
경으로 하는 예수의 기도는 예수께서 이 이사야 구절이 예언하는 공의
로 통치하는 왕이심을 암시한다고 볼 수 있다. 이렇게 예수의 왕적 정체
성(따라서 메시아 정체성)을 암시하는 광야 기도가 치유와 연관되는 것은
치유도 메시아 정체성을 암시하기 때문일 것이다. 쿰란 문헌(4Q521 frag.2,
2:12)은 메시아가 심하게 다친 사람들을 치유할 것이라고 하며,[12] 치유를
메시아의 사역으로 소개한다.[13] 이를 배경으로 보면 치유는 예수께서 종
말의 구원을 가져올 메시아이심을 보여 주는 표증이다. 이처럼 치유와
기도가 모두 예수의 정체성을 암시하므로 마가복음 1:29-35에서 예수
의 치유와 기도가 긴밀하게 병치된 것은 자연스러운 것이다.

마가가 예수의 광야 기도와 병치시킨 예수의 치유가 하필 열병 치

---

12.   Martínez & Tigchelaar, ed. & trans., vol.2, 1045 참고.
13.   Watts, 171.

유인 것도 예수의 메시아 정체성을 알려 준다. 예수가 안식일에 열병을 치유한 것에 대한 아무런 비판이 없는 것은 현장에 적대자들이 없었기 때문이기도 하지만, 이 경우에는 그 자체로 유대인들의 관습에 어긋난 것도 없었기 때문일 것이다. 미쉬나(*m. Shabbath* 14:3)는 치유를 위한 약을 섭취하는 것이 안식일에 불법임을 언급하고 있다. 그러나 목숨이 위태로운 경우에는 안식일에 치유하는 것이 유대인들의 전통의 관점에서도 허용되는 일이었을 것이다(France, 149). 이러한 전통은 미쉬나에 반영되어 있다. "누구든지 목숨이 위태로우면 안식일을 어길 수 있다"(*m. Yoma* 8:6). 아마도 시몬의 장모는 목숨이 위태로운 지경에 있었을 것이다(N. L. Collins, 173). 왜냐하면 열병은 치사율이 높은 질병을 가리킨다는 증거가 있기 때문이다. 요한복음 4:49-52은 열병으로 인해 죽어 가는 아이를 언급한다. 이것은 열병이 마치 죽음의 원인이 되는 치명적인 병이었음을 알려 준다. 희년서 42:11도 열병이 생명을 앗아 갈 수 있음을 암시한다. "만일 그가 아마도 길에서 열병이 나게 되면 너는 나의 노년을 슬픔으로 죽음에 내려가게 할 것이다."[14] 이 열병은 아마도 중동호흡기증후군(MERS)와 같이 발열을 동반하는 질병(따라서 열병)으로서 치사율이 높은 병이었던 듯하다. 열병은 바벨론 탈무드(*b. Nedarim* 41a)에서 하나님이 아니면 치유하실 수 없는 것으로 간주했다. 이 탈무드 구절은 열병을 사람이 끌 수 없는 하늘의 불이라고 표현하였다.[15] "병자의 그것이 하늘의 불[과 연관되어 있는데] 누가 그것을 끌 수 있겠는가?"[16] 바벨론 탈무드가

---

14. "If perhaps he became feverish on the way then you would send down my old age to death in grief"(*OTP*, vol.2, 132).
15. Str-B, vol.1, 479; Eckey, 82.
16. "… whilst that of a sick person is [in connection with] a heavenly fire, and who can extinguish that?"(H. Freedman, trans., *Hebrew-English Edition of the*

예수 시대나 마가의 시대를 그대로 반영할 수는 없겠지만, 이것은 열병 치유가 유대인들에게 얼마나 어렵게 여겨졌는가를 보여 준다. 그렇다면 예수의 열병 치유는 놀라운 능력의 발현으로서 예수의 신적 정체를 암시한다. 따라서 이러한 특별한 치유가 이사야 32:1, 15-16을 통하여 왕적 정체성을 암시할 수 있는 광야 기도와 병치된 마가복음 1:29-35의 맥락은 예수를 메시아로 소개하고자 하는 마가의 의도(막 1:1 참조)와 관련되는 듯하다.

3. 마가복음 문맥에 비추어 본 예수의 기도

이사야서를 배경으로 하여 마가복음 1:35의 예수의 기도를 고난받는 종의 사명과 연관시키는 것은 마가복음 문맥 자체의 지원도 받는다. 14:32-36은 예수의 기도의 내용을 알려 준다. 그것은 (고난의) 잔을 지나가게 해 달라는 요청을 담았다. 따라서 1:35의 기도의 내용도 유사하였으리라고 추측하게 된다. 고난을 피하게 해 달라고 요청한 예수의 기도의 배경으로 이사야 38:2에 나오는 히스기야의 기도를 언급할 수도 있다. 히스기야는 죽기로 되어 있었으나 기도를 통하여 살게 되고(사 38:5), 예루살렘 성을 보호하리라는 하나님의 약속을 받았다(사 38:6). 이것은 예수께서 죽음으로 가는 길을 돌이키고자 겟세마네 동산에서 행하신 기도(막 14:36)의 배경이 될 수 있다. 그렇다면 마가복음 1:35에 소개된 예수의 기도는 마가복음 14:36의 "이 잔이 지나가게 하소서."라는 간구처럼 자신이 죽임을 당하지 않고 하나님의 백성도 멸망당하지 않는 길을 열어 달라는 것이었을 수 있다. 이러한 추측은 예수께서 새벽에 한적

Babylonian Talmud. Nedarim [London: Soncino, 1985]).

한 곳에서 기도하신 때가 예수의 고난을 암시하는 "내가 너를 기뻐하노라."라는 음성을[17] 요한에게 세례를 받으실 때 이미 들은 시점이라는 점을 통하여 지지받는다.

　　그러나 마가복음 14:36에서 예수의 기도는 고난을 피하기를 구하는 것으로 마치지 않는다. "이 잔을 내게서 옮기시옵소서. 그러나 나의 원대로 마시옵고 아버지의 원대로 하옵소서." 여기에서 예수의 기도의 내용은 궁극적으로 하나님의 뜻대로 이루어지게 해 달라는 순종의 간구였다. 여기서 우리는 예수께서 고난을 피하고 싶은 유혹을 받으며 기도하셨음을 알 수 있다. 따라서 예수께서 오병이어 표적을 행하신 후에 (6:46) 기도하신 것도 이러한 유혹과 싸우기 위함이었을 것이다. 예수께서는 병자 치유나 오병이어 표적으로 군중의 열렬한 반응을 획득하게 되었을 것이다. 이러한 대중의 반응은 예수께 고난받는 메시아의 길을 포기하고 고난과 죽음 없이 승리하는 메시아의 길로의 유혹을 제공하였을 것이다. 그러므로 마가복음 1:35의 기도도 많은 병자들을 치유하신 후에 고난받지 않는 메시아의 길로의 유혹을 이기고자 하신 기도로 볼 수 있다.

　　시편 88:13(히브리어 성경 88:14, 70인역 87:14)은 새벽에 드리는 기도를 언급하는데, 이것은 무덤으로 내려가는 것과 같은 고난의 상황(4절), 죽은 자들 가운데 버림받은 상황(5절)과 관련된다. 이 본문과의 연관성도 예수의 새벽 기도를 고난과 죽음을 염두에 둔 기도로 볼 수 있게 한다. 예수의 고난과 죽음은 어떤 의미가 있는가? 마가복음에 의하면 예수의 십자가 고난은 새 출애굽을 가져오는 하나님 나라를 임하게 하였다. 이것

17.　막 1:11의 "내가 너를 기뻐하노라."의 의미를 사 42:1과 비교하여 파악한 연구로는 신현우, 2011c: 24-25 또는 이 책의 제4장 참조.

은 예수께서 포도주를 하나님 나라에서 마실 때까지 마시지 않겠다고
하신 말씀(14:25)과 십자가상에서 포도주 초를 마신 행동(15:36)을 통해서
추론할 수 있다.

기도의 시간적 배경이 안식일이 지난 다음 날 '새벽'(πρωΐ)인 것도(막
1:35) 마가복음의 문맥 속에서 특별한 의미를 가진다. 마가복음 16:2은
예수께서 부활하신 '새벽'(πρωΐ)을 언급하기 때문이다. 그러므로 예수께
서 기도하신 새벽은 부활하신 새벽의 모형이며, 예수를 찾아가 만나는
제자들의 모습은 부활하신 예수를 찾아가 만나게 될 제자들의 모습의
복선이다.[18] 이런 구조 속에서 예수의 기도는 예수의 부활이 이루게 될
새 출애굽과 연관될 수 있다. 따라서 예수의 기도 시간이 새벽이었음은
예수의 기도가 사망을 이기고 새 출애굽을 가져온 부활처럼 사망의 세
력(사탄)과 싸워 이기는 메시아의 전투였음을 암시한다.

4. 이사야서에 비추어 본 축귀를 동반한 예수의 설교 사역

마가복음 1:38에서 예수는 자신이 선포 사역을 위하여 왔다고 하시며
주변 마을들로 가자고 하신다. '마을'로 번역된 단어 '꼬모뽈리
스'(κωμόπολις)는 '뽈리스'(πόλις 도시)보다 작고 '꼬메'(κώμη 마을)보다 큰 규
모의 주거지(성읍)를 가리키는 듯하다. 아마도 '꼬모뽈리스'는 도시 규모
이지만 마을의 구조를 가진 농촌을 가리킨다고 볼 수 있다(Lane, 83). 갈
릴리에는 마을이 많았는데 비옥한 토양으로 인해 마을마다 사람이 많
아서 작은 마을에도 주민이 1만 5천 명은 되었다(요세푸스, J.W. 13.3.2).[19] 마

---

18. 이러한 아이디어의 씨앗은 Henry, 27에 이미 잠재되어 있다.
19. Lane, 83.

가복음에서 '뽈리스'는 가버나움(1:33), 예루살렘(11:19), 거라사(5:14) 등을 가리키기 위해 쓰였고, 벳새다(8:23)와 벳바게(11:2)는 '꼬메'이다(France, 112).

예수께서 선포를 위하여 오셨다고 하셨으므로, 선포는 예수의 가장 중요한 사역이었다고 볼 수 있다. 선포 사역은 무엇이기에 이렇게 중요시되었는가? 이것도 이사야서를 배경으로 이해할 수 있다. 이사야 40:9은 "아름다운 소식을 전하는 자"를 소개하는데, 그가 전파하는 내용은 "주 여호와께서 장차 강한 자로 임하실 것이요 친히 그의 팔로 다스리실 것이라."(40:10)이다. 이것은 마가복음 1:15이 소개하는 예수의 선포 내용("하나님의 통치가 가까이 와 있다.")과 일치하므로 이사야서를 배경으로 하면 예수의 역할은 아름다운 소식을 전하는 자에 해당한다고 볼 수 있다. 이사야 41:27은 "내가 기쁜 소식을 전할 자를 예루살렘에 주리라."라고 하는데, 이를 배경으로 보면 선포 사역을 자신의 사명이라 선언하신 예수는 이 말씀을 성취하는 자로서의 정체성을 가진다. 아름다운 소식을 전하는 자는 이사야 61:1에 다시 등장한다. "주 여호와의 영이 내게 내리셨으니 이는 여호와께서 내게 기름을 부으사 가난한 자에게 아름다운 소식을 전하게 하려 하심이라." 이 말씀을 배경으로 하면 예수께서 자신이 온 목적을 '선포'라고 제시하신 것은 예수께서 세례받으실 때 이루어진 성령 강림(막 1:10)과 관계있음을 파악할 수 있다. 예수께서는 이사야 61:1대로 성령 강림 사건을 해석하여 이것이 복음 전파 사역을 위한 것이라고 보셨을 것이다. 이 이사야 구절에 따라서 본다면 성령 강림을 통하여 하나님이 예수께 부여하신 사명은 복음 전파이다.

마가복음 1:39은 예수의 선포 사역에 축귀가 동반됨을 묘사한다. 축귀는 분명히 마가가 강조한 것임에도 불구하고 독자들은 이것을 무시하며 읽기 쉽다. 워싱턴 사본(Codex Washingtonianus)은 실제로 여기서 '귀신을 쫓아내며'(καὶ τὰ δαιμόνια ἐκβάλλων)를 빠뜨린다. 필사자들은 마가복음 1:32에서도 '귀신 들린 자들'(καὶ τοὺς δαιμονιζομένους)을 본문에서 빼 버리기도 했다.[20] 이러한 경향은 주해하는 사람들에게도 나타나서 예수의 선포 사역에 축귀 사역이 동반된 것을 간과하게 한다. 그러나 마가복음의 강조점을 살리려면 예수의 선포에 왜 축귀가 동반되어야 했는지 설명해야 한다.

마태복음의 평행구절(마 4:23)은 선포에 동반된 것으로 축귀 대신 치유 사역을 소개하고, 누가복음의 평행구절에는 선포만 소개한다. 이러한 공관복음서 비교를 통해서도 말씀 사역에 동반된 사역으로 축귀를 소개하는 것은 마가복음의 중요한 강조점이라 할 수 있다. 마가복음을 해석할 때에는 이 강조점을 놓치지 말아야 한다.

예수께서 축귀를 하시며 귀신들이 예수의 메시아적 정체에 관하여 말하는 것을 허락하지 않으셨다는 언급도(34절) 예수의 선포 사역을 강조한다. 마커스(J. Marcus)는 신적인 비밀을 미리 알리는 것은 종말론적 전투 현장에서 위험하며(참고. 고전 2:7-8, 1QS 9:17, 21-22), 이 비밀이 귀신들을 통해 알려지면 예수와 사탄이 서로 통한다는 인상을 줄 수 있기 때문에 금지되었다고 주장한다.[21] 그러나 귀신이 이러한 복음의 핵심에 해당하는 메시지를 전하는 것을 금한 이유는 예수께서 이사야 40:9이 언급하는 "아름다운 소식을 전하는 자"이며(막 1:38) 귀신은 이러한 사역에 참여하기에 적합한 주체가 아니기 때문일 수도 있다. 마가복음 1:34은 "왜냐하면 그들은 그를 알았기 때문이다."라고 이유를 제시하는 듯하

---

20. W (1241 ℵ*) r¹ vgᵐˢ syˢ (이 글에서 사본 정보는 NA28을 참고함)

21. Marcus, 2000: 201.

다. 그러나 이것을 이유를 설명하는 절로 보면 마치 동어반복처럼 되어 무의미하다(Fowler, 1996: 99 참고). 여기서 '가르'(γάρ)는 "왜냐하면"을 뜻하지 않고, 단지 저자가 제공하는 부가 정보를 도입하는 서사적 주석(narrative commentary)임을 나타내는 표지이며 이어지는 내용은 마가의 서사적 주석으로서 괄호 속에 들어가는 설명일 것이다(Fowler, 1996: 98).

회당을 중심으로 이루어진 예수의 선포 사역(막 1:39)은 유대인들이 회당에 모이는 안식일에 이루어졌을 것임에도 불구하고 축귀 사역이 병행될 수 있었던 이유는 치유와 달리 축귀는 안식일에 금지되지 않았을 것이기 때문이다(양용의, 2010: 56). 축귀는 미쉬나(*m. Shabbath* 7:2)가 제시하는 안식일에 금지되는 39가지 일의 종류 목록이나 희년서 50:12-13이 나열하는 일의 목록(여행, 밭 갈기, 불 피우기, 살생, 금식, 전쟁 등)에 등장하지 않는다(양용의, 2010: 56 참고).

예수의 회당 선포 사역(즉 설교)에 축귀가 동반되는 데에는 신학적 이유도 있었을 것이다. 그것은 이사야 61:1을 통하여 이해될 수 있다. 이 구절은 성령 강림의 목적이 말씀 사역과 함께 "나를 보내사 마음이 상한 자를 고치며 포로된 자에게 자유를 갇힌 자에게 놓임을 선포"하는 것이라고 한다. 따라서 성령 강림을 받은 예수의 말씀 사역에 축귀 사역(사탄의 포로 상태로부터의 해방)이 동반되는 것은 이 이사야 구절을 성취한다. 말씀 사역에 동반되는 축귀는 이 구절을 배경으로 볼 때 사탄의 올무로부터 포로들을 해방시키는 것으로 이해된다.

설교 사역에 축귀가 병행되는 것은 이사야 40:9-10을 통해서도 이해된다. 이사야 40:9은 '아름다운 소식을 전하는 자'를 언급하는데 그는 여호와께서 강하게 임하시어 다스릴 것이라고 외친다(사 40:10). 여기서 언급되는 메시지는 예수께서 선포하신 하나님의 통치의 임박함과 기본적으로 같다(막 1:15). 그런데 이 이사야 구절은 하나님께서 강하게 (בחזק) 임하실 것이라며 하나님을 전사(warrior)로 그리는데(Watts, 168), 이 것은 사탄과 전투하여 귀신을 제압하는 축귀의 모습과 통한다. 그러므 로 예수의 축귀 사역은 예수께서 선포하신 하나님 나라의 임박함을 입 증하는 표증으로서의 역할을 한다. 따라서 축귀 사역은 예수의 선포 사 역과 뗄 수 없는 사역일 수밖에 없었을 것이다.

하나님의 나라를 선포하는 사역은 예수의 핵심 사역이었다(1:38). 이 러한 선포는 회개와 믿음을 요구하며(1:15) 사람들을 마귀로부터 해방시 키는 새 출애굽을 염두에 두었을 것이다. 그러나 사람들은 이러한 새 출 애굽보다는 질병 치유에 더 관심이 많은 듯한 반응을 보인다(막 1:32). 예 수께서는 사람들의 요청에 따라 치유를 행하시지만, 이를 숨기고자 하 신다(1:44). 그러나 소문이 나서 숨기지 못하자 예수께서는 한적한 곳들 (ἐρήμοις τόποις, 광야 같은 장소들)로 피하신다(1:45). 한적한 곳(일종의 광야)으로 예수께서 피하신 이유는 광야가 가지는 의미(새 출애굽) 때문일 것이다. 광야에 계신 예수께로 사람들이 온 것은 이집트를 탈출(출애굽)한 히브 리인들이 모세와 함께 광야에 거한 모습을 연상시킨다. 이러한 모습은 이제 예수를 통하여 새 출애굽이 발생함을 암시한다.

III. 해설과 적용

1. 해설

마가복음 1:35은 예수께서 한적한 곳(광야)에서 새벽에 기도하셨다고 한다. 예수의 기도는 여호와의 종이 하나님과 죄인 사이에서 중재(따라서 기도)함을 언급하는 이사야 53:12과 관련된다. 왜냐하면 예수께서는 마가복음 1:11에서 "내가 너를 기뻐하노라."라는 음성을 통하여 이사야 42:1에서 소개되는 여호와의 종의 사명을 받은 분으로 소개되었기 때문이다. 그렇다면 예수의 기도는 이사야 53:12 본문대로 "많은 사람의 죄를 담당"하시는 분으로서 죄인들을 위해 중재하신 기도에 해당한다. 마가복음 1:34-35에 나오는 (이사야 53:12을 배경으로 죄인을 위한 중재로 볼 수 있는) 기도와 치유 사역의 긴밀한 병치가 이사야 33:24에 담긴 죄 사함과 치유의 연관성을 반영하는 것도 마가복음 1:35이 소개하는 예수의 기도를 이사야서와 연관시키게 한다.

예수께서 광야에서 기도하심의 의미는 그 장소가 광야였다는 것을 통하여서도 파악될 수 있다. 이사야 43:20은 광야와 새 일을 연관시키는데, 새 일은 이사야 43:16이 언급하는 새 출애굽이다. 그러므로 이 구절들을 배경으로 하여 보면 예수의 광야 기도는 새 출애굽을 위한 기도에 해당한다. 기도를 언급하는 이사야 53:12의 내용과 연관시켜서 본다면 이 새 출애굽은 예수께서 많은 사람의 죄를 대신 담당하심을 통하여 온다고 할 수 있다.

이사야 35:1, 4은 광야를 하나님의 구원과 관련시키며, 이 구원은 이사야 43:6에서 새 출애굽의 모습으로 그려지며, 이사야 32:1, 15-16은 광야에 임하는 구원을 왕적 존재와 연관시킨다. 이러한 본문을 배경으로 볼 때, 예수의 광야 기도의 모습은 예수께서 새 출애굽을 가져오는 왕적 존재이심을 암시한다. 예수의 광야 기도가 치유 사역에 이어 등장하는 것도 치유와 광야의 변화를 언급하는 이사야 35:5-7을 연상시키며 예수의 메시아적 정체성을 암시한다. 이러한 치유는 이사야 35:10에서 새 출애굽과 연관된다. 따라서 마가복음 1:34-35은 예수의 광야 기도와 치유의 긴밀한 병치를 통하여 예수께서 이사야 35:10이 예언하는 새 출애굽을 성취하시는 분임을 알려 준다.

마가복음 1:38은 말씀 사역을 예수의 핵심적 사역으로 소개한다. 이 사역은 이사야 40:9이 언급하는 "아름다운 소식을 전하는" 사역으로 이해할 수 있다. 이 아름다운 소식은 이어지는 10절에서 "여호와께서 장차 강한 자로 임하실 것이요 친히 그의 팔로 다스리실 것이라."라고 소개된다. 이러한 아름다운 소식이 예수께서 선포하신 바임은 마가복음 1:15을 통하여 알 수 있다. 이사야 61:1에 의하면 아름다운 소식을 전하는 자는 성령 강림을 받고 기름 부음을 받는다. 이 이사야 구절을 따라 예수는 성령 강림을 받은 분으로서(막 1:10) 아름다운 소식을 전하는 사역을 감당하신다.

예수의 설교 사역에 축귀가 동반되는 것은 이사야 61:1이 선포 사역과 포로 해방 사역을 연관시킨 것과 관계된다. 예수의 축귀 사역은 "포로된 자에게 자유를 갇힌 자에게 놓임을 선포"하는 사역으로서 이사야서에서처럼 아름다운 소식 선포에 동반된다. 마가복음은 예수의 사역을 이렇게 이사야서를 배경으로 소개함으로써 이사야서가 기대하는 새 출애굽을 가져오는 메시아적 존재로서 예수를 소개한다.

2. 적용[22]

치유는 예수를 통해서 오는 구원의 시대의 표적일 뿐 아니라, 새 시대에

---

22. 이 부분은 웨스트민스터신학대학원대학교 새벽 사경회(2010. 9. 9.) 및 낮 채플(동년 9. 14.) 설교 때 적용한 내용을 신현우, 2018c: 64-66, 70-72에 실은 것을 토대로 한 것이다.

누리는 구원의 일부이다. 예수의 고난은 우리의 영혼을 구원하실 뿐 아니라, 우리의 육체도 치유하신다. 이사야 53:5은 말씀한다.

> 그가 찔림은 우리의 허물 때문이요. 그가 상함은 우리의 죄악 때문이라. 그가 징계를 받으므로 우리는 평화를 누리고 그가 채찍에 맞으므로 우리는 나음을 받았도다.

말씀을 전하는 사역을 하다 보면 자연스럽게 치유 사역을 하게 된다. 예수의 복음이 전파되는 곳에서 치유가 발생한다. 병자들은 병원에서 치유받기도 하지만 모든 병자들이 치유받는 것은 아니다. 어떤 병자들은 복음을 들을 때 치유된다. 질병 치유는 예수의 복음이 전해질 때 자연스럽게 따르는 현상이다.

치유는 예수를 통해서만 이루어진 것이 아니라 제자들을 통해서도 발생했다. 베드로는 걷지 못하는 병자에게 "나사렛 예수 그리스도의 이름으로 일어나 걸으라."라고 말했고, 그 말은 이루어졌다(행 3:6). 사도행전은 사도들로 인해 발생한 치유 기사로 가득하다.

치유는 사도들에게만이 아니라 지금 우리에게도 발생하는 것이다. 야고보서 5:14-15은 병든 자가 있으면 기도하라고 권하며 기도하면 치유받을 것이라고 한다.

> 너희 중에 병든 자가 있느냐? 그는 교회의 장로들을 청할 것이요. 그들은 주의 이름으로 기름을 바르며 그를 위하여 기도할지니라. 믿음의 기도는 병든 자를 구원하리니 주께서 그를 일으키시리라. 혹시 죄를 범하였을지라도 사하심을 받으리라.

우리는 병든 자를 위해 기도해야 한다. 이것이 하나님의 뜻이다. 믿음의 기도는 치유를 가져온다. 믿는 자가 병든 사람에게 손을 얹으면 낫는다. 이것은 초기 교회 성도들이 삶 속에서 체험한 내용이기도 하다.

병자를 보면 손을 얹고 기도하자. 예루살렘 교회 성도들도 치유를 위해 기도했다. "손을 내밀어 병을 낫게 하옵시고 표적과 기사가 거룩한 종 예수의 이름으로 이루어지게 하옵소서"(행 4:30). 예수의 이름으로 치유를 위해 기도하자. 그가 나을 것이다. 그리하여 주께서 복음을 확증하시고 구원의 은혜를 맛보게 하시며, 복음이 전해지게 하실 것이다. 낫지 않게 하실지라도 우리는 말씀에 따라 기도해야 한다. 낫지 않는다 할지라도 주의 사랑이 전해질 것이다.

예수께서는 한적한 곳(즉 광야)에서 새벽에 기도하셨다. 하나님의 아들 예수께 기도가 이처럼 중요하였다면, 우리에게는 더더구나 중요하다. 예수께 광야의 기도가 필요하였다면, 우리에게는 광야의 기도가 더더구나 필요하다. 광야의 기도는 새 출애굽을 위한 준비이다.

우리에게 기도는 죄의 노예 된 영혼들을 구하는 새 출애굽 사역을 위해 필수적인 것이다. 기도야말로 광야에서 하나님의 길을 준비하는 사역이다. 우리가 기도할 때 하나님의 길은 준비되고, 하나님께서 일하시러 오신다. 우리는 예수를 따라 광야로 나아가 기도하며 하나님의 대로를 준비해야 한다.

우리에게는 물론 함께 모여 기도하는 시간도 필요하다. 그러나 광야의 기도가 꼭 필요하다. 마태복음 6:6에서 예수께서는 말씀하신다. "너는 기도할 때에 네 골방에 들어가 문을 닫고 은밀한 중에 계신 네 아버지께 기도하라. 은밀한 중에 보시는 네 아버지께서 갚으시리라."

우리는 종종 주의 길을 준비하기보다 우리가 행하려고 한다. 주의 길을 준비하기보다 우리의 길을 걸어가기 바쁘다. 전능하신 주님께서 오시는 길을 준비하기보다는 우리의 능력을 의지하고 우리의 길을 걸어갈 때가 많다. 행동의 위대함을 믿지만, 기도의 소중함을 외면하기도 한다. 그러나 기도처럼 위대한 행동은 없다. 기도는 소총을 쏘는 행동 대신 하나님의 원자 폭탄을 준비하는 것이다.

기도할 때 하나님께서 하늘에서 땅으로 내려오시는 대로가 준비된다. 기도할 때 하나님의 다스리심이 이 땅에 임한다. 우리를 공격하는 사탄이 괴멸되고, 사탄에게 포로된 자들이 돌아오게 된다.

죄와 사망으로부터 우리를 구원하신 새 출애굽은 예수의 십자가 고난을 통하여 이루어졌다. 예수의 기도는 십자가 고난을 받아들이기 위한 준비였다. 히브리서 5:7은 십자가를 향하여 가시는 예수의 기도의 모습을 우리에게 알려 준다. "그는 육체에 계실 때에 자기를 죽음에서 능히 구원하실 이에게 심한 통곡과 눈물로 간구와 소원을 올렸고 그의 경건하심으로 말미암아 들으심을 얻었느니라." 예수께서는 심한 통곡과 눈물로 기도하셨다. 그 기도의 내용은 십자가와 관련된 것이었다.

예수를 따르는 사람들의 길은 예수의 길과 동일하다. 이 길은 십자가에 못 박히러 가는 길이다. 우리는 이 길을 가야만 한다. 때로 심한 통곡과 눈물로 기도하며 이 길을 가야 한다. 신사참배를 거부하다 옥사하신 주기철 목사는 기도하며 이 길을 가신 분이다. 목사님이 쓰신 글을 보면 그분이 어떻게 이 길을 따라갔는지 알 수 있다.

눈물 없이 못 가는 길 피 없이 못 가는 길
영문 밖의 좁은 길이 골고다의 길이라네.

영생의 복 얻으려면 이 길만을 걸어야 해.

배고파도 올라가고 죽더라도 올라가세.

십자가의 길에는 눈물과 피가 있다. 배고픔과 죽음이 있다. 그러나 이 길은 생명으로 인도하는 좁은 길이다. 우리에게 광야의 기도는 예수 그리스도와 함께 십자가에 못 박히는 결단의 시간이다. 내가 사는 것이 아니요 오직 예수께서 사시는 자기 부정의 시간이다.

우리는 혼자 외롭게 광야로 나아가야 한다. 이 광야에는 길이 없다. 그러나 참된 길은 광야에서 준비된다. 참된 길은 아무 길이 없는 빈 들에서 기도를 통하여 준비되고 개척된다. 하나님의 주권이 유린되는 세상에서 바르게 복음을 따르는 길은 십자가에 못 박히는 것뿐이다. 우리가 할 수 있는 것은 십자가를 피하지 않기 위한 기도뿐이다.

제10장
마가복음 1:40-45
예수의 나병 치유와 새 출애굽*

I. 번역

40 한 나병환자가 그에게로 나아와 그에게 계속하여 간청하며 그 앞에 무릎을 꿇고 그에게 말하였다.

"만약 당신이 원하시면 저를 깨끗하게 하실 수 있습니다."

41 그러자 그분은 분노하시고[1] 손을 내밀어 그를 만지시며 그에게 말씀하셨다.

"내가 원한다. 깨끗함을 받아라!"

42 곧이어 문둥병이 그로부터 떠나가고 그는 깨끗하게 되었다. **43** 그러자 그분은 그에게 엄하게 경고하며 즉시 그를 쫓아내시면서 **44** 그에게 말씀하셨다.

---

* 제10장은 필자의 논문, 신현우, 2016a: 555-78을 토대로 좀 더 읽기 쉽도록 편집하여 작성한 것이다.

1. 더 어려운 읽기를 지지하는 서방 사본들을 따라 '분노하시고'로 번역함.

"아무에게 아무것도 말하지 말도록 조심하라.

그러나 돌아가 너 자신을 제사장에게 보여라.

그리고 네 정결과 관련하여 사람들에게 입증하기 위해 모세가 명

한 것들을 드려라."

45 그러나 그는 나가서 열심히 선포하고 소문을 퍼뜨리기 시작하였다.

그리하여 그분은 더 이상 드러내 놓고 도시 안으로 들어갈 수 없으셨

고, 바깥 한적한 곳에 계셨다. 그렇지만 사람들이 도처에서 그분에게로

자꾸만 나아왔다.

II. 주해

마가복음 1:40-45은 예수의 나병 치유 기사를 소개한다. 이 본문은 광

야를 배경으로 하여 마침으로써 이집트로부터 해방된 이스라엘이 생활

한 광야를 연상시킨다. 진영 밖으로 추방되어 사는 나병환자의 모습은

본토로부터 떠나 바벨론에 유배되어 살았던 유대 민족의 모습을 연상

시킨다. 그래서 본문이 소개하는 나병 치유는 유대인들이 바벨론 유배

생활에서 벗어나 고토로 돌아온 사건을 기억나게 한다. 치유되어 다시

사회로 복귀할 수 있게 된 나병환자의 모습은 '이집트 탈출'(출애굽)과

'바벨론 탈출'(제2의 출애굽)의 연장선 속에서 예수를 통해 발생하는 새 출

애굽의 한 측면을 보여 준다고 추측할 수 있다.

1. 예수의 광야 사역과 출애굽

마가복음 1:45은 예수께서 나병 치유 후에 계셨던 장소가 광야였음을 언급한다. 예수는 자신의 나병 치유에 관한 소문이 퍼지자 도시로 들어가지 않으시고 광야에 계신다. 이 광야에 사람들이 몰려온다. 마가복음 1:13은 광야를 시험과 결투의 장소로 제시하는데, 이제 광야는 예수의 사역 장소로 변한다. 오히려 도시가 시험과 전투의 장소가 된다(Danker, 493). 도시가 대결의 장소가 됨은 마가복음 2:1-3:6에서 이어지는 논쟁 이야기에서 드러나며, 특히 예루살렘에서 벌어진 논쟁 이야기를 담은 마가복음 11:27-12:27에서 더욱 분명해진다.

이집트를 탈출한 히브리인들이 40년간 광야에서 지냈기에 광야는 출애굽을 연상시키는 장소이다. 광야는 단지 과거의 출애굽을 기억하게 하는 장소일 뿐 아니라, 미래에 다시 발생할 출애굽을 기다리는 장소였다. 마카비1서 2:29과 쿰란 문헌(1QS 8:13-14)은 광야가 유대인들이 새 출애굽을 추구하는 장소였음을 알려 준다. 이처럼 광야가 새 출애굽과 연관된 것은 첫 출애굽이 광야와 연관되었고 이사야서가 새 출애굽을 광야와 연관시킴에 토대하였을 것이다.[2] 이러한 배경 속에서 마가복음 1:45은 광야를 예수와 관련시킴으로써 예수의 사역을 새 출애굽 사역으로 소개한다.

마가복음 1:45은 사람들이 광야에 계신 예수께 나아오는 모습을 '에르코마이'(ἔρχομαι 오다)의 미완료형(ἤρχοντο)을 사용하여 묘사한다. 미완료형에는 ① 진행, ② 반복, ③ 시도, ④ 시작 등을 나타내는 용법이 있다.[3] 그러므로 이 미완료형은 ① '사람들이 오고 있었다,' ② '사람들이

---

2.   자세한 내용은 신현우, 2015b: 375 또는 이 책의 제9장 참조.
3.   신현우, 2013c: 98.

계속 왔다,' ③ '사람들이 오려고 시도했다,' ④ '사람들이 계속 오기 시작했다' 등으로 번역할 수 있다. 이 중에서 문맥에 가장 적합한 것은 '모든 곳에서'(πάντοθεν)라는 단어와 가장 잘 어울리는 ② '사람들이 계속 왔다'이다(아래 참고).

　　①('사람들이 오고 있었다')은 문맥상 가능하다. ②('사람들이 계속 왔다')도 문맥상 가능하다. ③('사람들이 오려고 시도했다')은 실제로는 오지 못하였다는 뜻인데, 문맥 속에서 사람들이 예수께 나아오지 못했다는 암시는 전혀 없다. 그러므로 ③은 부적합하다. ④('사람들이 계속 오기 시작했다')는 사람들이 한동안 예수를 찾지 못하였을 것이고, 소문이 난 후에 하나둘 오더니 점점 많이 나아왔다고 볼 수 있으므로 광야라는 배경의 정황상 가능한 뜻이다. 이렇게 문맥상 가능한 의미들 가운데 '모든 곳에서'(πάντοθεν)라는 단어에 가장 잘 맞는 것은 ②이다. '모든 곳에서'에는 ①('오고 있었다')과 잘 어울리지 않는다. '오고 있다'는 진행의 의미는 일단의 무리가 오는 것을 묘사하는 것인데, '모든 곳에서'가 들어가면 여러 곳에서 여러 그룹의 무리가 계속 오는 것을 묘사하기 때문이다. ④ ('사람들이 계속 오기 시작했다')는 예수께서 광야에 계시기 시작한 문맥에는 부합하지만, '모든 곳에서'에는 부합하지 않는다. 왜냐하면 한 곳에서 나아오기 시작한 후에는 계속 나아오게 되는 것이므로 모든 곳에서 나아오기 시작했다고 말하는 것은 어색하기 때문이다.

　　도처에서 광야로 계속 몰려오는 사람들에 관한 묘사는 사람들로 가득한 광야의 모습을 연상시킨다. 그 가운데 예수께서 계신다. 이것은 모세와 함께 광야에 있었던 이스라엘 백성을 연상시킨다. 그리하여 예수와 함께 새 출애굽이 발생하는 모습을 그려 준다. 마가복음 1:3-4은 광야에서 하나님의 새 출애굽 길을 준비하는 세례자 요한의 사역을 소개하는데, 1:45은 예수께서 광야에서 그 새 출애굽 길을 행하고 계신 모습을 그린다. 1장은 광야의 세례자 요한으로 시작해서 광야의 예수로 종결되며 이러한 장소적 배경을 통하여 출애굽 주제가 1장의 중심적 내용임을 시사한다.

2. 예수의 손과 출애굽

본문의 구조는 예수께서 손을 대어 치유하신 것에 매우 특별한 강조점이 있음을 보여 준다. 본문을 주변 문맥 속에서 관찰하면 다음과 같은 구조가 발견된다. 이 구조 속에서 마가복음 1:40-45(예수의 나병 치유)은 1:29-34(예수의 열병 치유)과 평행되는데, 모두 예수께서 손을 대어 치유하시는 특징을 보인다.

A (1:16-20) 바닷가에서(παρὰ τὴν θάλασσαν) 제자들을 부르심

　B (1:21-28) 가버나움(εἰς Καφαρναούμ)에서 보이신 축귀의 권세(ἐξουσίαν)

　　C (1:29-31) 시몬의 장모를 손(χειρός)을 잡아 치유하심

　　　D (1:32-34) 예수의 치유와 축귀

　　　D′ (1:35-39) 예수의 기도와 설교

　　C′ (1:40-45) 나병환자를 손(χεῖρα)을 내밀어 고치심

　B′ (2:1-12) 가버나움에서(εἰς Καφαρναούμ) 보이신 죄 사함의 권세 (ἐξουσίαν)

A′ (2:13-17) 바닷가에서(παρὰ τὴν θάλασσαν) 제자를 부르심[4]

---

4. 이 구조는 필자의 학생이었던 김성우의 아이디어(2015년 6월)를 필자가 발전시킨 것이다.

마가가 예수의 나병환자 치유에서 '손'을 언급한 것은 엘리사의 나병환자 치유를 연상시킨다. 본문과 열왕기하 5장 사이에는 다음과 같이 평행된 내용이 발견된다(Cave, 250). 마가복음 1:41("손을 내밀어 그를 만졌다")//열왕기하 5:11("그의 손을 그곳에 얹었다"), 마가복음 1:41(καθαρίσθητι, "깨끗해져라")//열왕기하 5:13(καθαρίσθητι, "깨끗해져라"), 마가복음 1:42(ἐκαθαρίσθη, "깨끗해졌다")//열왕기하 5:14(ἐκαθαρίσθη, "깨끗해졌다"). 이러한 유사성은 마가복음 본문에서 엘리사-예수 모형론을 읽을 수 있게 한다. 즉 마가복음 1:40-45 본문은 열왕기하 5장 본문과의 평행관계를 통하여 예수를 새 엘리사로 묘사한다고 볼 수 있다.

그러나 나병환자를 치유하신 예수의 손은 엘리사의 손보다는 출애굽을 수행하신 하나님의 손을 기억나게 한다. "강한 손과 편 팔과 큰 위엄과 이적과 기사로, 우리를 이집트에서 인도하여 내시고"(신 26:8, 표준새번역). 열왕기하 5:1-14을 보면 엘리사는 문둥병에 걸린 나아만에게 손을 대지 않지만 예수께서는 문둥병자에게 손을 대신다. 이처럼 예수께서 손을 통하여 치유를 행하신 사역을 묘사하는 것은 예수의 손을 통해 발생하는 것이 하나님의 손에 의해 이루어진 출애굽과 유사한 것임을 암시한다.

예수의 사역은 질병으로부터의 해방을 동반한다. 이를 통하여 유대인 사회로부터 격리되어 유배되어 있던 나병환자가 회복되어 돌아오게 된다. 이것은 고토를 떠나 바벨론에 유배되어 살던 사람들이 돌아온 제2의 출애굽 사건과 유사한 측면을 가진다. 따라서 이것은 예수를 통한 새 출애굽의 한 측면이라 할 수 있다.

본문은 또한 예수께서 엘리사보다 위대하실 뿐 아니라 율법보다 위

대하심을 보여 준다. 나병환자에게 손을 대시며 치유하신 예수의 행동
(41절, "손을 내밀어 그에게 대시며")은 나병환자를 격리시키도록 명하는 율법
(레 14장)의 정신에 부합하지 않는 행동처럼 보일 수 있었다. 레위기
13:46은 나병환자가 부정하다고 하며 진 바깥에서 살도록 하는데 이것
은 나병환자에 접촉하면 부정해진다고 전제한 것이다. 이러한 본문을
적용하여 요세푸스(Ag. Ap. 1.281)는 나병환자와 접촉하거나 같은 지붕 아
래 있게 된 자는 부정한 자로 간주된다고 한다. "그들에게 접촉하거나
그들과 같은 지붕 아래 사는 자들은 부정하다고 간주되어야 한다."[5] 이
러한 배경으로 보면 예수께서 나병환자에게 손을 대심은 부정하게 되
는 위험을 감수하신 행동이다(Bock, 2015: 136).

　예수께서는 왜 율법이 권장하지 않는 방식으로 나병환자를 치유하
셨을까? 레인(W. Lane)은 예수께서 나병환자에게 손을 댄 것은 구약 의
식법과 사랑의 법이 충돌할 때에는 사랑의 법이 우선함을 보여 준다고
한다(Lane, 87). 그런데 예수의 경우에는, 나병환자에게 손을 댈 때 치유
의 능력이 작용하였으므로, 불결이 전염되지 않도록 방지하고자 하는
의식법의 정신도 무시되지 않았다. 예수의 경우에는 나병환자에게 손
을 댐으로써 예수께서 부정을 탄 것이 아니라 나병환자가 정결해졌다.
따라서 정결을 보존하고자 하는 율법의 의도가 정결의 전파를 통하여
성취되었다. 그러므로 예수께서 정결법의 의도를 어긴 것이 아니라 그
의도를 초과 달성하신 셈이다.

　부정한 상태에 있는 자에게 손을 대시어 부정함을 제거하시는 모습
은 마가복음에서 열병에 걸린 시몬의 장모 치유(1:31)뿐 아니라, 죽은 소

5.　"… such as either touch them, or live under the same roof with them, should be
　　esteemed unclean"(Whiston, trans., 791).

녀를 살리심(5:41)에서도 일관성 있게 나타난다. 예수께 접촉한 부정한 자들이 정결하게 되는 것은 이러한 경우들 외에 혈루병에 걸린 여인의 경우에서도 발견된다(막 5:27, 29). 이러한 기사들을 통해 마가는 예수와 율법의 관계를 보여 준다. 예수께서는 정결을 보존하는 율법의 의도를 정결을 전파하여 부정을 없애는 방식으로 성취하신다. 율법이 추구하지만 무능하여 이루지 못하는 것을 예수께서 하신 것은 율법의 폐지가 아니라 율법의 성취에 해당한다.

마가는 이처럼 율법을 성취하시는 예수의 모습을 묘사함으로써 이어지는 마가복음 2:1 이하의 율법과 관련된 논쟁을 준비한다(Hooker, 82). 예수께서는 유대인 지도자들과 논쟁하며 유대 전통의 틀을 벗어나지만 율법을 벗어나지는 않고 오히려 잘 지키고 계신 분임이 암시된다. 예수께서 율법을 폐하지 않고 오히려 완성하는 모습은 예수의 손을 통하여 발생하는 새 출애굽이 옛 출애굽을 연속시키면서 발전시키는 특징을 잘 보여 준다.

3. 예수의 새 출애굽과 성령 세례

마가복음 본문에서 예수의 새 출애굽은 예수께서 성령으로 행하시는 사역으로 묘사된다. 마가복음 1:8에서 예수께서는 성령으로 세례 주는 자로 소개되기 때문이며, 마가복음 1:10은 예수를 성령 받은 자로 묘사하기 때문이다.

> 나는 여러분에게 물로 세례를 주었지만, 그분은 여러분에게 성령으로
> 세례 주실 것입니다. (막 1:8, 사역)

곧이어 물속으로부터 올라오실 때에, 하늘이 찢어지고 성령이 비둘기
처럼 자기 속으로 내려오시는 것을 보셨다. (막 1:10, 사역)

이러한 소개에 따라서 마가복음에서 예수의 모든 사역은 성령으로
세례 주는 사역이라고 볼 수 있다. 이러한 해석은 배경 문헌에 의해 지
원받는다. 진리의 영(רוח אמת)을 물처럼 뿌려서 더러운 영(רוח נדה)의 오
염으로부터 정결하게 됨을 기대하는 쿰란 문헌(1QS 4:21)을 배경으로 볼
때 특히 축귀는 성령으로 세례 주는 사역이라 할 수 있다.[6] 물론 이 쿰란
문헌을 작성한 사람들이 세례자 요한 내지 마가와 연관되어 생각을 공
유하고 있었다고 전제할 수는 없다. 그렇지만, 성령을 물처럼 뿌려서 더
러운 영의 오염을 없앤다고 보는 이 쿰란 문헌의 관점은 예수의 축귀
사역 등을 성령으로 씻는 사역의 일환으로 볼 수 있게 하는 마가복음
1:8의 세례자 요한의 관점으로 마가복음을 읽을 수 있음을 지지하는 보
조 증거로 제시될 수는 있을 것이다.

마가복음 본문에서 예수의 나병 치유도 부정한 상태를 깨끗하게 하
는 사역으로서 마가복음 1:8이 언급하는 성령으로 세례 주는 사역에 해
당한다고 볼 수 있다(강일상, 155). 이러한 해석은 예수께서 나병환자를 치
유하며 '깨끗해져라'라고 명령하신 점에서도 지원받는다. 마가복음
1:43에서 예수께서 치유된 병자를 '내쫓았다'(ἐξέβαλεν)라고 묘사하는 것
도 이러한 해석을 지원한다. 마가는 1:12에서 동일한 단어를 사용하여
성령이 예수를 광야로 '내쫓았다'(ἐκβάλλει)고 묘사하기 때문에, '내쫓다'
라는 단어는 성령을 연상시킨다.

---

6.   신현우, 2013a: 86-87 또는 이 책의 제3장 참조.

> 곧이어 성령께서 그를 광야 속으로 쫓아내셨다. (막 1:12, 사역)
>
> 그분은 그에게 엄하게 경고하며 즉시 그를 쫓아내셨다. (막 1:43, 사역)

성령께서는 예수를 사람들이 사는 곳에서 광야로 내쫓으셨는데, 예수 안에 계신 성령께서 이번에는 나병환자를 그가 격리되어 살던 변방으로부터 사람들이 모여 사는 곳으로 내쫓으신다.

나병이 악령으로 인하여 발생한다는 생각을 담은 유대인들의 문헌들은 나병 치유를 축귀와 유사하게 이해하도록 돕는다. 나아가 나병 치유를 악령을 몰아내는 성령의 사역으로 보게 한다. 바벨론 탈무드(*b. Ketuboth* 61b)는 '나병 귀신'(the demon of leprosy)이라는 표현을 사용한다.[7] 이것은 나병이 악령을 통해 발생한다고 보는 관점을 담은 표현이다.

물론 탈무드는 신약 성경보다 후기 문헌이므로 이러한 표현이 예수 당시의 나병 이해에 관한 결정적 증거가 될 수는 없다. 그러나 신약 성경과 동시대 내지 그 이전 문헌인 쿰란 문헌에도 유사한 관점이 담겨 있다는 것은 예수 당시에도 상당수의 유대인들이 그러한 관점을 가지고 있었다고 추측하게 한다.

쿰란 문헌(4Q Zadokite 조각들)은 피부병(나병에 해당함)에 관해 다루면서[8] 이것이 영에 의해 발생하고 생명의 영에 의해 치유된다고 한다. 바움가르텐(J. M. Baumgarten)이 복원한 이 쿰란 문헌 본문의 둘째 줄은 나병의

7.　Epstein, ed. & trans., 1936: 367.

8.　학자들이 레 13–14장의 정보를 토대로 연구한 결과는 성경이 말하는 '나병'(λέπρα)은 현대적 의미의 한센병이 아니라 다양한 피부병을 가리킴을 알려 준다(Boring, 2006: 71. 또한 Garland, 1996: 74 n.16 참고). 한센병은 예수 시대의 팔레스타인 땅에는 존재하지 않았다고 추측되기도 한다(Witherington, 103). 그렇다면 막 1:40의 '레쁘라'(λέπρα)는 편의상 '나병'이라고 번역되지만 이것은 넓은 의미의 피부병을 가리키는 것으로 이해해야 한다.

발생의 원인을 영의 작용으로 간주한다.[9] 또한 이 복원 본문의 6-7째 줄은 나병 치유의 점검과 관련하여 "제사장은 [그를] 제7일에 점검해야 한다. 만일 그 생명의 [영]이 위아래로 활동하여 살이 자라면"이라고 하며[10] 생명의 영이 나병을 치유한다고 본다(Baumgarten, 1990: 159).

바움가르텐은 쿰란 문헌(1QS 3-4)에 담긴 두 영(靈) 신학의 빛으로 보면 나병의 기원은 악령에게 돌릴 수 있다고 해석한다(Baumgarten, 1990: 162). 그는 토브(E. Tov)가 쿰란 문헌(1QS 4:9-12)에서 "속임의 영"(רוח עולה)의 영향 아래 있는 자들이 많은 역병에 의해 고통받게 된다고 함을 자신에게 언급했음을 소개하며, 쿰란 문헌(4Q Zadokite 조각들)이 나병의 원인을 영이라고 할 때 이 '영'은 악령을 가리킨다고 해석한다(Baumgarten, 1990: 162).

만일 당시 유대인들에게 나병이 악령과 연관된 것으로 이해되었다면, 예수의 나병 치유는 축귀처럼 악한 영을 제압하는 사역으로 볼 수 있다. 그렇다면 나병 치유와 축귀는 모두 악한 영으로부터 해방시키는 사역이라는 공통성을 가지며, 예수의 새 출애굽 사역은 사탄의 지배로부터의 해방으로 특징지어진다고 이해될 수 있다.

본문이 소개하는 나병환자 치유 사역에서 축귀 사역과 유사한 측면을 읽는 해석은 마가복음의 구조를 통해 지지된다. 마가복음 1:40-45을 마가복음 1:29-34과 비유하면 다음과 같이 세부 구조가 평행됨을 볼 수 있다.

9.　Baumgarten, 1990: 159.

10.　"The priest shall examine (him) on the seventh day: if the [spi]rit of life moves up and down and the flesh has grown"(Baumgarten의 번역).

A (29-30절)   치유 요청

B (31a절)   예수께서 손을 대어 치유하심

C (31b절)   열병이 떠남

E (32-33절)   무리가 모임

D (34절)   예수께서 침묵을 명령하심

A′ (40절)   치유 요청

B′ (41절)   예수께서 손을 대어 치유하심

C′ (42절)   나병이 떠남

D′ (43-44절)   예수께서 침묵을 명령하심

E′ (45절)   무리가 모임

　　이러한 평행 구조 속에서 침묵을 명령받은 나병환자는 침묵을 명령받은 귀신에 평행된다. 이러한 침묵 명령은 나병환자가 예수의 정체를 알았던 귀신처럼 예수의 메시아 정체를 파악하게 되었음을 암시한다(막 1:24 참고). 나병 치유는 마태복음 11:5과 누가복음 7:22에서 예수께서 메시아이신 증거 중에 하나로 제시된다. 이렇게 할 수 있는 이유는 유대인들이 나병 치유를 메시아가 행하는 사역 중에 하나로 보았기 때문일 것이다. 나병환자도 자신의 나병 치유를 그렇게 간주했을 것이다. 그는 나병 치유를 통해서 예수의 메시아 정체성을 알게 되었을 것이다. 그래서 예수께서 그에게 침묵을 명령하셨을 것이다. 이것은 예수의 정체를 발설한 귀신에게 예수께서 침묵을 명령하신 것과 유사하다.

　　이러한 구조적 평행은 또한 나병으로부터의 해방이 악령으로부터의 해방과 유사한 사역임을 암시한다. 이를 통하여 마가는 아마도 마가

복음 1:15에서 예수께서 선포하신 임박한 하나님 나라의 징조이며, 사탄의 통치가 무너졌다는 표증으로서 나병 치유를 축귀와 함께 제시했을 것이다. 이러한 징조와 표징은 본문에서 광야라는 배경을 통하여 구약의 출애굽 이미지와 관련되어, 예수께서 선포하신 하나님 나라를 새로운 출애굽으로 이해하도록 돕는다.

4. 예수의 비밀과 메시아 표증

나병 치유가 사탄의 통치가 무너지고 하나님의 통치가 임박한 표증임은 마가복음 밖에서도 지원을 받는다. 나병 치유가 이러한 표증임을 누가복음 7:22과 마태복음 11:5은 지적한다. 유대 문헌들에서 축귀와 함께 [11] 질병 치유도 메시아 시대의 표적으로 여겨졌다(Danker, 493). 쿰란 문헌 (4Q521 frag.2, 2:12)에서 치유는 메시아의 사역으로 소개되며, 미드라쉬 (Genesis Rabbah 20.5)는 메시아 시대에 치유가 발생할 것을 기대한다.[12] 이러한 치유 중에서도 나병 치유는 대표적인 것이 아닐 수 없다. 랍비 문헌들은 이러한 피부병을 고치는 것이 죽은 사람을 살리는 것처럼 어렵다고 여겨졌음을 보여 준다(Witherington, 103). 바벨론 탈무드(b. Sanhedrin 47a)는 나병환자를 죽은 자와 다름없다고 간주한다. "랍비 요하난이 다음처럼 말한 바와 같다. '그는 나병환자 나아만을 치유했다. 내가 당신에게 기도하오니 "그녀가 죽은 자와 같지 않게 하소서."라고 기록된 바와 같이 나병은 죽음과 같은 것이다'."[13] 이러한 평가의 토대는 나병에

---

11. 유대인들이 메시아적 존재가 축귀를 행할 것을 기대하였다는 것은 레위의 유언 18:12, 에녹1서 55:4, 미드라쉬(Pesiq. R. 36.1) 등에서 확인할 수 있다.
12. 좀 더 자세한 내용은 신현우, 2015b: 379-80 또는 이 책의 제9장 참조.
13. b. Sanhedrin 47a: "As R. Johanan said: He healed the leprosy Naaman, which is

걸린 미리암의 상태를 죽은 아이에 비유한 민수기 12:12이었다. "미리암을, 모태에서 나올 때에 살이 반이나 썩은 채 죽어 나온 아이처럼, 저렇게 두지는 마십시오"(민 12:12, 표준새번역). 쿰란 문헌(11Q19 45:17-18)은 시체에 접촉한 자의 경우와 문둥병자의 경우 모두 성전의 도시에 들어갈 수 없다고 하면서 문둥병자의 상태를 시체와 유사한 것으로 간주한다.[14] 요세푸스도 나병환자가 사실상 죽은 자와 같다고 지적한다(Ant. 3.264).[15] 이렇게 시체나 다름없는 나병환자를 치유하는 일이 하나님에게나 가능한 것이라는 이스라엘 왕의 견해를 열왕기하 5:7에서 접하게 되는 것은 놀라운 일이 아니다.

　　예수께서는 치유 후에 나병환자에게 "아무에게 아무 말도 하지 말"라고 명하신다. 예수께서 이러한 나병 치유를 비밀에 부치신 이유는 무엇일까? 예수께서는 이러한 놀라운 일을 왜 숨기도록 명하셨을까? 예수께서 나병환자를 치유하시고 이를 비밀에 부치신 것은 귀신들이 예수의 정체를 발설할 때 그들을 침묵시킨 것과 유사하다. 마가복음 1:34은 예수가 귀신에게 침묵을 명하심을 기록하는데, 그 이유는 귀신이 예수를 알았기 때문이라고 한다. 마가복음 1:24에서 귀신은 예수를 '하나님의 거룩한 자'라고 말한다. 신약 성경의 다른 곳인 마태복음 8:29, 누가복음 8:28에서 귀신들은 예수를 '하나님의 아들'이라고 부른다. 쿰란 문헌(4Q246 2:1)은 '하나님의 아들'이 왕에게 붙일 수 있는 칭호였음을 알려 주며, 에스라4서(7:28)는 이 용어가 메시아 칭호임을 알려 주는데,

---

the equivalent of death, as it is written, *Let her not, I pray Thee, be as one dead*" (Epstein, trans., 1935: 312). 탈무드의 다른 구절(*b. Hullin* 7b)에서도 동일한 내용이 나온다(Epstein, trans., 1948: 31).

14.　Martínez & Tigchelaar, ed. & trans., vol.2, 1265.

15.　Whiston, trans., 97.

마가복음 14:61은 마가복음도 그러한 의미로 이 칭호를 사용함을 보여
준다.[16] "너는 그리스도, 찬송받는 분의 아들이냐?"(막 14:61, 사역). 여기서
'찬송받는 분의 아들' 즉 '하나님의 아들'은 '그리스도'와 병렬되어 있기
에 이 둘은 동의어임을 알 수 있다. 그러므로 귀신이 예수를 '하나님의
아들'이라고 부른 것은 예수께서 메시아이심을 알고 이를 발설한 것이
다. 따라서 예수께서 이러한 발설을 금지하신 것은 자신의 메시아 정체
를 숨기기 위함이었다고 볼 수 있다. 이러한 문맥에 비추어 볼 때 예수
께서 나병 치유를 숨기고자 나병 환자에게 침묵을 명하신 목적도 자신
의 메시아 정체성을 숨기기 위함이었다고 판단된다. 위에서 살펴본 바
와 같이 치유(특히 나병 치유)가 메시아에게 기대된 것임은 이러한 추측을
지원한다.

　마가복음에 담긴 예수의 침묵 명령들을 살펴보면 이러한 추측은 더
욱 지원받는다. 예수께서 침묵을 명령하심은 모두 예수께서 메시아이
심과 관련된 증거나 지식과 관련된다. 마가복음 5:43에서 예수께서는
죽은 소녀를 살리신 것을 알리지 말도록 명령하시는데, 죽은 자를 살리
는 것은 메시아 표증이다(눅 7:22, 마 11:5). 마가복음 7:36에서 예수께서는
귀먹고 말이 어눌한 사람을 치유하시고 이를 알리지 말도록 명하시는
데, 이러한 치유는 이사야 35:5-6의 성취로서 메시아를 통하여 발생하
는 표증에 해당한다. 마가복음 8:30에서는 예수께서 메시아이심을 인
식한 제자들에게, 마가복음 9:9에서는 예수께서 메시아이심을 알려 주
는 계시적 현상을 본 제자들에게 침묵이 명령된다. 예수의 메시아 정체
를 아는 귀신들에게도 침묵을 명하신다(막 1:34; 3:12). 그러므로 마가복음
에서 예수의 침묵 명령은 예수의 메시아 정체와 관련이 있다. 예수께서

16.　자세한 내용은 신현우, 2013b: 477 또는 이 책의 제4장 참조.

메시아 정체를 굳이 숨기려고 하신 이유는 당시 유대인들이 가진 군사적 메시아 기대에 부응하고자 하지 않으셨기 때문이었을 것이다. 그러한 기대는 마가복음 8:32에 담긴 베드로의 반응에서도 볼 수 있다. 베드로는 예수께서 메시아이심을 믿었지만, 예수께서 고난받으셔야 함을 반대하였다(막 8:29-32). 당시 유대인들은 군사적으로 자기들을 해방하는 존재로서의 메시아를 기대했기에,[17] 예수의 메시아 정체가 알려지면 예수를 따르는 군중들이 무장 봉기를 하게 될 수도 있었다. 예수께서는 이를 원하지 않으셨을 것이다(Osborne, 33).

브레데(W. Wrede)는 예수께서 자신의 정체를 숨기는 메시아 비밀 주제를 설명하는 가설을 제시했다. 그는 예수의 생애와 사역이 메시아적이지 않았음에도 불구하고 제자들이 그의 부활을 경험한 후에 예수를 메시아로 믿은 것을 설명하기 위해 메시아 비밀이 복음서에 도입되었다고 믿었다(A. Y. Collins, 170). 불트만(R. Bultmann) 등의 학자들도 메시아 비밀이 복음서 기자의 창작이라 여겼다(A. Y. Collins, 171). 그러나 예수께서 비밀로 하라고 하신 치유 표적을 치유받은 자가 널리 알렸다는 마가복음의 기록(1:45; 7:36 등)은 이 가설로 설명할 수 없다. 예수께서 메시아 정체를 숨겼기에 예수 당시에는 알려지지 않았다고 마가가 주장하려고 복음서를 썼다면 이처럼 예수의 기적들이 널리 퍼졌다고 기록하지는 않았을 것이기 때문이다. 콜린스(A. Y. Collins)는 대제사장의 질문에 예수께서 메시아임을 시인하셨다고 마가가 기록한 것도 브레데의 가설로 설명되지 않는다고 지적한다(A. Y. Collins, 172). 예수께서 메시아임을 숨

---

17. 당시 유대인들의 군사적 메시아 기대는 솔로몬의 시편 17:23-30(특히 17:24), CD 19:5, 10, 에스라4서 12:32 등에 반영되어 있다. 자세한 내용은 신현우, 2011a: 49 또는 이 책의 제1장 참조.

기지 않고 공개적으로 드러냈다고 기록하는 복음서 본문의 존재는 브레데의 가설로 설명되지 않는다. 그러므로 예수께서 메시아라고 스스로 주장하지 않았다고 전제하는 브레데의 메시아 비밀 가설은 설명력이 없는 가설로서 무용지물이며 폐기될 수밖에 없다.

건드리(R. H. Gundry)는 나병으로부터 치유받은 사람이 사람들에게 말함으로써 지체하지 말고 곧바로 성전에 가서 치유를 확인받으라는 의도가 침묵 명령에 담겨 있다고 본다(Gundry, 97). 이 가설도 치유 후에 제사장에게 가서 확인받으라는 명령과 연관됨이 없이도 침묵이 종종 명령되었음을 기록하는 마가복음의 본문(5:43; 7:36)을 통해서 논박된다. 페쉬(R. Pesch)는 예수께서 치유하실 때 (제사장이 선언할 수 있는 말인) "깨끗해져라."라고 말씀하셨다는 사실을 알리지 않도록 치유된 자에게 명한 것이었을 수도 있다고 해석하였다(Pesch, 146). 그러나 이러한 해석은 예수께서 제사장만 할 수 있는 선언을 발설하지 않으신 경우에도 침묵을 명령하셨다고 기록한 본문들(막 5:43; 7:36)을 설명할 수 없다.

5. 예수의 새 출애굽의 사회적 차원

본문에서 예수의 새 출애굽 표적으로서의 나병 치유는 질병으로부터 해방되는 데 그치지 않고 사회로 회복되는 차원을 가진다. 44절은 예수께서 치유된 나병환자에게 그의 몸을 제사장에게 보이라고 명하셨음을 기록한다. 이어서 예수께서는 치유된 자에게 모세가 명령한 것을 드리라고 명하시는데, 이것은 나병환자가 치유를 확인하고 사회로 복귀되는 절차를 규정한 레위기 14:1-32을 따르도록 하신 것이다. 이 규정은 나병으로부터 회복된 사람이 사회로 복귀하기 위한 절차였다(레 14:8).

레위기 율법에 따라 미쉬나(*m. Negaim* 3:1)는 "오직 제사장만 그들이 부정하다거나 정결하다고 선언할 수 있다."라고 한다.[18] 예수 당시에도 제사장만이 그러한 권한을 행사하였을 것이다. 따라서 치유된 나병환자가 제사장에게 가도록 하신 예수의 배려는 사회적 고립으로부터 그가 회복되도록 하기 위함이었을 것이다.[19]

이러한 해석은 44절의 '그들에게 입증하기 위하여'(εἰς μαρτύριον αὐτοῖς)를 통해서도 지지받을 수 있다. 여기서 '그들'은 제사장들일 가능성이 있다. 이러한 표현이 관련된 소수 사람들에게 무언가 입증하는 것에 대해 사용된 용례는 마가복음 13:9에서도 발견되므로 이러한 해석은 지지된다. 마가복음 6:11에서도 '그들에게 증거하기 위하여'에서 관련된 사람들은 제자들의 제스처를 보는 적대자들이며 막연한 다수의 사람들이 아니다. 이러한 용례를 따라서 보면 마가복음 1:44에서도 정결 규례에 관련된 제사장들을 '그들'이라고 했을 가능성이 있다. 나병환자가 제사장들에게 자신의 치유된 몸을 보여 무엇을 증거하게 되는가? 그 치유를 행하신 예수의 메시아이심을 증거하게 될 것이다. 제사장들이 문둥병 치유를 확인하고도 예수를 인정하지 않으면 나병 치유 표증은 그들을 정죄하는 증거가 될 것이다(Lane, 88). 여기서 입증되는 것은 예수의 치유 행위를 나병환자에게서 전해 듣고 예수께서 문둥병자에게 손을 대신 행위가 정결법을 무시하는 행위라고 여기는 제사장들의 생각이 틀렸다는 것일 수 있다. 그렇지만 마가복음 1:44에서 '제사장'은 단수로 등장하므로 '그들'이 제사장들을 가리킨다고 보는 해석은 문맥에 맞지 않는다(Gundry, 105).

---

18. Danby, trans., 678.
19. Williamson, 1983: 60-61.

　　그렇다면 '그들'은 유대인 일반일 수도 있다. 이렇게 해석하면 "그들에게 입증하라."라는 명령은 성전에 가서 정결 규례를 행하여 그가 치유되었음을 사람들에게 입증해 사회로 복귀하는 데 장애가 없게 하라는 뜻을 가진다고 볼 수 있다. 그런데, 마가복음의 다른 곳에(6:11; 13:9) 사용된 '그들에 대한 증거를 위하여'(εἰς μαρτύριον αὐτοῖς)에서 '그들'은 모두 적대자들이다.[20] 70인역에서도 '증거를 위하여'(εἰς μαρτύριον)는 대개 적대적 의미로 사용된다(수 24:27; 욥 16:8 등).[21] 그렇지만 치유된 나병환자에게 제사장의 확인이 없다면 유대인 일반은 나병환자에게 계속 적대적일 수 있으므로 이러한 용례들은 마가복음 1:44에서 '그들'을 유대인 일반으로 해석하는 것을 가능하게 한다. 라그랑지(M.-J. Lagrange)는 '그들에게 증거로'가 의심하는 자들에게 제사장이 증서를 써 준 것을 치유된 증거로 제시한 것을 뜻한다고 보았는데(Lagrange, 30-31), 이 해석은 문맥과 용례에 부합한다.

　　유대인 사회에서 격리되어 살던 나병환자가 다시 사회로 복귀하는 모습은 고토에서 추방되어 바벨론에서 살다가 고토로 돌아오는 제2의 출애굽을 연상시킨다. 예수의 나병 치유는 나병으로부터의 해방, 나병을 일으키는 악령으로부터의 해방의 측면과 함께 하나님의 백성의 공동체 속으로 회복시키는 사회적 측면을 가진다. 이러한 측면들은 예수의 새 출애굽의 성격을 구성하는 요소들로서 본문 속에 담겨 있다.

---

20. Broadhead, 257-65 참고.
21. Cave, 249.

III. 해설과 적용

1. 해설

도시 밖으로 추방되어 살아가다가 치유받고 다시 도시로 돌아오는 나병환자의 모습에는 바벨론에 포로 잡혀갔다가 예루살렘으로 돌아온 유대인들의 모습과 유사한 측면이 있다. 예수께서 나병환자에게 손을 대어 치유하시는 모습을 그리는 마가복음 1:41도 출애굽을 수행하신 하나님의 손(신 26:8)을 기억나게 함으로써, 예수의 나병 치유 사역을 새 출애굽의 하나로 소개한다.

마가복음 1:45은 광야에 거하시는 예수께로 사람들이 계속 나아옴도 출애굽을 연상시킨다. 광야는 마카비1서 2:29이나 쿰란 문헌(1QS 8:13-14)에서 보듯이 유대인들이 새 출애굽을 추구하는 장소였으므로, 무리가 예수께서 계신 광야에 모여든 모습은 예수를 통해 새 출애굽이 발생하고 있다는 인상을 준다. 마가복음 1장은 광야의 세례자 요한으로 시작하여 광야의 예수로 끝나면서 광야가 연상시키는 출애굽 주제가 1장의 주된 강조점임을 알려 준다.

예수께서 나병환자에게 손을 대어 치유하시는 모습은 율법을 무시하는 듯한 외양 속에 율법의 의도를 완성하는 내실을 지닌다. 나병환자에게 손을 대는 것은 겉보기에는 나병환자와 접촉을 조심하도록 하는 레위기 13:45-46을 무시하는 듯하지만, 실제로는 나병환자를 정결하게 만들어서 율법이 의도한 정결 보존의 목표를 초과 달성한다. 이처럼 예수의 새 출애굽은 율법을 어기는 듯이 오해되는 모습을 띠지만 실제로는 율법을 완성한다.

마가복음 1:8에서 예수께서는 성령으로 씻는 자로 소개되므로, 예수의 새 출애굽 사역은 성령으로 씻어 주는 사역에 해당한다. 쿰란 문헌(1QS 4:21)은 진리의 영을 물처럼 뿌려서 더러운 영의 오염으로부터 정결하게 되는 기대를 담고 있는데, 이를 배경으로 보면 더러운 영을 쫓아내는 사역이야말로 성령으로 씻는 사역이라 할 수 있다. 또한 다른 쿰란 문헌 본문(4Q Zadokite 조각들)에서 보듯이 더러운 영으로 인하여 발생한다고 여겨진 나병을 치유하는 사역도 성령으로 씻는 사역으로 간주할 수 있다. '나병 귀신'이라는 바벨론 탈무드(b. Kethuboth 61b)의 표현은 이러한 해석을 지원한다. 마가복음 1:40-45 본문이 구조상 1:29-34과 평행을 이루며, 특히 귀신에게 침묵을 명하신 것처럼 치유된 나병환자에게 예수와 관련하여 침묵이 명령된 것도 축귀와 나병 치유 사이에 유사한 측면이 있음을 가정하게 한다.

예수의 새 출애굽은 축귀의 경우에나 나병 치유의 경우에도 모두 악한 영의 지배로부터 사람들을 해방시키는 것을 특징으로 한다. 예수를 성령으로 씻는 자로 소개한 세례자 요한의 관점(막 1:8)에서 보면 예수의 사역은 성령으로 악령을 제압하고 악령으로 더러워진 자들을 구출하며 깨끗하게 하는 사역이다. 이러한 사역은 사탄의 압제가 끝났고 하나님의 통치가 임박한 징조이며, 이러한 일을 행하신 예수의 메시아 정체를 알려 주는 증거이다.

그런데 예수께서는 이러한 증거를 숨기고자 하신다(막 1:44). 이것은 아마도 당시 유대인들이 기대한 군사적 메시아의 길을 예수께서 가시지 않았기 때문이며, 유대인들이 자신을 그렇게 오해하지 않도록 하기 위함이었다고 볼 수 있다. 그러나 예수의 새 출애굽이 단지 영적인 차원만 가진 것은 아니다. 축귀의 경우에도 치유된 사람이 제정신으로 돌아와 정상적인 인간관계를 회복하며, 치유된 나병환자는 공동체 밖으로 추방되었다가 다시 돌아오는 사회적 회복의 차원을 가진다. 악령으로부터의 영적 해방, 질병으로부터의 육체적 해방과 사회적 해방의 차원이 예수의 새 출애굽에 함께 담겨 있는 모습을 본문은 그려 준다.

2. 적용[22]

우리는 예수의 능력만 믿을 것이 아니라 선하신 의지를 믿어야 한다. 본문의 나병환자처럼 예수의 선하신 의지를 믿지 못하면 안 된다. 예수께서는 우리의 문제를 해결하실 능력만 가지고 계신 분이 아니라, 우리의 문제를 해결하기 원하시는 분이다. 예수께서는 전능하실 뿐 아니라 사랑이 한이 없으시다. 우리는 그 전능하심과 그 사랑하심을 다 믿어야 한다.

우리는 예수께서 나와 같은 자를 사랑할까 하는 의심을 버려야 한다. 나의 문제를 과연 해결하시기 원하실까 하는 의심을 버려야 한다. 예수께서는 우리를 사랑하신다. 이 사랑은 예수의 십자가에서 분명하게 드러났다. 로마서 5:8은 말씀한다.

> 우리가 아직 죄인 되었을 때에 그리스도께서 우리를 위하여 죽으심으로 하나님께서 우리에 대한 자기의 사랑을 확증하셨느니라.

이 사랑에서 우리를 끊을 수 있는 것은 없다. 로마서 8:35은 말씀한다.

---

22. 이 부분은 웨스트민스터신학대학원대학교 새벽 사경회(2010년 10월 19일과 20일) 설교 때 적용하고, 신현우, 2018c: 76-78, 83-84에 실은 것을 토대로 작성되었다.

누가 우리를 그리스도의 사랑에서 끊으리요. 환난이나 곤고나 박해나 기근이나 적신이나 위험이나 칼이랴.

로마서 8:38-39에서 사도 바울은 말씀한다.

내가 확신하노니 사망이나 생명이나 천사들이나 권세자들이나 현재 일이나 장래 일이나 능력이나 높음이나 깊음이나 다른 어떤 피조물이라도 우리를 우리 주 그리스도 예수 안에 있는 하나님의 사랑에서 끊을 수 없으리라.

이 사랑의 목적은 우리의 삶을 새롭게 하기 위한 것이다. 고린도후서 5:15은 말씀한다.

그가 모든 사람을 대신하여 죽으심은 살아 있는 자들로 하여금 다시는 그들 자신을 위하여 살지 않고 오직 그들을 대신하여 죽었다가 다시 살아나신 이를 위하여 살게 하려 함이라.

갈라디아서 2:20에서 사도 바울은 말씀한다.

내가 그리스도와 함께 십자가에 못 박혔나니 그런즉 이제는 내가 사는 것이 아니요 오직 내 안에 그리스도께서 사시는 것이라. 이제 내가 육체 가운데 사는 것은 나를 사랑하사 나를 위하여 자기 자신을 버리신 하나님의 아들을 믿는 믿음 안에서 사는 것이라.

그리스도의 사랑은 우리를 죄와 사망에서 구원한다. 그 사랑은 또한 우리가 그리스도를 위해 살게 한다. 그리스도와 함께 십자가에 못 박히게 한다. 내가 사는 것이 아니라 내 안에 그리스도께서 사시게 한다.

이 사랑을 믿지 않고 이 사랑에 거하지 않고 단지 전능하심만을 믿고 우리의 문제를 해결하려고 주께 아뢴다면, 그것은 주께 나아가 아뢰는 바른 태도가 아니다.

우리는 이 사랑의 예수님께 나아가자. 그리스도와 함께 십자가에 못 박히자. 이제는 십자가의 도로 나를 죽이고 오직 그리스도께서 내 안에 사시게 하자. 그 후에 우리의 문제를 아뢰자. 주여, 주께서는 능력이 한이 없으실 뿐 아니라, 우리를 치유하기 원하시오니, 오셔서 치유하여 주옵소서.

우리는 복음의 총체성을 믿어야 한다. 죄 사함의 복음은 또한 육체적 치유를 가져오며, 사회적 회복도 가져온다. 복음은 영적이고, 육체적이고, 사회적이다. 본문에 나오는 나병환자는 죄 사함을 받고, 질병의 치유도 받고 이스라엘 사회 속으로 복귀할 수도 있었다. 예수께서 우리에게 주시는 구원은 이처럼 총체적이다.

사회적 회복만 믿고 죄 사함을 간과하는 유형의 기독교는 예수의 능력은 믿되 사랑은 믿지 않는 나병환자와 같다. 한편, 죄 사함의 복음만을 믿고 육체적·사회적 회복은 거부하는 유형의 기독교는 예수의 사랑은 믿되 능력은 믿지 않는 기독교이다. 우리는 복음의 총체성을 회복해야 한다. 좌우로 나뉘어서 온전한 복음을 쪼개는 것은 예수의 살을 찢는 것이나 다름없다.

우리는 예수와 함께 광야로 가자. 부와 명성을 추구하는 도시 대신,

하나님을 추구하는 광야로 가자. 이 광야에서 예수 그리스도와 함께 십자가를 향하여 가자. 우리는 도시와 군중을 추구하지 말고 예수와 광야를 선택하자. 군중을 피하여 광야로 가신 예수를 따라가자. 군사적 승리 대신 십자가의 길을 택하신 주님을 따라가자.

제11장
마가복음 2:1-12
예수의 죄 사함 선언과 중풍병 치유*

I. 주해

1 며칠이 지나 다시 가버나움으로 가신 후에 그가 집에 계신다는 소문이 들렸다. 2 그래서 많은 사람들이 모이게 되어 문 앞에도 더 이상 자리가 없었다. 그런데 그는 그들에게 말씀하시고 계셨다. 3 그때, 사람들이 네 사람에 의해 들려진 한 중풍병자를 그에게로 데려왔다. 4 그러나 군중으로 인하여 그에게 가까이 다가가지 못하자, 그가 계신 곳 위에 있는 지붕을 걷어 연 후에 그 중풍병자가 누워 있는 자리를 달아 내렸다. 이에 예수께서 그들의 믿음을 보시고, 그 중풍병자에게 말씀하셨다.

"얘야, 네 죄가 사함 받는다."

6 그러나 어떤 율법사들이 그곳에 앉아 있다가 마음속으로 의논하였다.

7 "어찌하여 이 자가 이렇게 말하는가?

---

* 제11장은 필자의 논문, 신현우, 2016b: 463-88을 토대로 좀 더 읽기 쉽게 편집하여 작성한 것이다.

하나님을 모독하고 있구나.

하나님 한 분 외에 누가 죄를 사할 수 있겠는가?"

8 곧이어 예수께서 그의 영으로 그들이 이렇게 속으로 의논하고 있는 것을 아시고, 그들에게 말씀하셨다.

"여러분은 어찌하여 여러분의 마음속에서 이렇게 의논하고 있소?

9 어느 것이 더 쉽소?

저 중풍병자에게 '네 죄가 사함 받는다.'고 말하는 것이오?

아니면 '일어나 네 자리를 들고 걸어가라.'고 말하는 것이오?

10 그러나 여러분에게

그 인자가 이 땅 위에서 죄를 사할 권세를 가지고 있음을 알도록 하려고

- 그가 그 중풍병자에게 말씀하셨다. -

11 내가 네게 말한다. 일어나 네 자리를 들고 네 집으로 돌아가라!"

12 그러자 그가 일어나 즉시 자리를 들고 모두의 앞에서 걸어 나갔다. 그리하여 모두 놀라 하나님을 경외하며 말했다.

"우리는 도무지 이런 일을 본 적이 없소."

II. 주해

마가복음 2:1-12은 예수의 중풍병자 치유 기사를 담고 있는데, 예수의 죄 사함 선언과 관련한 서기관들과의 논쟁을 포함한다. 이 논쟁은 해석하기 어려운 몇 가지 문제들과 관련된다. 5절을 보면, 예수께서 치유를 받으러 나온 병자에게 치유 대신 죄 사함을 선언하신다. 왜 그렇게 하셨

을까? 서기관들은 "네 죄가 사함 받는다."라는 예수의 죄 사함 선언을 듣고 이것이 신성모독이라고 생각한다(7절). 이러한 판단은 과연 정당한 가? 예수께서는 서기관들에게 죄 사함 선언과 치유 선언 중에 어느 것이 더 쉬운가를 질문하고 답을 알려 주지 않으신다(9절). 이 둘 중에 과연 어느 것이 더 쉬운가? 예수께서는 치유 선언을 하시며 이를 통하여 자신에게 죄 사함의 권세가 있음을 입증하겠다고 말씀하신다(10-11절). 치유 선언을 통해서 죄 사함의 권세가 어떻게 입증되는가? 예수의 죄 사함 선포는 예수의 전체 사역 속에서 어떤 의미를 가지는가?

1. 예수의 죄 사함 선언

가. 왜 병자에게 죄 사함을 선언하셨을까?

예수께서는 중풍병자에게 치유 선언을 하시기 전에 죄 사함 선언을 하신다(5절). 그렇게 하신 이유는 질병을 죄의 결과로 보는 유대인들의 관점과 관련이 있을 것이다. 구약과 유대교에서 질병과 죄는 밀접하게 연결되어 있었다(Marcus, 2000: 221). 시편 38:3-4은 "내가 지은 죄 때문에 나의 뼈에도 성한 데가 없습니다. 내 죄의 벌이 나를 짓누르니, 이 무거운 짐을 내가 더는 견딜 수 없습니다."(새번역)라고 하는데, 이것은 질병을 죄로 인한 벌로 간주한다. 신명기 28:20-28은 각종 질병과 재앙(염병, 폐병, 열병, 염증, 학질, 한재, 풍재, 썩는 재앙, 종기, 치질, 괴혈병, 피부병, 미치는 것, 눈이 머는 것, 정신병)을 하나님께 불순종한 결과로 받는 징벌로 소개한다. 실제로 당시 유대인들이 이 목록에 나오는 죄를 그렇게 간주한 것은 요한복음에서 발견된다. 요한복음 9:2은 눈이 먼 것을 죄의 결과로 간주하는 관점을 예수의 제자들도 가졌음을 소개한다(양용의, 2010: 65). 범죄가 질병의 원인이 될 수 있음은 야고보서 5:15에서도 전제된다(Garland, 1988: 329). 토비트 3:3, 16-17은 자신의 죄를 벌하지 말도록 간구하는 토비트의 기도가 응답되어 질병이 치유되었다고 하므로, 질병을 죄에 대한 벌로 간주하는 세계관을 담고 있다. 시락서 38:10은 질병 치유를 위하여 해야 하는 일들을 나열하는 가운데 "모든 죄로부터 마음을 깨끗하게 하라."라고 권면한다. 이것도 질병이 죄의 결과임을 전제하는 관점을 반영한다. 시락서 38:15은 "조물주 앞에서 죄를 짓는 자는 의사의 손에 떨어질 것이다."라고 하는데, 이것도 질병을 죄에 합당한 벌로 간주하는 생각을 담고 있다. 유사하게 에스라4서 3:21-22은 아담과 아담의 후손들이 죄를 지었기에 질병이 그치지 않는다고 한다. "왜냐하면 첫 아담은 그의 후손들이 또한 그러하였던 것과 같이 악한 마음으로 짐을 졌고, 계율을 어기고 패배했기 때문이다. 그래서 질병이 계속되었다."[1] 요세푸스(Ant. 17:168)는 헤롯의 질병이 심해진 것이 그가 지은 죄에 대한 하나님의 벌이라고 한다. "그러나 이제 헤롯의 질병은 아주 심해졌는데, 이것은 그의 죄에 대한 하나님의 심판이었다."[2] 토세프타(t. Berakoth 6.3)는 손이나 발이 끊어진 자, 다리 저는 자, 맹인 등을 하나님의 심판을 받은 자로 간주한다.[3]

중풍병은 신명기 28장의 질병 목록에는 없지만, 이 목록에 나열된 질병에 못지않은 것으로서 죄의 징벌로 간주되었을 수 있다. 우리는 그

---

1. 에스라4서 3:21-22: "For the first Adam, burdened with an evil heart, transgressed and was overcome, as were also all who were descended from him. Thus the disease became permanent"(OTP, vol.1, 529).

2. 요세푸스, Ant. 17:168: "But now Herod's distemper greatly increased upon him after a severe manner, and this by God's judgment upon him for his sins"(Whiston, trans., 462).

3. Neusner, trans., 2002: 38.

러한 가능성을 마카비1서 9:54-55과 마카비3서 2:21-23에서 확인할 수 있다.[4] 마카비1서 9:54-55에 의하면 알키무스(Alcimus)가 성소 안뜰의 벽을 헐라고 명한 후에 몸이 마비되었다고 한다. 마카비3서 2:21-23은 프톨레미(Ptolemy IV Philopator)가 성소에 들어가고자 하다가 몸이 마비되었다고 한다.

이러한 배경 속에서, 예수께 나온 병자도 자신을 죄인으로 간주하고 있었을 것이다. 이 사람은 다리가 마비되어 걷지 못하는 사람이었기 때문이다(11절). 3절에서 이 병자는 '빠랄뤼티꼬스'(παραλυτικός)라고 불린다. 이 단어는 흔히 '중풍병에 걸린'(paralytic)이라고 번역하지만, 이 단어가 사용된 용례는 이 단어를 '걷지 못하는'(cripple) 정도로 번역하는 것이 적합함을 보여 준다(Peterson, 261-72).

예수께서는 이 병자가 자신의 죄를 회개하기까지 기다리지 않고 죄 사함을 선언하신다.[5] 이것은 죄 사함을 위해 죄 인식이 필요 없기 때문이었다기보다는 당시에 병자들은 죄인이라고 여겨졌고 스스로도 자신을 죄인으로 간주했기 때문이었을 것이다.

예수의 죄 사함 선언은 회개에 대한 반응으로 등장하고 있지는 않지만 믿음에 대한 반응으로 소개된다(막 2:5). 마가복음 2:5에서 믿음은 문맥상 문을 통해서 접근하지 못하자 이 장애물을 극복하고(Guelich, 85), 지붕을 통해서 예수께 병자를 접근시킨 자들의 집요성과 발상의 전환을 포함한다.

믿음이 이러한 성격을 가짐은 마가복음의 다른 구절에서도 확인된다. 바디매오의 경우에도 그에게 조용히 하라고 하는 사람들의 방해를

---

4.   Garland, 1988: 338.
5.   Boring, 2006: 76 참고.

극복하고 더 크게 소리 질렀는데(막 10:48), 예수께서는 이를 믿음으로 간
주하신다(막 10:52). 마가복음 5:25-34에 나오는 혈루증 걸린 여인의 경우
도 그러하다. 이 여인에게 장애물은 혈루증 걸린 사람이 다른 사람에게
접촉하면 부정하게 된다는 (일반적 상황 속에서 전제되는) 원리였다(민 5:2). 이
장애물을 극복하고 예수께 접근한 행동을 예수께서는 믿음과 연관시키
신다(막 5:34). 이러한 경우들을 살펴보면 장애물을 극복하는 기초에는
예수께서 병을 고치시리라는 확신이 놓여 있음을 알 수 있다. 그 확신은
방해물을 만날 때 이를 극복하고 발상을 전환하여 마침내 예수께 나오
는 실천하는 믿음이었다.

　　마가복음 1:15이 소개하는 예수의 선포 속에서 회개와 믿음이 서로
평행되어 등장하는 것을 보면, 믿음은 회개와 유사하다. 회개가 1:4-5의
문맥에서 보듯이 죄를 자복하고 돌이키는 것이라면, 1:15에서처럼 하나
님 나라(통치)의 임박함을 대상으로 하는 믿음은 회개하여 돌이킨 후에
하나님의 통치에 순종하는 삶의 모습을 가리킬 수 있다.[6] 그렇다면 믿음
은 회개를 이미 전제하는 삶의 방식이므로 믿음을 보고 죄 사함을 선언
하신 예수의 모습은 회개하면 죄 사함을 받는 원리를 전제하고 계신 셈
이다.

　　예수께서는 질병의 원인으로 간주되고 있는 죄의 문제를 먼저 다루
신다. 질병의 원인이 제거되면 그 결과인 질병의 문제는 해결된다. 이러
한 관점은 역대기하 7:13-14에 반영되어 있다(양용의, 2010: 65). "전염병이
내 백성 가운데에 유행하게 할 때에 내 이름으로 일컫는 내 백성이 그
들의 악한 길에서 떠나 스스로 낮추고 기도하여 내 얼굴을 찾으면 내가
하늘에서 듣고 그들의 죄를 사하고 그들의 땅을 고칠지라." 회개하면

6.　신현우, 2014b: 399.

죄를 사함 받는 원리는 죄를 자복하면 언약을 기억하여 회복시키겠다
는 레위기 26:40-42의 약속에도 내포되어 있다. 유사하게 바벨론 탈무
드(b. Megillah 17b)도 죄 사함 후에 치유가 온다고 본다.[7] "구원과 치유는
죄 사함 후에 온다."[8] 에녹1서 95:4은 죄 문제가 해결되지 않으면 질병
이 치유되지 않는다고 본다. "너의 죄 때문에 (건강상의) 치유는 너와 거
리가 멀다."[9] 질병이 죄의 결과라면 죄 사함은 치유를 가져올 것이고, 치
유가 발생하면 죄가 사함 받았음을 알게 될 것이다. 이러한 연관성은 질
병 치유를 죄 사함의 증거로 제시하는 마가복음 2:10-11에서도 전제되
고 있다.

물론 예수께서는 열병에 걸린 시몬의 장모를 치유하셨을 때처럼 죄
사함 선언 없이도 치유하실 수 있었을 것이다. 그러나 그렇게 하시지 않
고 죄 사함과 치유를 연결시키신 것은 죄 사함이 자신의 치유 사역과
관련하여 중요한 의미를 가짐을 보여 주시기 위함이었을 것이다.

나. 과연 신성모독인가?

서기관들은 예수의 죄 사함 선언을 신성모독이라고 간주한다. 이러한
생각은 과연 정당한가? 죄 사함이 하나님에 의해서만 가능하다는 서기
관들의 생각은 일면 정당성이 있게 보인다. 출애굽기 34:7에서 하나님
은 자신을 "악과 허물과 죄를 용서하는 하나님"(표준새번역)으로 소개한
다. 이사야 43:25에서도 하나님은 자신을 "죄를 용서하는 하나님"(표준

---

7. Garland, 1988: 339.
8. *b. Megillah* 17b: "… redemption and healing come after forgiveness"(Simon, trans., 106).
9. 에녹1서 95:4: "(Salutary) remedy is far from you, on account of your sins"(*OTP*, vol.1, 76).

새번역)으로 소개한다. 이사야 44:22에서 하나님은 자신이 이스라엘의 죄를 안개처럼 사라지게 하였다고 하신다. 물론 이러한 본문들은 하나님께만 배타적으로 죄 사함의 권한이 있다고 말하지 않지만, 시편 130:4은 죄 사함(סליחה)이 하나님으로부터만 온다고 말한다(A. Y. Collins, 185). 그러므로 서기관들의 생각은 성경의 근거를 가진다. 유대 문헌에는 인간이 죄 사함의 권세를 가질 수 있음을 암시하는 곳이 없다(Hooker, 89). 유대인들의 문헌 중에 시편 17:3에 대한 미드라쉬에서는 다윗이 하나님께 "당신 외에는 아무도 죄를 사하지 못합니다."라고 말한다(Midr. Ps. on Psa 17:3).[10] 따라서 유대교에서는 인간이 자신이 죄 사함을 한다고 주장하면 신성모독이 될 수 있다.

그러나 '네 죄가 사함 받았다.'는 표현은 신적 수동태를 사용한 것으로 간주하여 "하나님께서 네 죄를 사하셨다."라는 선언으로 해석될 수 있다.[11] 마가복음이 '아피에미'(ἀφίημι) 동사가 "죄를 사하다"라는 뜻을 가지고 수동태로 사용할 때에는 하나님께서 동작의 주체가 되는 신적 수동태이므로(3:28; 4:12), 이러한 해석은 정당할 것이다. 이렇게 해석될 경우에는 이러한 죄 사함 선언 자체가 신성모독은 아니다. 물론 예수께서 자신에게 죄 사함의 권세가 있음을 전제하고 "네 죄가 사함 받았다."라

---

10. Johansson, 353 참고.
11. 신적 수동태는 하나님의 이름을 언급하기를 피하기 위해 사용하는데, 마가복음에서 예수는 '하나님'(θεός)을 종종 언급함을 박윤만은 지적한다(막 1:15; 3:35; 4:11, 26, 30; 7:8, 9, 13; 8:33; 9:1, 47; 10:9, 14, 15, 18, 23, 24, 25, 27; 11:22; 12:17, 24, 26, 27, 34; 13:19; 14:25; 15:34)(박윤만, 2014: 342). 따라서 예수께서 '하나님께서 네 죄를 사하셨다.'라는 선언 대신 '네 죄가 사함 받았다.'라는 문장을 사용하신 것은 하나님의 이름을 발설하기를 피하려는 목적보다는 중풍병자의 죄를 문장 서두에 두어 강조하기 위한 것이라고 박윤만은 해석한다(박윤만, 2014: 342-43). 이러한 해석은 예수의 죄 사함 선포에서 죄 사함의 주체가 예수 자신일 가능성과 하나님일 가능성을 모두 열어 둔 것이다.

고 선언하셨음이 마가복음 2:10에서 분명하므로, 이 말씀은 "내가 너의 죄를 사한다."라는 뜻을 담고 있다. 그렇지만, 아직 예수께서 죄 사함 권세를 주장하시기 전에는 "네 죄가 사함 받았다."라는 선언은 청자 입장에서 신성모독에 해당한다고 해석될 필연성이 없다.

물론 이러한 완곡한 죄 사함 선언마저도 대개는 적절한 제사가 드려진 후에 제사장들에 의해 선포되었을 가능성이 있다.[12] 레위기 4:22, 26, 31, 35은 제사장이 속죄 제사 및 화목 제사가 행해진 후에 죄 사함을 선언함을 암시한다. 그러나 이 본문들은 제사장이 속죄를 말로 선언할 수 있다는 명백한 증거를 제시하고 있지 않다(Johansson, 355). 제사장은 속죄 선언 없이 조용히 제사만 드렸을 수도 있다(Johansson, 355). 그러나 설령 당시에 제사장이 속죄 선언을 하였다고 가정해도, 예수의 경우 당시 종교 조직 속의 제사장이 아니면서 제사도 없이 죄 사함을 선포하신 것은 문제시될 수 있었다. 제사를 동반하지 않은 예수의 죄 사함 선언은 "하나님께서 네 죄를 사했다."를 뜻할 수 있는 수동태 형태로 되어 있어도 유대인들은 이것을 부당하다고 간주할 수 있었을 것이다. 그러나 이것을 신성모독으로 간주한 것은 지나친 것이다.

더구나 유대교에서는 제사장 외에도 죄 사함 선언을 할 수 있는 존재가 있었다. 선지자의 경우에, 나단이 다윗에게 죄 사함을 선포한 것처럼(삼하 12:13), 하나님께서 죄를 사하셨다는 선언을 할 수 있었다. 우리는 예수께서 선지자적 죄 사함 선포를 하신 것으로 얼마든지 이해할 수 있다(Witherington, 116). 쿰란 문헌 중에 나보니두스의 기도(*Prayer of Nabonidus*)에는 나보니두스가 "축귀자가 나의 죄를 사하였다."(וחטאי שבק לה גזר)

---

12. Hooker, 84 참고.

라고 말하는 내용도 소개된다(4Q242 4).[13] 이 문장은 '라'(לה)를 동사(שבק)
의 목적어로 보고 '라'가 '나의 죄'(חטאי)를 다시 받는 것으로 보아서[14]
"그리고 나의 죄, 한 축귀자가 그것을 사했다."라고 번역할 수도 있다.
요세푸스(Ant. 6:92)도 백성들이 사무엘 선지자에게 그들이 하나님께 범
한 죄를 사해 달라고 요청하는 이야기를 소개한다.[15] 여기서 부정사 '용
서하기'(ἀφεῖναι)는 형용사 '자비로운'(εὐμενῆ)보다는 부정사 '~하도록 하
다'(καταστῆσαι)와 평행을 이룬다고 볼 수 있고, '~하도록 하다'(καταστῆσαι)
의 주어는 사무엘이므로, '용서하기'(ἀφεῖναι)의 주어도 사무엘로 볼 수
있다.[16] 또한 여기서 문제가 되는 백성들의 죄는 궁극적으로 하나님께
범한 것임이 문맥에서 드러나므로(Ant. 6:38, 88) 용서되는 죄는 하나님께
범한 죄임이 분명하다(Hägerland, 2012: 148-49). 따라서 이 본문은 사람들
이 하나님께 범한 죄를 사무엘이 용서할 수 있다고 간주한다고 볼 수
있다.

　그러나 이 쿰란 문헌과 요세푸스 본문은 다르게 해석할 여지가 있
다. 이 쿰란 문헌 구절(4Q242 4)은 앞의 문맥에 하나님이 등장하였을 가
능성을 고려하여 "그리고 나의 죄 그(하나님)가 그것을 사했다. 축귀자
…"로 번역할 수도 있다.[17] 이렇게 보면 죄 사함의 주체는 하나님이다.
물론 이러한 번역은 축귀자(גזר)로 새로 문장이 시작하는 경우에는 접속
사(ו)를 더하여 '그리고 축귀자'(וגזר)로 시작했어야 한다는 반론을 피할

---

13. 박윤만, 2014: 348-49.
14. Johansson, 359 참고.
15. Hägerland, 2014: 130. 요세푸스의 이 구절을 이렇게 해석할 수 있음을 입증하기
　　위해 해거란트(T. Hägerland)는 자세한 논증을 붙인다(Hägerland, 2014: 130-39).
16. Hägerland, 2012: 148.
17. Johansson, 359 참고.

수는 없다.[18] 앞에서 언급한 요세푸스 본문의 경우에는 하나님을 죄 용서의 주체로 보아서, 백성들이 사무엘 선지자에게 (하나님께서) 그들의 죄를 사하시도록 해 달라고 요청했다고 볼 수 있게 번역할 수도 있다. "그들은 그 선지자에게 ⋯ 하나님께서 그들에게 자비를 베푸셔서 이 죄를 용서하시도록 간구했다."[19] 사무엘이 하나님께 사울의 죄 사함을 위해 기도하지만 실패하는 요세푸스의 문맥(Ant. 6:142-54)은 이러한 해석을 지원한다.[20] 그럼에도 불구하고 최소한 사무엘하 12:13에서는 나단이 죄 사함을 선포한 내용이 분명하다.[21] 이런 관점에서 보면 예수의 죄 사함 선언 자체는 유대교 안에서도 문제될 것이 없다.[22] 그러므로 서기관들이 예수의 죄 사함 선언을 신성모독으로 본 것은 그들이 예수를 선지자 정도로도 간주하지 않고, 신성모독의 범위를 지나치게 확장하여 적용한 결과이다.

유대인들의 문헌 미쉬나(m. Sanhedrin 7:5)에 의하면 하나님의 이름(יהוה)을 발설하지 않으면 신성모독 죄가 성립하지 않는다. "'그 모독자'

---

18. Hägerland, 2012: 156.
19. "[T]hey begged the prophet ⋯ to make God benevolent towards them *so that* he would forgive this sin"(Johansson, 363의 번역).
20. Johansson, 363. 해거란트도 이 부분에서는 동일한 해석을 한다(Hägerland, 2012: 149).
21. 유사하게 천사가 하나님의 뜻을 전하는 자로서 죄 사함을 선언하는 것은 사 6:5-7뿐 아니라, 아브라함의 유언 14:14에서도 발견된다고 볼 수 있다(Hägerland, 2012: 169-70). 해거란트는 희년서 41:24에서는 신적인 죄 용서를 천사가 중보한다는 생각이 표현되고, 희년서 50:1-13은 안식일 계명과 그것을 적용하는 할라카를 중재해야 하는 천사를 언급한다고 주장한다(Hägerland, 2012: 176).
22. 예수께서 회개하지 않은 자에게 죄 사함을 선포하신 것은 회개한 다윗에게 죄를 선포한 나단의 경우와 다르지만, 질병이 죄의 결과로 간주되는 유대인 사회 속에서 병자 자신은 특별히 죄를 인정하는 고백을 할 필요가 없었다고 볼 수 있다.

는 그 이름 자체를 발음하지 않으면 유죄가 아니다."[23] 이 규정에 따르면, 예수의 경우에는 5절에서 하나님의 이름을 발설하지 않으셨으므로 신성모독 죄에 해당하지 않는다. 물론 마가복음 14:64, 요한복음 10:33은 1세기 유대교에서는 신성모독 죄가 좀 더 넓게 적용되었음을 보여준다(France, 126). 이 본문들은 당시 유대교에서는 자신을 하나님처럼 높여도 신성모독 죄로 정죄될 수 있었음을 암시한다. 그럼에도 불구하고 마가복음 2:5의 죄 사함 선언에서 예수께서 자신을 하나님처럼 높이셨다고 볼 근거는 없다. 그러므로 예수께서 신성모독을 범했다는 서기관들의 판단은 부당했다.

서기관들이 예수를 부당하게 비판하는 모습은 마가복음에서 거듭 발견된다(2:13-3:6). 그들은 심지어 예수께서 축귀하시는 현상을 귀신의 왕의 힘으로 귀신을 쫓아낸다고 해석하였다(막 3:22). 아무 근거 없는 이러한 주관적 주장은 그저 예수를 대적하려는 그들의 의도를 반영할 뿐이다. 예수의 죄 사함 선언을 신성모독이라고 여기는 서기관들의 생각도 이렇게 예수를 대적하는 의도를 가졌을 것이다. 구약 성경에 의하면 신성모독에 대한 처벌은 사형이었다. "여호와의 이름을 모독하면 그를 반드시 죽일지니 온 회중이 돌로 그를 칠 것이라"(레 24:16).[24] 그러므로

---

23. "'The blasphemer' is not culpable unless he pronounces the Name itself"(*m. Sanhedrin* 7:5)(Danby, trans., 392).

24. 70인역은 "그런데 주의 이름을 부르는 자는 반드시 사형되도록 하라. 온 이스라엘 회중이 돌들로 그를 치라. 개종자이든지 본토인이든지 그가 주의 이름을 부른 것으로 인하여 죽도록 하라."(ὀνομάζων δὲ τὸ ὄνομα κυρίου θανάτῳ θανατούσθω λίθοις λιθοβολείτω αὐτὸν πᾶσα συναγωγὴ Ισραηλ ἐάν τε προσήλυτος ἐάν τε αὐτόχθων ἐν τῷ ὀνομάσαι αὐτὸν τὸ ὄνομα κυρίου τελευτάτω)라고 하여 "여호와의 이름을 부르는 자"(ὀνομάζων δὲ τὸ ὄνομα κυρίου)를 돌로 치도록 한다. 그러나 히브리어 본문은 '여호와의 이름을 저주하는 자'(וְנֹקֵב שֵׁם־יְהוָה)를 그렇게 하라고 한다.

서기관들이 예수가 하나님을 모독했다고 생각한 것은 예수를 대적하여 죽이려고 한 그들의 태도와 관련된다고 볼 수 있다.

마가복음의 구조는 이러한 해석을 지원한다. 마가복음 2:1-3:6은 다음과 같은 교차대구 구조로 되어 있다(Dewey, 395).

    A   치유 (2:1-12)

      B   식사 (2:13-17)

        C   금식 (2:18-22)

      B′   식사 (2:23-28)

    A′   치유 (3:1-6)

갈릴리를 배경으로 하는 것으로 소개되는 이 다섯 건의 논쟁 목록은 마가복음 11:27-12:37에 담긴 예루살렘에서의 다섯 건의 논쟁 목록에 의해 구조적으로 균형 잡힌다(Lane, 91). 그러므로 2:1-12은 교차대구 구조 속에서 예수의 질문에 사람들이 침묵하고 바리새인들이 예수를 죽이고자 계획을 세우는 3:1-6에 평행된다. 또한 2:1-12은 예수의 권위의 기원에 관하여 서기관들(과 대제사장들과 장로들)이 질문하고 그들이 예수를 체포하고자 하는 11:27-12:12에도 평행된다. 이러한 구조를 통해 마가는 예수의 적대자들이 예수의 권위가 하나님으로부터 온다는 것을 부정하는 모습을 묘사하고, 그들이 특별한 논리적 정당성 없이 맹목적으로 예수를 적대하는 모습을 그린다.

2. 예수의 치유 명령

가. 어느 것이 더 쉬운가?

죄 사함 선언과 질병 치유 선언 중에서 어느 것이 더 쉬운지 선택하는 것은 독자의 자유 선택의 몫이 아니다. 이것은 질문자가 어떤 대답을 기대하고 있는지 문맥을 살펴서 파악해야 하는 주해의 문제이다.

이어지는 문맥은 예수의 죄 사함의 권세를 입증하고자 하는 목적과 이 목적을 달성하기 위한 수단으로서 질병 치유를 활용하는 내용으로 되어 있다(10-11절). 어느 것이 더 쉬우냐고 질문하신 후에 예수께서 선택하신 것은 질병 치유 선언이다. 그러나 이 선택 때문에 질병 치유 선언이 더 쉽다고 결론 내릴 수는 없다. 어느 것이 더 쉬운지 질문하신 후에 스스로 대답을 하시는 문장이 역접 접속사 '그러나'(δέ)로 도입되기 때문이다. 이 접속사가 암시하는 논증 구조는 다음과 같이 분석될 수 있다.

> 죄 사함 선언과 질병 치유 명령 중에 어느 것이 더 쉬운가?
> 죄 사함 선언이 더 쉽다. (생략된 주장)
> '그러나' (더 어려운) 질병 치유 선언을 선택하겠다.

예수께서 '죄 사함 선언이 더 쉽다.'를 자연스러운 대답으로 전제하고 이 대답을 생략하셨다고 본다면, 질병 치유 선언을 선택하기에 앞서 '그러나'라는 역접 접속사가 등장하는 이유가 설명된다. 따라서 '그러나'로 도입되는 선택은 순조롭게 기대되는 더 쉬운 말이 아니고 더 어려운 말이라고 보아야 한다. 이렇게 더 어려운 것을 선택하는 데에는 이유가 있을 것이다. 예수께서는 그 이유를 밝히신다. 그것은 죄 사함의 권세를 입증하기 위함이다(10절).

이 논증의 맥락도 더 쉬운 것이 무엇인지 알려 준다. 더 어려운 것이 가능할 경우 더 쉬운 것은 더더구나 가능함이 입증될 수 있다. 더 어려운 말(치유 선언)을 할 수 있는 분은 더더구나 더 쉬운 말(죄 사함을 받았다는 선언)을 할 수 있다. 이 논증은 '더더구나 논증'(*a fortiori, a minori ad maius*, קל וחמר)이다.[25] 이러한 논증을 염두에 두고, 문맥 속에서 입증하고자 하는 것이 죄 사함의 권세임을 고려하면, 질병 치유 선언이 여기서 더 어려운 것으로 간주되고 있음을 알 수 있다.

마가복음의 구조도 어느 것이 더 쉬운지 알려 준다. 교차대구 구조 속에서 마가복음 2:1-12에 평행되는 본문은 3:1-6이다(위 참고). 이 본문에도 예수의 질문이 등장한다. 안식일에 선을 행하는 것과 악을 행하는 것 중에 어느 것이 옳은가 하는 질문이다(막 3:4). 이 말씀을 하시고 곧이어 안식일에 치유하시는 것으로 보아 예수의 답은 먼저 언급한 '선을 행하는 것'이 옳다는 것이다. 이처럼 양자택일의 질문을 던지며 기대하는 답을 앞에 두는 구조를 마가복음 2:9에 적용하면, 죄 용서 선언과 치유 명령 중에 더 쉬운 것을 묻는 질문이 기대하는 답은 먼저 언급된 죄 용서 선언이다.

사람들이 예수의 중풍병 치유에는 놀라움의 반응(막 2:12)을 보인 것도 그 사람들이 보기에 중풍병 치유 명령의 실현이 매우 어려운 것으로 여겨졌음을 보여 준다. 질병 치유 선언이 더 어렵다고 볼 수 있는 이유는 무엇일까? 죄 사함 선언의 경우와 달리 즉시 경험적으로 그 선언의

---

25. 이러한 논증 방법은 랍비 힐렐(Hillel)의 일곱 가지 논증 방법에도 포함되어 있다 (Stemberger, 18).

실현 여부가 입증되기 때문이라 할 수 있다. 결과를 볼 수 없는 말을 하는 것은 누구나 할 수 있지만, 실현할 능력이 없이 분명한 기적을 명령하는 것은 무의미하다(Lagrange, 37). 이것은 예수 자신의 관점이라기보다 설득을 위한 논증을 위하여 일반적으로 전제할 수 있는 인간적인 관점을 취한 것이라 할 수 있다(Baljon, 29). 또한 질병을 죄의 결과로 간주하는 자들에게 질병 치유는 죄 사함을 포함하기에 질병 치유 명령은 죄 사함 선언보다 더 어려운 것으로 간주될 수 있었다.

나. 치유가 죄 사함 권세의 증명이 될 수 있는 이유는 무엇인가?

마가복음 2:10-11에서는 예수께서 죄 사함의 권세를 가짐을 입증하기 위하여 치유를 명하신다. "그러나 그 인자가 땅에서 죄를 사하는 권세를 가진 줄을 너희가 알게 하려고[26] - 그가 그 중풍병자에게 말씀하셨다 - 너에게 내가 말한다. 일어나라. 너의 자리를 들고 너의 집으로 가라"(사역). 치유가 죄 사함 권세의 증명이 될 수 있는 것은 질병의 원인이 죄일 경우에 가능하다. 바벨론 탈무드(b. Nedarim 41a)는 이러한 연관을 잘 명시하며 "병자는 그의 모든 죄를 사함 받기까지는 그의 질병으로부터 회복되지 않는다."라고 한 랍비 알렉산드리의 주장을 소개한다. "랍비

---

26. '그러나 그 인자가 땅에서 죄를 사하는 권세를 가진 줄을 너희가 알게 하려고'에서 '너희'는 예수의 청중일 수 있지만, 마가복음의 독자들일 수도 있다. 만일 그렇다면 이 부분은 마가의 서사적 주석(narrative commentary)이다(Fowler, 1996: 103). 그러나 '인자'는 마가복음의 다른 곳에서 마가가 아니라 예수께서 사용하시는 표현이므로 이 부분은 마가의 설명이 아니라 예수의 말씀으로 보아야 한다(Bock, 2015: 143). 이 '히나'(ἵνα)는 명령을 표현할 수도 있다(Lane, 97-98). 이 경우 이 '히나' 절은 "그러나 그 인자가 땅에서 죄를 사하는 권세를 가진 줄을 너희는 알라."로 번역된다. 그렇지만, 본문의 '더더구나 논증' 구조는 이 부분을 목적("~하려고")의 부사절로 해석하게 한다. '더더구나 논증'을 통해 예수께서 입증하시고자 하는 바는 예수가 죄 사함의 권세를 가진다는 것이다.

알렉산드리는 랍비 히야 벤 압바의 아름으로 말했다: 아픈 사람은 그의 모든 죄가 용서받을 때까지 그의 병으로부터 치유되지 않는다."[27] 죄와 질병 사이의 연관을 전제할 경우 질병의 치유는 죄 사함을 입증한다(Marcus, 2000: 223). 따라서 치유는 죄 사함의 증거가 될 수 있다. 특히 걷지 못하는 자를 걷도록 하는 치유는 메시아에게 기대된 치유였음을 우리는 누가복음 7:22과 마태복음 11:5에서 알 수 있다. '오실 그분'이 예수인지를 묻는 세례자 요한의 질문에 대한 답으로서 제시된 이 말씀은 구원의 시대가 오면 걷지 못하는 사람이 걸을 것이라고 예언한 이사야 35:5-6에 근거를 둔다. "그때에 눈먼 사람의 눈이 밝아지고, 귀먹은 사람의 귀가 열릴 것이다. 그때에 다리를 절던 사람이 사슴처럼 뛰고, 말을 못하던 혀가 노래를 부를 것이다"(사 35:5-6, 표준새번역). 따라서 예수께서 마가복음 2:11-12에서 행한 치유는 예수가 메시아이심을 입증하는 치유 사건이다. 만일 메시아에게 죄 사함을 기대한 유대인들이 있었다면(아래 참조), 예수께서 못 걷는 자를 걷게 하신 치유는 그들에게 예수께서 죄 사함의 권세도 가지셨음을 입증하는 증거로 간주되었을 것이다.

만일 유대인들에게 죄를 사하는 메시아에 대한 기대가 없었다면, 예수께서 치유를 통해 자신의 메시아 정체를 입증함과 동시에 죄 사함의 권세를 주장함으로써 자신이 어떤 종류의 메시아인지 드러내셨다고 볼 수 있다. 예수께서는 땅에서 가진 죄 사함의 권세를 주장하면서 자신을 '그 인자'라고 지시하신다. '그 인자'(בר נשא)는 다니엘 7:13에 나오는 하늘 구름을 타고 하나님께 오는 '인자'(בר נש)를 가리킨다. 이러한 지시를

---

27. "R. Alexandri said in the name of R. Hiyya b. Abba: A sick man does not recover from his sickness until all his sins are forgiven him"(Freedman, trans., 1936: 130). *b. Shabbath* 55a도 유사한 견해를 피력한다: "There is no suffering without iniquity"("사악함 없이 받는 고난은 없다.")(Freedman, trans., 1938: 255).

위하여 정관사가 붙는다(Kim, 35). 마가복음 본문에서 '그 인자'가 사람 일반을 가리킨다고 볼 수는 없다. 신약 성경에서 단수형 '그 인자'가 인간 일반을 가리키는 용어로 사용된 곳은 없기 때문이다. 마가복음에서 '그 인자'가 예수 자신을 가리킴은 마가복음 8:38에서 '나'와 '그 인자' 를 평행시켜 사용함에서 드러난다. 또한 마가복음 8:31; 9:9, 31; 10:33; 14:21, 41, 62에서 문맥상 '그 인자'는 예수 자신을 가리킴이 분명하다 (Shin, 2004: 307). 죄 사함의 권세를 가진 '그 인자'가 사람 일반을 가리킬 수 없음은 신약 성경의 전반적 흐름에서도 지지받는다.

인자에게 죄 사함의 권세가 있다고 하신 예수의 말씀은 '인자'(υἱὸς ἀνθρώπου)와 '권세'(ἐξουσία)라는 표현을 가진 다니엘 7:13-14을 연상시키며, '권세 가지기'(ἐξουσίαν ἔχειν)와 '땅에서'(ἐπὶ τῆς γῆς)라는 표현을 가진 다니엘 4:17도 기억나게 한다.[28] 그리하여 예수께서는 자신의 정체를 다니엘 7:13에 등장하는 구름을 타고 하나님께 나아가 권세를 받는 신적인 존재로서의 '인자 같은 이'임을 암시한다. 에녹1서 46:3은 다니엘 7:13의 '그 인자 같은 이'를 '그 인자'라고 지칭하며, 52:4에서 그의 권세를 '메시아의 권세'라고 부른다.[29] 이러한 배경은 예수께서 '그 인자'라

---

28. Hägerland, 2012: 171-72. 또한, 막 2:10의 '알도록 하기 위하여'(ἵνα δὲ εἰδῆτε)라는 마가복음의 표현은 '알도록 하려고'(ἵνα γνῶσιν)라는 표현을 가진 테오도션 (Theodotion) 단 4:17와 유사하다(Hägerland, 2012: 172). 해거란트는 막 2:10과 2:28이 모두 권위 주장이라고 해석하며, 막 2:28의 '주인이다'(κύριός ἐστιν)와 2:10 의 '권세가 있다'(ἐξουσίαν ἔχει)가 호환성 있는 표현임을 히브리어 성경 단 4:14에 대응하는 헬라어 본문들이 아람어(שׁליט)를 번역한 방식을 근거로 든다(Hägerland, 2012: 174). 70인역 단 4:17은 이 부분에서 '권세가 있다'(ἐξουσίαν ἔχειν)를 가지고, 테오도션 단 4:17은 '주인이다'(κύριός ἐστιν)를 가진다. 그는 이러한 연관성을 마가복음과 히브리어 성경 단 4:14(70인역 및 개역개정판은 4:17)의 긴밀한 연관성의 증거로 제시한다(Hägerland, 2012: 174).

29. Hägerland, 2012: 174-75.

는 용어를 자신의 메시아 정체성을 표현하고자 사용하셨다고 해석할 수 있게 한다. '그 인자'(בר נשא)는 '나'에 해당하는 아람어 '인자'(בר נש)와 유사하다. 창세기 탈굼 조각(Geniza fragment Cairo Targum MS B, Plate 7) 창세기 4:14의 '사람의 아들'(בר נש)은 탈굼 네오피티(Targum Neofiti) 창세기 4:14에서 '나'에 해당하므로 '사람의 아들'(בר נש)은 "나"를 가리킴을 알 수 있다(Vermes, 1967: 322). 따라서 '그 인자'는 자신을 가리키는 말로 사용하기에도 적합했을 것이다. 또한 다니엘 7:25을 미루어 볼 때, '인자 같은 이'는 고난을 당한다고 볼 수 있으므로 고난받는 메시아로서의 정체성을 표현하기에도 적합하였을 것이다.

3. 예수의 치유 사역과 죄 사함

마가복음 1:4은 물로 세례 주는 요한의 사역의 목적을 죄 사함이라고 한다. 세례자 요한은 자신이 주는 물세례와 자기보다 더 위대한 분이 오셔서 성령으로 주는 세례를 대조시킨다(막 1:8). "나는 여러분에게 물로 세례 주었지만, 그분은 여러분에게 성령으로 세례 주실 것입니다"(사역). 이 두 가지 세례는 다른 인물이 다른 수단으로 행하지만 모두 세례라는 점에서 그 목적은 동일할 것이다. 따라서 성령으로 주는 세례의 목적도 죄 사함이라고 볼 수 있다.

　　요한이 소개한 인물은 마가복음에서 요한의 소개 후에 곧바로 등장하는 예수이다. 이 예수의 사역은 축귀와 치유, 설교였는데, 이러한 사역은 세례자 요한의 언어로 표현하면 모두 성령으로 세례 주는 사역이며, 요한의 세례가 목적한 바 죄 사함을 이루기 위한 사역이다. 그러므로 질병 치유의 목적도 궁극적으로 죄 사함이다. 이러한 관점에서 볼 때 치유 이야기 속에서 죄 사함이 중심 주제로 다루어지는 것은 자연스럽게 기대되는 것이다.

예수께서 죄 사함의 사역을 하는 것으로 묘사하는 마가복음 본문은 메시아가 죄 사함을 행할 것으로 기대한 듯한 쿰란 문헌(CD 14:19)을 배경으로 볼 때,[30] 예수를 메시아로 소개한다고 볼 수도 있을 것이다. 그러나 이 쿰란 문헌 구절에서 사용된 동사(כפר)의 뜻은 용서라기보다는 속죄이며 동작의 주체도 하나님으로 볼 수도 있다(Johansson, 366). 제사 없이 속죄가 이루어지는 시대를 기대하는 쿰란 문헌 구절(1QS 9:4)에서도 이 동사(כפר)가 사용되는데, 이 동작의 주체가 반드시 메시아라고 볼 근거가 불분명하다. 레위의 유언 18:9은 메시아적 존재에 의하여 죄가 그칠 것을 기대한다. "그의 제사장 사역 안에서 죄가 그치고 불법자들이 그들의 악행으로부터 쉼을 얻을 것이다."[31] 그러나 이것은 죄 사함을 뜻하기보다 죄를 더 이상 짓지 않게 됨을 뜻할 수 있다. 이러한 메시아 기대 본문들은 죄 사함과 관련되는 것이 불분명하므로 배제할 수 있다. 페식타 라바티(Pesiq. R. 37.2)는 메시아를 통하여 이스라엘이 죄 사함을 받으리라 기대하지만,[32] 이것은 1세기 유대인들의 생각을 반영하기에는 너무 후기 문헌이다. 탈굼 이사야 53장은 메시아적 존재와 죄 사함의 관계를 다룬다. 그러나 여기서 메시아적 존재는 사람들의 죄 사함을 위해 하나님께 탄원하고, 하나님께서 죄를 사하신다(tg. Isa. 53:4, 6, 10, 12).[33] 이것은 메시아마저도 직접 죄를 사하지 못한다고 여기는 유대인들의 관

---

30. 쿰란 문헌이 기대하는 메시아의 죄 사함에 관해서는 Baumgarten, 1999: 537-44, 특히 541-42을 보라.

31. 레위의 유언 18:9: "In his priesthood sin shall cease and lawless men shall rest from their evil deeds"(OTP, vol.1, 795).

32. Braude, trans., 689.

33. Chilton, trans., 104-5.

점을 보여 준다(Gundry, 113).

이처럼 당시 유대인들에게 메시아가 죄를 직접 사할 수 있다는 기대가 없었다면, 예수의 죄 사함의 권세 주장은 어떻게 해석될 수 있는가? 시편 103:3은 하나님을 죄를 사하시고 병을 고쳐 주시는 분으로서 소개한다.[34] 이러한 배경 속에서 예수의 죄 사함 사역과 치유 사역을 묶어 놓은 것은 예수를 하나님 같은 분으로 소개하는 기능을 한다. 즉 시편 103:3 배경 때문에 죄 사함과 치유는 하나님 안에서 긴밀히 연관되고, 이를 예수의 사역으로 소개하는 것은 예수를 신적인 존재로 소개하는 것이다. 특히 죄 사함을 배타적으로 하나님께 연관시키는 유대인들에게 자신에게 죄 사함의 권세가 있다는 예수의 주장은 자신이 신적 존재라는 주장으로 여겨질 수밖에 없었을 것이다. 마가는 예수를 신성을 가진 존재로 묘사하기를 피하지 않는다. 예수께서 서기관들의 마음속 생각을 아셨다는 묘사도(2:8) 예수의 신성을 암시한다. 사람의 마음을 아는 분은 하나님이시다(시 139:23; 잠 24:12). 그러므로 예수께서 서기관들의 생각을 아셨다는 서술은 예수를 인간 이상의 존재로 묘사하는 것이다(Marcus, 2000: 222).

그런데, 과연 죄 사함을 위한 예수의 세례는 세례자 요한의 기대대로 성령으로 이루어진다고 해석할 수 있는가? 마가복음 3:29-30은 예수의 축귀 사역이 성령으로 이루어짐을 암시한다. 그런데 과연 치유도 성령과 관련되는가? 명확한 진술이 마가복음에서 발견되지 않지만, 우리는 악령이 질병의 원인이 된다고 보는 유대인들의 생각을 배경으로 볼 때 질병 치유를 성령과 관련시킬 수 있다. 이러한 유대인들의 생각은

---

34. Gaiser, 71-87 참고.

쿰란 문헌(4Q Zadokite 조각들)에서 발견된다.[35] 죄가 악령에 의해 발생한다는 생각은 신약 성경에서도 발견할 수 있다. 우리는 이러한 전제를 사도행전 10:38에서 볼 수 있다. "마귀에게 억눌린 사람들을 모두 고쳐 주셨습니다"(새번역). 여기서 치유받는 병자는 마귀에게 억눌린 자로 묘사된다. 물론 이때 마귀에게 억눌린 자는 귀신 들린 자를 가리킬 수도 있다. 좀 더 분명한 증거는 누가복음 13:16에서 발견된다.[36] "아브라함의 딸인 이 여자가 열여덟 해 동안이나 사탄에게 매여 있었으니, 안식일에라도 이 매임을 풀어 주어야 하지 않겠느냐?"(새번역). 여기서 육체적 질병에 걸린 여인은 사탄에게 매여 있었던 자로 간주된다. 이것은 이 여인의 경우 질병의 원인이 사탄임을 전제한 것이다. 그렇다면 질병 치유는 사탄을 제압하는 성령으로 이루어지는 것이다.

축귀와 치유가 성령으로 행하는 사역이라면 이 사역들이 마가복음 1:8이 기대하는 성령으로 세례 주는 사역에 해당한다. 따라서 이러한 사역들은 물로 세례 주는 사역처럼 죄 사함을 목표로 한다. 마가복음 3:29도 성령을 모독하는 죄가 사함 받지 못한다고 함으로써 성령의 사역이 곧 죄 사함임을 암시한다. 질병이 범죄로 인해 발생한다고 보는 유대인들의 관점(신 28:20-28, 시 38:3-4, 요 9:2 등 참고)을 통해서 볼 때에도 질병 치유가 그 원인이 되는 죄의 사함과 관련된다고 보는 것은 자연스럽다.

예수의 성령 세례 사역으로서의 치유는 사탄으로부터의 해방 사역으로서 죄 사함을 통해서 발생하는데, 마가복음 2:11에서 이 사역은 종이 해방되어 자유를 얻는 희년의 이미지로 묘사된다. "네 집으로 돌아가라."(ὕπαγε εἰς τὸν οἶκόν σου)는 종들이 풀려나 그 기업(조상 대대로 내려오는

---

35. Baumgarten, 1990: 159.
36. Garland, 1988: 329.

가문의 토지)으로 돌아가는 희년을 연상시킨다(레 25:23-28, 47-54). 희년은 모든 채무가 다 갚아지는 결정적인 순간이다. 예수께서 죄 사함을 선포하시고 집으로 돌아가라고 하시는 것은 빚이 사라져 집으로 돌아가는 희년을 모형으로 한 영적 희년의 선포라 할 수 있다.[37] 마가복음에 의하면 이러한 영적 희년은 예수께서 "많은 사람을 위하여" 자기 목숨을 대속물로 주는 고난의 죽음으로 이루시는 속죄와 함께 온다(막 10:45; 14:24). 이러한 구원의 때는 시간이 흘러 채무가 자연 소멸되는 희년보다는 고엘(가장 가까운 친척)이 채무를 대신 갚아 주는 순간과 유사하다(레 25:48-52). 고엘의 빚 탕감을 통한 노예 해방의 이미지는 대신하여 죄의 값을 치르는 예수의 죽음을 통하여 이루는 사탄으로부터의 해방을 이해하는 배경으로서 역할을 한다.

그런데 고엘의 빚 탕감의 경우처럼 사람이 남의 죄의 빚을 대신 탕감해 줄 수 있을까? 신약 성경에는 사람들이 서로의 죄를 용서할 수 있다고 하지만, 어떤 사람이 하나님이나 또 다른 사람에게 지은 죄를 없앨 수 있음을 암시하는 구절은 없다(A. Y. Collins, 188-89). 비록 사람들에게 죄 사함의 권세가 주어졌다고 하는 신약 구절이 있지만(마 6:14), 이 구절은 마태복음의 주장이 아니라 마태복음이 인용하는 군중들의 말이다.

---

37. 따라서, 막 1:15에서 언급하는 '하나님 나라'는 '영적 희년'이라고 부를 수 있을 것이다.

III. 해설과 적용

1. 해설

예수께서 몸이 마비된 자에게 죄 사함을 선언하신 것은 질병을 죄의 결과로 보는 유대인들의 관점과 관련된다. 이러한 관점은 신명기 28:20-28, 시편 38:3-4 등에 토대한다. 이러한 관점은 신약 성경(요 9:2, 약 5:15)에도 반영되어 있다. 마카비1서 9:54-55, 마카비3서 2:21-23은 몸이 마비되는 병이 죄의 결과로 발생한 사건을 소개한다. 이러한 배경 속에서 예수께 온 중풍병자(몸이 마비되어 걸을 수 없는 자)도 자신을 죄인으로 간주하였을 것이다. 이러한 생각을 하는 사람에게 죄 사함 선언은 곧 병의 원인이 사라졌다는 선언이다.

"네 죄가 사함 받았다."라는 예수의 선언을 서기관들은 신성모독에 해당한다고 생각하였다. 그러나 이 선언은 "하나님께서 너의 죄를 사하셨다."라는 뜻을 전한다고 볼 수 있다. 이러한 선언을 선지자가 할 수 있었음을 나단 선지자의 경우에서 볼 수 있다(삼하 12:13). 그러므로 예수를 최소한 선지자로 간주한 사람들에게는 예수의 죄 사함 선언은 신성모독이 아니라 할 수 있다.

죄 사함 선언과 질병 치유 선언 중에 더 쉬운 것이 무엇인지는 이 질문에 이어지는 답에 담겨 있다. 예수께서는 이 질문을 던지고, '그러나'(δέ)로 대답을 도입하셨으므로(막 2:10) 기대되는 더 쉬운 것의 선택 대신 더 어려운 것이 선택되었다고 볼 수 있다. 더 어려운 것이 가능함을 통하여 더 쉬운 것은 더더구나 가능함을 보여 주는 '더더구나 논증'을 사용하는 맥락 속에서 예수께서 죄 사함의 권세를 입증하겠다고 하시며 질병 치유 명령을 하신 것도 예수께서 질병 치유 선언을 더 어려운 쪽에 위치시켰음을 알려 준다.

질병을 죄의 결과로 보는 유대인들에게 질병 치유는 죄 사함을 입증하는 증거가 될 수 있었다. 또한 걷지 못하는 자를 걷게 하는 질병 치유는 이사야 53:6이 언급하는 메시아 표적으로서(마 11:5, 눅 7:22), 예수께서 메시아이심을 입증한다. 유대인들에게 죄 사함의 권세를 가진 메시아 기대는 아마도 없었을 것이다. 그러나 예수께서는 자신의 죄 사함의 권세를 선언하는 맥락에서 중풍병자 치유를 하며 자신이 죄 사함의 권세를 가진 메시아임을 입증하신다.

질병이 악령에 의해 발생한다고 보는 쿰란 문헌(4Q Zadokite 조각들)과 누가복음 13:16, 사도행전 10:38은 질병 치유가 악령으로부터 병자를 해방시키는 사역으로서 성령을 통해 발생한다고 보게 한다. 이러한 사역은 마가복음 1:8이 소개하는 성령으로 세례 주는 사역이라 할 수 있다. 마가복음 1:4, 8을 통해서 볼 때 성령으로 세례 주는 예수의 사역의 목적도 세례자 요한의 물세례의 목적과 같은 죄 사함일 것이다. 그러므로 성령으로 세례 주는 사역의 일환으로서의 질병 치유의 목적도 죄 사함과 관련된다고 할 수 있다.

2. 적용[38]

믿음은 단지 확신만이 아니라, 사고방식의 변화와 장애물을 극복하는 행동이다. 우리는 이러한 믿음을 가져야 한다. 고정 관념에 사로잡혀서,

---

38. 이 부분은 웨스트민스터신학대학원대학교 새벽 사경회(2010. 10. 21.) 설교 때 적용한 것을 신현우, 2018c: 91-92에 실은 것을 토대로 한 것이다.

길이 막혔다고 좌절하면 안 된다. 우리는 사고방식을 전환하여 새 길을 찾아야 한다. 고정 관념을 버리고 예수께 가까이 다가가야 한다. 고정 관념을 고집하는 것이 믿음이라고 착각하지 말아야 한다. 믿음은 예수께 다가가는 목적 외에는 다른 것을 바꿀 수 있는 유연성이다. 우리는 이렇게 확고한 목적과 유연한 생각을 가져야 한다.

본문은 치유와 죄 사함의 깊은 연관성을 보여 준다. 치유는 죄 사함의 증거이다. 이스라엘 사람들에게 죄 사함은 치유를 통해 증거되고 경험되었다. 우리에게 죄 사함은 어떻게 증거되는가? 죄 없으신 예수님의 고난을 통해 증거된다. 예수께서 고난당하시고 죽임을 당하심은 우리의 죄를 사하기 위함이다. 그렇지 않다면 예수께서 고난당하실 이유가 없다.

죄 사함을 받으면 우리의 심령이 새롭게 된다. 중풍병자와 같은 상태에서 변화하여 일어나 걷게 된다. 그러한 마음과 삶의 변화는 우리가 죄 사함을 받은 증거이다. 죄 사함은 변화된 삶을 위한 영혼의 치유이다. 죄 사함을 받은 자는 변화된 삶을 살게 된다.

우리에게는 참된 믿음이 있는가? 우리에게 장애물을 극복하는 집요함이 있는가? 고정 관념을 극복한 유연한 생각, 창조적 생각을 하는가? 참된 죄 사함의 표증이 우리의 삶 속에 나타나는가? 주여, 죄에서 해방되어 다시는 죄의 종으로 살지 않도록 인도하소서.

제12장
마가복음 2:13-17
바리새파 서기관들은 과연 예수를 추종했었는가?*

I. 번역

13 그가 다시 그 바닷가로 나오시자, 온 무리가 그에게로 계속하여 나아왔다. 그러자 그는 그들을 가르치셨다. 14 그 후에, 그가 지나가시다가 알패오의 아들 레위가 세관에 앉아 있는 것을 보시고 그에게 말씀하셨다.

"나를 따르라."

이에 그가 일어나 그분을 따라가기 시작했다.

15 그분이 그의 집에서 (식사를 위해) 기대어 누워 계셨다. 또한 많은 세관원들과 죄인들도 예수와 그의 제자들과 함께 기대어 누워 있었다. - 그들은 많았고, 그를 따르고 있었다. - 16 바리새파 율법사들이 그가 그 죄인들 및 세관원들과 함께 식사하시는 것을 목격하고 그의 제자들에게 말했다.

---

* 제12장은 필자의 글, 신현우, 2017a: 7-34을 일반 독자들이 읽기 쉽게 편집하여 작성하였다.

"어찌하여 그가 저 세관원들과 죄인들과 함께 식사하시오?"

17 그때 예수께서 들으시고 그들에게 말씀하셨다.

"건강한 자들에게는 의사가 필요 없고, 병든 자들에게 필요하오.

나는 의로운 자들이 아니라 죄인들을 부르려고 왔소."

II. 주해

마가복음 2:15b-16a는 사본에 따라 바리새파 서기관들과 예수의 관계
가 다르게 읽힌다. 네스틀레-알란트(Nestle-Aland) 28판을 따라 읽으면 본
문은 다음과 같다.

> ἦσαν γὰρ πολλοὶ καὶ ἠκολούθουν αὐτῷ. καὶ οἱ γραμματεῖς τῶν
> Φαρισαίων ἰδόντες
> 왜냐하면 그들의 수는 많았는데 그들이 그를 계속하여 추종했기 때문
> 이다. 그리고 바리새인들의 서기관들은 보고 (사역).

이 읽기를 지지하는 사본은 바티칸 사본(B)과 약간의 사본들(W 28)이다.
대다수의 사본들[1] '바리새인들의 서기관들' 대신에 '바리새인들과 서
기관들'로 읽는 것 외에는 동일하다. 이러한 읽기에 의하면 바리새파 서
기관들은 예수를 관찰한 사람들이고, 그들은 예수의 제자들에게 질문
한 자들이다. 그런데, 본문은 시내산 사본(ℵ)을 비롯한 몇몇 사본들(L 33

---

1.   A C K (D) Γ Θ $f^{1.13}$ 565. 579. (700) 892. 1241. 1424. 2542. *l*2211 𝔐 lat (a c e ff² sa^{mss}) (r¹) sy sa^{ms} bo^{pt} (사본 정보는 NA28을 참고함)

b bo^ms)을 따라 다음처럼 읽을 수도 있다.

> ἦσαν γὰρ πολλοὶ καὶ ἠκολούθουν αὐτῷ καὶ γραμματεῖς τῶν
> Φαρισαίων. καὶ ἰδόντες
>
> 왜냐하면 그들은 많았고, 바리새인들 중에 서기관들마저도 그를 계속
> 하여 추종했기 때문이다. 그런데 그들이 보고 (사역).

이러한 읽기를 따르면, 심지어 바리새파 서기관들도 예수를 추종하였
다. 파피루스 88 사본(𝔓^88)은 서기관들 앞에 정관사(οἱ)를 가지는 것만 다
를 뿐 이 읽기를 지지하는 듯하다(αὐτῷ καὶ οἱ γραμματεῖς τῶν Φαρισαίων). 대
문자 사본 중 하나인 델타 사본(Δ)은 '서기관들' 앞에 정관사와 '마저
도'(καί)가 없는 것이 다르지만 위의 읽기를 지지한다(αὐτῷ γραμματεῖς τῶν
Φαρισαίων).[2] 이 사본들은 모두 이어지는 문장을 '그리고'(καί)로 시작하므
로 다음 문장이 자연스럽게 시작된다. 파피루스 88 사본(𝔓^88)의 읽기와
델타 사본(Δ)의 읽기는 외증이 매우 약하므로 원래의 읽기일 가능성이
매우 낮기에 시내산 사본 등(א L 33 b bo^mss)의 읽기와 네스틀레-알란트 28
판이 채택한 바티칸 사본 등(B W 28)의 읽기를 비교하도록 하자. 편의상
네스틀레-알란트 28판이 채택한 읽기를 바티칸 사본(B)의 읽기, 시내산
사본 등(א L 33 b bo^mss)의 읽기를 시내산 사본(א)의 읽기라 부르기로 한다.

바티칸 사본의 읽기와 시내산 사본의 읽기의 차이는 '서기관
들'(γραμματεῖς) 앞의 정관사(οἱ)의 유무와 '보고'(ἰδόντες) 앞의 '그리고'(καί)
의 유무이다. 이 정도의 차이는 대개 번역과 해석의 큰 차이를 가져오지

---

2.   델타 사본(Δ)은 표현을 더 쉽게 하고자 문장 속에서 "마저도"로 해석하지 않으면
불필요한 접속사로 여겨질 수 있는 '까이'(καί)를 생략한 듯하다.

않지만, 마가복음 2:15-16에서는 엄청난 번역의 차이와 해석의 차이를 낳는다. 바티칸 사본을 따르면 바리새파 서기관들은 예수를 관찰했을 뿐이다. 그러나 시내산 사본을 따르면 바리새파 서기관들은 예수를 어떤 이유에서든지 따라다녔으며, 또한 그 과정에서 예수를 관찰하게 되었다. 마가는 과연 시내산 사본의 본문처럼 바리새파 서기관들이 예수를 따라다녔다고 기록하였는가? 아니면, 시내산 사본의 읽기는 필사자들이 고쳐 쓴 결과일 뿐인가? 시내산 사본의 읽기는 과연 마가복음의 원래의 모습을 전해 주는가? 이러한 원본문 결정의 문제를 푸는 데에는 사본학만이 아니라, 주석학, 공관복음서의 상호 관계, 역사적 예수 연구 등이 관련되므로, 함께 다루어질 수 있을 것이다.[3]

1. 바리새파 서기관들은 예수를 추종했는가?

바티칸 사본에 의하면 예수를 추종한 사람들은 죄인들과 세리들이었다. 이때 사용된 동사는 '아꼴루테오'(ἀκολουθέω)의 미완료과거형 (ἠκολούθουν)이므로, 이 본문은 그들이 예수를 "따라다니고 있었다"라고 묘사한다고 볼 수 있다. 세리와 죄인들이 예수를 따라다녔다는 것은 그들이 예수와 함께 식사하고 있다고 묘사하는 마가복음 2:15-16 문맥에 부합한다. 또한 세리 레위를 제자로 부르셨고 레위가 예수를 따르기 시작했음을 묘사하는 마가복음 2:14 문맥 역시 다른 세리들도 레위처럼 예수를 따르게 되었다고 볼 수 있게 한다. 세리 레위를 제자로 부르신

---

3. 본문 확정을 위해 주석학과 함께 공관복음 상호 연구와 역사적 예수 연구를 사용하는 것은 사본학자들이 잘 사용하지 않는 시도이지만, 앞으로는 이러한 융복합이 필요할 것이다. 주석학을 사용하여 본문 확정을 시도한 논문으로는 신현우, 2004: 87-106 참조.

예수는 제자를 부르실 때 세리와 죄인을 배제하지 않았음이 분명하며, 예수를 곧바로 따라나선 레위의 경우가 잘 보여 주듯이 예수께서는 세리와 죄인들이 따를 만한 매력을 가지셨을 것이다. 바티칸 사본의 읽기는 이러한 근접 문맥에 잘 부합한다. 한편 마가복음 원격 문맥에서도 세리와 죄인들이 예수를 따라다녔을 가능성을 부정할 만한 내용은 없다. 그러므로 문맥에 대한 고려는 바티칸 사본의 읽기를 지지한다.

그런데, 시내산 사본에 의하면 바리새파 서기관들마저도 예수를 따라다녔다. 이때 사용된 동사는 역시 미완료과거형(ἠκολούθουν)이므로, "계속하여 따라다녔다" 또는 "따라다니고 있었다"로 번역할 수 있다. 메쯔거(B. M. Metzger)는 주장하기를 마가복음에서 동사 '아꼴루테오'(ἀκολουθέω)는 예수의 제자들에 대하여 사용되었고, 예수를 적대하는 자들에 대하여 사용되지는 않았다고 한다(Metzger, 1994: 67). 마가복음의 다른 곳에서 '아꼴루테오' 동사를 예수의 적대자들에게 사용하지 않았기에 마가복음 2:15-16에서도 예수의 적대자인 바리새파 서기관들에게 사용되었을 리가 없다는 논증이다. 이러한 주장은 시내산 사본의 읽기를 반대하기 위한 논증으로 제시된 것이다.

이 논증은 마가복음에서 '아꼴루테오'가 사용된 전반적 용례에 토대한 것이다. 그러나 마가가 2:15-16에서 예외적으로 바리새파 서기관들이 예수를 따라다녔다는 것을 언급하였을 가능성을 배제할 수는 없다. '따르다'로 번역할 수 있는 '아꼴루테오' 동사는 제자가 스승을 따름을 묘사할 때에도 사용되지만,[4] 무리가 예수를 따라다닌 것에도 사용되

---

4. 구약 성경(왕상 19:20)과 메킬타(*Mekilta* 출 14:15)의 용례를 배경으로 하여 이 단어가 가질 수 있는 제자로서의 추종의 의미와 삿 3:28, 삼상 11:7, 마카비1서 2:27을 배경으로 하여 '내 뒤에 오라'는 요구에 대한 반응으로서 '따르다'가 가질 수 있는 전투에의 참여의 의미에 관하여는 신현우, 2014c: 599-626 또는 이 책의 제7장 참조.

고(막 5:24; 11:9), 제자들이 물동이를 운반하는 남자를 따라간 것을 묘사할 때에도 사용된다(막 14:13)(Martini, 37). 즉, 이 단어는 단지 공간적으로 뒤에서 따라감을 묘사할 때에도 사용된다. 이 동사의 의미가 이처럼 넓게 사용된 점을 고려한다면 바리새파 서기관들이 예수를 공간적으로 뒤에서 따라다닌 것을 본문이 묘사한다고 볼 수도 있기에, 이 단어가 바리새파 서기관들에게 사용된 것이 마가복음의 전체 문맥에 부적합하다고 볼 이유가 없다. 시내산 사본의 본문이 바리새파 서기관들이 예수의 약점을 잡기 위해 "계속 따라다녔다" 또는 "따라다니고 있었다"라고 기록한 것으로 본다면, 얼마든지 마가복음의 전체 흐름에 부합한다. 그러므로 '아꼴루테오'의 용례와 마가복음 전체 문맥에 대한 고려는 시내산 사본의 읽기가 마가가 기록한 원래의 본문의 모습을 반영할 수 있다고 보게 한다.

만일 동사 '아꼴루테오'를 여기서 "제자로서 스승을 따르다"라는 의미로 읽는다면, 시내산 사본의 읽기는 마가복음 문맥에서 바리새파 서기관들이 예수를 추종하였다는 더 어려운 의미를 형성한다. 따라서 이 시내산 사본의 읽기가 원래의 읽기였다고 볼 수 있다. 필사자들이 더 어려운 읽기를 더 쉽게 만들었을 가능성이 그 반대 경우의 가능성보다 더 높기 때문이다. 종종 예수를 대적한 것으로 마가복음에 등장하는 바리새파 서기관들이 예수를 제자로서 추종했다는 읽기는 죄인들과 세리들이 예수를 제자로서 추종했다는 것보다 더 어려운 읽기이다. 물론 메쯔거의 지적처럼 시내산 사본에서는 동사 '아꼴루테오'가 이 동사를 예수의 적대자들에게 사용하지 않는 마가복음의 전체 흐름에 부합하지 않게 사용되었다고 반론을 펼 수 있다. 그러나 예수의 적대자들이 한때 예수를 따랐을 가능성을 원천적으로 배제할 수는 없다. 그러므로 시내산 사본의 읽기가 마가복음의 원래의 모습을 반영할 가능성이 있다.

만일 시내산 사본의 읽기가 원래의 읽기라면 본문은 어떻게 해석되어야 하는가? 바리새인들은 예수의 제자로서 예수를 추종하였다고 읽어야 하는가? 아니면 그들은 예수의 약점을 잡기 위해 조사하는 차원에서 예수를 따라다녔다고 읽어야 하는가? 바리새파 서기관들이 예수를 추종했다는 해석은 그들이 종종 예수의 적대 세력으로 등장하는 마가복음의 전반적 흐름에 맞지 않는 듯하다. 그러나 바리새파 서기관들이 한동안 예수를 추종하고 있었다고 해석한다면 마가복음의 흐름에 모순되지는 않는다. 그리고 무엇이 바리새파 서기관들이 한때 예수를 추종하게 했을지에 대한 설명이 가능하다. 아마도 그들은 예수의 하나님 나라 선포를 듣고 메시아 기대를 가지게 되었을 수 있다. 그들은 예수가 선포한 하나님 나라를 자기들의 방식으로 이해하고 따르다가 후에 견해의 차이를 발견하고 대적하게 되었을 수 있다. 더구나 마가복음 12:28-34에는 예수께 우호적인 서기관이 등장한다. 이러한 서기관의 존재는 마가복음 2:15-16에서 예수를 추종한 바리새파 서기관들이 있었음을 말하는 시내산 사본의 읽기와 잘 부합한다.

만일 바리새파 서기관들이 예수를 조사하려고 따라다녔다면 바리새인들이나 서기관들이 예수의 식사, 안식일 준수, 축귀, 죄 용서 선언 등에 대해 문제를 제기한 마가복음의 흐름에 잘 부합한다. 이 경우, 왜 처음부터 조사하려고 따라다니게 되었을지 설명이 필요하다. 당시에 주류 세력인 그들은 백성 가운데 날로 인기가 높아 가는 예수의 소문을 듣고 위협을 느꼈을 수 있다. 그리하여 대중적 인기를 누리는 예수의 사역과 신학을 점검할 필요성을 느꼈을 수 있다. 예루살렘에 기반을 둔 서기관들이(막 3:22; 7:1) 갈릴리에 조사하러 왔다면 이 임무의 수행을 위해

한동안 계속 예수를 따라다녔을 것이다. 따라서 이러한 조사를 위한 추적은 불가능하지 않으며 오히려 개연성이 있다.

바리새파 서기관들이 예수께 적대적인 질문을 하는 듯한 근접 문맥은 서기관들이 예수를 조사하기 위해 추적하였다는 해석을 지지하는 듯하다. 그러나 마가복음 2:16의 바리새파 서기관들의 질문은 적대적 의도 없이 그저 이유를 듣고자 묻는 질문으로 볼 수도 있다. 서기관들의 적의는 2:6-7에서 묘사되지만, 바리새인들이 적의를 품은 것은 2:24에서 암시되고 3:6에서야 분명해진다. 그러므로 바리새파 서기관들이 한때 예수를 스승으로 추종했음을 마가가 2:15-16에서 독자들에게 전해 주고자 했을 가능성을 배제할 수 없다.

2. 마가복음 2:1-3:6 구조 속에서 본 마가복음 2:15-16

지금까지 근접 및 원격 문맥을 고려할 때 마가복음 2:15-16에서 시내산 사본의 읽기가 불가능하지 않음을 살펴보았다. 이제 마가복음 2:1-3:6의 구조를 통해 문맥을 좀 더 관찰해 보도록 하자. 마가복음 2:1-3:6은 다음과 같은 교차대구 구조를 가진다.

> A (2:1-12) 예수의 치유
>> B (2:13-17) 예수 오심의 목적
>>> C (2:18-22) 예수와 유대 전통
>> B′ (2:23-28) 안식일 제정의 목적
> A′ (3:1-6) 예수의 치유

이러한 구조 속에서 2:13-17은 안식일의 목적을 다루는 2:23-28과 평행을 이룬다. 이 두 본문을 비교하면 다음과 같은 평행 구조를 파악할 수 있다.

<마가복음 2:13-17>

13-15절	예수의 행동
16절	바리새파 서기관들의 질문
17a절	예수의 변론1 (의사의 경우와 비교함)
17b절	예수의 변론2 (예수께서 오신 목적)

<마가복음 2:23-28>

23절	제자들의 행동
24절	바리새인들의 질문
25-26절	예수의 변론1 (다윗의 경우와 비교함)
27-28절	예수의 변론2 (안식일의 목적)

마가복음 2:15-16은 예수의 행동에 대해 바리새파 서기관들이 질문하는 내용을 담고 있으며, 이것은 예수의 제자들의 행동에 바리새인들이 질문하는 2:23-24에 평행된다. 2:23-24에 등장하는 바리새인들은 안식일에 제자들이 무엇을 하는지 관찰하고 질문한다. 유사하게 2:15-16에 등장하는 바리새파 서기관들은 예수께서 누구와 식사하는지 관찰하고 질문한다. 2:23-24에서 바리새인들은 제자들이 한 행동이 (바리새인들의 율법 해석과 적용을 기준으로 볼 때) 잘못된 것이라 판단하고 그 이유를 묻는다. 그렇다면 이에 평행되는 2:15-16이 소개하는 질문도 예수께서 죄

인들과 식사하시는 행동이 (바리새파 서기관들이 따르는) 율법 적용에 저촉된다는 판단을 전제한 질문이라고 볼 수 있다. 예수의 행동에 대하여 이렇게 부정적으로 판단하는 사람들이 예수의 추종자들일 수는 없을 것이다. 이처럼 구조적 고려는 바리새파 서기관들이 예수를 따른 것이 아니라 세리들과 죄인들이 예수를 따랐다고 읽는 바티칸 사본의 읽기를 선호하게 한다.

그렇지만, 시내산 사본의 읽기를 선택할 경우, '따르고 있었다'(ἠκολούθουν)를 제자로서의 추종이 아닌 조사를 위한 추적으로 해석하여 2:1-3:6의 교차대구 구조에 부합할 수 있기에 시내산 사본의 읽기가 원래의 읽기일 가능성을 배제할 수 없다.

3. 근접 문맥에서 사용된 단어의 용례

시내산 사본의 읽기를 택할 경우 '따르고 있었다'(ἠκολούθουν)를 제자로서의 추종이 아닌 조사를 위한 적대적 추적으로 해석하면, 이 읽기가 본문이 속한 구조에 부합함을 앞에서 살펴보았다. 마가복음 2:15-16의 본문 확정은 결국 '따르고 있었다'(ἠκολούθουν)의 의미 선택에 달려 있다. 이것은 단어의 의미 선택이 원래의 본문이 무엇인지 판단하는 데 영향을 미치는 경우에 해당한다.

마가복음 2:15의 '따르고 있었다'(ἠκολούθουν)의 의미는 무엇인가? 제자로서 예수를 추종함인가? 적대자로서 (증거 수집을 위해) 예수를 추적함인가? 이를 위해서는 마가복음에서 이 단어가 어떻게 사용되는지 관찰할 필요가 있다. 이 단어는 앞에서 이미 살펴본 바처럼 마가복음에서 제자들의 예수 추종만이 아니라 앞에 가는 사람을 공간적으로 뒤에서 따라감을 묘사하는 데 사용되기도 한다. 이 두 가지 의미 중에서 마가복음 2:15에서 이 단어가 어떤 의미로 사용되었는지는 근접 문맥을 통하여 파악할 수밖에 없다.

근접 문맥인 14절에서 예수께서는 세리 레위를 부르면서 "나를 따르라."(ἀκολούθει μοι)라고 하신다. 이때, '따르라'는 분명히 제자로서의 추종을 가리킴이 확실하다. 예수께서 레위에게 자신을 추적하라고 명령할 이유는 없었을 것이기 때문이다. 또한 14절은 레위가 예수의 부름에 응답하여 '따랐다'(ἠκολούθησεν)라고 하는데, 이것도 제자로서의 따름을 가리킨다고 볼 수 있다. 그렇다면 곧이어 15절에 나오는 '따르고 있었다'(ἠκολούθουν)의 의미도 동일하다고 볼 수밖에 없다. 동일한 단어는 연이어 사용하는 경우 특별한 이유가 없는 한 동일한 의미로 사용되었다고 보는 것이 자연스럽다. 만일 다른 의미로 사용하고자 했다면 독자들이 오해하지 않게 다른 단어를 선택하였을 것이다.

근접 문맥에서 사용된 단어의 용례는 15절의 '따르고 있었다'에 제자로서의 추종이라는 의미를 부여하게 한다. 이것은 이 단어에 "증거 수집을 위한 적대자들의 추적"을 뜻하는 의미를 부여하여 읽을 때 원본문으로 간주할 수 있는 가능성이 높은 시내산 사본의 읽기가 원래의 읽기가 아니라고 보게 하는 듯하다.

그러나 우리는 바리새파 서기관들이 한때 예수에게 우호적이었고 예수를 스승으로 여기고 추종했을 가능성을 원천적으로 배제할 수는 없다. 앞에서 살펴보았듯이 바리새파 서기관들이 한때 예수의 하나님 나라 선포를 듣고 제자처럼 추종하였을 수 있다. 따라서 '따르고 있었다'를 제자로서의 추종의 의미로 해석하더라도 시내산 사본의 읽기가 원본문일 가능성이 완전히 배제되지는 않는다.

4. 마가복음 2:15 '그의 집에서' 해석

우리는 앞에서 동사 '따르다'(ἀκολουθέω)의 용례 연구와 2:15에서 '따르고 있었다'(ἠκολούθουν)가 사용된 근접 문맥이 마가복음 2:15-16에서 바티칸 사본의 읽기를 지지하는 쪽으로 작용하지만, 시내산 사본의 읽기를 완전히 배제하지는 않음을 살펴보았다. 이제 2:15의 '그의 집에서'(ἐν τῇ οἰκίᾳ αὐτοῦ)의 해석이 본문 확정을 위한 판단에 어떤 영향을 미치는지 살펴보도록 하겠다.

마가복음 2:15은 식사를 한 공간을 '그의 집에서'로 소개한다. 만일 이 집이 레위의 집이라면 그의 집에 바리새파 서기관들이 들어와 함께 식사하고 있을 수 없다. 레위는 세리였기 때문이다. 레위는 세관에 앉아 있었던 것으로 보아 인구, 토지, 수입에 대한 일반세를 걷는 자(gabbai)가 아니라 도로, 다리 등에 대한 통행세 등 특별세를 걷는 자(mokhes)였다고 볼 수 있다(MacArthur, 115).[5] 당시에 유대인들은 세리들을 부정하게 여겼다.[6] 따라서 세리가 들어간 집은 부정하게 여겨졌다.[7] 미쉬나(m. Tohoroth 7:6)는 세리가 들어간 집 안에 있는 모든 것이 부정하게 된다고 말한다. "만일 세리들이 어떤 집에 들어가면 (그 안에 있는 모든 것이) 부정하게 된다."[8] 이러한 미쉬나 전통은 아마도 예수 당시의 모습을 어느 정도 반영할 것이다. 그렇다면 바리새파 서기관들은 자기들이 부정하게 되는 것

---

5.   이 두 가지 종류의 세리의 구분에 관하여는 Edersheim, 357 참조.

6.   Boring, 2006: 81. 예수 시대의 세리에 관한 자세한 연구로는 Donahue, 39-61 참조.

7.   Evans & Porter, ed., 1165.

8.   Danby, trans, 726.

을 감수하고 세리가 사는 집으로 들어가지는 않았을 것이다. 바리새파 서기관들의 비판의 배경은 땅의 백성(일반 백성)의 집에 손님으로 가지 말도록 규정하는 유대인들의 문헌 전통(m. Demai 2:2)과도 관련된다고 볼 수 있다.[9] 율법을 모르는 일반 백성(땅의 백성)의 집에 초대를 받는 것을 금하는 전통 속에 있는 사람들은 세리의 집에는 더더구나 들어가지 않았을 것이다. 따라서 그들은 세리인 레위의 집으로 들어가지 않았을 것이다.

'그의 집'이 레위의 집인 경우, 바리새파 서기관이 예수를 따라다녔다고 말하지 않고 죄인들과 세리들이 예수를 따랐다고 말하는 바티칸 사본의 읽기를 선택하는 데 아무런 문제가 없다. 근동 지역에서는 관습상 사람들이 주변에서 연회를 구경할 수 있었다.[10] 베일리(K. E. Bailey)는 근동 문화 속에서는 잔치를 할 때 문을 열어 두고, 누구나 올 수 있게 하였다고 한다(Bailey, 4-5). 이러한 문화 속에서 세리와 죄인들이 레위의 집에 들어올 수 있었을 것이며, 바리새파 서기관들은 열린 문을 통해서 세리와 죄인들이 예수와 식사하는 장면을 목격할 수 있었을 것이다. 따라서 그들은 식사 장소에는 들어가지 않고 레위의 집에서 세리들과 함께 식사하는 예수를 보았을 수 있다. 그리하여 그들은 왜 예수께서 세리들과 식사하시는지 질문하였을 수 있다.

바티칸 사본은 세리들이 예수를 따랐다고 읽으므로, '그의 집에서'(ἐν τῇ οἰκίᾳ αὐτοῦ)를 "레위의 집에서"로 해석하는 읽기와 조화된다. 세리들이 예수를 따라다녔다면, 그들이 세리 레위의 집에까지 따라와서 함께 식사하는 것은 충분히 가능하다. 세리 레위의 집에 세리들이 등장

9.　Lane, 104.
10.　Gundry, 129.

하는 것은 매우 자연스러운 일이다.

그러나 '그의 집에서'를 "예수의 집에서"로 해석한다면, 바리새파 서기관들이 이 집에 들어와 함께 식사하였다고 볼 수 있다. 그들은 예수의 집에서 초대를 받고 함께 식사하다가 죄인들과 세리들이 식사에 참여하고 있음을 발견하고 예수의 제자들에게 질문하였을 수 있다. 이 경우에는 바리새파 서기관들은 예수의 집에 들어올 정도로 예수를 추종하고 있었다고 보게 된다. 따라서 시내산 사본에서처럼 그들이 예수를 따르고 있었다면, 그들의 예수 따름은 정보 수집을 위한 적대적인 추적이 아니라 제자로서의 추종일 수 있다. 그렇다면 그들이 예수의 제자들에게 죄인들과의 식탁 교제에 대하여 질문한 것은 적대적 문제 제기일 필연성이 없고 순수하게 이해하기 위한 질문이었을 수 있다. 따라서 바리새파 서기관들이 예수를 따랐다고 읽는 시내산 사본의 읽기는 장소가 예수의 집일 경우 문맥에 부합한다. (이러한 읽기는 위의 교차대구 구조 분석을 통한 해석과 충돌하지만, 교차대구 구조 분석의 결과가 해석을 위한 절대적인 틀이 될 수는 없으므로, 이 가능성을 열어 두어야 한다.)

마가복음의 근접 문맥은 '그의 집에서'를 "예수의 집에서"로 해석하도록 돕는다. 마가복음 2:14은 레위가 예수를 따라가기 시작했다고 묘사하기 때문이다(Malbon, 282-83). 레위가 예수를 뒤따라갔다면 예수와 레위가 함께 들어간 집은 레위의 집이 아니라 예수의 집이라고 보는 것이 자연스럽다. 레위의 집으로 들어가려면 레위가 앞에 서서 안내하며 갔을 것이기 때문이다. 이 집에 세리들이 와서 함께 식사하고 있는 것은 레위의 집일 가능성을 열어 두게 하지만, 이러한 식사 장면을 바리새파 서기관들이 목격했다는 것(ἰδόντες)은 이 집이 예수의 집일 가능성을 높인다. 이 집이 세리 레위의 집이라면 바리새파 서기관들이 집에 들어가지 않았을 것이고(Malbon, 283), 따라서 식사 장면을 목격하기 어려웠을 것이기 때문이다. 또한 '그의'(αὐτοῦ)와 가장 근접한 대명사는 바로 앞에 나오는 '그'(αὐτόν)인데 이것은 예수를 가리키고, 그 앞의 '그'(αὐτῷ)도 예수를 가리키므로 이러한 대명사 뒤에 나오는 '그의'도 예수를 가리킬 것이다(Malbon, 283). 또한 '그의'에 이어서 나오는 16절의 대명사 '그의'(αὐτοῦ)도 예수를 가리키기에, 예수를 가리키는 대명사들 사이에 가리키는 대상이 달라짐을 알려 주는 특별한 정보 없이 놓인 대명사 '그의'도 예수를 가리킬 가능성이 높다. 마가복음 6:4의 '그의 집에'(ἐν τῇ οἰκίᾳ αὐτοῦ)가 예수의 집(가족)을 가리키는 것도 이러한 가능성을 지원한다(Malbon, 283).

그러나 '그의 집'이 예수의 집이라 해도 세리들이 들어와 있는 것을 바리새인들이 파악했다면, 그들은 예수의 집에 들어오지 않았을 것이다. 그들은 밖에서 문을 통하여 세리들이 예수와 함께 식사하는 것을 보았을 것이고, 후에 다른 곳에서 그 이유를 알고자 질문하였을 수 있다. 이 경우, '그의 집'을 예수의 집으로 보는 해석은 특별히 시내산 사본의 읽기(바리새파 서기관들이 예수를 따랐다는 읽기)를 선호하게 작용하지는 않는다. 그러나 바리새파 서기관들은 예수의 집에 들어온 후에야 세리들이 와 있음을 알았을 가능성도 있다. 이 경우에는 '그의 집'이 "예수의 집"이라는 해석은 시내산 사본의 읽기와 부합할 수 있다.

마가복음 1:29은 베드로의 집을 언급하고 2:1에서 이 집은 '집'이라고 언급된 듯하다. 그래서 2:15에서 언급된 집도 베드로의 집일 가능성이 있다. 이 경우에도 바리새파 서기관들의 존재는 어느 정도 설명이 된다. 그러므로 이러한 해석은 시내산 사본의 읽기와 부합될 수 있다. 그러나 2:13은 예수께서 아마도 베드로의 집일 수 있는 그 집에서 나가셨음을 보여 준다. 또한 베드로는 2:13-15에서 언급되지 않는다. 그러므로 2:15의 집이 또다시 베드로의 집일 가능성은 매우 희박하다.

공관복음에 담긴 정보를 종합할 때에는 이 집이 레위의 집이라고 결론 내릴 수 있다. 누가복음 5:29은 명시적으로 이 집이 레위의 집이라고 밝히기 때문이다(Malbon, 283-84). 누가의 방식으로 마가복음을 읽으면 우리는 '그의 집에서'를 "레위의 집에서"로 해석해야 한다. 이러한 해석은 마가복음 문맥에도 어긋나지 않는다. 마가복음 1:18은 베드로가 예수를 따랐다고 하지만, 1:29은 예수께서 베드로의 집에 들어가셨다고 한다. 이처럼 레위의 경우에도 그가 예수를 따른 후에 예수께서 레위의 집에 들어가셨을 수 있다(Gundry, 127). 앞에서 살펴보았듯이 바티칸 사본의 읽기(세리들이 예수를 추종했다는 읽기)는 예수께서 레위의 집에서 식사하셨다는 해석에 잘 부합하므로 마가가 기록한 원래의 본문일 가능성이 높다.

그런데, 마가복음 2:15-16을 근접 문맥을 충실히 따르며 본문을 읽는 경우, 그리하여 '그의 집'을 "예수의 집"으로 해석하는 경우, 우리는 바리새파 서기관들이 예수를 추종하였다고 하는 시내산 사본의 본문을 선택할 수도 있게 된다.

마가의 의도는 무엇일까? 만일 그가 '그의 집'을 레위의 집이라고 생각하였다면 독자들이 문맥상 예수의 집이라고 해석하도록 허용하는 방식으로 기록하였을까? 아니면, 마가는 여러 해석의 가능성을 열어 두는 애매한 기술 방식을 여기서도 사용하고 있을 뿐인가? 누가는 어떻게 이 집이 레위의 집임을 알았을까? 이것은 마가복음에 대한 그의 해석인가? 아니면 그에게 별도의 정보가 있었는가? 이러한 많은 질문에 대한 대답들도 '그의 집'이 반드시 예수의 집으로 해석되어야 한다는 필연성을 확보하게 하지는 못할 것이다. 더구나 마가와 동시대인이며 마가와 알고 지냈을 누가가 이 집을 레위의 집이라고 명시한 마당에 21세기 독자가 애매한 '그의 집'을 누가를 반대하며 예수의 집이라고 설득력 있게 확증할 길은 없다. 그러므로 '그의 집'을 레위의 집으로 간주하고 본문을 읽으면서 이러한 해석에 부합하는 바티칸 사본의 본문을 채택하는 것이 안전한 길인 듯하다.

그러나 바티칸 사본의 읽기가 필사자들에 의하여 누가복음 5:29에 조화된 해석으로 인해 발생한 것이라고 주장할 수도 있다. '그의 집'이 레위의 집이라고 간주될 경우, 바리새파 서기관들이 레위의 집에 와서 함께 식사하고 있는 세리와 죄인들을 목격하였을 가능성은 낮기 때문에, 바리새파 서기관들이 예수를 따랐다고 되어 있는 시내산 사본의 읽기를 죄인들과 세리들이 예수를 따랐다고 필사자들이 변경하였을 가능성이 있다. 만일 그렇다면 바티칸 사본의 읽기는 마가복음 본문을 누가복음 본문에 조화시켜 해석한 결과이다. 이렇게 논증함으로써 시내산 사본의 읽기가 원래의 읽기임을 확증할 수는 없지만, 최소한 시내산 사본의 읽기가 원래의 읽기일 가능성은 보여 줄 수 있다.

도대체 역사 속에서 어떤 일이 발생하였는가? 과거에 대한 우리의 추측 능력에는 한계가 있다. 증거들을 검토하여 확신 있는 추측을 할 수 있는 경우도 있지만, 그렇지 않은 경우도 많다.

5. 마가복음 2:17 문맥과 구약 성경에 사용된 '의로운'의 용례

마가복음 2:17에서 예수께서는 의로운 자들을 부르러 오신 것이 아니라 죄인들을 부르러 오셨다고 한다. 이때 '의로운 자들'은 '죄인들'과 대조된다. '죄인들'은 마가복음 2:15과 2:16에서 세리들과 함께 언급되는데 예수와 함께 식사를 하고 있다고 묘사된다. 레인(W. Lane)은 여기서 '죄 인'은 서기관 전통에 무관심한 백성들로서 바리새인들에게 열등하게 여겨진 '땅의 백성'(עם הארץ)을 가리킨다고 보았다(Lane, 103). 그러나 샌 더스(E. P. Sanders)는 이 둘을 서로 동일한 집단으로 간주할 수 없다고 한 다(Sanders, 5-36). 한편, '죄인'은 병자들을 가리킬 수도 있다. 쿰란 문헌 중에서 나보니두스의 기도(*Prayer of Nabonidus*)는 질병을 죄에 대한 벌로 간주한다(4Q242, frgs.1-3).[11] 아마도 예수에 의해 치유받은 자들은 질병으 로 인해 한때 죄인으로 여겨졌던 사람들이었을 것이다(A. Y. Collins, 192). 그들은 치유받은 후에 예수와 함께 식사하였을 텐데, 바리새인들은 그 들을 여전히 죄인 취급하였을 수도 있다(2:16).

바리새파 서기관들은 예수께서 죄인과 식사하는 것을 문제 삼았다 (16절). 그들은 하나님의 새 시대를 반영하기에는 죄인들과 식사하는 것 이 부적합하다고 판단했을 것이다(*m. Demai* 2:2-3).[12] 벅(D. Bock)이 지적하 였듯이 죄인들이 차리는 음식은 적절하게 십일조를 드리지 않아서 그 들과 식사하는 것이 반대되었을 수도 있다(Bock, 2015: 147). 그런데 이 죄 인들은 16절에서 세리와 함께 병행되어 등장하여 세리를 죄인 부류의 대표로 이해하게 한다. 예수께서는 2:17에서 "죄인들을 부르러 오셨다." 고 말씀하셨는데 실제로 14절은 세리 레위를 제자로 부르셨다고 한다. 그런데 세리는 죄인 부류에 속하는 사람이었다. 랍비 문헌에서 '세리'는 강도, 살인자, 죄인과 연관되어 등장한다(A. Y. Collins, 194). 예를 들어 미 쉬나(*m. Nedarim* 3:4)에서 살인자, 강도, 세리는 함께 나열된다(Bock, 2015:

---

11. A. Y. Collins, 192.
12. Bock, 2015: 147.

146). 이러한 죄인들이 의인들과 대조되는 문맥은 2:17에서 사용된 '의
인'의 의미를 파악하는 데 도움을 준다. 여기서 '의인'은 죄인 취급 받는
세리와 대조되는 부류이다. 예수께서 죄인과 식사하는 것을 문제 삼은
바리새파 서기관들이 바로 그런 사람들이다. 그러므로 17절에서 "의인
들을 부르러 오지 않았다."라는 말씀은 예수께서 바리새파 서기관들을
제자로 부르시지 않았음과 관련된다고 볼 수 있다.

이렇게 바리새파 서기관들을 부정적으로 묘사하는 말씀은 마가복
음 2:15-16에서 원래의 본문이 무엇이었는지 선택하는 일에 영향을 미
친다. 바리새파 서기관들이 예수를 따랐다고 서술하는 시내산 사본의
읽기는 마가복음에서 의인을 부르러 오시지 않았다고 하는 예수의 말
씀(17절)에 부합되지 않는 듯하다. 오히려 죄인들과 세리들이 예수를 따
랐다고 서술하는 바티칸 사본의 읽기가 죄인들을 부르러 오신 예수의
모습에 잘 부합한다. 그러므로 근접 문맥(17절)은 바티칸 사본의 읽기를
지지한다. 그럼에도 불구하고, 시내산 사본을 바리새파 서기관들이 예
수를 '추적'했다고 읽으면 17절과 모순되지는 않는다.

구약 70인역 전도서 7:15은 "자신의 의로움으로 인해 멸망하는 의
인"(δίκαιος ἀπολλύμενος ἐν δικαίῳ αὐτοῦ)을 언급하는데, 여기서 '의로
운'(δίκαιος)은 마가복음 2:17에서처럼 부정적으로 사용되었다. 이어지는
전도서 7:16은 이들이 지나치게 의로운 자들을 가리킴을 알려 준다. 예
수께서는 아마도 이렇게 지나치게 의로운 자들을 '의인들'이라고 부르
셨을 것이다. 지나치게 의로운 자들이란 어떤 자들인가? 자기 자신이
의의 기준이 되어 자신이 행하는 모든 것을 다 의롭다고 여기는 자들이
라고 볼 수 있다. 그들의 판단 기준은 자기 자신이므로 자신은 늘 의롭
고, 남의 경우에는 예수마저도 자기들의 기준에 비추어 볼 때 어긋난 점

이 많아 비판하게 된다. 이런 자들을 제자 삼았을 때 변화하고 발전할 가능성은 없다. 그러나 자신을 죄인이라고 여기는 자들에게 개선의 여지가 있다. 그들은 특별히 죄를 더 많이 짓기 때문이기보다는 하나님을 의의 기준으로 삼기에 자신들이 죄인이라고 여길 것이다. 하나님은 행하시는 모든 일에서 의롭다(단 9:14). 그러므로 하나님은 의의 궁극적 기준일 수 있다.

이러한 구약 성경의 용례를 고려해 볼 때, 마가복음 2:17의 '의인'은 제자 삼기에 부적합한 자들이며, 마가복음 본문 속에서 예수를 비판하고 대적한 바리새인들과 서기관들은 바로 이러한 부류에 해당한다. 이러한 해석은 마가복음 2:15-16에서 예수를 따른 자들을 바리새파 서기관들로 읽는 시내산 사본보다 세리와 죄인들이 예수를 따른 것으로 읽는 바티칸 사본을 원래의 읽기로 선호하게 한다. 그러나 아래에서 관찰하게 될 공관복음 평행본문은 시내산 사본의 읽기를 선호하게 한다.

6. 공관복음 평행본문 비교

세리 또는 바리새파 서기관들이 예수를 따랐다는 내용을 포함한 마가복음 2:15b-16a의 평행본문인 마태복음 9:10과 누가복음 5:29에는 마가복음의 내용이 생략되어 있다. 이것은 마태복음과 누가복음이 서로 간에 일치하면서 마가복음과는 다른 현상으로서, 사소한 일치(the minor agreement) 현상이라고 불리는 경우 중에 하나이다.

이 현상은 여러 가지로 해석될 수 있다. 마가복음 우선설을 작업가설로 사용하는 사람에게 이 현상은 마가복음 2:15b-16a가 어렵게 느껴져서 마태복음과 누가복음에서 생략되었음을 암시한다. 마가복음의 원래의 읽기가 마태복음과 누가복음에서 생략될 만큼 어려운 읽기라면 그것은 시내산 사본의 읽기와 같이 바리새파 서기관들이 예수를 따라 다녔다는 읽기였을 것이다. 만일 죄인들이 예수를 추종했다는 바티칸 사본의 읽기가 마가복음의 원래의 읽기였다면 마태복음과 누가복음의 평행본문 모두에서 빠질 만큼 어렵게 여겨지지는 않았을 것이다.

사소한 일치는 마가복음이 아닌 원마가복음(Proto-Mark)이나 후마가복음(Deutero-Mark)이 마태복음과 누가복음의 근저에 놓여 있다는 증거로 제시되기도 한다. 마가복음의 초고를 마태복음과 누가복음이 사용하여 저술했다는 원마가복음설을 작업가설로 사용하는 사람은 마가복음 2:15b-16a를 원마가복음에 없었으나 마가가 추가한 것이라고 볼 것이다. 마가복음을 개정한 후마가복음이 마태복음과 누가복음의 자료로서 사용되었다고 보는 작업가설을 사용하는 사람에게는 이것이 본래 마가복음에 있었는데 후마가복음에서는 삭제된 것이라고 간주될 것이다.

그런데 이 부분이 마가에 의하여 마가복음의 초고에 추가되었다고 볼 때에는 쉬운 바티칸 사본의 읽기와 같은 본문이 추가되었다고 볼 수 있다. 마가가 초고를 더 어렵게 만들지는 않았을 것이기 때문이다. 마가복음에 있던 이 부분이 후마가복음 편집자에 의하여 삭제되었다고 볼 경우에는 어려운 시내산 사본의 읽기와 같은 본문이 삭제되었다고 볼 수 있다. 더 쉽게 만드는 방향으로 변화가 이루어졌을 것이기 때문이다. 그렇다면, 원마가복음 가설을 작업가설로 사용하는 사람은 마가복음의 본문이 2:15-16에서 본래 바티칸 사본의 읽기와 같았을 것이라고 추측하게 될 것이다. 후마가복음 가설을 사용하는 사람은 마가복음의 원래의 본문의 2:15-16은 시내산 사본의 읽기와 같았을 것이라고 추측하게 될 것이다. (앞에서 살펴본 바와 같이, 후마가복음 가설을 사용하는 경우 결론은 마가복음 우선설을 사용하는 경우와 동일하다.)

원마가복음 가설은 마가복음 우선 가설로는 설명이 되지 않는 현상을 설명하기 위해 필요하다. 그런데, 마가복음 2:15b-16a가 마태복음과 누가복음 평행본문에는 없는 현상은 마가복음 본문이 시내산 사본의 본문과 같은 경우였다면 충분히 마가복음 우선설로도 (마태복음과 누가복음이 어려운 마가복음의 내용을 생략했다고) 설명될 수 있기에 설명을 위하여 원마가복음 가설을 필요로 하지 않는다. 따라서 마가복음 2:15b-16a에서 공관복음 상호 비교는 더 어려운 읽기인 시내산 사본의 읽기를 선택하도록 한다. (물론 마가복음 우선설을 작업가설로 받아들이지 않는 사람에게는 이러한 선택의 필연성은 사라진다.) 이처럼 공관복음 상호 비교는 원래의 본문의 모습을 추측하는 일에 영향을 주기도 한다.[13]

7. 역사적 예수 연구와 원본문 추정

누가복음 7:34과 마태복음 11:19은 사람들이 예수를 세리들의 친구라고 불렀다고 지적한다. 사람들의 이러한 평가의 기원은 예수께서 세리들과 식사하였다는 마가복음 2:15 본문이 잘 설명해 준다. 만일 마가복음 2:15-16에서 바티칸 사본의 읽기처럼 많은 세리들이 예수를 제자로서 추종하였다면 유대인들에게 '세리들의 친구'라고 불릴 수 있었을 것이다. 그러므로 '세리들의 친구'라는 비판의 발생을 설명할 수 있는 바티칸 사본의 읽기는 원래의 읽기일 가능성이 높다.

---

13. 또한 역으로 공관복음 상호 비교 분야에서 난제 중 하나인 사소한 일치 현상의 설명을 위해 본문 비평(본문 확정 작업)이 도움을 줄 수도 있을 것이다.

누가복음 15:1은 세리들과 죄인들이 예수께 계속하여 가까이 다가왔다고 한다. 이것은 마가복음 2:15-16의 바티칸 사본의 읽기(세리들과 죄인들이 예수를 추종하였다는 읽기)를 지원한다. 또한, 만일 누가복음 15:1의 증언이 마가복음 2:15-16을 토대로 한 것이라면 이것은 바티칸 사본의 읽기의 원문성을 지지한다.

이러한 본문 확정은 역사적 진정성 입증에 영향을 미칠 수 있다. 만일 바티칸 사본의 읽기가 원독법이라면, 마가복음 2:15-16과 누가복음 7:34은 다중 증언을 형성할 수 있다. 누가복음 7:34//마태복음 11:19과 마가복음 2:15-16(바티칸 사본의 읽기)은 동일한 내용을 다루는 본문(평행본문)이 아니므로 자료적으로 서로 의존하는 관계에 있지 않다고 볼 수 있기 때문이다. 그렇다면 이 본문들은 예수와 세리들의 교제 관계의 역사적 사실성에 관하여 다중 증언을 형성할 수 있다.[14]

그러나 우리는 바티칸 사본의 읽기가 오히려 누가복음 15:1에 조화된 읽기이고 시내산 사본의 읽기가 원래의 읽기였을 가능성을 배제할 수 없다. 더구나, 누가복음 7:36; 11:37은 예수께서 바리새인들과 식사하시는 장면을 묘사한다. 이것은 바리새인들을 적대적으로 묘사하는 초기 교회의 모습과는 다른 모습이므로, 역사적 예수의 모습을 전달한다고 볼 수 있다. 이러한 모습은 마가복음 2:15-16에서 바리새파 서기관들이 예수를 따랐다고 기록하는 시내산 사본의 읽기와 잘 일치된다. 필

---

14. 막 2:15의 역사적 진정성에 관한 부정적인 견해를 피력한 연구로는 Walker, 221-38 참조. 그의 연구는 이 본문이 초기 교회로부터 유래할 뿐 역사적 사실성이 없다고 주장한다. 그러나 그의 주장은 사변적 가능성에 의존하고 있으며, 이 본문이 역사적 사실을 전달하는 가능성을 배제하는 논증을 전혀 제시하지 못한다. 예수와 죄인들의 식탁 교제의 역사적 진정성을 잘 논증한 최근의 연구로는 Blomberg, 35-62 참조.

사자들은 바리새파 서기관들과 예수의 친밀한 관계에 대한 마가의 역사적 진술에 대하여 어려움을 느끼고 이를 바티칸 사본의 경우처럼 변경하였을 수도 있다.

III. 해설과 적용

1. 해설

시내산 사본은 마가복음 2:15-16에서 바리새파 서기관들마저도 예수를 따랐다고 한다. 비록 이 읽기는 네스틀레-알란트 28판에서 채택되지 않았지만, 마가복음의 원래의 읽기였을 가능성이 높다. 하지만 마가복음에서 동사 '아꼴루테오'(ἀκολουθέω)는 예수의 적대자의 행동을 묘사하기 위해 사용되지 않기에 마가복음 2:15-16에서 이 동사로 바리새파 서기관들의 행동을 묘사한 시내산 사본처럼 읽는 것은 부적합해 보이기도 한다. 그러나 이 동사는 마가복음에서 단지 공간적으로 뒤에서 따라가는 경우를 묘사하기 위해서도 사용되기에(14:13), 이러한 읽기는 불가능하지 않다. 더구나 이것은 바티칸 사본의 읽기(세리들과 죄인들이 예수를 따랐다고 읽는 읽기)보다 더 어려운 읽기이므로 원래의 읽기로 선택될 수도 있다.

세리 레위가 예수를 제자로서 추종했고, 세리들과 죄인들이 예수와 함께 식탁 교제를 나누었음을 기록한 근접 문맥(2:14-15)은 세리들과 죄인들이 예수를 따랐다고 하는 바티칸 사본의 읽기를 선호하게 한다. 또한 마가복음 2:1-3:6의 교차대구 구조 속에서 마가복음 2:13-17에 평행되는 마가복음 2:23-28은 2:15-16에서도 바리새파 서기관들이 예수에게 적대적이라고 해석할 수 있게 한다. 따라서 시내산 사본에서처럼 그들이 예수를 추종했다고 읽을 수는 없다. 다만, 바리새파 서기관들이 예수를 조사하고자 따라다녔다고 해석하는 경우에는 시내산 사본의 읽기가 원래의 읽기일 가능성을 가진다고 볼 수 있다. 그렇지만 마가복음 2:15의 '따르고 있었다'(ἠκολούθουν)는 근접 문맥인 2:14의 "나를 따르라"(ἀκολούθει μοι)와 '따랐다'(ἠκολούθησεν)에서처럼 제자로서 따름을 뜻하였을 것이다. 그러므로 시내산 사본을 바리새파 서기관들이 예수를 조사하고자 따랐다고 읽는 것은 이러한 용례에 부적합해 보인다. 그럼에도 불구하고, 시내산 사본을 바리새파 서기관들이 예수를 제자처럼 따랐다고 해석하며 읽는다면 이것은 분명히 더 어려운 읽기이다. 그들이 한때 예수를 따랐다가 실망하여 적대하게 되었다고 본다면 마가복음의 흐름에도 모순되지 않는다. 따라서 시내산 사본의 읽기가 마가복음의 원래의 읽기일 가능성은 여전히 부정될 수 없다.

마가복음 2:15의 '그의 집에서'(ἐν τῇ οἰκίᾳ αὐτοῦ)의 해석도 근접 문맥을 형성하며 마가복음 2:15b-16a 본문 확정에 영향을 미친다. '그의 집'이 세리 레위의 집을 가리킨다면 시내산 사본의 읽기는 어려운 읽기이다. 시내산 사본처럼 바리새파 서기관들이 예수를 따랐다고 읽으면 그들이 예수를 따라다니면서 집에도 함께 들어갔다고 읽게 되는데, 바리새파 서기관들은 세리의 집에 들어가지는 않았을 것으로 여겨졌을 것이기 때문이다. 그러나 집에 들어가지 않고도 밖에서 열린 문을 통해 구경할 수 있었던 근동 지방의 연회의 성격을 고려할 때 바리새파 서기관들이 레위의 집에 들어가지 않고도 예수의 식사 교제에 대해 관찰하고 질문하는 것이 가능하였을 것이다. 그러므로 시내산 사본의 읽기는 비록 어렵기는 하지만 문맥에 부합한다. 이처럼 어려우면서도 문맥에 부합하는 시내산 사본의 읽기는 원래의 읽기였을 수 있다.

물론 '그의 집'은 문맥상 "예수의 집"으로 해석될 수도 있다. 그런데 누가복음 5:29은 이 집이 레위의 집임을 밝힌다. 따라서 이러한 해석을 채택할 수는 없다. 그렇지만 바리새파 서기관들이 예수의 집에 들어간 것으로도 읽을 수 있게 하는 시내산 사본의 읽기와 같았던 원래의 본문을 필사자들이 누가복음 5:29에 조화시켜 바티칸 사본처럼 변경하였을 가능성은 여전히 부정할 수 없다.

근접 문맥 마가복음 2:17은 예수가 의인들보다 죄인을 부르신다고 한다. 이러한 문맥은 마가복음 2:15-16에서 '따르다'라는 동사의 주어로 바리새파 서기관들보다 세리들과 죄인들을 선택하게 한다. 따라서 이 문맥은 바티칸 사본의 읽기를 지지한다.

그렇지만 공관복음 평행본문의 비교는 시내산 사본의 읽기를 지지한다. 마가복음 2:15b-16a는 평행본문인 마태복음 9:10과 누가복음 5:29에서 빠져 있다. 이러한 현상은 마가복음 2:15b-16a의 원래의 읽기가 바리새파 서기관들이 예수를 따랐다고 진술하는 시내산 사본의 경우처럼 어려운 읽기였을 가능성을 지지한다. 만일 그렇게 어려운 읽기가 아니었으면 마태복음이나 누가복음에서 생략되지 않았을 것이다.

공관복음서의 다른 본문들에 담긴 정보들도 본문 확정에 영향을 준다. 사람들이 예수를 세리들의 친구라고 불렀다고 하는 누가복음 7:34과 마태복음 11:19은 역사적 정보의 측면에서는 세리들이 예수를 따랐다고 하는 바티칸 사본의 읽기를 지원한다. 죄인들과 세리들이 예수께 다가왔다고 하는 누가복음 15:1도 역사적 정보의 측면에서는 바티칸 사본의 읽기를 지지한다. 그러나 이러한 바티칸 사본의 읽기가 누가복음

7:34; 15:1, 마태복음 11:19에 조화된 읽기였을 가능성은 여전히 부정할 수 없다.

그렇지만 예수께서 바리새인과 식사하셨음을 언급하는 누가복음 7:36; 11:37은 역사적 정보의 차원으로 볼 때에 바리새파 서기관들이 예수를 따랐다고 하는 시내산 사본의 읽기와 잘 부합하므로 이러한 읽기를 지원한다. 물론 시내산 사본의 읽기도 예수께서 바리새인과 식사했다고 기록하는 누가복음 본문(7:36; 11:37)에 조화된 결과일 가능성을 완전히 배제할 수는 없다.

헬라어 성경 판본 네스틀레-알란트 28판은 마가복음 2:15-16에서 바티칸 사본의 읽기를 원래의 읽기로 선택하였다. 그러나 다양한 증거들을 검토해 볼 때에 시내산 사본의 읽기가 원래의 읽기일 가능성은 완전히 배제될 수 없을 뿐 아니라 그 가능성이 상당히 높음을 알 수 있다. 따라서 시내산 사본의 경우처럼 마가복음 2:15-16의 원래의 본문이 바리새파 서기관들이 한때 예수를 제자처럼 추종하였다고 진술하였을 가능성은 무시될 수 없다.

2. 적용[15]

예수께서는 세리를 제자로 부르셨다. 당시 팔레스타인은 로마의 간접 통치 아래에 있었다. 그러한 상황에서 세금을 징수하던 세리들은 죄인으로 분류되었다. 그러므로 세리를 제자로 부르신 것은 죄인으로 여겨지던 사람들을 회복하신 사건이다.

---

15. 이 부분은 웨스트민스터신학대학원대학교 새벽 사경회(2010년 11월 16일과 17일) 설교 때 적용한 내용을 신현우, 2018c: 95-98, 101-4에 실은 것을 토대로 한 것이다.

예수께서는 죄인으로 여겨지는 세리를 부르셔서 회복하실 뿐 아니라 그를 제자 삼으시고 죄인들을 회복하는 사역을 함께하고자 하신다. 하나님은 사회 속에서 죄인으로 여겨지는 자들을 사용하시기도 하신다. 또한 자신을 죄인이라 여기는 사람들을 사용하신다. 바울도 그러한 사람이었다. 디모데전서 1:15에서 사도 바울은 자신이 죄인 중에 우두머리라고 고백했다. "미쁘다 모든 사람이 받을 만한 이 말이여, 그리스도 예수께서 죄인을 구원하시려고 세상에 임하셨다 하였도다. 죄인 중에 내가 괴수니라."

왜 죄인을 불러서 사역자를 삼으셨을까? 주님의 사랑을 증거하시기 위함이다. 사도 바울은 설명한다. "내가 긍휼을 입은 까닭은 예수 그리스도께서 내게 먼저 일체 오래 참으심을 보이사 후에 주를 믿어 영생 얻는 자들에게 본이 되게 하려 하심이라"(딤전 1:16). 예수께서 죄인을 부르신 이유는 오래 참으심을 보이시기 위함이다. 바울에게처럼 다른 사람들에게도 그렇게 오래 참으심을 알려 주시기 위함이다. 세리 레위를 부르신 이유도 동일할 것이다. 죄인들을 불러 구원하시는 주의 사랑을 증거하시기 위하여 레위를 부르셨을 것이다.

하나님께서 죄인들을 불러 사역자를 삼으시는 목적은 또한 우리가 자랑하지 못하게 하려 하심이다. "하나님께서 세상의 미련한 것들을 택하사 지혜 있는 자들을 부끄럽게 하려 하시고 세상의 약한 것들을 택하사 강한 것들을 부끄럽게 하려 하시며 하나님께서 세상의 천한 것들과 멸시받는 것들과 없는 것들을 택하사 있는 것들을 폐하려 하시나니 이는 아무 육체도 하나님 앞에서 자랑하지 못하게 하려 하심이라"(고전 1:27-29).

하나님께서는 세상에서 멸시받는 자들을 택하시어 일하신다. 그들을 택하여 위대한 일을 행하심으로 세상의 가진 자들을 폐하신다. 그리하여 택함을 받은 자도 택함을 받지 못한 자도 모두 자랑하지 못하게 하신다. 자랑하는 자는 오직 주로 인하여 자랑하도록 하셨다.

우리는 죄인이라는 의식이 있어야 한다. 하나님은 그런 사람을 택하여 사용하신다. 베드로도 자신이 죄인임을 고백했다. "시몬 베드로가 이를 보고 예수의 무릎 아래 엎드려 이르되 주여 나를 떠나소서 나는 죄인이로소이다 하니"(눅 5:8). 예수님은 그러한 베드로를 통해 사역하실 것을 약속하신다. "예수께서 시몬에게 이르시되 무서워하지 말라. 이제 후로는 네가 사람을 취하리라 하시니"(눅 5:10).

성전에서 하나님의 영광을 본 이사야도 자신이 죄인임을 고백했다. "그때에 내가 말하되 화로다 나여 망하게 되었도다. 나는 입술이 부정한 사람이요, 나는 입술이 부정한 백성 중에 거주하면서 만군의 여호와이신 왕을 뵈었음이로다 하였더라"(사 6:5). 하나님께서는 이처럼 죄인임을 깨닫는 자를 사용하신다. 그의 죄를 사하시고 하나님의 사역자로 삼으신다.

하나님께서는 또한 자신의 무능을 깨닫는 자를 사용하신다. 모세도 그러했다. "모세가 여호와께 아뢰되 오 주여 나는 본래 말을 잘하지 못하는 자니이다. 주께서 주의 종에게 명령하신 후에도 역시 그러하니 나는 입이 뻣뻣하고 혀가 둔한 자니이다"(출 4:10). 이러한 모세에게 하나님은 약속하신다. "이제 가라 내가 네 입과 함께 있어서 할 말을 가르치리라"(출 4:12).

하나님은 능력이 부족하셔서 인재를 필요로 하시는 분이 아니다. 하나님은 인간의 재능이나 인간의 선함에 의존하시는 분이 아니다. 그래서 레위와 같은 자를 부르신다. 하나님은 약한 자를 사용하여 강한 자를 부끄럽게 하시는 분이시다. 하나님은 죄인 취급받는 자를 사용하시어 스스로 의롭게 여기는 자들을 부끄럽게 하신다. 이러한 하나님께 사용되는 사람은 자신의 무능함과 죄인 됨을 잘 인식한다.

하나님은 타인에게든지 자기 자신에게든지 죄인 취급 받는 자들을 사용하신다. 우리는 우리를 죄인으로 간주해야 한다. 또한 남이 우리를 죄인으로 간주할 때 억울하게 여기지 말아야 한다. 참으로 우리가 하나님 앞에서 죄인임을 깨달았다면 사람들이 우리를 죄인 취급할 때 화가 나지 않을 것이다. 사도 바울은 말씀한다. "내가 생각하건대 하나님이 우리를 죽이기로 작정된 자같이 끄트머리에 두셨으매 우리는 세계 곧 천사와 사람에게 구경거리가 되었노라"(고전 4:9). 이러한 자들의 모습에 대하여 사도 바울은 말씀한다. "모욕을 당한즉 축복하고 박해를 받은즉 참고 비방을 받은즉 권면하니 우리가 지금까지 세상의 더러운 것과 만물의 찌꺼기같이 되었도다"(고전 4:12-13).

하나님의 백성의 길은 이런 것이다. 존경받고 영광을 받는 길이 아니라 모욕을 당하고, 박해를 받으며, 비방을 받는 길이다. 그럼에도 불구하고 함께 비방할 수 없는 길이다. 오히려 축복하고 참고 권면해야 하는 길이다. 그러나 세상에서 좋은 조건에 있는 자들, 늘 존경받으며 살아온 사람들, 칭찬 듣기에 매우 익숙한 사람들은 이러한 길을 갈 때 견디기 어렵다.

우리는 인정받고 존경받고 칭찬받는 것을 하찮게 여겨야 한다. 또한 욕을 먹고, 비방받고, 미움받는 데 익숙해져야 한다. 그러려면 무엇보다 우리가 하나님 앞에서 죄인임을 각성해야 한다. 구원받을 만한 의로운 것이 우리에게 없으며, 하나님께서 우리를 부르셔서 일군 삼으실 만한 탁월함도 우리에게 없음을 깨달아야 한다.

그때 우리는 주의 도구가 될 수 있다. 우리를 비방하는 세상을 부끄럽게 하는 도구가 될 수 있다. 우리를 저주하는 세상을 축복하는 도구가 될 수 있다. 우리를 죄인 취급하는 세상을 구원의 길로 인도하는 도구가 될 수 있다.

예수께서는 죄인들과 함께 식사하셨다. 함께 식사하는 것은 함께 식사하는 사람과 자신을 동일시하는 행위이다. 예수께서는 죄인들과 식사하심으로 그들과 자신을 동일시하셨다. 그리하여 그들과 함께 죄인으로 간주되는 위험을 감수하셨다. 예수께서 이러한 위험을 감수하고 죄인들과 식사를 하신 이유는 무엇일까? 그것은 죄인들을 구원하시기 위함이었다. 그들이 하나님 앞에서 의인으로 간주되도록 하시기 위함이었다.

죄인들을 구원하시는 예수님의 복음에는 능력이 있다. 그것은 죄인 취급당하는 능력이다. 예수께서 지신 십자가는 죄수가 지는 형틀이었다. 이 형틀을 등에 지고 죄인 취급당하는 자가 예수를 따라갈 수 있다. "누구든지 나를 따라오려거든 자기를 부인하고 자기 십자가를 지고 나를 따를 것이니라"(막 8:34).

선을 행함으로 인하여 오히려 고난을 받고 죄인으로 여겨지는 것은 억울하지만 예수께서 가신 길이다. 예수께서 이 길을 가신 것은 우리도 그러한 길을 따르도록 하시기 위함이기도 하다. 베드로전서 2:20-21은 말씀한다.

> 죄가 있어 매를 맞고 참으면 무슨 칭찬이 있으리요. 그러나 선을 행함으로 고난을 받고 참으면 이는 하나님 앞에 아름다우니라. 이를 위하여 너희가 부르심을 받았으니 그리스도도 너희를 위하여 고난을 받으사

너희에게 본을 끼쳐 그 자취를 따라오게 하려 하셨느니라.

예수께서는 죄인들과 식사를 하시면서 바리새파 서기관들의 지적을 받았다(막 2:16). 우리는 이 모습을 따라야 한다. 우리는 좋은 사람과 사귀기 원하고 선한 사람을 가까이하기 원한다. 사람들이 미워하는 사람 가까이 가기를 꺼린다. 그들에게 가까이 다가갔다가 그들과 한통속이라는 욕을 먹을까 두려워한다. 그래서 우리는 사람들이 싫어하는 사람을 은근히 피한다. 그렇지만 예수께서는 죄인들에게 다가가신다. 소외되고 미움받는 사람에게 가까이 다가가신다. 그와 동류로 취급받는 위험을 감수하고 가까이 가신다. 가까이 다가가서 그들을 회복시키신다.

예수께서 죄인들 가까이 가신 이유는 그들을 구원하시기 위함이다. 예수께서 죄인 가까이 가시면 예수께서 죄인이 되는 것이 아니라 죄인들이 의롭게 된다. 바리새인들은 의인과 죄인이 만나면 의인이 죄인이 된다고 생각했다. 예수께서는 그렇지 않음을 알려 주신다.

의사가 병자를 만나면 의사가 병자가 되지 않고 병자가 낫게 된다. 이처럼 예수께서 죄인을 만나면 죄인이 죄 사함을 받게 된다. 예수께서 죄인이 되시는 것이 아니라 죄인이 의롭게 된다. 예수를 통하여 온 하나님 나라에서는 죄와 의가 만나면 의가 승리한다. 이것이 하나님 나라의 능력이다. 사도 바울은 말씀한다. "믿지 아니하는 남편이 아내로 말미암아 거룩하게 되고 믿지 아니하는 아내가 남편으로 말미암아 거룩하게 되나니"(고전 7:14).

성결이 전파되는 원리는 예수님의 사역 속에서 잘 나타난다. 율법은 사람이 시체에 손을 대면 시체의 부정함이 전해진다고 한다. "사람의 시체를 만진 자는 이레 동안 부정하리니"(민 19:11). 그러나 예수께서 죽은 소녀의 시체에 손을 대었을 때 소녀가 살아났다(막 5:41-42). 부정함이 전파되지 않고 성결함이 전파되었다.

율법은 혈루증이 걸린 사람에게 닿으면 부정함이 전해진다고 한다. "유출병이 있는 자의 몸에 접촉하는 자는 그의 옷을 빨고 몸을 물로 씻을 것이며 저녁까지 부정하리라"(레 15:7). 그러나 혈루증이 걸린 여인이 예수께 손을 대었을 때, 예수의 성결이 전파되었다(막 5:27-29). 율법은 죄와 부정함을 막고자 이것들을 피하도록 하여 사람들을 보호하지만, 죄와 부정함을 이길 힘을 주지는 못한다. 그러나 예수께는 이러한 능력이 있다.

우리가 이러한 능력 가운데 있을 때에 죄인들과 함께 식사할 수 있다. 그 능력이 우리에게 작용하면, 우리는 죄인 취급을 받더라도 죄인이 되지 않는다. 그러나 그 능력이 우리에게 작용하지 않는다면, 우리는 의롭게 여겨지더라도 사실상 죄의 노예로 살 수밖에 없다.

우리에게 중요한 것은 우리가 누구와 함께 있느냐 하는 것이 아니다. 우리가 어디에 있느냐가 아니다. 믿음이 없는 사람은 환경을 탓하고 주변 사람들을 탓한다. 그러나 믿음의 사람은 환경을 극복하고 주변 사람들을 변화시킨다. 믿음이 없는 자는 남이 나를 어떻게 여길지 남의 눈치를 살핀다. 그러나 믿음의 용사는 남의 시선을 두려워하지 않고 소외된 사람들에게 다가간다. 내가 필요로 하는 사람에게 다가가기보다 나를 필요로 하는 사람에게 다가간다.

우리는 예수를 따라가자. 죄인들과 세리들과 식사하신 그분의 모습을 본받자. 죄인들의 친구로 취급당하신 그분의 모습을 본받자. 죄인 취급당하시며 십자가를 지고 가신 그분의 길을 따라가자. 세상에서 칭찬을 받기보다 세상의 미움을 받는 훈련을 하자. 사람들이 우리를 칭찬하면 우리에게 화가 있다. "모든 사람이 너희를 칭찬하면 화가 있도다. 그들의 조상들이 거짓 선지자들에게 이와 같이 하였느니라"(눅 6:26). 그렇지만, 사람들이 우리를 미워하면 복이 있다. "나로 말미암아 너희를 욕하고 박해하고 거짓으로 너희를 거슬러 모든 악한 말을 할 때에는 너희에게 복이 있나니 기뻐하고 즐거워하라 하늘에서 너희 상이 큼이라 너희 전에 있던 선지자들도 이같이 박해하였느니라"(마 5:11-12). 우리는 이 길을 가자. 선지자들과 예수께서 가신 이 길을 가자. 죄인들과 식사하며 죄인 취급당하시고 죄인들을 구원하신 예수의 길을 가자.

I. 번역

18 요한의 제자들과 바리새인들은 줄곧 금식을 하였다. 사람들이 와서 예수께 말하였다.

"요한의 제자들과 바리새인들의 제자들은 금식하는데,

왜 당신의 제자들은 금식하지 않습니까?"

19 이에 예수께서 그들에게 말씀하셨다.

"결혼식 손님들이 신랑이 그들과 함께 있는 동안 금식할 수 있겠습니까?

신랑이 그들과 함께 있는 동안 그들은 금식할 수 없습니다.

20 그렇지만, 그들로부터 신랑이 빼앗길 날이 올 것입니다.

그렇게 되면, 그들은 그때 그날에 금식할 것입니다.

---

* 제13장은 필자의 논문, 신현우, 2017b: 7-35을 사용하여 조금 더 읽기 쉽게 편집하여 작성한 것이다.

21 아무도 새 옷 조각을 낡은 옷에 꿰매지 않습니다.

만일 그렇게 한다면 새로 채워 넣은 것이 낡은 의복을 당겨서

그 찢어짐이 더 심하게 됩니다.

22 또한 아무도 새 포도주를 낡은 부대들에 담지 않습니다.

- 만일 그렇게 한다면, 포도주가 부대들을 터뜨리게 됩니다.

그리하여 포도주도 부대들도 버릴 것입니다. -

그러나 새 포도주는 새 부대들에 담습니다."

II. 주해

마가복음 2:18-22은 교회 개혁을 논할 때 종종 근거 본문으로 언급된다. 이 본문의 22절이 소개하는 예수의 말씀은 '새 포도주는 새 부대에'라는 표현을 통하여 형식을 새롭게 바꾸어야 할 필요성을 강조한다. 그런데 학자들 중에는 이 본문 내용의 역사적 사실성을 부정하는 주장을 펴기도 하였다. 불트만(R. Bultmann)은 2:19b-20이 마가 자신이 확장한 것이라고 추측하였다. "아마도 이 확장은 마가 자신이 한 듯하다."[1] 슈바이저(E. Schweizer)는 마가복음 2:19b의 "그들이 신랑을 그들과 함께 가지고 있는 동안에는 그들이 금식할 수 없다."가 진짜 예수의 말씀이 아니라고 주장하였다. 그는 이 부분을 생략한 사본들이 있다는 것과 마태복음과 누가복음에 이 부분이 없음을 그 근거로 제시하였다(Schweizer, 67). 그닐카(J. Gnilka)는 마가복음 2:18의 '바리새인들의 제자들'이라는 표현은 바리새인들에게 제자가 없었던 역사적 사실에 맞지 않는다고 주장하였

---

1.   Bultmann, 1963: 19: "Perhaps this expansion comes from Mark himself."

다(Gnilka, 112). 후커(M. D. Hooker)는 이 본문이 역사적 사건이 아니라 그리
스도인들과 유대인 대적들 사이에 논쟁이 벌어진 초기 교회의 상황을
반영할 수도 있다고 본다. 그녀는 비판이 예수가 아니라 제자들을 향한
점을 증거로 제시한다(Hooker, 99). 지아눌리스(George C. Gianoulis)는 마가
복음 2:19b-20 말씀에 예수께서 자신이 메시아라고 생각하는 자의식을
가졌다고 보게 하는 내용이 담겨 있기에 진짜 예수의 말씀이 아니라고
보았다(Gianoulis, 421). 그는 제자들이 금식을 하지 않는 이유에 대한 예수
의 원래적 답변은 마가복음 2:19-22이 아니라 마태복음 6:16-18이었다
고 주장하였다(Gianoulis, 423). 과연 이러한 주장들과 논증들은 타당한가?

1. 마가복음 2:19-22과 역사적 배경에의 부합성

유대인들에게 금식은 위기 상황에서 하나님의 도우심을 구하는 방식이
었다(삼하 12:15-23).[2] 이것은 또한 그들이 애통을 표현하는 방식이기도 하
였다(삼상 31:13, 삼하 1:12; 3:35; 유딧 8:6, 마카비1서 1:25-28). 유딧 8:6에서는 유
딧이 남편이 죽은 후 금식하였다고 하는데, 이것은 애통의 표현이라고
볼 수 있다. 애통하면서 하나님의 도움을 구하는 표현으로서의 금식은
민족적으로 행해지기도 했다(삿 20:26). 유딧 4:9에 의하면 유대인들은
적군이 쳐들어왔을 때 하나님께 부르짖으며 금식하였다. 마카비1서
3:47, 마카비2서 13:12, 바룩서 1:5도 유대인들이 민족의 회복을 위해 금
식을 행하였다고 한다. 금식의 이러한 특성은 금식이 민족의 회복을 위
한 행위로 인식될 수 있게 하였을 것이다.
　금식은 유대 민족의 위기 상황 속에서 이루어지기도 했지만, 유대

2.　A. Y. Collins, 198.

사회 속에서 제도적으로 정착되기도 하였다. 구약 성경은 금식이 대속절(7월 10일)에 행해지도록 명한 듯하다(레 23:26-32).[3] 그런데 유대인들은 대속절 외에도 제도적인 금식을 행하였다. 스가랴 8:19은 바벨론 포로에서 귀환한 후에 유대인들이 다른 네 절기(4월, 5월, 7월, 10월)에도 금식을 행하였음을 암시하고, 에스더 9:31은 또 하나의 금식 준수(부림절)를 더한다(France, 138). 2세기 초의 랍비인 아키바(Akiva)는 4월 9일의 금식을 바벨론에 의한 예루살렘 멸망과 연관 지었고(왕하 25:3-4), 5월 9일 금식은 첫 성전과 둘째 성전의 파괴와 연관 지었으며, 7월 3일 금식은 그다랴의 죽음과 연관 지었고(렘 41:2), 10월 10일 금식은 바벨론 군대가 예루살렘을 포위하기 시작한 때와 연관 지었다(렘 52:4).[4] 금식하는 절기가 주로 이스라엘 민족에게 닥친 비극적 사건과 관련된 점은 금식이 민족의 비극에 대한 애통과 민족의 회복에 대한 소망의 성격을 가지는 것으로 이해되었음을 짐작하게 한다.

　물론 이러한 절기들 외에 이루어지는 개인적이고 자발적인 금식도 있었다(France, 138). 유대인들에게 자발적 금식은 종교적 경건의 표지였다(토비트 12:8; Philo, *Vita. Cont.* 34).[5] 필로(*Vita. Cont.* 34)는 낮에는 금식하고 밤에는 식사를 한 경건한 유대인을 소개한다. 이것은 식사를 하는 것은 어둠에 속한 것이고 율법 연구는 빛에 속한 것이라는 이원론적 생각에 토대한 전통이었다. 금식은 기도, 구제와 함께 유대교 경건의 주요 기둥 중에 하나였다(토비트 12:8).[6] 토비트 12:8은 금식을 다음처럼 매우 긍정적으로 평가한다. "금식하며 기도하는 것은 좋다"(ἀγαθὸν προσευχὴ μετὰ

3.　Lane, 108.
4.　Eckey, 104.
5.　A. Y. Collins, 198.
6.　Gundry, 131.

νηστείας).[7]

마가복음이 언급하는 요한의 제자들과 바리새인들의 금식은 특정 절기와 관련되지 않았으므로 아마도 절기들 외에 추가적으로 이루어지는 이러한 개인적 금식이었을 것이다. 누가복음 18:12, 디다케 8:1(참고. *m. Taanith* 2:9, *b. Taanith* 10a)은 바리새인들이 한 주에 두 번(월, 목요일) 금식했음을 언급한다.[8]

이러한 배경을 통해서 볼 때 예수의 제자들이 왜 금식하지 않는지 물으며 질문자들이 문제 삼은 것은 율법이 정한 금식 외의 자발적 금식에 관한 것이었다고 볼 수 있다(Gianoulis, 423). 그런데 이러한 개인적 차원의 금식을 왜 하지 않느냐고 남에게 질문하며 은근히 비판하는 정황은 유대 민족이 로마의 속국이 된 비극적 상황 속에서, 민족의 비극을 기념하는 절기에 집단적으로 금식이 이루어 지면서 금식이 가지게 된 민족주의적 성격을 전제하고 있는 것으로 보인다. 이 질문에는 한 주에 두 번 하는 금식을 민족 회복을 위한 경건 행위로서 보편화시키고자 하는 의도가 담겨 있었을 것이다.

금식은 그것이 가지는 회개와 속죄적 차원으로 인해 민족 회복을 위한 경건 행위로서의 차원을 가질 수 있었다. 유대인들에게 금식은 죄를 뉘우치는 회개의 표현이기도 하였다(삼상 7:6, 느 9:1-2, 욜 2:12, 욘 3:5, 시락서 34:26). 그러므로 유대인들에게 금식은 속죄를 위한 행위로 여겨졌을 것이다(Lane, 108). 바리새인의 작품이라고 여겨지기도 하는 BC 50년경의 작품 솔로몬의 시편[9] 3:8은 의로운 사람은 금식을 통하여 무의식적

---

7. 본문은 Rahlfs, vol.1, 1031에서 인용함.
8. Strauss, 138; Gundry, 131.
9. Evans, 2005: 58.

으로 지은 죄를 속죄하는 자라고 한다.[10] "그는 무지(모르고 지은 죄)에 관하여 금식과 그의 영혼의 겸손을 통하여 속죄하고, 주께서는 모든 거룩한 자와 그의 집을 정결하게 하신다."[11] 죄 사함은 죄의 결과로 발생한 이스라엘의 비참한 상태(레 26:14-33)로부터 벗어나는 결과를 가져오리라 기대할 수 있었을 것이다. 죄를 자복하면 민족이 회복될 것이라고 약속하는 레위기 26:40-42도 회개의 표현인 금식과 민족의 회복을 연관시킬 수 있게 하였을 것이다. 그리하여 금식은 이스라엘의 회복을 준비하는 행위로 간주될 수 있었을 것이다.[12] 즉 금식은 구원의 때가 좀 더 빨리 도래하도록 하기 위한 회개의 표현이었을 것이다(Lane, 109). 즉, 회개는 민족 회복의 수단으로 여겨졌을 것이다. 이러한 생각은 탈무드에 반영되어 있다. "랍비 엘리에제르가 말했다: 만일 이스라엘이 회개하면 그들이 회복될 것이다. 그렇지 않으면 그들은 회복되지 못할 것이다."[13] 회개가 민족 회복을 위한 수단으로 여겨진 상황에서, 금식이 회개의 표현으로 여겨지게 되었을 때에는 금식을 하지 않는 유대인은 유대 민족의 회복을 위한 회개에 참여하지 않는다고 간주될 수 있었을 것이다.

---

10. A. Y. Collins, 198.
11. ἐξιλάσατο περὶ ἀγνοίας ἐν νηστείᾳ καὶ ταπεινώσει ψυχῆς αὐτοῦ καὶ ὁ κύριος καθαρίζει πᾶν ἄνδρα ὅσιον καὶ τὸν οἶκον αὐτοῦ. 헬라어 본문은 Rahlfs, *Septuaginta*, vol.2, 474에서 인용함.
12. Marcus, 2000: 236.
13. "R. Eliezer said: if Israel repent, they will be redeemed; if not, they will not be redeemed"(b. *Sanh*. 97b. trans. by I. Epstein, *Soncino Babylonian Talmud*, reformatted by Reuven Brauner [https://juchre.org/talmud/sanhedrin/sanhedrin. htm], 2012). 물론 이 탈무드(b. *Sanhedrin* 97b)는 회개 없이도 회복된다는 랍비 요슈아(R. Joshua)의 견해도 소개한다: "… ye shall be redeemed without money - without repentance and good deeds."("너희는 돈 없이, 회개와 선행 없이 회복될 것이다.")

마가복음 2:19-22에서 예수께서는 이 질문에 대답하시며 금식에 관하여 부정적으로 평가하신다. 당시에 유대인들이 행한 금식이 민족 회복의 수단의 성격을 가졌다면, 바리새인들과 요한의 제자들이 왜 예수의 제자들은 금식하지 않느냐고 질문하였을 가능성이 높다. 그러므로 이러한 질문이 예수의 생애가 아니라 초대 교회의 상황을 반영하므로 본문이 역사적 사실을 기록한 것이 아니라고 주장하는 논증은 부당하다. 금식이 불필요하다고 지적한 예수의 말씀은 충분히 예수 당시 상황에 부합하는 질문에 대한 답변이다.

예수께서 금식을 거부한 이유는 예수의 대답에서 신랑의 잡혀감을 통하여 암시된다(막 2:20). 이것은 결국 예수의 십자가상의 죽음으로 실현된다. 마가복음은 이 죽음이 대속을 위한 것으로서 많은 사람들(하나님의 백성)의 죄를 사한다고 한다(막 10:45; 14:24). 예수께서 이 말씀대로 유대인들의 금식이 아니라 자신의 죽음을 통하여 죄 사함을 가져오고 이로써 하나님의 백성을 회복하고자 하셨다면 예수는 금식이 이스라엘 민족의 회복을 위하여 필요하다고 보시지 않았을 것이다. 그러므로 금식의 필요성을 부정하며 논쟁하시는 예수의 말씀은 마가복음이 소개하는 예수의 모습에 부합한다. 또한 이러한 말씀은 예수께서 왜 유대인들(특히 바리새인들)에게 박해를 받게 되었고 마침내 죽임 당하게 되었는지 그 이유를 설명할 수 있게 한다. 이러한 설명 가능성도 마가복음 2:19-20의 말씀이 진짜 예수의 말씀임을 지지하는 증거이다.

마가복음 2:19에서 예수께서 금식을 초월하는 가치를 언급하기 위해 결혼식 잔치를 언급하신 말씀도 유대적 배경에 부합한다. 유대인 문화 속에서 결혼 잔치는 매우 중요하게 여겨졌다. 결혼식 잔치는 7일 이상 지속되었다(삿 14:17, 토비트 8:20; 10:7; 11:18, *t. Berakoth* 2.10).[14] 7일간의 결혼 잔치는 창세기 29:27에서 볼 때 매우 오래된 관습이다. 사사기 14:17과 토비트 11:18은 7일간 지속되는 결혼식을 언급하고, 토비트 8:20; 10:7 은 14일간 지속되는 결혼식을 언급한다. 이렇게 긴 결혼 잔치의 기간은 이 잔치가 얼마나 중요하게 여겨졌는지 잘 보여 준다. 또한 결혼 잔치에 참여하기 위해서는 랍비는 심지어 성경을 가르치는 것도 중단할 수 있었다(Schweizer, 68). 미쉬나(*m. Berakoth* 2:25)는 신랑이 결혼 첫날밤에 셰마를 암송하지 않아도 된다고 한다. "신랑은 첫날밤에 또는 그가 신방에 들지 않았다면 [다음] 안식일이 마칠 때까지 셰마 암송이 면제된다."[15] 바벨론 탈무드(*b. Sukkah* 25b)는 신랑, 신랑의 친구들 및 결혼식 손님들이 즐거워해야 하므로 7일간의 초막절을 지킬 필요가 없다는 한 랍비 아바(Abba b. Zabda)의 견해를 소개한다. "모든 결혼식 손님들은 초막절의 의무로부터 7일간 면제된다. 이유가 무엇인가? 그들이 즐거워해야 하기 때문이다."[16] 이것은 출애굽을 기념하는 유대 절기인 초막절보다 결혼식 잔치를 더 중요하게 여기는 견해이다. 미쉬나에서 탈무드에 이르기까지 오랜 기간 지속된 결혼식 잔치에 대한 존중은 아마도 예수 시대에도 동일하였을 것이다. 이처럼 중요시된 결혼 잔치는 인간의 종교적 행위를 중단하고 하나님께서 주시는 것을 기뻐해야 함을 강조하기에 적합하였을 것이다(Schweizer, 68). 그러므로 금식 행위보다 더 중요한 것을 결

---

14. Osborne, 48; Strauss, 139.
15. "A bridegroom is exempt from reciting the Shema on the first night, or until the close of the [next] Sabbath if he has not consummated the marriage"(Danby, trans., 3).
16. "… all the wedding guests are free from the obligation of *Sukkah* all the seven days. What is the reason? - Because they have to rejoice"(Epstein, ed., 1938: 110).

혼식 잔치에 비유한 예수의 말씀은 이러한 배경에 매우 적합하게 들어 맞는다. 이러한 배경 부합성은 결혼식 손님들이 금식할 수 없다고 지적한 예수의 비유가 진짜 예수의 말씀이라고 볼 수 있는 근거가 된다.

　　창작물도 때로 배경 부합성을 가질 가능성이 있겠지만, 배경 부합성은 역사적 사실성을 가질 개연성을 지지하는 증거 중의 하나로 사용될 수 있다. 배경 부합성 하나만으로 역사적 사실성이 입증될 수는 없겠지만, 배경 부합성이 있는 작품이 창작될 수 있는 가능성이 있다고 하여, 배경 부합성을 가진 작품의 역사적 사실성을 부정할 수도 없다.

2. 마가복음 2:18-22과 마태복음 6:16-18

마가복음 2:18은 예수의 제자들이 왜 금식하지 않느냐고 묻는 사람들의 질문을 소개한다. 예수께 나와서 질문한 사람들은 누구인가? 이전 단락에서 예수의 제자들에게 질문한 바리새인들의 서기관들인가? 발욘(J. M. S. Baljon)은 그들(ἔρχομαι의 주어, 즉 온 자들)이 서기관들이라고 보았다(Baljon, 35.). 그러나 와서 말한 자들은 바리새파 서기관들이 아니라 불특정 복수(impersonal plural)를 가리킨다고 보아야 한다. 주어를 밝혀 적지 않고 3인칭 복수 동사를 사용하면서 막연하게 처리하는 것은 마가복음의 문체이기도 하다(Doudna, 7). 질문한 자들이 바리새파 서기관이라면 그들은 '바리새인들의 제자들'이라는 표현 대신 '우리의 제자들'이라는 표현을 사용하였을 것이며(Gundry, 132), 질문한 자들이 요한의 제자들이었다면 '요한의 제자들' 대신에 '우리들'이라는 표현을 사용했을 것이다.

　　마가복음 2:19-22은 왜 예수의 제자들이 금식하지 않는지에 관한 질문에 대한 예수의 답변으로 소개된다. 그런데, 지아눌리스는 마태복음

6:16-18이 본래 예수께서 하신 답변이었다고 주장한다(Gianoulis, 423). 그러나 이 마태복음 구절은 예수를 따르는 자들에게 주신 교훈의 형태로 되어 있다. 이 교훈은 바리새인들처럼 남에게 보이려고 금식하지 말고 하나님께만 보이기 위해 남몰래 금식하라는 내용이다. 이 교훈은 왜 금식을 하지 않아도 되는지에 관한 것이 아니므로 제기된 질문에 적합하지 않다. 또한 이 교훈의 일차적 청중은 예수의 제자들이었다. 그러므로 외부인이 논쟁적 상황에서 제기한 질문에 대한 대답으로서는 적합하지 않다. 따라서 이 마태복음 구절은 질문에 대한 본래적 대답이었다는 지아눌리스의 주장은 타당하지 않다. 오히려 마가복음 2:19-22이 논쟁적 질문에 대한 대답으로서 적합하다.

물론 지아눌리스의 주장대로 예수의 제자들이 마태복음 6:16-18에 담긴 예수의 가르침을 따라 남몰래 금식하였을 가능성은 있다.[17] 그렇다면 예수의 제자들이 금식하지 않는 것으로 비추어졌을 것이고, 사람들은 그 이유에 관하여 질문하였을 것이다. 그러나 제자들이 몰래 금식하였다면 그들의 금식은 마가복음 2:19-22에 담긴 금식의 불필요성을 주장하는 예수의 가르침에 부합하지 않는다. 그래서 마태복음 6:16-18이 진짜 예수의 말씀이면 이에 잘 부합되지 않는 마가복음 2:19-22은 진짜 예수의 말씀이 아니라고 주장될 여지가 있다. 지아눌리스는 이러한 관점에서 이 마가복음 구절이 예수께서 실제로 발설하신 말씀을 담고 있지 않다고 주장하였을 것이다.

그러나 이 두 본문은 과연 서로 모순되는가? 그렇지 않다. 마태복음 6:16-18은 반드시 규칙적으로 금식하라는 명령을 담고 있지는 않기 때문이다. 그러므로 바리새인들이 매주 월요일과 목요일에 금식하는 것

17.　Gianoulis, 413-25, 421.

처럼 규칙적으로 금식하지 않는 이유에 관하여 묻는 질문에 그렇게 금
식할 필요가 없음을 답하는 마가복음 2:19-22은 비록 금식을 하게 되었
을 경우에라도 사람들이 눈치채지 못하게 하라는 마태복음 6:16-18과
모순되지 않는다. 그러므로 두 본문의 역사적 사실성(진정성)은 양자택일
의 문제가 아니다. 우리는 마태복음 6:16-18의 역사적 진정성과 함께 마
가복음 2:19-22의 역사적 진정성까지 모두 받아들이는 것은 얼마든지
가능하다.

3. 마가복음 2:19b의 본문과 역사적 진정성

마가복음 2:18-22의 역사적 진정성(사실성) 문제를 다룰 때, 사본학적 문
제를 함께 다루어야 한다. 마가복음 2:19b가 마가복음 원본의 본문에
없었다면 진짜 예수의 말씀이라고 볼 필요가 없기 때문이다. 마가복음
2:19b는 "그들이 신랑을 그들과 함께 가지고 있는 동안에는 그들이 금
식할 수 없다."(ὅσον χρόνον ἔχουσιν τὸν νυμφίον μετ᾽ αὐτῶν οὐ δύνανται
νηστεύειν)이다. 이 부분을 갖지 않은 사본들이 있기에 이 부분을 필사자
들이 추가하였을 가능성을 고려해야 한다. 19b절을 가진 사본은 시내산
사본, 바티칸 사본 등(ℵ B C Θ 28. [565]. 892 lat co)이며, 이것을 갖지 않은
사본은 베자 사본, 워싱턴 사본, 고대 라틴어 역본 등(D W ƒ 33. 700 it
vgᵐˢˢ)이다(NA28, 109). 외증으로 볼 때 고대 알렉산드리아 사본들인 시내
산 사본과 바티칸 사본(ℵ B)의 지지를 받는 19b절은 원문일 가능성이 높
지만, 독립적인 본문을 가진 베자 사본과 고대 라틴어 역본 등 서방 사
본들(D it)의 증거를 무시할 수는 없다. 신중한 결정을 위해서는 본문 자
체가 가진 내적 증거를 살펴보아야 한다.

19b절의 생략은 19a절과 유사하게 종결되는 '네스떼우에인'(νησ-
τεύειν 금식하기) 때문에, 필사자의 눈이 19a절 끝에서 19b절 끝으로 건너
뛰면서 발생하였다고 볼 수 있다.[18] 한편 이 부분은 19a절의 부연 설명으
로서 없어도 본문의 의미에 영향을 미치지는 않는다. 그래서 필사자들
이 19b절을 불필요한 반복이라 여겨서 생략하였을 수도 있다(Taylor, 211).
더구나 비슷한 내용을 반복하는 것은 마가복음의 문체이기도 하기에
(Allen, 329) 19b절은 원문이라고 볼 수도 있다(Taylor, 211). 또한 평행본문
인 마태복음 9:15과 누가복음 5:34은 '그들과 함께'(μετ' αὐτῶν)를 가지고
있는데 이것은 마가복음 2:19b와 일치하므로, 19b절이 마가복음의 원
래의 본문에 있었음을 지지하는 증거가 된다.[19]

이러한 사본학적 논구는 역사적 예수 연구와 만나게 된다. 슈바이저
는 이 부분이 진짜 예수의 말씀이 아니라 마가가 추가한 것일 가능성을
제기하면서, 그 근거로 이것을 뺀 사본들이 있음을 이유로 든다.[20] 그러
나 이 부분은 마가복음에 원래 있었던 본문일 가능성이 높기에 슈바이
저가 제시한 사본들만으로 이 부분이 진짜 예수의 말씀이 아니라는 주
장의 증거가 될 수는 없다. 이 부분을 생략한 사본들이 진짜 예수의 말
씀을 반영한다는 슈바이저의 주장은 이 사본들의 필사자들이 역사적
예수의 말씀에 관하여 마가보다 더 정확한 판단을 할 수 있었다는 전제
를 사용한다. 그러나 이 전제는 후대의 필사자를 마가보다 더 신뢰하므
로 설득력이 없다.

슈바이저는 이 부분이 마태복음과 누가복음에 없다는 것도 이 부분

---

18. Linton, 328. 테일러(V. Taylor)도 같은 견해를 피력하였다(Taylor, 211).
19. 그리스바흐 가설을 사용할 경우에도, 마태복음과 누가복음에 일치하게 있는 요소
    는 마가복음의 원래의 본문에도 있었다고 보게 된다.
20. 그의 주장은 Schweizer, 67 참조.

이 마가의 추가일 가능성을 지원하는 증거로 제시한다(Schweizer, 67). '사소한 일치'(the minor agreement)라고 불리는 이 현상이 과연 마가가 스스로 창작하여 추가했을 가능성을 지원하는가? 마가복음 우선설을 전제하고 해석하는 경우에, 이 현상은 마태복음과 누가복음을 위해 사용한 자료(이 경우에는 마가복음)가 이 부분을 가지고 있지 않았을 가능성이 높음을 지지할 뿐이다. 이것은 결코 마가 자신이 이 부분을 추가했다는 것을 입증하는 증거가 될 수 없다. 만일 슈바이저의 주장대로 마가가 이 부분을 추가했다면 마가복음을 앞에 둔 마태복음 저자와 누가복음 저자가 이 부분을 보았을 것이며 최소한 한 명은 이것을 생략하지 않았을 가능성이 높다. 따라서 마태복음과 누가복음 모두에 이 부분이 담기지 않은 현상은 마가복음 저자가 이 부분을 추가했다는 증거가 될 수 없다.

이 사소한 일치는 오히려 '원마가복음'(Proto-Mark)의 모습에서 유래한 것일 수 있다. 원마가복음에는 이 부분이 없었고 이것을 마태복음과 누가복음이 반영하였을 수도 있다. 그러나 이러한 가설도 마태복음과 누가복음이 마가복음 19b절처럼 '그들과 함께'(μετ᾽ αὐτῶν)를 가지고 있는 현상을 설명하지는 못한다.

슈바이저는 19b절이 예수의 진짜 말씀이 아님을 마태복음과 누가복음 저자들이 알아채고 생략했다고 말하고자 했을 수도 있다. 그러나 이렇게 생략한 이유가 19b절이 19a절에 대한 부연 설명이므로 불필요하다고 판단한 문학적 고려가 아니라 역사적 진정성이 없음을 알았기 때문이었다고 단언할 만한 아무런 증거가 없다.

오히려 19b절은 역사적 진정성의 특징을 보여 준다. 글로 표현하면 다시 읽을 수 있기에 문어체는 반복을 피하지만 말은 들을 때 한 번 놓치면 다시 들을 수 없기에 반복을 선호한다. 19b절은 19a절의 내용을 반복한다. 이러한 구어체 특성은 저자의 창작보다는 실제 말씀의 특성에서 유래하였을 가능성이 높기에 19b절의 역사적 진정성을 지지한다. 19b절은 예수의 말씀의 일부로 소개된 부분이기 때문에 구어체 특성은 역사적 진정성의 증거가 될 수 있다.[21]

4. 마가복음의 표현과 역사적 진정성

편집 비평은 역사적 예수 연구에 사용될 때 본문의 역사적 진정성을 부정하는 도구로 사용되기도 하는데, 역으로 역사적 사실성에 관한 판단이 편집 비평에 사용되기도 한다. 그닐카는 마가복음 2:18의 '바리새인들의 제자들'(οἱ μαθηταὶ τῶν Φαρισαίων)이라는 표현은 바리새인들에게 제자가 없었던 역사적 사실에 맞지 않기에 마가가 편집하며 추가한 것이라고 보았다(Gnilka, 112). 그러나 과연 바리새인들에게 제자들이 없었는가? 과연 1세기 유대교를 호흡하며 살았던 유대인 마가가 바리새인들에 관하여 역사적 사실에 맞지 않는 내용을 적었을까? 그 가능성은 매우 희박하다.

설령 그닐카의 주장대로 바리새인들에게 제자가 없었다고 가정한다고 하여도, '바리새인들의 제자들'은 여전히 바리새파의 영향권 아래 있는 사람들을 가리키는 표현이었을 수 있다. 레인(W. Lane)은 '바리새인들의 제자들'은 바리새인들의 이상과 실천에 의해 영향을 받는 사람들을 가리킨다고 주장한다.[22] 이 표현이 그렇게 해석된다면 이 표현은 본

---

21. 물론 구어체적 특징은 여러 가지 기원을 가질 수 있지만, 다른 강력한 증거를 지지하는 보조 증거로 작용할 수 있다.
22. Lane, 108. 레인은 '요한의 제자들'도 비슷한 뜻으로 사용되었을 것이라고 본다 (Lane, 108).

문의 역사적 사실성을 반대하는 근거가 될 수 없다.

5. 예수의 메시아 주장과 역사적 진정성

지아눌리스는 마가복음 2:19b-20에는 예수의 메시아 자의식이 담겨 있기에 역사적 진정성이 없다고 볼 가능성을 제시하였다(Gianoulis, 421). 그러나 이러한 판단은 예수에게는 본래 메시아 자의식이 없었다는 전제를 받아들일 때만 가능하다. 메시아 자의식이 없는 예수로부터 과연 예수를 메시아로 믿는 신앙이 발생할 수 있었을까? 오히려 메시아 자의식을 가진 예수로부터 예수를 메시아로 믿는 신앙이 발생하고 교회가 발생하였을 가능성이 더 높다. 그러므로 지아눌리스가 제시한 가설은 설명력이 떨어진다. 따라서 마가복음 2:19b-20의 역사적 진정성에 관하여 그가 제시한 의혹의 근거도 사라진다.

건드리(R. H. Gundry)는 마가복음 2:19-20에서 예수께서 메시아이시라는 주장이 신랑의 이미지로 암시적으로만 나오는 것이 오히려 진짜 예수의 말씀을 담고 있는 증거라고 본다(Gundry, 136). 구약 성경에서 신랑은 메시아를 가리키기보다는 하나님을 가리킨다. 하나님은 이스라엘의 신랑으로 묘사되고 결혼 이미지는 하나님과 그의 구속된 백성과의 종말론적인 관계를 표현하는 데 사용된다(사 61:10; 62:4-5, 호 2:14-20).[23] 이사야 62:5에서는[24] 미래의 구원이 하나님께서 이스라엘과 결혼하는 것

---

23. France, 139.
24. "마치 청년이 처녀와 결혼함같이 네 아들들이 너를 취하겠고 신랑이 신부를 기뻐함같이 네 하나님이 너를 기뻐하시리라"(사 62:5). 여기서 '너'는 예루살렘을 가리킨다(사 62:1). 이스라엘 백성이 예루살렘을 회복하는 것을 '네 아들들이 너를 취하겠고'라고 표현하였다.

으로 비유되고 있다.[25] 그러나 당시 유대인들은 아직 다윗 계열의 메시아를 신랑 이미지로 기대하지는 않았다.[26] 브라운리(W. H. Brownlee)는 쿰란 문헌(1QIsaᵃ)이 아론 계열의 메시아를 신랑으로 묘사한다고 언급한다 (Brownlee, 205). 쿰란 문헌(1QIsaᵃ)은 "그는 나를 의의 옷으로 신랑처럼, 화관을 쓴 제사장처럼 입히셨다."라고 한다.[27] 그러나 건드리는 다윗 계열의 메시아를 신랑 이미지로 묘사하는 문헌은 없다고 반박한다(Gundry, 136). 페식타 라바티(Pesiq. R. 149a)는 메시아를 신랑으로 묘사한다(Davies & Allison, 110). 그러나 이 문헌은 AD 550-650년경에 엮어진 것으로서 (Evans, 2005: 241) 마가복음과 상당히 거리가 먼 후기 문헌이기에 마가복음 시대에 대한 적절한 증거가 될 수 없다. 이러한 유대 배경을 고려할 때, 마가복음 본문에 담긴 신랑이 메시아를 가리킨다는 것은 암시적일 뿐이다. 따라서 청중이 이 비유를 메시아적으로 이해하였을 가능성은 매우 낮다(Lane, 110).

물론 랍비 문헌에서 결혼식 잔치는 메시아 시대를 묘사하는 비유적 언어로 사용된다.[28] 이러한 배경 속에서는 신랑이 메시아로 이해될 수 있다. 물론 랍비 문헌은 신약 성경보다 후기 문헌으로서 예수 당시 유대교의 모습을 반영하지 않을 수도 있다. 그러나 기독교인들의 경우에는 요한계시록 19:7("어린양의 혼인 기약이 이르렀고 그의 아내가 자신을 준비하였으므로")에서 보듯이 메시아를 신랑으로 묘사하는 것이 익숙하였을 수도 있다. 마가도 그렇게 예수의 메시아 정체성을 신랑 이미지로 암시하고자

---

25. Marcus, 2000: 237.
26. Gundry, 136.
27. "He has covered me with the robe of righteousness, As a bridegroom, *as a priest with a garland!*" Brownlee, 205에서 재인용.
28. Str-B, vol.1, 517-18.

했을 수 있다. 그렇지만, 만일 이 부분이 예수를 메시아로 믿은 마가가 편집하면서 창작한 것이라면 예수의 메시아 정체성을 신랑 이미지로 암시하는 데 그치지 않고 보다 명시적으로 주장하였을 것이다(Gundry, 136). 이러한 관점에서 본다면, 본문은 신랑 이미지를 사용하지만 이로 써 메시아 정체성을 암시적으로 표현하는 데 그치므로 마가의 창작이 라고 볼 이유가 없다.

오히려 메시아를 신랑 이미지로 묘사한 예수의 말씀은 메시아를 신 랑 이미지로 묘사하지 않은 당시 유대교와 다른 독특성을 형성하므로, 역사적 예수로부터 기원하는 말씀일 수 있다.

6. 예수의 수난 예언과 역사적 진정성

마가복음 2:20은 '신랑이 제거될 날이 이르리니'를 통하여[29] 예수의 죽

---

29. 동사 '아빠이로'(ἀπαίρω)는 70인역에서 주로 "떠나가다"라는 뜻으로 사용된다(창 12:9; 13:11; 26:21, 22; 33:12, 17; 35:16; 37:17; 46:1, 출 12:37; 16:1; 17:1, 민 9:17, 18, 20, 21, 22, 23; 14:25; 20:22; 21:4, 10, 12, 13; 22:1; 33:3, 5, 6, 7, 8, 9, 10, 11, 12, 13, 14, 15, 16, 17, 18, 19, 20, 21, 22, 23, 24, 25, 26, 27, 28, 29, 30, 31, 32, 33, 34, 35, 36[x2], 37, 41, 42, 43, 44, 45, 46, 47, 48, 신 1:7, 19; 2:1, 13, 24; 10:6, 7, 11, 수 3:1, 3, 14; 9:17, 삿 5:4; 18:11, 왕상 21:9, 왕하 3:27; 19:8, 36, 나 3:18, 겔 10:4). 그러나 70인역 시 77:26(히브리어 성경은 78:26)에서 이 단어는 "제거하다"를 뜻한다. 한 편 70인역 시 77:52(히브리어 성경은 78:52)에서 이 단어는 구조상 평행되는 '아나 고'(ἀνάγω "인도하다")와 유사한 뜻을 가진다고 볼 수 있다. 이 단어는 신약 성경에 서 막 2:20과 평행구절에서만 사용된다. 여기서 이 단어는 신랑이 결혼식 손님들로 부터 '아빠르테'(ἀπαρθῇ)한다는 문맥에서 사용되므로 "떠나가다"라는 뜻을 가질 수 있다. "제거되다"라는 뜻도 문맥상 가능하다. 그러나 긍정적인 뜻인 "인도하다" 는 신랑이 그렇게 되었을 때 손님들이 금식하게 된다는 문맥에 부적합하다. 70인역 에서 이 단어는 떠나감을 뜻할 때 자동사로 사용되고, 제거함을 뜻할 때 이 단어는 타동사로 사용된다(시 77:26). 막 2:20에서 이 단어는 수동태로 사용되었으므로 타 동사적 의미의 수동태로 보는 것이 적합하다. 그러므로 막 2:20의 '아빠르

음을 암시적으로 언급한다. 유대 혼인 관습에 따르면 하객들이 신랑을 떠나간다. 그러므로 신랑이 떠나간다는 표현은 유대인 청중들에게 놀라움을 일으킨다(Guelich, 1989: 112). 이러한 비일상성은 무언가 강조하기 위해 비유 속에 배치되었을 것이다. 개역개정판에서 '빼앗길'로 번역된 '아빠르테'(ἀπαρθῇ 제거되다)의 원형은 '아빠이로'(ἀπαίρω)인데, 이 표현은 이사야 53:8에 쓰인 '에르테'(ἤρθη, 개역개정판의 '끌려갔으나'에 해당)와 유사하다. 그리하여 이 표현은 이사야 53장 문맥상 죽음을 가리키는 것으로 이해될 수 있다(Guelich, 1989: 112). 그러므로 이사야 53:8을 연상시키는 마가복음 2:20의 표현은 신랑의 죽음을 가리킨다고 해석될 수 있다.[30] 스트라우스(Mark L. Strauss)는 예수께서 자신의 고난을 예언한 듯한 이러한 표현은 초기 교회가 추가한 것이라는 견해가 가끔 제기되었음을 언급하고 이를 논박한다. 그에 의하면, 예수는 유대인들로부터 신성모독자(막 2:7)로 의심받고, 안식일 파괴자(2:23-28; 3:1-6), 사탄과 한패(3:22-27), 거짓 선지자(14:65)로 간주되었기에 자신의 수난을 예견할 수 있었을 것이라고 주장한다(Strauss, 140). 죄인과 식사한다고 비판받고(2:16), 그의 제자들이 금식하지 않는다고 비판당하는 근접 문맥(2:18)이 보여 주는 정황도 예수가 자신의 고난을 예견하도록 기능하였을 것이다. 로마 당국에 의하여 십자가형에 처해진 예수께서 자신이 죽임 당할 가능성을 전혀 예견하지 못하였어야만 한다는 가설이 역사적 예수 연구를 위한 전제가 되어야 할 이유는 없다.

신랑의 죽음을 암시하는 20절 말씀은 예수의 수난과 죽음을 이미

테'(ἀπαρθῇ)의 의미로는 "제거되다"가 적합하다.

30. 막 14:43-50은 2:20에서 신랑으로 비유된 존재가 예수임을 알려 준다. 여기서 예수께서 산헤드린 의회로부터 파송된 무리에 의해 잡혀가고 제자들은 도망하기 때문이다.

알고 기록하고 있는 마가의 조작이라고 보기에는 너무 암시적이다. 독자들은 신랑이 예수를 가리킨다는 것을 파악한 후 다시 '아빠이로'(ἀπαίρω "제거하다")라는 단어를 통해 이사야 53:8을 연상하고 예수께서 죽임 당하신다는 것을 암시하셨음을 알아내야 한다. 마가는 독자들이 이러한 해석에 성공하리라는 것을 얼마나 기대할 수 있었을까? 독자들이 그러한 해석을 하리라 기대할 수 없으면서도 마가는 과연 이러한 말씀을 지어낼 이유가 있었을까? 마가가 근거 없이 지어낸 말씀이었다면 예수의 죽음을 좀 더 명시적으로 언급하였을 것이다. 그러므로 예수의 죽음을 암시적으로 언급하는 2:20의 말씀은 진짜 예수의 말씀을 전한 것으로 볼 수 있다.

7. 예수의 수난과 초기 교회 발생 설명의 가능성

마가복음 2:21-22은 유대교를 부정하는 내용을 담고 있다. 21절이 언급하는 옷의 찢어짐은 마가복음에서 옛 전통의 종말을 비유한다. 마가복음 14장에서 대제사장 가야바는 그의 옷을 찢고, 예수를 신성모독 죄를 지은 자로 정죄하는데, 후커는 바로 그때 옛 종교의 형식이 종말을 맞이하였다고 본다(Hooker, 101). 유사하게 마가복음 15:38에서 예수의 죽음 직전에 성전 휘장이 찢어지는 것도 옛 형식의 종말과 새 형식의 시작을 암시한다(Hooker, 101).

　　포도주는 구원의 시대의 상징으로 사용되어 온 것이다(창 9:20; 49:11-12, 민 13:23-24; 참고. 요 2:1-11).[31] (새) 포도주는 70인역 스가랴 9:17; 10:7, 이

31.　Davies & Allison, 115. '새 포도주'에 관해서는 70인역 사 49:26, 11QTemple 19:14; 21:10, *m. Aboth* 4:20, *t. Pesah* 10:1 참조(Davies & Allison, 113).

사야 55:1, 예레미야 38:12(개역은 31:12)에서 하나님의 백성의 회복을 상징하는데 이러한 용례는 포도주가 상징적 의미로 사용되고 이스라엘의 회복을 뜻한다고 해석하면 뜻이 통하는 마가복음 2:22 문맥에 적합하다. 이러한 용례를 따르면 22절에서 '새 포도주'는 예수를 통해 새로 시작된 메시아의 시대를 가리킨다. 이 메시아의 시대는 예수께서 선포하신 임박한 하나님 나라 시대를 통하여 이어진다(막 1:15).[32] 따라서 새 포도주는 하나님 나라를 가리킨다고 보는 해그너(D. A. Hagner)의 견해는 적절한 측면이 있다(Hagner, 244). 그렇다면 '새 부대'는 하나님 나라를 담을 수 있는 새로운 전통과 제도를 가리킨다. 이 제도는 유대교에서 독립된 새로운 전통과 종교의 체제일 수도 있다.[33]

'새 포도주'는 마가복음 문맥 속에서 1:27의 '새로운 가르침'이라는 표현에 비추어 볼 때 예수의 가르침을 가리킬 수도 있다(A. Y. Collins, 199-200). 또한 새 부대는 예수의 가르침에 토대한 새 행동 방식을 가리킬 수 있다(Hagner, 244). 이 새 부대는 바리새인들의 금식 전통과 거리가 멀다. 예수의 가르침을 따르면 바리새인들의 금식 전통을 따를 수 없다. 예수는 새 포도주가 새 부대에 담겨야 하며, 옛 부대에 담길 수 없다는 비유를 통해 예수의 가르침은 유대교 전통이라는 낡은 부대에 담길 수 없다고 지적하신 듯하다(Strauss, 140 참고). 새 포도주가 낡은 부대에 담기면 발효하는 압력으로 낡은 가죽 부대를 터뜨릴 수 있다(France, 141). 이처럼 예수의 새로운 가르침은 유대교 전통과 함께 공존할 수 없다.

이러한 말씀은 당시 유대교에 대해 매우 비판적이다. 이렇게 유대교

---

32. 예수의 하나님 나라 선포에 관한 자세한 토론은 신현우, 2014b: 380-404 또는 이 책의 제6장 참조.

33. 양용의는 새 부대는 메시아 시대에 맞는 새 종교 체제를 가리킨다고 보는데(양용의, 2005: 167), 이 체제가 바로 그리스도의 교회이다.

전통에 대한 매우 부정적인 평가를 한 예수의 모습은 당시 유대인 지도 자들에게 미움을 받아 결국 죽임을 당할 수 있는 예수의 모습이다. 그러 므로 이 말씀은 유대인들에게 배척당하여 마침내 죽임을 당한 예수의 말씀으로서 적합하다.

　당시 유대교에 대해 이렇게 비판적인 시각을 가진 말씀은 그 유대 교로부터 자연스럽게 발생할 수 없다. 당시 유대교를 옛 부대로 보면서 새 포도주를 담을 수 있는 새 부대의 필요성을 주장한 예수의 말씀은 유대교에 머무르지 않고 이로부터 마침내 독립한 교회의 발생을 설명 할 수 있는 말씀이기도 하다. 이러한 설명 가능성도 이 말씀의 역사적 진정성을 지원한다.

8. 초기 교회에의 비유사성

사도행전 13:2-3; 14:23, 디다케 8:1은 초기 교회가 금식하였음을 분명 히 알려 준다.[34] "그러나 너희들의 금식은 외식하는 자들과 함께 하도록 하지 말라. 그들은 월요일과 목요일에 금식한다. 그러나 너희는 수요일 과 금요일에 금식하라"(디다케 8:1).[35] 양식 비평가들은 마가복음 2:19b-20 은 초기 교회가 금식 실천을 정당화하기 위해 추가한 것으로 여긴다 (Gianoulis, 422). 대표적으로 불트만은 이 부분이 마가 자신이 확장한 것 이라고 추측하였다(Bultmann, 1963: 19). 후커는 이 본문이 그리스도인들과 유대인 대적들 사이에 논쟁이 벌어진 초기 교회의 상황을 반영할 수도

34.　Gianoulis, 422-23.

35.　Αἱ δὲ νηστεῖαι ὑμῶν μὴ ἔστωσαν μετὰ τῶν ὑποκριτῶν νηστεύουσι γὰρ δευτέρᾳ σαββάτων καὶ πέμπτῃ ὑμεῖς δὲ νηστεύσατε τετράδα καὶ παρασκευήν. 헬라어 본문 은 Lake, ed. & trans., 320에서 인용함.

있다고 보면서 그 증거로 공격이 예수가 아니라 제자들을 향한 점을 지적한다(Hooker, 99).

그러나 디다케 8:1에서 보듯이 초기 교회는 금식을 하였기에 초기 교회가 금식하지 않음에 대하여 유대인들에게 지적받아서 논쟁이 벌어졌을 가능성은 희박하다. 오히려 이 본문은 초기 교회의 상황에서 발생할 수 없는 정황을 담고 있기에 그 역사적 진정성을 믿을 수 있다. 콜린스(A. Y. Collins)가 지적하였듯이 신랑이 함께 있을 때에는 금식할 필요가 없다는 설명은 부활 후 교회 공동체보다는 역사적 예수의 시대에 더욱 적합하다(A. Y. Collins, 197). 또한 건드리가 잘 논증하였듯이, 예수의 제자들이 금식을 하지 않는 이유를 언급하는 것은 역사적 예수의 시대 후에는 적합하지 않다(Gundry, 135-36). 그러므로 이 본문은 초기 교회에 의해 조작된 결과가 아니라 역사적 예수의 말씀을 전한 결과로 보아야 한다.

키(A. Kee)는 본문이 예수의 진짜 말씀을 담고 있지 않고 초기 교회의 질문에 답한다고 보면서 그 질문을 좀 더 설득력 있는 형태로 제시한 바 있다. "제자들은 금식하지 않았는데, 어떻게 초기 교회는 금식하게 되었는가?"(A. Kee, 169). 초기 교회가 이러한 질문에 답하고자 본문을 창작하였다고 보는 것이 그의 가설이다. 이 가설은 제자들이 금식하지 않았음을 전제한다. 그리하여 제자들이 금식하지 않았다고 하는 마가복음 본문이 역사적 사실을 전하고 있음을 인정한다. 만일 제자들이 금식하지 않았다면, 본문에서처럼 그 이유를 질문받았을 가능성이 있고, 예수께서 본문처럼 (나중에 금식할 때가 온다고) 답을 하셨다면 후에 교회가 금식하게 된 것도 설명된다. 그러므로 이 마가복음 본문에 담긴 예수의 말씀은 초기 교회의 금식 전통의 발생을 설명할 수 있다. 따라서 이러한 설명력을 갖춘 본문에 담긴 예수의 말씀은 오히려 진짜 예수의 말씀일 것이다.

　본문이 규칙적 금식이 이루어진 초기 교회의 상황을 반영하지 않는 것은 교회 시대를 가리킬 수 있는 표현 대신 신랑을 빼앗기게 되는 단회적인 날을 가리키는 듯한 '저 날에'(ἐν ἐκείνῃ τῇ ἡμέρᾳ)가 사용된 점에서도 드러난다(Gundry, 133). 만일 본문이 초기 교회가 행하던 금식 전통을 정당화하기 위하여 만들어진 것이라면 예수가 잡혀가게 된 날을 단회적으로 가리키는 것으로 해석될 수 있는 '저 날에' 대신에 그 이후의 시대를 가리킬 수 있는 표현을 사용하였을 것이다. 심지어 이 본문에서 '저 날들에'(ἐν ἐκείναις ταῖς ἡμέραις)가 사용되었을 경우에도 이 표현은 마가복음에서 비교적 짧은 기간을 가리키기에(막 1:9; 8:1; 13:17, 24) 교회 시대를 가리키기에는 역부족이었을 것이다. 따라서 '저 날에'는 더더구나 교회 시대를 가리키기 위하여 마가가 사용하였을 법하지 않은 표현이다. 그닐카는 '저 날에'라는 표현이 한 주 중에 특정한 날로서의 금요일에 금식하는 초기 교회 전통과 관련된다고 주장한다(Gnilka, 115). 그러나 매주 금요일에 신랑이 반복적으로 잡혀가는 것은 아니므로 '저 날에'가 금요일을 가리킨다고 보는 것은 문맥에 부합하지 않는다. 그러므로 '저 날에'는 이 본문이 초기 교회의 금식 전통을 정당화하기 위해 만들어진 것이 아니라 역사적 예수의 진짜 말씀임을 지원하는 증거로 간주될 수 있다.

9. 연구자의 주관성과 본문의 설명력

슈바이저는 20절을 특정 조건 아래에서 역사적 예수의 말씀으로 간주할 수 있다고 본다. 그 조건은 20절이 종말의 잔치에 참여하지 못하는 자들이 금식하게 된다고 해석하는 것이다(Schweizer, 68). 이러한 해석은 혼인집 잔치 손님들이 종말의 잔치에는 참여하지 못하고 예수께서는 참여하게 되는 이상한 그림을 그린다. 이 종말의 잔치에 참여할 사람들이 누구인지도 분명하지 않다. 과연 마가복음 본문이 그렇게 주해되어야 할 정당성도 없거니와, 오직 이렇게 해석하였을 때에만 이 구절이 진짜 예수의 말씀이라고 제한할 이유도 없다. 20절이 예수의 고난을 예견하는 말씀일 경우에도 불구하고 이 말씀이 예수의 제자들이 금식할 시점이 옴을 예견하는 말씀으로서 진짜 예수의 말씀이 아니어야 하는 이유는 무엇인가?

오히려, 금식이 가능한 시대를 예견하는 이 말씀 때문에 역사적 예수가 주기적인 금식을 하시지 않았음에도 초기 교회가 (디다케 8:1에서 보듯이 수요일, 금요일에 주기적으로) 금식을 할 수 있게 되었다고 설명할 수 있다. 이러한 설명 가능성은 이 말씀의 역사적 진정성을 지원한다.

역사적 예수의 모습에 대한 연구자 자신의 추측성 전제를 마가복음의 역사적 증언보다 우선시하는 실수를 학자들은 범하기 쉽다. 키도 그러한 실수를 범하였다. 그는 역사적 예수가 선지자 전통 위에 서서 정의와 자비보다 금식을 강조하는 것을 비판하였다고 전제하고, 금식 전통을 가진 초기 교회는 금식에 대한 비판보다는 이 전통을 실행하기 위한 권위를 위해 이 본문을 만들어 내었다고 주장한다.[36] 이처럼 키는 이미 자기 자신이 주관적으로 구성한 역사적 예수상을 만들어 놓고 이를 기준으로 복음서 본문의 역사성을 판단하고 있다. 1세기에 기록된 역사적 사료를 오늘날의 주관적 추측보다 가치 없게 여기는 것은 과연 정당한가?

---

36. A. Kee, 173.

금식을 부정적으로 보는 전통은 이미 구약 성경에 포함되어 있다.[37]
스가랴 7:5은 유대인들의 금식이 참으로 하나님을 위한 것이었는지 묻
는다. "그 금식이 나를 위하여, 나를 위하여 한 것이냐?" 이사야 58:3-7
도 유대인들의 금식을 비판한다. 그들은 금식하는 날에 오락을 구하며,
일꾼들을 압제하며, 논쟁하며 다투기 때문에 그들의 금식은 하나님께
서 기뻐하는 금식일 수 없다(사 58:3-5). 하나님께서 기뻐하는 금식은 압
제당하는 자를 풀어 주고, 가난한 자를 도와주는 것이다(사 58:6-7). 하나
님은 일꾼을 압제하는 것을 그치고 가난한 자들을 도와주는 것을 금식
보다 더 원하신다. 그렇다면 유대인들이 이방인의 압제에서 벗어나려
면 금식을 할 것이 아니라 그들이 일꾼들이나 가난한 자들을 압제하지
말아야 했다.

역사적 예수께서 이러한 선지자 전통에 서서 금식을 일방적으로 비
판하기만 하였을 것이라는 키의 전제는 입증되지 않은 전제일 뿐이므
로, 이러한 전제 위에 서서 마가복음 본문이 역사적 증언으로서의 가치
가 없다고 결론 내리는 것은 순환논법일 뿐이다. 설령 키의 전제를 받아
들인다고 가정하여도, 본문이 진짜 예수의 말씀을 담고 있다는 것이 부
정될 필연성은 없다. 왜냐하면 본문은 어쨌든 금식을 비판하는 내용을
담고 있기 때문이다. 예수의 금식 비판은 선지서의 금식 비판 전통에 연
속성을 가진다. 이것은 당시 유대교 배경에 부합한다. 한편 금식을 긍정
적으로 평가한 당시 유대교를 비판하는 예수의 금식무용론은 당시 유
대교에 대한 상이성(dissimilarity)을 형성한다. 또한 금식을 할 때가 올 것
을 예견하는 본문 말씀은 초기 교회의 금식 전통의 발생을 설명한다. 이

---

37. 박경철, 192-210 참고.

처럼 배경에 부합하면서도 독특한 특성을 가지고,[38] 초기 교회의 모습의 기원을 설명하는 본문은 배경 부합 원리, 상이성 원리, 설명 가능성 원리를 받아들이는 연구자들에게는 창작된 것이 아니라 오히려 진짜 예수의 말씀이다.

III. 해설과 적용

1. 해설

민족의 회복을 위한 유대인들의 금식을 반대하고 자신의 죽음에 대속적 의미를 부여한 마가복음의 예수의 모습은, 금식을 민족 회복의 수단으로 간주한 당시 유대인들의 상황에 부합한다. 이 배경을 고려할 때 금식을 반대하신 예수의 말씀에서 유대인들의 금식이 아니라 자신의 죽음을 통해 참된 회복이 이루어진다는 예수의 주장을 읽게 된다. 또한 유대인들이 민족 회복의 수단으로 여긴 금식을 반대한 마가복음의 예수의 모습은 예수께서 유대인들에게 박해를 당하여 마침내 죽임 당한 사실을 설명한다. 이러한 증거들은 금식을 반대한 예수의 말씀의 역사적 진정성을 지원한다.

금식의 불필요성을 설명하기 위해 결혼 잔치를 예로 든 예수의 말씀(막 2:19)도, 신랑은 결혼식 첫날밤에 셰마를 암송할 필요가 없다는 미

---

38. 배경에 부합하면서 독특한 특성을 가지는 것은 역사적 개연성을 가진다는 점에 관하여는 박흥용, 538 참조. 이 논문은 예수의 독특성은 1세기 유대 상황을 벗어나지 않으면서 그 상황 속에 있는 타인들과 다른 독특성임을 지적한다.

쉬나 구절(*m. Berakoth* 2:25)이나, 신랑의 친구들과 혼인 잔치 손님들은 초
막절 절기를 지킬 필요가 없다는 탈무드 구절(*b. Sukkah* 25b)에 이르기까
지 반영되어 있는 지속적인 유대인들의 전통을 참고할 때, 당시 유대인
들에게도 적절한 비유였다고 볼 수 있다. 이러한 적합성도 마가복음
2:19의 말씀이 역사적 진정성을 가짐을 지지한다.

지아눌리스는 금식을 하지 않는 이유에 대한 예수의 원래적 답변은
마가복음 2:19-22이 아니라 마태복음 6:16-18이었다고 주장한다. 그러
나 예수의 제자들에게 금식을 할 때 비밀리에 하라는 마태복음 6:16-18
의 내용은 금식을 하지 않는 이유에 대한 답변으로서 부적합하고, 오히
려 마가복음 2:19-22이 적합하기에 지아눌리스의 주장은 입증되지 않
는다. 또한 예수의 제자들이 마태복음 6:16-18을 따라 비밀리에 금식을
한 경우, 그들이 금식하지 않는 이유에 관하여 질문을 받았을 수 있으므
로, 마가복음 2:18-22은 마태복음 6:16-18에 모순되지 않는다. 그러므로
마가복음 2:19-22의 역사적 진정성은 부정될 필요가 없다.

슈바이저는 마가복음 2:19b("그들이 신랑을 그들과 함께 가지고 있는 동안에
는 그들이 금식할 수 없다.")가 진짜 예수의 말씀이 아니라고 주장하면서, 이
부분을 생략한 사본들이 있다는 것과 마태복음과 누가복음에 이 부분
이 없다는 것을 그 이유로 든다. 그러나 이 부분은 유사한 종결인 '네스
떼우에인'(νηστεύειν)으로 인해 필사 과정에서 생략되었고, 마태복음과
누가복음에서는 불필요한 반복을 피하고자 생략된 것으로 볼 수 있다.
슈바이저는 마태복음과 누가복음의 생략이 마가복음보다 더 오래된 원
마가복음에서 기원하였을 가능성에 기대는 듯하다. 그러나 마가복음
2:19에서는 이 원마가복음 가설로 마태복음과 누가복음이 마가복음
19b절처럼 '그들과 함께'(μετ᾽ αὐτῶν)를 가지고 있는 것을 설명하지 못한

다. 슈바이저는 마태복음, 누가복음, 필사본 등의 외증으로 마가복음 2:19b의 역사적 진정성을 배제하려고 했지만, 이러한 외증에는 마가복음 2:19b의 역사적 진정성을 배제할 수 있는 증거력이 없다. 오히려 불필요한 반복을 이루는 마가복음 2:19b의 구어체적 특성은 이 말씀의 역사적 진정성의 증거가 된다.

그닐카는 마가복음 2:18의 '바리새인들의 제자들'이라는 표현은 바리새인들에게 제자가 없었던 역사적 사실에 맞지 않는다고 보았다. 그러나 이 표현은 바리새인들에게 영향을 받는 사람들을 가리키는 표현으로 간주할 수 있으므로, 이 표현은 마가복음 2:18의 역사적 진정성을 배제하는 증거가 되지 않는다.

지아눌리스는 마가복음 2:19b-20이 예수의 메시아 자의식을 담고 있기에 역사적 진정성이 없다고 보았다. 그러나 이러한 견해는 예수가 메시아 자의식을 갖고 있지 않았다는 입증되지 않은 주장을 전제로 사용하고 있다. 오히려 예수가 메시아 자의식을 가지고 있었다고 보는 것이 예수를 통해 발생한 교회가 예수를 메시아로 고백한 현상을 더 잘 설명할 수 있게 한다.

한편, 마가복음 2:19b-20은 메시아를 신랑으로 묘사하는데, 당시 유대인들은 아직 다윗 계열의 메시아를 신랑 이미지로 기대하지는 않았기에, 예수의 메시아 자의식은 매우 암시적으로만 표현되었다. 만일 마가가 창작한 것이었다면 메시아 정체성을 좀 더 분명하게 명시적으로 표현하였을 것이다. 그러므로 암시적 메시아 주장은 역사적 진정성의 증거로 간주될 수 있다.

마가복음 2:20의 "신랑이 제거될 날이 이르리니"는 예수의 죽음을 암시적으로 예언하므로, 그리스도인들이 예수의 죽음 후에 창작한 것이라는 주장이 있었다. 그러나 스트라우스는 신성모독자(막 2:7)로 의심 받고, 안식일 파괴자(2:23-28; 3:1-6), 사탄과 한패(3:22-27), 거짓 선지자 (14:65)로 비판받은 예수가 자신의 죽음을 예견하였을 것이라고 지적하 며 이러한 주장을 논박하였다. 십자가에 못 박혀 죽은 예수가 자신의 죽 음을 전혀 예견하지 못했었다는 주장은 입증되지 않았을 뿐 아니라 설 득력 없는 억지 가설이므로, 마가복음 본문의 역사적 진정성에 대한 반 대를 위해 사용될 수 없다. 또한 마가가 사용한 '아빠르테'(ἀπαρθῇ "제거되 다")라는 단어는 예수의 죽음을 가리키기에 너무 암시적인 표현이므로, 그리스도의 십자가 수난과 죽음을 분명히 아는 초기 그리스도인이 만 들어 낸 창작적 예언의 말씀이라고 보기에는 부적합하다. 그리스도인 이 창작했다면 예수의 죽음을 좀 더 명확히 표현했을 것이다. 그런데 이 러한 암시적 표현이 사용된 것은 오히려 역사적 진정성의 증거로 볼 수 있다.

마가복음 2:21-22은 금식을 비롯한 유대교 전통을 낡은 옷, 낡은 부 대로 비유하며 부정하는 내용을 담고 있다. 이러한 예수의 말씀은 유대 교에서 발생할 수 없으며, 예수께서 왜 유대인들에게 박해받고 마침내 죽임 당하게 되었는지를 설명하며, 유대교 속에 머물지 않고 새롭게 시 작된 교회의 발생을 설명할 수 있다. 이러한 설명 가능성은 이 말씀의 역사적 진정성을 지지한다.

불트만과 후커는 마가복음 2:19b-20이 초기 교회 상황을 반영하여 발생한 것이라고 본다. 그러나 초기 교회는 금식을 하였다. 따라서 예수 의 제자들이 금식을 하지 않았다고 간주하고 이에 대한 지적에 대답하 는 마가복음 2:19b-20이 초기 교회의 상황 속에서 발생할 수는 없다. 건 드리가 잘 지적한 바처럼, 예수의 제자들이 금식을 하지 않는 이유를 제시하는 것은 예수의 시대 이후에는 부적합하다. 또한 콜린스가 잘 논증한 바처럼, 신랑이 함께 있을 때에는 금식할 필요가 없다는 설명은 초기 교회보다는 예수의 시대에 적합하다. 마가복음에서 교회 시대를 가리킨다고 볼 수 없는 '저 날에'(ἐν ἐκείνῃ τῇ ἡμέρᾳ)라는 표현이 사용된 것도 이 말씀이 초기 교회에서 창작된 것이 아니라 예수에 의해 발설된 것임을 지지한다.

슈바이저는 20절을 종말의 잔치에 참여하지 못하는 자들이 금식하게 된다고 해석하는 조건 아래 역사적 예수의 말씀으로 간주한다. 그러나 20절이 예수의 제자들이 금식하게 될 날을 예언한다고 해석할 때 이 말씀으로 인해 초기 교회가 금식한 것을 설명할 수 있다. 키는 역사적 예수가 정의와 자비보다 금식을 강조하는 것을 비판하였다고 전제하고, 초기 교회는 금식에 대한 비판보다는 금식을 실천하는 전통을 실행하기 위해 이 본문을 만들었다고 주장한다. 그러나 본문에 담긴 예수의 말씀은 유대인들의 금식을 비판하면서 예수의 제자들이 금식을 하게 될 날이 올 것을 예견하기에 당시 유대교와 다르면서 초기 교회의 금식 전통의 발생을 설명하므로 오히려 역사적 예수의 말씀이라 할 수 있다. 슈바이저와 키의 주장은 연구자가 이미 역사적 예수상을 미리 만들어 놓고 이에 부합하지 않는 본문은 역사적 진정성이 없다고 부정하는 방법을 사용한다. 역사적 예수상을 검증 없이 전제로 사용하는 이러한 방법은 주관성의 틀에 갇힌 방법으로서 그 결과의 신빙성을 보장할 수 없다.

마가복음 2:18-22에 관한 역사적 진정성 논증은 마가복음 2:18-22에 담긴 금식에 관한 가르침을 진짜 예수의 역사적 가르침으로 볼 수 있는 충분한 근거를 제공한다. 지금까지의 역사적 진정성 논증 과정에서 주해한 결과들을 모으면 예수의 가르침의 내용은 다음처럼 요약될 수 있다.

　유대인들은 민족의 위기 때 금식을 하곤 했기에(유딧 4:9, 마카비1서 3:47, 마카비2서 13:12, 바룩서 1:5) 로마의 반식민지 상태에 있었던 예수 당시의 유대인들에게 금식은 민족의 회복을 위한 경건한 행위로 인식되었을 것이다. 본래 대속절(7월 10일)에 행하도록 명해진 금식은(레 23:26-32), 바벨론 포로 시대 이후에는 4월 9일(바벨론에 의한 예루살렘 멸망의 날, 왕하 25:3-4), 5월 9일(첫 성전과 둘째 성전의 파괴의 날), 7월 3일(그다랴의 죽음의 날, 렘 41:2), 10월 10일(바벨론 군대가 예루살렘을 포위하기 시작한 날, 렘 52:4), 12월 14일(부림절, 페르시아 제국 내의 유대인들이 전멸할 위기에 처했던 날, 에 9:31)에도 행해지게 되었는데, 모두 유대인들에게 닥친 민족적 비극과 관련된다. 이러한 연관성은 절기들 외에도 자발적으로 이루어진 개인적 금식(예. 한 주에 두 번 월요일과 목요일에 행한 바리새인들의 금식, 디다케 8:1)마저도 민족의 회복을 위한 경건 행위로 여겨지도록 했을 것이다. 유대인들에게 금식은 회개의 표현이었기에(삼상 7:6, 느 9:1-2, 욜 2:12, 욘 3:5, 시락서 34:26), 회개는 민족의 회복을 가져올 것이라는 구약 성경의 약속(레 26:40-42)에 토대하여, 유대인들은 금식하면 민족이 회복되리라 기대하였을 것이다.

　따라서 이러한 관점에서 보면 금식하지 않는 예수의 제자들은 민족의 회복에 무관심한 불경건한 자들로 여겨질 수 있었다. 그러나 예수께서는 유대인들의 회복이 (유대인들의 금식이 아니라) 자신의 대속적 죽음을 통하여 이루어진다고 보셨기에(막 10:45; 14:24) 유대인들의 민족주의적 금식을 반대하셨을 것이다.

　그런데, 마가복음 2:18-22 본문에서는 금식을 반대하시는 근거로 예수께서는 자신의 대속적 죽음 대신 결혼식 잔치, 새 옷 조각, 새 포도주를 언급한다. 제자들이 금식을 하지 않는 시점은 이미 진행되고 있는 현

재이고, 그들이 후에는 (신랑을 빼앗긴 후에) 금식할 것이라는 언급이 있다
는 점은 결혼식 잔치, 새 옷 조각, 새 포도주에 관한 언급이 예수의 제자
들이 금식하지 않고 있는 예수의 십자가 수난 이전의 사역 기간과 관련
된 것임을 추측하게 한다. 예수께서는 이 기간을 결혼 잔치에 비유한다.
아직 십자가 수난을 통하여 오는 하나님 나라 시대가 시작된 것은 아니
지만(막 14:25; 15:36), 신랑은 이미 왔고 결혼 잔치는 이미 시작되었다. 이
미 시작된 결혼 잔치의 시대는 십자가 수난을 통하여 오는 하나님 나라
시대를 통하여 완성된다. 그러므로 하나님 나라 시대에는 금식이 더더
구나 부적합하다고 할 수 있을 것이다.

　새 옷 조각과 헌 옷이 만나 발생하는 옷의 찢어짐은 후커가 지적하
였듯이 마가복음 14장에서 예수의 말씀을 만난 가야바가 자신의 옷을
찢은 것과 마가복음 15:38에서 예수의 십자가 수난 때 예수의 외침에
성소의 휘장이 찢어진 사건에서 실현된다고 볼 수 있다. 그렇다면, 새
옷 조각은 예수와 관련되며, 특히 예수의 새 가르침(막 1:27)을 가리키는
듯하다. 마가복음 14:62에서 예수의 메시아 주장은 자신을 하늘 구름을
타는 신적인 메시아로 소개하는 점에서 유대인들의 낡은 메시아 기대
와 다른 새로운 옷 조각이다. 이 신적인 메시아가 와서 회복 사역을 시
작하고 새로운 가르침을 주시는 시대에 유대인들의 민족 회복의 낡은
길로서의 금식은 부적합하다.

　마가복음 2:22의 새 포도주의 의미는 70인역 스가랴 9:17; 10:7, 이
사야 55:1, 예레미야 38:12(개역은 31:12)에서 (새) 포도주가 하나님의 백성
의 회복을 상징하는 용례로부터 해석될 수 있다. 하나님의 백성의 회복
은 금식이라는 낡은 방법으로 이루어지는 것이 아니라, 메시아의 죽음
과 부활이라는 새로운 방법으로 이루어진다. 금식이라는 전통으로 하

나님의 백성의 회복을 추구하면 금식이라는 전통도 잘못 사용하는 것이다. 금식은 하나님의 백성을 회복하시는 메시아의 역할을 인식하고 그분에게 의지하는 믿음의 표현 정도로 사용되어야 한다. 그러할 때 금식 전통이라는 옛 부대도 메시아를 통한 회복이라는 새 포도주도 모두 보존할 수 있을 것이다.

2. 적용[39]

요한의 제자들과 바리새인들은 열심히 금식하였다. 그들이 금식을 한 이유는 이스라엘의 회복을 위함이었다. 그들은 금식하면 하나님께서 나라를 회복시켜 주시리라고 믿었다. 우리에게도 이러한 금식에 해당하는 행위들이 있다. 우리는 그러한 행위로 인해 하나님 나라가 임하고 확장된다고 착각하기도 한다. 그러한 행위를 자랑하기도 한다. 그러나 하나님 나라를 우리가 확장한다고 생각하면 착각이다. 우리의 종교 행위가 하나님 나라의 도래를 가져올 수 없다. 하나님 나라는 예수의 십자가와 부활을 통해서 온다.

금식을 할 때 우리는 좀 더 경건한 기도를 올릴 수 있다. 그러나 금식이 하나님 나라를 도래시키지는 않는다. 우리가 금식을 하면 하나님의 은혜를 맛볼 수는 있지만, 금식이 은혜의 원인인 것은 아니다.

오늘날에는 믿음마저도 금식에 해당하는 역할을 한다. 믿음은 은혜의 통로일 뿐이다. 우리의 믿음 때문에 하나님께서 은혜를 베푸신 것이 아니다. 하나님의 사랑 때문에 은혜가 우리에게 베풀어진 것이다. 원인

---

39. 이 부분은 웨스트민스터신학대학원대학교 새벽 사경회(2010. 11. 18.) 설교 때 적용한 것이며, 신현우, 2018c: 107-13에 실은 것을 토대로 한 것이다.

이 우리에게 있지 않고 하나님께 있다. 우리는 믿음으로 구원받았다고 생각한다. 그러나 우리의 믿음은 절대로 구원받을 만한 공로가 아니다. 우리는 예수께서 우리의 죄를 대속하셨기 때문에 구원받았다. 금식을 강조하는 유대인들의 사고방식은 우리들의 생각 속에도 잠재되어 있다. 우리는 하나님의 은혜를 잊고 우리의 공로를 자랑하기 쉽다. 하나님의 은혜를 받아들이는 믿음마저 은혜를 받을 만한 공로로 여긴다. 이것은 은혜를 망각하는 것이다.

우리는 기도를 통하여 하나님의 은혜를 맛본다. 그러나 하나님께서 주셨기 때문에 받은 것이지, 결코 우리가 기도했기 때문에 받은 것이 아니다. 우리가 간구한 행위를 공로로 여기면 안 된다. 우리는 그저 무익한 종일 뿐이다. 오직 주께서 구원하시며 주께서 역사하실 뿐이다. 우리는 물을 주지만 오직 자라게 하시는 분은 하나님이시다. 고린도전서 3:7에서 사도 바울을 말씀한다. "그런즉 심는 이나 물 주는 이는 아무것도 아니로되 오직 자라게 하시는 이는 하나님뿐이니라"(고전 3:7). 우리는 명령받은 일을 다 행하고도 무익한 종이라고 말해야 한다. 우리가 해야 할 일을 한 것뿐이라고 해야 한다. "이와 같이 너희도 명령받은 것을 다 행한 후에 이르기를 우리는 무익한 종이라 우리가 하여야 할 일을 한 것뿐이라 할지니라"(눅 17:10).

예수의 제자들이 금식하지 않은 이유는 무엇일까? 그들은 이스라엘의 회복을 가져오시는 예수와 함께 있었기 때문이다(막 2:19). 그러므로 그들은 더 이상 이스라엘의 회복을 위해 금식할 필요가 없다.

예수께서는 금식을 옛 부대에 비유하신다. 예수를 통해 도래하는 메시아 시대는 새 포도주에 비유된다. 새 포도주는 옛 부대에 적합하지 않다. 이처럼 메시아 시대는 금식에 적합하지 않다. 왜 그럴까? 당시에 유대인들이 행한 금식에 문제가 있었기 때문이다. 금식은 이스라엘이 회복을 이루는 공로라고 여기면서 행한 금식이었기 때문일 것이다. 또한 윤리적으로는 악을 행하면서 이루어지는 금식이었기 때문이다. 이사야 58:3-5은 어떤 금식이 하나님께서 기뻐하시는 금식이 아닌지 알려 준다.

> 3 우리가 금식하되 어찌하여 주께서 보지 아니하시오며, 우리가 마음을 괴롭게 하되 어찌하여 주께서 알아주지 아니하시나이까? 보라 너희가 금식하는 날에 오락을 구하며 온갖 일을 시키는도다. 4 보라 너희가 금식하면서 논쟁하며 다투며 악한 주먹으로 치는도다. 너희가 오늘 금식하는 것은 너희의 목소리를 상달하게 하려는 것이 아니니라. 5 이것이 어찌 내가 기뻐하는 금식이 되겠으며, 이것이 어찌 사람이 자기의 마음을 괴롭게 하는 날이 되겠느냐? 그의 머리를 갈대같이 숙이고 굵은 베와 재를 펴는 것을 어찌 근심이라 하겠으며 여호와께 열납될 날이라 하겠느냐?

품꾼들을 노예처럼 부리며 압제하면서 금식하는 것은 하나님께서 기뻐하시는 금식이 아니다. 6절은 하나님께서 기뻐하시는 참된 금식이 무엇인지 알려 준다. "내가 기뻐하는 금식은 흉악의 결박을 풀어 주며 멍에의 줄을 끌러 주며, 압제당하는 자를 자유하게 하며 모든 멍에를 꺾는 것이 아니겠느냐?" 참된 금식은 압제당하는 자를 자유하게 하는 것이다. 노예 된 자를 해방하고, 풀어 주는 것이 참된 금식이다. 이스라엘이 그들에게 노예 된 자들을 풀어 줄 때, 하나님께서는 이스라엘을 타국의 노예 상태로부터 회복시키신다. 이것은 우리가 우리에게 죄지은 자들을 용서해 줄 때, 하나님께서 우리의 죄를 사하시는 원리와 같다. 압제당하는 자를 자유하게 하는 것, 노예를 해방하는 것이 참된 금식이다. 우리가 이것을 행할 때 하나님께서 우리에게 교회의 회복을 가져오실 것이다.

이어서 이사야 58:7을 보자. "또 주린 자에게 네 양식을 나누어 주며, 유리하는 빈민을 집에 들이며, 헐벗은 자를 보면 입히며, 또 네 골육을 피하여 스스로 숨지 아니하는 것이 아니겠느냐?" 이것이 하나님께서 기뻐하시는 금식이다.

하나님은 금식하면서 가난한 자들을 압제하는 민족을 긍휼히 여기시는 것이 아니라, 금식을 하지 않더라도 가난한 자들을 돌보는 민족을 긍휼히 여기신다. 하나님은 그러한 민족에게 나라를 회복하신다. 8-9절을 보자.

> 8 그리하면 네 빛이 새벽같이 비칠 것이며 네 치유가 급속할 것이며 네 공의가 네 앞에 행하고 여호와의 영광이 네 뒤에 호위하리니 9 네가 부를 때에 나 여호와가 응답하겠고 네가 부르짖을 때에는 내가 여기 있다 하리라.

우리가 남을 긍휼히 여길 때, 하나님은 우리를 긍휼히 여기신다. 오늘날 교회가 세상의 조롱거리가 되기도 한다. 우리는 교회를 어떻게 회복할 수 있을까? 참된 금식을 통해서 회복된다. 우리에게는 참된 금식이 필요하다. 이웃에게 긍휼과 자비를 베푸는 참된 금식을 행해야 한다. 그때, 하나님께서 우리에게 자비를 베푸사 우리들의 교회를 회복시키실 것이다. 우리의 금식 때문이 아니라 하나님의 자비 때문에 우리는 회복될 것이다.

제14장
마가복음 2:23-28
예수께서는 과연 안식일 율법을 폐지하셨는가?*

I. 번역

23 안식일에 그가 곡식밭 사이로 지나가시게 되었다. 그때 제자들은 길을 내며 이삭을 꺾기 시작하였다. 24 그러자 바리새인들이 그에게 말했다.

　　"보시오, 저들이 안식일에 무엇을 하고 있는지!

　　안식일에 허락되지 않은 일이 아니오?"

25 이에 그가 그들에게 말씀하셨다.

　　"그대들은 다윗이 무엇을 했는지 전혀 읽지 못하였소?

　　그와 그의 무리들이 핍절하여 주리게 되었을 때 말이요.

　　26 아비아달이 큰 제사장일 때에 그가 어떻게 하나님의 집에 들어가

　　제사장들에게만 허락된 진설병을 먹고

---

* 제14장은 필자의 논문, 신현우, 2018a: 39-64을 좀 더 읽기 쉽게 편집하여 작성한 것이다.

　　그것을 그와 함께한 자들에게도 주었는가를 말이요."

　27 이어서 그가 그들에게 말씀하셨다.

　　"안식일이 사람을 위하여 생겨난 것이며,

　　사람이 안식일을 위하여 생겨난 것이 아닐세.

　　28 그러므로, 그 인자는 또한 안식일의 주인이오."

II. 주해

복음서는 예수께서 율법에 관하여 매우 긍정적인 태도를 취하셨음을 보도한다. 특히 마태복음 5:17은 예수가 율법을 폐하러 오지 않았음을 분명히 하며, 누가복음 16:16-17은 율법이 하나님 나라 복음이 전파되는 시대에도 여전히 유효하다고 하시는 예수의 말씀을 전한다. 그러나 복음서에는 예수께서 율법을 폐지하셨다고 해석될 여지가 있는 본문도 있다. 그중에 대표적인 곳이 마가복음 2:23-28이며, 특히 27-28절이다. 안식일이 사람을 위하여 만들어졌다는 주장이나, 예수 자신이 안식일의 주라는 주장은 마치 안식일 율법을 폐지하는 것처럼 들릴 수 있다. 양용의는 이 본문에서 예수가 제자들이 "안식일 율법 자체에 얽매일 필요가 없다는 점을 논증해 나가신다."라고 해석하기도 하였다(양용의, 2010: 74). 그러나 이 구절들은 과연 안식일 율법이 더 이상 규범성이 없음을 함축하는가?

1. 마가복음 2:23-28이 위치한 문맥

마가복음 2:23-28은 다음과 같은 교차대구 구조 속에 위치한다.

A (2:1-12)   예수의 치유

　B (2:13-17)   예수 오심의 목적

　　C (2:18-22)   예수와 유대 전통

　B′(2:23-28)   안식일 제정의 목적

A′ (3:1-6)   예수의 치유

이 구조 속에서 마가복음 2:23-28(B')은 2:13-17(B)과 평행된다. 2:13-17은 예수께서 오신 목적을 다룬다. 이처럼 2:23-28은 안식일 제정의 목적을 다룬다고 볼 수 있다. 예수께서 오신 목적이 사람(특히 죄인)을 위함인 것처럼(B), 안식일의 목적도 사람을 위함이다(B'). 이러한 구조 속에서 2:23-28은 안식일법의 진정한 목적에 관한 몰이해를 다루며, 이러한 몰이해가 예수께서 오신 목적에 관한 오해와 유사한 측면이 있음을 보여준다. 예수께서 오신 목적을 파악하면 예수께서 죄인들과 식사하심이 이 목적에 부합함을 이해할 수 있듯이, 안식일의 진정한 목적을 파악하면 제자들이 안식일에 곡식 이삭을 잘라 먹은 행동이 안식일 정신에 위배되지 않음을 이해할 수 있을 것이다.

이 두 본문은 모두 바리새인들이 반대하는 식사를 다룬다(Meier, 2004: 566). 죄인들과의 식사 금지는 구약 성경의 명령이 아니며 안식일에 곡식 이삭을 손으로 잘라 먹는 것도[1] 구약 성경이 명시적으로 금하지

1.　마가복음 본문은 제자들이 배가 고파서 이삭을 잘랐다고 할 뿐 먹었다고는 하지 않는다. 그러나 그들이 배가 고팠다는 진술은 먹기 위해 이삭을 잘랐음을 암시한다.

않았다. 따라서 이 두 본문은 모두 구약 율법 위반에 관한 것이 아니며, 또한 유대인들의 전통을 따르지 않는 방식의 식사를 변호하는 예수의 가르침을 전해 주는 점에서도 공통점을 가진다.

마가복음 2:13-17은 예수의 행동에 관하여 제자들에게 문제를 제기하고, 2:23-28은 제자들의 행동에 관하여 예수께 문제를 제기하는 점에서 서로 유사하다. 그러므로 이 두 기사는 바리새인들이 예수와 제자들을 이간하고자 시도한 이야기라고 볼 수 있는 점에서도 공통성을 가진다(Henry, 42).

마가복음 2:1-12(A)은 죄 사함을 다루며, 2:13-17(B)은 이 주제를 발전시키며 예수께서 죄인들을 구하러 오셨음을 보여 준다. 2:18-22(C)은 유대인들의 금식 전통을 다루는데 금식은 아마도 죄 사함과 이스라엘의 회복을 기대하며 이루어진 듯하다.[2] 예수께서는 이 금식 전통을 따르지 않는 제자들을 변호하시며 이 전통의 가치를 무시하신다. 이 단락에 이어지는 2:23-28(B')은 예수께서 무시하신 또 하나의 유대교 전통을 다룬다. 그것은 안식일 전통인데, 이것도 아마 민족의 회복을 위해 지켜진 것이었다. 이사야 58:13-14에는 안식일을 잘 지키면 이스라엘이 회복될 것이라는 암시가 담겨 있다. 어떤 후기 랍비들은 온 이스라엘이 안식일을 지키면 메시아가 올 것이라고 했다.[3] 이러한 배경 속에서, 2:18-28은 이스라엘의 회복은 금식이나 안식일 준수를 통해서가 아니라 예수를 통해서 이루어짐을 암시한다.

마가복음 2:18-22이 다루는 금식은 율법의 명령 자체가 아니라 이를

---

2. 유대인들이 민족의 회복을 위해 금식하였다고 볼 수 있는 근거 제시에 관해서는 신현우, 2017b: 9-10 또는 이 책의 제13장 참조.

3. Hurtado, 47.

적용한 유대인들의 전통과 관련된다. 레위기 23:26-32이 언급하는 대속죄일(7월 10일) 금식 외에는 금식하라는 명령이 구약 성경에 없다. 주기적 금식은 유대인들의 전통 속에서 발견된다.[4] 이처럼 2:23-28이 다루는 안식일에 곡식 이삭을 잘라 먹는 행위 금지도 율법의 명령 자체가 아니라 이를 적용한 유대인들의 전통과 관련된 듯하다. 이러한 추측은 검증된다. 구약 성경에는 안식일에 곡식 이삭을 손으로 잘라서 먹으면 안 된다는 명령은 없다. 이것 역시 구약 성경이 아니라 유대인들의 전통에서 발견된다.[5] 따라서 마가복음 2:23-28은 안식일 율법 자체의 폐지를 다루는 본문이 아니라 유대인들이 안식일 율법을 적용하던 방식을 반대하는 본문이라고 볼 수 있다.

2. 다윗의 사례로부터의 논증(마가복음 2:25-26)

제자들이 안식일에 곡식 이삭을 자른 행위를 변호하실 때 예수께서는 이것이 율법이 금지하는 행위가 아니라고 지적하는 방식으로 제자들을 변호하시지는 않는다.[6] 예수의 논증은 다윗이 사울을 피하여 도망갈 때 진설병을 먹음으로써 레위기 24:5-9의 제사법을 어기고도 정죄받지 않은 사례로부터 이루어진다. 콘-셜복(D. M. Cohn-Sherbok)은 마가복음 2:25-26과 평행본문이 사무엘상 21:1-6과 공통된 어휘를 사용하지 않기에 동

---

4. 자세한 내용은 신현우, 2017b: 10-11 또는 이 책의 제13장 참조.
5. Shin, 2004: 292. 자세한 내용은 아래 참조.
6. 이 책에서는 '마가복음 본문이 제시하는 예수'를 '예수'로 줄여서 표현하였다. 이렇게 줄여서 표현하는 것이 마가복음 본문이 묘사하는 예수의 모습의 역사적 사실성을 전제하는 것은 아니다. 그러나 마가복음이 제시하는 예수의 모습이 역사적 예수의 모습임은 여러 가지 증거를 통해 논증될 수 있다. 막 2:23-28의 역사적 진정성에 관하여는 필자의 책 Shin, 2004: 289-311 참조.

일 단어가 나오는 본문들을 연관 지어 논하는 '게제라 샤바'(*gezerah shawah*) 논증에 해당하지 않는다고 비판하였다(Cohn-Sherbok, 134). 그러나 예수의 논증은 두 개의 본문을 비교하지 않고 제자들이 곡식 이삭을 자른 사건과 성경 본문을 비교하므로 애초부터 '게제라 샤바'일 수 없다. 따라서 예수께서 '게제라 샤바' 논증을 의도하셨다고 보고 그 논증을 제대로 하지 못했다고 비판하는 것은 부당하다. 또한 예수께서 사용하신 논증이 '게제라 샤바'가 아니라고 해서 타당성이 없다고 볼 수는 없다. 예수의 논증이 아래에서 분석하는 바와 같이 두 경우를 비교하는 '더더구나 논증'일 경우에는 동일 단어가 두 본문에 등장함에 토대한 '게제라 샤바' 논증보다 더욱 타당성이 있기 때문이다.

예수께서 다윗의 사례를 언급하신 이유는 제자들의 유대교 전통 위반 행위를 다윗의 율법 위반 행위와 비교하기 위함이었을 것이다. 이 비교는 '더더구나 논증'을 함축하고 있다. '더더구나 논증'(קל וחמר, *qal wa-chomer*)은 덜 중요한 경우와 더 중요한 경우를 비교함으로써 결론을 도출하는 논증이다. 토세프타(*t. Sanhedrin* 7.11)는 힐렐(Hillel)이 이 논증을 사용하였다고 하는데,[7] 메킬타(*Mekilta*)의 출애굽기 31:13 주석 부분은 랍비 아키바(Akiva)가 다음처럼 이 논증을 사용한 것을 소개한다. "만일 사형(死刑)이 제사장의 복무를 능가하고 이 복무가 안식일을 능가한다면, 목숨을 구하는 것은 더더구나 안식일을 능가한다."[8] 사형을 위한 증언을 위해 제사장이 제사를 중단할 수 있다면, 사형보다 더 중요한 사람 살리는 일을 위하여 제사보다 덜 중요한 안식일은 더더구나 어길 수 있다는

---

7. Shin, 2004: 294.
8. 본문은 Lauterbach, ed.에서 인용함. Vermes, 1983: 181; Stemberger, 27-28; Shin, 2004: 294 참고.

논증이다.

마가복음 2:25-26 본문에 담긴 '더더구나 논증'은 다음과 같다. "다윗 일행에게 (허기진 배를 채우고 기운을 차려 사울로부터 도망하여 자기들의 목숨을 구하고자) 진설병을 먹음으로써 율법을 범하는 것이 허락되었다면, (다윗보다 위대한) 예수의 제자들이 (다른 사람들의 영혼을 구하는 사역 속에서) (율법보다 사소한) 유대 전통을 범하는 것이 더더구나 허락된다." 구약 성경에 보면 자기들의 목숨을 구하고자 율법을 범한 다윗의 일행이 정죄되지 않는다. 그렇다면, 타인들의 영혼을 구하는 사역 속에서 (율법의 왜곡된 적용에 불과한) 유대 전통을 어긴 (다윗보다 위대한) 예수의 제자들은 더더구나 정죄되지 말아야 한다.

콘-셜복은 제자들의 경우에는 다윗의 경우와는 달리 목숨이 위태로운 경우는 아니었기에 이 본문에서 사용된 논증은 '경우들의 유비' (analogy of the cases)도 아니라고 주장하였다(Cohn-Sherbok, 299). 물론 제자들은 다윗과 그 일행의 경우처럼 목숨이 위험한 상황은 아니었다. 그러나 그들이 다윗 일행처럼 배고픈 상황이었음은 그들이 곡식 이삭을 꺾은 행동에 암시되어 있다.[9] 이처럼 일면 유사성이 있는 상황 속에서 다윗이 범한 율법과는 비교도 되지 않을 만큼 사소한 유대인들의 전통을 제자들이 어겼다. 바키오키(S. Bacchiocchi)는 다윗의 배고픔은 신적 규례(율법)를 어겼지만, 제자들의 배고픔은 랍비적 관념들을 위배하였을 뿐이라고 잘 지적하였다.[10] 따라서 이러한 제자들의 행위를 문제 삼는 바리새인들은 다윗의 경우로부터 교훈을 얻어야 한다.

---

9. 매튜 헨리(Matthew Henry)는 제자들의 결핍에 관하여 다음처럼 지적한다. "유대 인들은 안식일에 맛있는 음식을 먹는 것을 하나의 종교적인 관습으로 삼았지만, 제 자들은 아무것이나 먹는 것으로 만족하였다"(Henry, 42).

10. Bacchiocchi, 52.

안식일에 금식하지 않는 유대인들의 전통은 배고픈 제자들이 곡식 이삭을 잘라서 비벼 먹는 데 일조했을 것이다. 희년서 50:12-13은 안식일에 금식을 하지 말도록 규정한다. "안식일에 일하는 자 … 또는 금식하는 자 … 그들은 누구든지 죽도록 하라."[11] 유딧 8:6을 보면 이러한 규례가 준수됨을 볼 수 있다. "그녀는 안식일 전날과 안식일을 제외하고 그녀의 과부 시기의 모든 날 동안 금식하였다." 미쉬나(*m. Peah* 8:7)는 안식일에 가난한 나그네에게 세 끼의 식사를 대접하라고 하는데, 이것은 안식일에 금식하지 않는 규례를 염두에 둔 듯하다. 탈무드(*b. Taanith* 27b)는 안식일을 존중하여 안식일과 안식일 전날에 금식하지 않은 사람들을 소개하는데, 이들도 동일한 규례를 준수한 것이다.[12] 쿰란 문헌(CD 11:4-5)의 한 사본(A)은 "안식일에 고의적으로 금식하지 말라."(אל יתערב איש מרצונו בשבת)고 하는데, 이것은 안식일 금식 금지 명령을 구체적으로 담고 있다.[13] 이처럼 다양한 유대 문헌에 널리 퍼져 있는 규례는 아마도 예수 당시에도 적용되고 있었을 것이다.[14] 제자들은 안식일에 금식하는 것보다 차라리 곡식 이삭이라도 비벼 먹으면서, 이러한 전통을 지키고자 했을 수도 있다. 만일 그렇다면 바리새인들이 예수의 제자들의 불가피한 행위를 비판한 것은 매우 부당한 것이었다.

그런데 예수께서는 제자들의 행동이 유대 전통에 부합한다고 지적하시는 방식으로 변호하시지 않고, 다윗이 안식일법보다 더 중요한 제사법을 어긴 경우를 제시하면서 변호하신다. 그리하여 구약 성경의 제사법과 유대인들의 안식일 전통을 비교하여 설득력 있는 강력한 변증

11. 본문은 Wintermute, ed. & trans., 142을 사용함. Shin, 2004: 295 참고.
12. Shin, 2004: 295.
13. 본문은 Broshi, ed., 30에서 확인할 수 있음. Shin, 2004: 295 참고.
14. Keener, 2009: 353; Shin, 2004: 295 참고.

을 제공하신다. 이것은 (메시아이신) 예수 자신과 (그 모형에 불과한) 다윗을 비교하기에 예수를 메시아로 믿는 사람들에게는 특히 설득력 있는 논증이기도 하다.

마이어(J. P. Meier)는 사무엘상 21:2-10에서 다윗이 진설병을 먹은 날이 안식일이었음이 명시되어 있지 않다고 지적한다.[15] 물론 레위기에 의하면 진설병은 안식일에 교체된다(레 24:8). 진설병이 새것으로 교체되었을 때 제사장들은 옛 진설병을 먹을 수 있었을 것이다(레 24:5-9). 요세푸스(*Ant.* 3.10.7 §§255-56)에 의하면 진설병은 안식일 전날 구우며 안식일 아침에 성소로 가져가며, 다음 안식일까지 진설하는데, 교체된 진설병은 제사장들이 먹는다(Strauss, 145 참고). 아마도 다윗 일행은 이 진설병을 받았을 수 있다. 그렇다면 다윗이 진설병을 먹은 날은 안식일이다. 그런데 다윗 일행이 방금 교체된 진설병을 먹었다고 본문은 명시하지 않는다(Meier, 2004: 575). 더구나 예루살렘 성전 건축 이전에는 날마다 진설병을 교체하였을 수도 있다(Meier, 2004: 575). 그렇다면, 이날이 안식일이 아니었을 수 있다. 그럼에도 불구하고 다윗이 율법을 어기고도 비판을 받지 않은 이야기는 유대인들의 전통을 위배한 제자들을 예수께서 변호하기 위해 언급할 수 있는 적절한 예가 될 수 있다.

3. 안식일법의 정신으로부터의 논증(마가복음 2:27-28)

가. 논증의 전제(27절)

예수께서는 사례로부터의 논증에 이어 안식일 율법의 제정 목적으로부터의 논증을 제시하신다. 마가복음 2:27은 안식일법이 사람을 위해 제

---

15.   Meier, 2004: 575.

정된 것이라고 해석한다. 이 해석을 전제로 하여 추론한 결론이 28절이
므로 27절은 유대인들이 받아들일 수 있는 내용이어야 한다. 그래야 이
로부터 도출되는 결론도 받아들일 수 있게 되어 논증에 설득력이 있게
된다.

이 전제를 유대인들이 받아들일 수 있었다는 것은 유대 문헌으로부
터 추론할 수 있다. 유대인들의 출애굽기 주석인 메킬타(Mekilta) 출애굽
기 31:13-14 부분에서 랍비 시므온(Simeon ben Menasha)은 이렇게 말한다.
"안식일이 너희에게 주어진 것이며 너희가 안식일에게 주어진 것은 아
니다."[16] 이것은 마가복음 2:27의 예수 말씀과 거의 동일하다.[17] 예수께서
후대 사람(AD 약 180년경)인 랍비 시므온의 말을 인용하실 수 없었고, 유
대 랍비가 예수의 말씀을 인용하였을 리도 없기 때문에, 이 두 말씀은
모두 공통된 유대 전통을 인용한 것인 듯하다.[18] 희년서 2:31에는 하나님
께서 안식일을 이스라엘에게 특별히 허락하여 주셨다는 내용이 있다.
이것도 마가복음 2:27과 상당히 유사하다. "만유의 창조주께서 그것(안
식일)을 축복하셨으나 오직 이스라엘을 제외하고는 어떤 백성이나 민족
들이 안식일을 지키도록 성별하지 않으셨다. 그는 그들에게만 땅 위에
서 먹고 마시며 안식일을 지키도록 허락하셨다."[19] 이러한 전통들은 이
집트에서 노예 생활을 하던 이스라엘을 해방시키신 하나님의 노예 해
방을 본받아 가족과 종, 손님에게 안식을 베푸는 출애굽 정신을 담은 신
명기 5:14-15의 안식일법을 잘 반영한 것으로서 유대인들이 누구나 동
의할 수 있는 내용이었을 것이다. 그런데 마가복음 2:27은 "사람을 위하

---

16. 본문은 Lauterbach, ed.을 사용함.
17. 유사성에 관한 자세한 분석은 Shin, 2004: 305-6 참조.
18. Shin, 2004: 304-5.
19. Wintermute, trans., 58.

여 안식일이 만들어졌다. 그러나 사람이 안식일을 위하여 만들어진 것
은 아니다."라고 한다. 이 말씀은 앞에서 언급한 유대 전통과 거의 동일
한 내용을 담고 있다. 그러므로 이 말씀은 유대인들이 동의할 수 있는
내용이었을 것이다.

유대인들이 누구나 동의할 수 있는 이러한 전제로부터 예수께서는
"그 인자는 또한 안식일의 주이다."라는 결론을 끌어내신다. 이 주장의
의미는 무엇인가? 이를 파악하기 위해서는 우선 '그 인자'가 누구를 가
리키는지 살펴보아야 한다.

나. 마가복음의 '그 인자' 용례

마가복음 2:28에서 '그 인자'가 예수 자신을 가리킬 수 있음은 마가복음
의 용례를 통해서 검증된다. 마가복음 14:18에서 예수는 "너희 중에 하
나가 나를 넘겨줄 것이다."라고 하고 14:21에서는 "그 인자가 넘겨질 것
이다."라고 한다. 그러므로 '그 인자'는 문맥상 예수 자신을 가리키는 표
현이다. 마가복음 14:41에서 예수께서는 그 인자가 배신당할 것이라고
하시는데, 이어지는 42절에서 예수는 '그 인자'를 배신할 자를 '나의 배
신자'라고 하신다. 그러므로 여기서도 '그 인자'가 예수 자신을 가리키
는 표현이다.

마가복음 14:62에서 예수께서는 산헤드린 의원들에게 말씀하기를
그들이 그 인자의 신적 영광을 볼 것이라고 하신다. 그런데 이어지는
64절에서 그들은 예수의 진술을 신성모독이라고 판단한다. 이러한 판
단은 그들이 '그 인자'가 예수를 가리킨다고 보았을 때 가능한 것이다.
만일 '그 인자'가 제삼자를 가리킨다면 그들은 이러한 예수의 진술을
신성모독으로 판단하기 전에 '그 인자'가 누구를 가리키는지 질문하였

을 것이다.[20] 따라서 마가복음 13:26에서 구름 타고 온다고 하는 '그 인자'도 예수를 가리킨다고 볼 수 있다.

마가복음 10:32에서 마가는 예수께서 자신에 관하여 말씀하시기 시작했다고 진술하는데 이어지는 33절에서 예수는 '그 인자'에 관하여 말씀하신다. 이러한 문맥의 흐름은 마가가 '그 인자'를 예수를 가리키는 표현으로 간주하였음을 알려 준다.

마가복음 2:5에서 예수는 "너의 죄가 사함 받았다."라고 하시고, 10절에서는 '그 인자'가 죄를 사하는 권세를 가졌다고 하신다. 따라서 죄 사함의 권세를 가진 '그 인자'는 죄 사함 선언을 하신 예수를 가리킨다고 보인다.

마가복음 8:38에서는 '그 인자'가 예수의 말을 부끄러워하는 자를 부끄러워한다고 하므로 '그 인자'는 예수를 가리킬 가능성이 높다. 이어지는 문맥에서 하나님을 '그 인자'의 아버지라고 하므로, '그 인자'는 하나님의 아들이다. 그런데 마가복음 1:11; 9:7; 15:39에서 하나님의 아들로 소개되는 분은 예수이므로, '그 인자'는 예수를 가리킨다고 판단된다.

마가복음 9:9에서는 '그 인자'가 죽은 자 가운데서 살아난다고 하는데, 마가복음 16:6에서 다시 살아나신 분은 예수이다. 마가복음 8:31; 9:31에서 '그 인자'는 죽임 당하고 부활한다고 한다. 마가복음 15:37과 16:6은 예수께서 죽임 당하고 다시 살아나셨음을 알려 준다. 따라서 '그 인자'는 예수를 가리킨다.

---

20. 자기 자신을 메시아라고 주장하는 것은 신성모독에 해당하지는 않는다(Justin, *Dial. Trypho* 49; Edwards, 2002: 448). 그러나 자기 자신의 신적 영광(하나님의 우편에 앉는 것)을 주장하면 신성모독이 성립할 수 있었을 것이다(France, 615).

마가복음 10:45에서 '그 인자'는 자기 목숨을 많은 사람을 위한 대속물로 준다고 하는데, 마가복음 14:24에서 예수께서는 자신의 피를 많은 사람을 위해 흘리는 피라고 하신다. 15:37을 보면 죽임 당하시는 분은 예수이다. 마가복음 9:12은 '그 인자'가 고난당한다고 하는데, 마가복음 15장에서 고난당하고 죽임 당하는 분은 예수이다. 이러한 용례들도 '그 인자'는 예수를 가리킨다고 판단하게 한다.

이처럼 마가복음의 '그 인자'는 일관성 있게 예수를 가리킨다. 따라서 마가복음 2:28에서도 '그 인자'는 예수를 가리킬 것이다.

다. 유대인들의 문헌의 '인자' 용례

예수의 말씀 속에서 '그 인자'가 예수 자신(즉 "나")을 가리키는 마가복음의 용례는 '인자'를 "나"라는 뜻으로 사용하는 유대인들의 문헌의 용례와 일치한다. 쿰란 문헌 중에서 욥기를 아람어로 번역한 탈굼(11QtgJob 26:2-3)은 다음과 같이 진술한다. "너의 죄는 너와 같은 사람에게 영향을 주며, 너의 의도 '인자'(בר אנש)에게 영향을 준다."[21] 피츠마이어(J. A. Fitzmyer)는 여기서 '인자'(בר אנש)는 '너 같은 사람'과 평행되어 "사람"을 뜻함을 잘 지적한 바 있다(Fitzmyer, 148). 그런데 게니자 조각 카이로 탈굼(*Geniza fragment Cairo Targum* MS B Plate 7)은 창세기 4:14에서 "그러나 당신 앞으로부터, 오 주여, 인자(בר נש)가 숨을 가능성이 없습니다."라고 한다.[22] 여기서 '인자'(בר נש)는 "나"를 뜻한다고 볼 수 있다. 왜냐하면 탈굼 네오피티(*Targum Neofiti*)는 창세기 4:14에는 '인자' 대신 '나'를 사용하

---

21. 이 번역은 Fitzmyer, 148을 참고한 것임. 아람어 본문을 위해서는 Martínez & Tigchelaar, ed., vol.2, 1194을 보라.

22. 본문은 Klein, ed., 9에서 인용함.

는 평행본문이 발견되기 때문이다. "그러나 당신 앞으로부터, 내가 숨을 가능성이 없습니다."[23] 이 두 본문을 비교함으로써 버미스(G. Vermes)는 '인자'와 '나'가 동의어로 사용되었음을 잘 지적하였다(Vermes, 1967: 322).

미드라쉬에서도 '인자'(בר נש)는 "나"를 뜻할 수 있었다. 레인(W. Lane)은 미드라쉬 창세기 라바(Genesis Rabbah 7.2)에서 다음의 예를 인용하였다(Lane, 297).

> 케파르 니부라야의 야콥은 랍비적 규범을 제공하였다. 그의 대적 랍비 하가이가 그의 규범을 듣고 랍비 야콥에게 "와서 채찍에 맞으라!"라고 명령을 전했다. 그런데 랍비 야콥은 답하기를 "인자(בר נש)가 성경의 말씀을 선포하고 채찍을 맞아야 하는가?"라고 했다.

여기서 '인자'(בר נש)의 의미는 아마도 "나"이다. 이것은 평행구절인 미드라쉬 민수기 라바(Numbers Rabba) 19.3과 비교할 때 드러난다. 이 미드라쉬는 랍비 하가이의 반응을 "그렇다. 너는 올바른 규범을 제공하지 않았기 때문이다."라고 기록한다(Lane, 297 n.80). 따라서 랍비 하가이는 '인자'를 랍비 야콥이 자신을 가리키는 "나"라는 의미로 발설한 것으로 간주하고 이에 답할 때 채찍을 맞아야 하는 대상을 '너'라고 지칭하였을 것이다.

라. 인자는 어떻게 안식일의 주일 수 있는가?

'인자'를 "나"의 뜻으로 사용한 유대인들의 문헌 속의 용례들은 예수의

---

23. McNamara, trans., 67.

말씀 속에서 '그 인자'라는 표현이 자기 자신을 가리키는 마가복음의 용례와 일치한다. 마가복음 2:28에서는 '그 인자'가 누구를 가리키는지 애매하지만, 마가복음과 유대 문헌의 용례를 따르면, 여기서도 '그 인자'는 예수를 가리킨다. 따라서 "그 인자는 또한 안식일의 주이다."는 "예수는 또한 안식일의 주이다."라는 뜻이다. 마가복음에서 예수는 그리스도이며(막 1:1; 8:29; 14:62), 그리스도는 다윗의 주이므로(막 12:37), 예수는 다윗의 주이다. 그런데 예수는 다윗의 주이면서 또한 안식일의 주이다. 다윗이 진설병을 먹음으로써 율법을 어길 수 있었다면, 다윗의 주인 예수는 (율법의 왜곡된 적용에 불과한) 유대인들의 전통을 더더구나 어길 수 있다는 논리가 본문에 함축되어 있다.

제자들이 어긴 것이 안식일 율법이 아니라 유대인들의 안식일 전통이었다는 것은 유대 문헌을 통해서 드러난다. 본문 24절에서 바리새인들은 제자들이 곡식 이삭을 자른 행위를 '안식일에 하지 못할 일'로 간주하는데, 이것은 구약 성경이 금지한 것이 아니므로 유대인들의 전통이 금지한 것으로 볼 수 있다. 예루살렘 탈무드에서 랍비 히야(Hiyya)는 안식일에 곡식 이삭을 자르는 것을 금지하였고(j. Shabbath vii.2),[24] 미쉬나(m. Pesahim 4:8)는 현자들이 안식일에 나무에서 떨어진 과일을 집어먹는 것도 반대하였다고 한다. "그들은 [나무] 아래 떨어진 과일들을 안식일에 [주워] 먹었다. … 현자들은 그들을 반대하였다."[25] 만일 유대인 랍비들이 곡식 이삭을 꺾는 것을 금지하였다면, 바리새인들도 이를 금하였을 것이다.[26] "현자들은 율법을 엄격하게 하려고 말하지 않았고 가볍게 하려

---

24. Lohse, 13.
25. 미쉬나 본문은 Albeck, ed.을 사용함.
26. Shin, 2004: 292.

고 그렇게 하였다."라고 하는 미쉬나(*m. Erubin* 5:5)를 통해 미루어 볼 때 현자들은 그들 이전에 활동한 바리새인들의 가르침을 가볍게 하였으며, 따라서 바리새인들의 가르침은 현자들보다 더 엄격하였다고 판단할 수 있기 때문이다.[27] 나아가, 필로(Philo, *Vit. Mos.* 2:22)는 안식일에 과일을 따는 것이 금지된다고 기록하는데,[28] 이것은 방금 관찰한 랍비 문헌들의 기록과 일치하므로, 이러한 유대 전통은 널리 퍼져 있었다고 판단된다.[29] 이러한 전통은 안식일에 추수를 금하는 출애굽기 34:21을 엄격하게 적용한 결과였을 것이다.

그런데, 안식일이 사람을 위해 생겨난 것이라는 전제에서 어떻게 예수가 안식일의 주라는 결론이 도출되는가? 이것을 가장 간단하게 이해할 수 있게 하는 논리는 삼단논법이다. 안식일이 사람을 위해 만들어졌음이 사람이 안식일의 주임과 동일한 의미일 경우에 이 논증이 성립한다(Parrott, 118).

1. 사람은 안식일의 주이다.　　(대전제)

2. 예수는 사람이다.　　(소전제)

3. 예수는 안식일의 주이다.　　(결론)

그러나 27-28절은 과연 사람이 안식일의 주라는 주장을 함축하고, 예수를 사람 중에 하나로 간주하는가? 유대인들이 사람이 안식일의 주라는 주장을 받아들였을 리 없으므로, 이 논증은 유대인들과의 논쟁 상

---

27. Yang, 88; Shin, 2004: 292.
28. Lohse, 13,n.83; Shin, 2004: 292. n.95.
29. Shin, 2004: 292.

황에서 실패할 수밖에 없는 논증이다. 따라서 27-28절의 논증은 삼단논법이 아니라 '더더구나 논증'을 사용한 논증일 것이다.[30]

> 1. 사람은 안식일보다 크다.
>
> 2. 그 인자는 사람보다 크다.
>
> 3. 그 인자는 더더구나 안식일보다 크다.

28절의 '주이다'(κύριός ἐστιν)는 70인역 출애굽기 21:8의 경우처럼 "마음껏 할 수 있다"(허용된다), 또는 마카비4서 2:7의 경우처럼 "주이다"(다스리다)라는 뜻으로 사용될 수 있다. 따라서 마가복음 2:28에서도 이것이 "다스리다"를 뜻할 수 있다. 그렇다면 그 인자가 안식일의 '주이다'(κύριός ἐστιν)라는 표현은 그 인자가 안식일을 다스리는 존재로서 안식일에 무엇이 허용되는지 판단할 수 있음을 뜻한다. 인자가 안식일보다 더 크다면 이처럼 안식일을 다스릴 수 있을 것이다.

이 논증을 위해서는 '그 인자'가 과연 사람보다 더 위대한 존재를 가리키는 표현인지 논증하여야 한다. 예수께서 '인자'라는 표현을 사용할 때 늘 정관사 '그'(ὁ)를 동반하였다. 그 이유는 아마도 다니엘 7:13의 '인자'를 염두에 두었기 때문인 듯하다(Kim, 35). 그렇다면 마가복음 2:28의 '그 인자'는 인간보다 위대한 존재를 가리킬 수 있다. 이러한 가능성은 다니엘 7:13을 살펴보면 확인된다. 다니엘 7:13에서는 '인자 같은 이'(כבר אנש)라는 표현이 등장한다. 이 표현으로 지칭되는 등장인물은

---

30. 27-28절을 '더더구나 논증'으로 이해할 가능성에 대해서는 Parrott, 118에서도 제시한 바 있다. 필자는 패럿(R. Parrott)이 분석한 논증을 '더더구나 논증'에 좀 더 적합하게 수정하여 제시하였다.

옛적부터 계신 이(하나님)에게 하늘 구름을 타고 가서 권세, 영광, 통치권을 받는다. 그런데 이사야 19:1은 여호와 하나님께서 타시는 빠른 구름을 언급하며, 시편 104:3은 구름을 여호와께서 타시는 수레라고 한다. 출애굽기 16:10; 19:9; 40:34에서도 여호와의 임재에 구름이 동반된다. 그러므로 하늘 구름을 타는 인자 같은 분은 신적인 존재라 할 수 있다.

70인역 다니엘 7:13에서는 '인자'(υἱὸς ἀνθρώπου)라는 표현이 사용되는데, 이 구절에서 "그는 옛적부터 계신 이처럼 도착한다"(ὡς παλαιὸς ἡμερῶν παρῆν)라고 한다. 여기서 하늘 구름을 타고 오신 분은 인자(사람) 같은 분이면서 동시에 옛적부터 계신 분(하나님)과 같은 분이다. 따라서 70인역에서는 인자 같은 이의 신적인 특성이 더욱 분명히 강조된다.[31]

에녹1서에서도 '인자'는 메시아적 존재를 가리킨다. 에녹1서 52:4에서 '그의 메시아'라는 표현은 에녹1서 48:2의 '저 인자'라는 표현을 가리킨다. 에녹1서 62:7-9에서도 '그 인자'와 '저 인자'는 메시아적 존재를 가리킨다. "왜냐하면 그 인자는 처음부터 숨겨졌기 때문이다. … 그날에 모든 왕들, 수령들, 고관들과 땅을 통치하는 자들이 그 앞에 엎드려 절할 것이며 저 인자에게 그들의 소망을 둘 것이다. 그들은 그의 발 앞에서 자비를 간구하며 탄원할 것이다."[32] 그러나 에녹1서 37-71장은 신약 성경보다 후기에 기록되었을 가능성이 제기되기도 하므로, 이 구절들만으로 '인자'가 당시 유대인들에게 메시아적 존재를 가리킬 수 있었다고 확신할 수는 없다. 그럼에도 불구하고, 다니엘 7:13의 '인자 같은

---

31. 70인역 단 7:13에 관한 최근 연구로는 김대웅, 571-600 참조.

32. "For the Son of Man was concealed from the beginning, … On that day, all kings, the governors, the high officials, and those who rule the earth shall fall down before him on their faces, and worship and raise their hopes in that Son of Man; they shall beg and plead for mercy at his feet"(Isaac, trans. & intro., 43).

이'가 구름을 타는 신적인 존재이자 하나님으로부터 권세를 받는 왕적 존재이기에 예수께서 사용하신 '그 인자'는 자신의 신적 메시아 정체성을 암시적으로 표현하기 위해 사용되었을 수 있다.

이처럼 '그 인자'는 신적인 존재를 가리킬 가능성이 있는데, 마가복음에서 '그 인자'가 예수를 가리킨다는 것은 이미 앞에서 논증한 바 있다. 따라서 예수께서 사용하신 '그 인자'는 신적 존재로서의 예수 자신을 가리키는 표현이었을 수 있다.

그런데 예수께서 어떻게 다윗보다 위대할 뿐 아니라 신적인 존재인 '그 인자'이신가는 마가복음 2:23-28에서 입증되지 않고 전제된다. 이 전제를 받아들이는 제자들에게는 예수의 논증이 쉽게 받아들여지겠지만, 이 전제를 받아들이지 않는 바리새인들에게는 예수께서 안식일의 주이시라는 결론이 받아들여지기 어려운 주장이다.[33] 그럼에도 불구하고 예수께서는 이 결론을 단순하게 주장하면서 제시하지 않으시고 메시아로서의 자기 자신이 어떻게 안식일의 주인지 정교하게 논증하며 안식일에 곡식 이삭을 잘라 먹은 제자들을 변호하신다. 이러한 법적 논증은 예수께서 안식일 율법을 폐지하셨다면 불필요하였을 것이다.

마가복음 2:27-28에는 앞에서 분석한 더더구나 논증 외에 또 하나의 더더구나 논증이 숨어 있다. 이 논증의 단서는 28절이 '그 인자'가 안식일의 주라고 하지 않고, '그 인자'가 '또한' 안식일의 주라고 하는 데에 담겨 있다. 마가복음에서 '그 인자'는 예수를 가리키며, 예수는 메시아(그리스도)이신데(막 1:1; 14:61-62), 메시아는 다윗의 주이시기에(막 12:37),

---

33. 물론 마가복음에서 예수께서는 자신이 '그 인자'이심이 입증되리라고 선언하셨으며(14:62), 이것은 마침내 부활을 통해 입증되었다고 볼 수 있다(16:6). 마가복음이 예수의 신성을 주장하는 고기독론을 담고 있음에 관한 연구로는 박윤만, 2017: 35-69 참조.

'그 인자'는 다윗의 주이다. 다윗보다 위대한 '그 인자'는 또한 안식일보다 더 큰 존재로서 안식일의 주이다. '그 인자'는 다윗의 주일 뿐 아니라 안식일의 주이므로 마가복음 2:28은 '그 인자'는 '또한'(καί) 안식일의 주라고 한다. 이 논증에 숨어 있는 '그 인자'가 다윗의 주라는 암시는 논증에 무게를 더한다. 다윗이 진설병을 먹은 것은 그가 제사법보다 더 큰 존재임을 보여 준다. 그런데 제사법은 안식일법보다 더 큰 법이다(마 12:5). 따라서 다윗은 안식일 율법보다 더 크다. 이러한 다윗보다 더 큰 존재가 바로 '그 인자'이다. 그러므로 '그 인자'는 안식일 율법보다 더더구나 크다. 이러한 논증도 마가복음 2:28의 '또한 안식일의 주'라는 표현 속에 함축되어 있는 듯하다.

III. 해설과 적용

1. 해설

마가복음 2:23-28은 교차대구 구조 속에서 예수께서 죄인들과 식사하심을 다루는 마가복음 2:13-17과 평행된다. 마가복음 2:23-28은 2:13-17의 경우처럼 (율법 자체가 아니라) 유대인들의 율법 적용 방식을 반대한다고 볼 수 있다. 이 본문들에서 바리새인들의 지적의 대상이 된 죄인과의 식사나 안식일에 곡식 이삭을 손으로 잘라 먹는 일은 구약 성경이 명확히 금지하지 않는다.

유대인들의 안식일 율법 적용 방식을 반대하는 마가복음 2:23-28 본문은 우선 사례를 통한 논증(25-26절)으로 시작한다. 예수께서는 사무

왕상 21:1-6에 기록된 다윗 일행의 경우와 제자들의 경우를 비교하며 '칼 바-호메르'(קל וחמר) 논증(더더구나 논증)을 시도하신다. '다윗의 일행이 율법을 어기는 것이 허락되었다면, (다윗보다 위대한) 예수의 제자들이 유대 전통을 어기는 것이 더더구나 허락된다.'

희년서(50:12-13), 미쉬나(*m. Peah* 8:7), 탈무드(*b. Taanith* 27b), 쿰란 문헌(CD 11:4-5, A 사본) 등은 안식일에 금식이 금지되는 유대인들의 규례가 오랜 기간 동안 널리 퍼져 있었음을 알려 주며, 예수 당시에도 이러한 관습이 시행되었다고 추측하게 한다. 이러한 관습은 제자들이 금식을 피하려고 곡식 이삭을 잘라 먹은 행동을 정당화할 수도 있었을 것이다. 그럼에도 불구하고 예수께서 이러한 논증을 사용하지 않고 더더구나 논증을 사용하신 이유는 예수께서 다윗 일행의 율법 위반과 자신의 제자들의 유대 전통 위반을 비교하여 좀 더 강력한 논증을 하기 원하셨기 때문일 것이다.

유대인들의 안식일 율법 적용 방식을 반대하시는 예수의 두 번째 논증은 안식일 율법의 정신으로부터 추론하는 논증이다(27-28절). 안식일이 사람을 위해 제정되었다는 마가복음 2:27의 내용은 하나님께서 이집트에서 노예화된 이스라엘을 해방하심을 본받아 가족과 종, 손님에게 안식을 베풀라고 명하는 신명기 5:14-15의 정신을 잘 표현한 것이다. 더구나 메킬타(*Mekilta*) 출애굽기 31:13-14, 희년서 2:31에도 유사한 내용이 담겨 있다. 따라서 이와 유사한 마가복음 2:27의 내용은 당시 유대인들이 받아들일 수 있는 내용이었다고 추측할 수 있다. 이러한 전제로부터 '그 인자'가 안식일의 주인이라는 결론(막 2:28)이 추론된다.

'그 인자'는 마가복음의 용례 속에서 예수를 가리키는 표현이다. 마가복음 14:18에서 예수께서는 "너희 중에 하나가 나를 넘겨줄 것이다."

라고 하시는데, 14:21에서 "그 인자가 넘겨질 것이다."라고 하는 용례는 '그 인자'가 예수 자신을 가리킴을 알려 준다. 마가복음 14:41에서 예수는 그 인자가 배신당할 것이라고 하시고, 14:42에서 예수께서는 배신할 자를 '나의 배신자'라고 하신다. 여기서도 '그 인자'는 예수 자신을 가리키는 표현이다. 마가복음 10:32은 예수께서 자신에 관하여 말씀하시기 시작했다고 진술하는데, 이어지는 33절에서 예수께서는 그 인자에 관하여 말씀하신다. 여기서도 '그 인자'는 예수를 가리킨다. 그 외의 마가복음 속의 다른 용례들의 경우에도 '그 인자'는 일관성 있게 예수를 가리킨다.

예수의 말씀 속에서 '그 인자'가 예수 자신을 가리키는 마가복음의 용례는 '인자'가 "나"라는 뜻으로 사용되는 유대인들의 문헌 속의 '인자' 용례와 일치한다. 특히 게니자 조각 카이로 탈굼(*Geniza fragment Cairo Targum* MS B Plate 7)의 창세기 4:14과 탈굼 네오피티(*Targum Neofiti*)의 창세기 4:14에 담긴 평행본문을 비교하면 '인자'와 '나'는 동의어임을 알 수 있다. '인자'가 "나"를 뜻하는 용례는 미드라쉬에서도 발견된다.

이러한 용례들을 따르면, 마가복음 2:28의 '그 인자'는 예수 자신을 가리킨다고 볼 수 있다. '그 인자'는 정관사를 늘 동반하면서 사용되어 다니엘 7:13의 하늘 구름을 타는 신적인 '인자 같은 이'를 가리킨다. 따라서 '그 인자'는 인간과 유사하게 보이지만 신적인 존재를 지칭하는 표현이다. 이러한 존재는 인간보다 위대한 존재이다. 그러므로 안식일이 인간을 위해 만들어졌고 따라서 인간이 안식일보다 더 위대한 존재라고 한다면, '그 인자'는 더더구나 안식일보다 더 위대한 존재이다. 그러한 의미에서 '그 인자'는 안식일의 주라 할 수 있다.

마가복음 2:27-28의 논증에서 생략된 것은 예수께서 어떻게 다윗보다 위대할 뿐 아니라 신적인 존재인 '그 인자'이신지를 입증하는 것인데, 이것은 논증되지 않고 전제되어 사용되고 있다. 그러므로 이 논증은 이 전제를 받아들이는 제자들에게는 쉽게 받아들여질 수 있는 논증이다. 비록 예수를 대적하는 바리새인들에게는 받아들여지기 어려운 측면을 가지지만, 예수께서는 안식일 율법의 폐지를 주장하시지 않으시고 제자들이 안식일법을 위반하지 않았음을 정교한 법적 논증을 통해 변증하신다.

마가복음 2:23-28에서 예수께서는 안식일의 폐지를 주장하지 않았고, 안식일에 제자들이 곡식 이삭을 자르는 것이 허용됨을 다윗이 범법을 하는 것이 허용된 경우를 통해서, 또한 안식일 율법의 정신을 통해서 논증한다. 만일 예수께서 안식일 율법이 폐지된 것으로 간주하셨다면 다윗이 제사법을 어긴 사례를 언급할 필요가 없었을 것이다. 또한 안식일 율법의 본래의 목적을 언급할 필요도 없었을 것이다. 그러므로 예수께서는 율법에 따라 안식일 지킴을 그 자체로 반대하시지는 않으셨다고 볼 수 있다. 만일 예수께서 명백하게 논란의 여지없이 안식일 율법을 범하거나 반대하셨다면, 예수께서 산헤드린에서 대제사장에게 심문당하실 때 안식일 위반이 증거로 제시되었을 것이다(Cole, 72). 그러나 그렇게 되지 않았다. 따라서 예수는 안식일 율법을 범하거나 반대하지 않으셨을 것이다.

2. 적용[34]

예수께서는 바리새인들에게 비판받는 제자들을 변호하셨다. 그런데 우리는 종종 부당한 권력자의 편에 서는 잘못을 범하고 있지 않는가? 억울하게 고난당하는 자를 변호하지 않고 오히려 비판하지 않는가? 우리는 억울한 약자 편에 서야 한다.

누가 불의를 보고 '아니오!'라고 말하겠는가? 혼자서라도 불의에 맞서 '아니오'라고 말하겠는가? 모두 잠들어 있는 시대에 혼자 깨어 '아니오'라고 말할 것인가? 약한 자를 두 번 죽여 죄인 취급까지 하는 곳에서 혼자서라도 불의에 맞서 '아니오'라고 말할 수 있는 사람이 되자.

하나님께서는 잠잠하지 아니하시고 억울한 약자를 위해 변호하신다. 시편 140:12은 말씀한다. "내가 알거니와 여호와는 고난당하는 자를 변호해 주시며 궁핍한 자에게 정의를 베푸시리이다." 우리는 하나님의 정의가 이 땅에 임할 때까지 잠잠하지 말아야 한다. 세상 사탄의 속박으로부터 해방될 때까지 잠잠하지 말아야 한다.

이사야 62:1은 말씀한다. "나는 시온의 의가 빛같이 예루살렘의 구원이 횃불같이 나타나도록 시온을 위하여 잠잠하지 아니하며 예루살렘을 위하여 쉬지 아니할 것인즉." 이 땅이 해방될 때까지 하나님께서는 잠잠하지 아니하시고 쉬지 아니하실 것이다. 창조 후에 쉬셨던 안식일에도 계속 일하시며 그의 백성을 위해 변호하실 것이다.

바리새인들은 자신들이 율법을 제대로 지키고 있다고 착각했다. 그러나 율법을 지키는 방식에는 두 가지가 있다. 하나는 그 목적과 정신을

---

34. 이 부분은 웨스트민스터신학대학원대학교 2011. 3. 31. 채플 설교와 2011. 5. 20. 채플 설교 때 적용하고, 신현우, 2018c: 117-22, 128-30에 실은 내용에 토대한 것이다.

바르게 이해하고 그 정신에 따라 지키는 것이다. 다른 하나는 정신을 망각하고 문자만 따라가는 것이다. 예수께서는 안식일을 지킬 때 그 정신에 따라 지키셨다. 그러나 바리새인들은 문자만을 따라갔다. 그리하여 오히려 안식일 정신에 반대된 적용을 했다. 사람들을 중노동의 짐으로부터 해방시켜 쉼을 주시기 위한 안식일이 사람들에게 무거운 멍에가 되게 하였다.

안식일의 정신은 이집트에서 노예처럼 살며 쉴 수 없었던 히브리인들에게 쉼을 주신 하나님의 사랑이다. 안식일 계명은 이러한 사랑을 이웃에게 실천하는 것이다. 우리는 안식일 정신에 따라 이웃에게 쉼을 선물해야 한다. 남이 쉴 수 있게 배려해야 한다.

세상에 안식을 제공해야 하는 교회가 안식을 제공하지 못하게 되고 있지는 않은가? 교회 안에서도 안식이 사라지고 있지 않은가? 각종 행사와 프로그램을 운영하며 성도들은 교회에서 점점 피곤하게 되지 않았는가? 예배당을 건축하면서 사회에서도 모두 쉬는 주일날 건축 노동자들에게 일을 시키는 일이 발생하기도 했다. 이것이야말로 바리새적인 모습이다. 안식일 정신은 종들과 나그네까지 쉬게 하는 것이다. 주일날 근로자들이 예배당 건축 공사를 하게 하는 교회는 안식일 정신을 위배하는 것이다. 그러나 이 정신을 제대로 지키고자 주일날 예배당 건축 공사를 쉬게 하고 근로자의 임금은 그대로 지급한 교회도 있었다.

우리는 안식을 회복해야 한다. 우리의 삶 속에 안식의 공간이 있어야 한다. 우리의 교회 속에 쉼이 충만해야 한다. 교회는 우리의 사회 속에 쉼을 공급하는 곳이 되어야 한다. OECD 국가 중에서 불행 지수가 최고 수준이고 자살률도 최고 수준인 한국이다. 복지와 안식과 자비가 사라지고 잔인한 무한 경쟁과 착취만이 남았기 때문이다.

이러한 사회 속에서 교회마저 그러하다면 그 사회에 무슨 소망이 있겠는가? 교회는 쉼이 없는 사회 속에서 쉼터가 되어야 한다. 경쟁과 착취 대신 복지와 안식이 깃든 쉼의 공간이 되어야 한다.

제15장
마가복음 3:1-6
안식일과 질병 치유*

I. 번역

1 그가 다시금 회당에 들어가셨다. 그때, 거기에 팔이 마른 사람이 있었다. 2 그런데 사람들이 그분을 고발하려고, 그분이 혹시 안식일에 그를 고치시는지 지켜보고 있었다. 3 이에 그는 그 손이 마른 사람에게 말씀하셨다.

"한가운데로 일어나라."

4 그리고 그는 그들에게 말씀하셨다.

"안식일에 선행하는 것이 허용됩니까, 아니면 악행하는 것이 허용됩니까?

목숨을 구하는 것이 허용됩니까, 아니면 죽이는 것이 허용됩니까?"

그런데 그들은 계속 침묵하였다. 5 그러자 그는 분노하시며 그들을 둘

---

* 제15장은 필자의 논문, 신현우, 2018b: 283-329을 좀 더 읽기 쉽게 편집하여 작성한 것이다.

러보시고, 그들의 마음의 경직됨 때문에 슬퍼하시며 그 사람에게 말씀
하셨다.

"네 팔을 펴라."

그러자 그가 팔을 폈고, 그의 팔이 치유되었다. 6 이에 바리새인들이 즉
시 나가서 그분을 죽이려고 헤롯파와 함께 그분을 대적하여 계속하여
음모를 꾸몄다.

II. 주해

콜린스(N. L. Collins)는 2014년에 랍비 유대교의 안식일 치유 전통에 관
한 연구서(*Jesus, the Sabbath and the Jewish Debate: Healing on the Sabbath in the 1st
and 2nd Centuries CE*)를 출판하였다. 이 저서가 제공하는 유용한 역사적 정
보는 마가복음 3:1-6 해석에 활용할 가치가 있다. 그러나 콜린스가 제시
하는 몇몇 주장은 비판적 검토가 필요하다.

콜린스는 그녀의 저서에서 어떤 질병이든지 환자를 사망으로 인도
할 수 있기에 유대 전통 속에서 치유 행위가 목숨 구하기에 해당하는
것으로 간주되었다고 주장한다(N. L. Collins, 4). 이러한 주장에 의하면 예
수께서 설령 안식일에 치유 행위를 하고 이것이 정당하다고 주장하셨
어도 안식일에 목숨 구하기를 허용한 당시 유대교와 충돌하지 않았을
것이다.

그런데 콜린스는 예수께서 안식일에 치유가 가능하다는 주장을 한
적이 없다고 추측한다. 그녀는 안식일에 치유가 가능하다는 논증은 예
수보다 후대 사람인 랍비 아키바(Akiva)와 랍비 이쉬마엘(Ishmael)에게서

야 발견되며, 따라서 마태복음 저자가 유대교의 영향을 받아 이러한 논증을 제시하였다고 주장한다(N. L. Collins, 158).

콜린스는 바리새인들과 예수 사이에 안식일에 관한 견해의 불일치로 인한 충돌이 있었다는 것을 부정한다. 그녀는 바리새인들이 예수를 죽이고자 했다고 기술하는 마가복음 3:6은 역사적 사실을 전달하고 있지 않다고 주장하며, 필사자의 추가라고 본다(N. L. Collins, 150-51, 153). 이러한 콜린스의 주장은 안식일 문제로 예수와 바리새인들 사이에 충돌이 없었다는 샌더스(E. P. Sanders)의 견해를 따른 바이기도 하다.[1]

유대교의 가르침이 복음서의 가르침과 차이가 없다는 콜린스의 해석은 과연 정당한가? 예수는 바리새인들과 충돌하지 않았고, 바리새인들이 예수를 죽이고자 하지 않았다는 역사적 재구성은 과연 합당한가?

1. 유대 전통과 안식일 치유

마가복음 3:4은 안식일을 지키는 방식에 관한 예수의 질문에 유대인들이 침묵하였다고 묘사한다. 여기서 '침묵하였다'(ἐσιώπων)는 미완료형으로 되어 있다. 이 형태는 침묵이 상당 시간 동안 계속 진행되었음을 묘사하기 위함이었을 것이다. 그렇다면 이 침묵은 예수의 질문에 끝내 대답을 거부하는 완고한 침묵이다.

유대인들의 침묵은 그들의 생각을 반영한다. 안식일에 선을 행하는 것과 악을 행하는 것 중에서 어느 것이 (율법에 의하여) 허용되는지 물으

---

1. Sanders, 1985: 265: "[T]here was no substantial conflict between Jesus and the Pharisees with regard to Sabbath, food, and purity laws."("예수와 바리새인들 사이에는 안식일, 음식, 정결법에 관하여 실질적인 충돌은 없었다.")

시는 예수의 질문에 선을 행하는 것이 허용된다는 답변을 하고자 하였다면 유대인들이 침묵할 필요는 없었을 것이다. 안식일에 병자를 치유하는지 안 하는지 유대인들이 관찰하는 상황에서 예수의 질문은 안식일에 병자를 치유하는 것(선행)이 옳은지 치유하지 않는 것(악행)이 옳은지에 대한 질문이므로, 유대인들의 침묵은 안식일에 병을 고치는 것에 동의하지 않는 침묵이었다.

그들이 침묵한 이유는 안식일에 치유를 하지 않는 것을 악행이나 사람 죽이기로 분류하는 것에 동의하지 않기 때문이었을 수도 있다. 그러나 유대인들의 표현 방식을 따라 이해하면 '악행'은 "선행하지 않기," '죽이기'는 "살리지 않기"라는 뜻을 담는다고 볼 수 있다. 이러한 표현 방식은 신명기 21:15-17에서 '미워하다'가 "덜 사랑하다"라는 뜻으로 사용된 경우에서도 관찰된다.[2] 따라서 예수의 질문은 안식일에 선행을 하기와 선행을 하지 않기 중에서 어느 것이 율법에 부합하는지 묻는 질문이었다.

예수의 질문에 유대인들이 침묵한 이유는 그들이 선행하기와 선행을 하지 않기가 모두 안식일에 허용되지 않는다고 보는 입장이었기 때문이었을 것이다. 그들은 둘 다 선택할 수 없기에 침묵하였을 수 있다. 그런데 병자 치유가 초점인 상황에서 제기된 예수의 질문은 안식일에 병자를 치유하는 것이 허용되느냐는 질문이고, 유대인들의 침묵은 안식일에는 치유가 허용되지 않는다는 입장을 택한 반응이었다.

유대인들 가운데서는 안식일에 전쟁을 하지 않는 전통이 있었는데, 이 전통은 희년서 50:12-13에 기록되어 남아 있다. "그리고 그날 일하는 사람이나 안식일에 전쟁을 수행하는 사람[에 관하여는] 이스라엘의 후손

---

2. Bock, 1996: 1284.

들이 안식일을 지키도록 하기 위해서 그가 … 죽도록 하라."³ 그런데 마카비1서 2:29-41은 안식일에 방어 전쟁도 하지 않다가 죽은 천여 명의 유대인들을 보고, 마타티아스와 그의 친구들이 이들처럼 하지 않고 안식일에도 싸우기로 하였음을 기록한다. "그래서 그들은 그날 이러한 결정을 했다. '우리는 안식일에 우리를 공격하러 오는 자들에 대항하여 싸우자. 우리의 동족이 그들의 은신처들에서 죽은 것처럼 우리가 모두 죽지 않도록 하자'."⁴ 마타티아스는 안식일 전통을 수정하여 안식일보다 목숨을 더 중요시하는 전통을 시작시켰다. 이 수정 전통을 따르면 안식일에 적군에 의하여 공격을 당했을 경우 목숨을 구하기 위해 싸우는 것이 안식일에 허용된다. 후에 랍비 샴마이(Shammai)는 이러한 전통을 발전시켜 전쟁을 할 때 성이 무너질 때까지 포위하라는 신명기 20:19-20에 근거하여 안식일에도 성을 계속 포위할 수 있다고 주장한다.⁵ 그러나 이러한 유대 전통은 비록 안식일에 방어 및 성을 포위하는 전투 수행을 허용하지만, 안식일 병자 치유 일반을 정당화하지는 않는다.

랍비 문헌은 이 수정 전통을 확대하여 안식일에 목숨 구하기를 허용한다. 미쉬나(m. Yoma 8:6)는 목숨이 위험이 있을 때에는 안식일에도 이에 대하여 조치할 수 있음을 명시한다. "목숨의 위험한지 그렇지 않은지에 대하여 의심이 있을 때마다 안식일을 어길 수 있다."⁶ 미쉬나(m.

---

3. "And [as for] any man who does work on it or … makes war on the day of the sabbath, let the man … die so that the children of Israel might keep the sabbath"(*OTP*, vol.2, 142); N. L. Collins, 12.
4. 마카비1서 2:41(NRS): "So they made this decision that day: 'Let us fight against anyone who comes to attack us on the sabbath day; let us not all die as our kindred died in their hiding places'."
5. 토세프타(*t. Erubin* 3.7)와 미드라쉬(*Sifre Devarim* 203); N. L. Collins, 14 참고.
6. "… whenever there is doubt whether life is in danger this overrides the

Yoma 8:7)는 무너진 건물 속에 사람이 깔렸을 경우의 예를 들며 이 원리를 설명한다.

> 만일 어떤 건물이 사람에게 무너졌고 누가 깔리지는 않았는지에 대한 의심(ספק)이 있거나, 누가 살았는지에 대한 의심(ספק)이나 누가 죽었는지에 대한 의심(ספק)이 있거나, 깔린 사람이 이방인인지 이스라엘 사람인지에 대한 의심(ספק)이 있으면, 사람들은 그 사람 위에 있는 잔해를 치울 수 있다. 사람들이 누군가 살아 있는 사람을 발견하면 그 사람 위에 있는 잔해를 치울 수 있다. 그러나 그가 죽어 있다면 사람들은 그를 [안식일이 끝날 때까지] 방치해야 한다.[7]

이 본문에 의하면 안식일에 무너진 건물 더미에 깔린 사람을 그대로 두면 죽을 가능성이 있으므로 안식일에 건물 더미를 팔 수 있다. 파다가 사람이 살아 있는 것을 확인하면 계속 파낼 수 있으나, 죽은 것이 확인되면 안식일이 지날 때까지 중단할 수 있다는 주장이다. 내버려 두면 죽을 위험이 있는 경우에는 살리기 위해 안식일에도 일할 수 있으나 이미 죽은 것이 확인된 경우에는 살리는 목적이 달성되는 것이 아니므로 더 이상 일할 필요가 없다. 아직 생사가 확인되지 않은 경우에는 일단 생사

Sabbath"(Danby, trans., 172).

7. "If a building fell down on a person and there is doubt (ספק) whether anyone is not, or doubt (ספק) whether anyone is alive or doubt (ספק) anyone is dead, or doubt (ספק) whether the individual is a gentile or doubt (ספק) the individual is an Israelite, they may clear away the ruin from above the individual. If they find someone alive they may clear away from above the individual; but if dead, they leave the individual [until after the Sabbath]." 이 번역은 N. L. Collins, 266에서 인용한 것이다.

가 확인될 때까지는 일할 수 있다. 토세프타(*t. Shabbath* 15.11)도 동일한 주장을 소개한다. "그들은 안식일에 그의 목숨에 관하여 의혹이 되는 사람을 위하여 잔해를 치울 수 있다. 이러한 일에 신속한 사람은, 보라, 이 사람은 칭송받아야 한다. 또한 [유대] 법정의 허락을 구할 필요가 없다."[8]

토세프타(*t. Shabbath* 15.16)는 안식일에 목숨을 구하는 것이 가능함을 논증하는 랍비 아키바의 논증을 소개한다.

> 만일 성전법이 안식일법을 능가한다면(שדוחה), [그리고] 치유 행위나 목숨 구하기가 그것(성전법)을 능가한다면(דוחה), 성전법이 능가하는 (שדוחה) 안식일법을 치유 행위나 목숨 구하기가 능가한다고(דוחה) 결론을 내릴 수 있지 않은가? 그래서 너는 치유 행위나 목숨 구하기가 안식일법을 능가한다고(דוחה) 배웠다.[9]

이 콜린스의 번역 중에 '치유 행위나 목숨 구하기'('acts of healing and/or saving life')는 '사페크 네파쇼트'(ספק נפשות)의 의역인데 직역하면 '목숨의 의혹'('doubt of life')이다. 뉴스너(J. Neusner)는 이것을 '목숨을 구함과 관련된 의혹의 여지'('a matter of doubt concerning the saving of life')라고 뜻을 살려

---

8.   "They remove debris for a person whose life is in doubt (ספק נפש) on the Sabbath, and a person who is prompt in this matter, behold, this person is to be praised. And there is no need to ask permission from a [Jewish] court." N. L. Collins, 266의 번역을 인용함.
9.   "… if Temple law overrides (שדוחה) Sabbath law, [and] an act of healing and/or saving life overrides (דוחה) it [= Temple law], [then], Sabbath law, that Temple law overrides it (שדוחה), may we not conclude that acts of healing and/or saving life overrides (דוחה) it [= Sabbath law]. Thus you have learnt that acts of healing and/or saving life overrides (דוחה) Sabbath law." N. L. Collins, 232-33의 번역을 인용함.

번역한다. 뉴스너는 이 토세프타 구절(*t. Shabbath* 15.16 L-M)을 다음처럼 번역한다. "만일 성전 봉사가 안식일의 금지들을 능가하고, 목숨의 안전에 관한 의혹이 그것을 능가한다면, 성전 봉사에 의해 능가되는 안식일을 목숨 구하기와 관련한 의혹이 더더구나 능가해야 한다. 그래서 너는 목숨 구하기와 관련된 의혹이 안식일을 능가한다고 배웠다."[10]

'사페크 네파쇼트'(נפשות ספק "목숨의 의혹")는 문맥상 안식일이 지날 때까지 그대로 두어도 죽지 않는다는 확신이 없을 경우를 가리킨다. 그러므로 바로 조치하지 않으면 그날을 넘기지 못하는 질병을 안식일에 치유하는 것이 허용된다. 그러나 콜린스의 번역은 안식일에 목숨이 위험하지 않은 경우에도 치유하는 것이 안식일에 가능하다는 주장이 랍비 유대교에 널리 퍼져 있는 것처럼 착각하게 만든다.

예루살렘 탈무드(*j. Yoma* 8.4)는 안식일에 목숨 구하기가 가능하다는 주장을 랍비 요하난(Yohanan)의 발언으로 소개한다. "모든 치유 행위나 목숨 구하기는 안식일법을 능가한다."[11] 여기서도 '치유 행위나 목숨 구하기'('healing and/or saving life')는 콜린스가 지나치게 자유롭게 번역한 것이다. 뉴스너(J. Neusner)는 다음처럼 번역하여 치유 행위 일반이 안식일에 정당화된다는 인상을 주지 않는다. "생사에 관련된 경우에는 병자의 필요가 안식일의 금지들을 능가한다."[12]

---

10. "Now if the Temple service overrides the prohibitions of the Sabbath, and a matter of doubt concerning the safety of life overrides it, the Sabbath, which the Temple service overrides – all the more so should matters of doubt concerning the saving of life override it. Thus you have learned that a matter of doubt concerning the saving of life overrides the Sabbath"(Neusner, trans., 1981: 62).
11. "[A]ll acts of healing and/or saving life override Sabbath law." N. L. Collins, 440 의 번역을 인용함.
12. "[I]n any case concerning life and death the needs of the sick person override the

랍비 아키바는 목숨이 위험한 경우에 사람을 구하는 것이 성전법을
능가하고, 성전법은 안식일법을 능가하므로 목숨을 구하는 것이 안식
일법을 능가한다고 논증하였다. 목숨이 위험한 경우 구해 주는 것이 성
전법을 능가한다는 주장의 근거는 탈무드(*b. Yoma* 85a-b)가 소개하는 랍
비 아키바의 논증에서 제시된다.

> 랍비 아키바는 대답하여 말했다. "**어떤 사람이 적으로 그의 이웃을 주
> 제넘게 급습한 것이라면 … 너는 그를 나의 제단에서 끌어내어 죽도록
> 하라**(출 21:14), 즉 단지 제단으로부터이며 제단으로부터 아래로가 아니
> 다." 그리고 이와 관련하여 랍바 벤 바르 아나는 랍비 요하난의 이름으
> 로 말했다. "그것은 오직 어떤 사람의 목숨을 취하여야 할 경우에 대하
> 여 가르친 것이다. 그러나 목숨을 구하기 위해서는 심지어 제단으로부
> 터라도 사람을 끌어내릴 수 있다."[13]

영(L. Jung)은 번역 각주에서 아키바의 논증을 해설하며, 제사장이 사형
수의 무죄의 증거를 가지고 있을 경우, 그 증거를 법정에 제시하기 위해
서는 이미 시작된 제사도 중단시킬 수 있다는 뜻이라고 설명하였다.[14]
메킬타(*Mekilta Nezikin* 4)는 랍비 시몬(Simon b. Menasia)의 논증을 소개하는

---

prohibitions of the Sabbath"(Neusner, trans., 1990: 221).

13. "R. Akiva answered and said: *If a man comes presumptuously upon his neighbour
   … you will take him from My altar that he may die* (Exod 21:14), that is, only off
   the altar, but not down from the altar. And in this connection Rabbah b. Bar
   Hana said in the name of R. Yohanan, 'That was taught only when one's life is to
   be forfeited - but to save life one may take one down even from the altar!'."(Jung,
   trans., 420-21). N. L. Collins, 238에서 재인용.

14. Jung, trans., 420-21, 412 n.2. N. L. Collins, 238에서 재인용.

데 이것은 위에 소개한 랍비 아키바의 논증과 유사하다.

> **그러나 어떤 사람이 고의적으로 그의 이웃을 속여서 죽이고자 그를 급
> 습한 것이라면, 너는 그를 나의 제단으로부터 끌어내어 죽도록 하라**(출
> 21:14). ⋯ 랍비 시므온 벤 메나시아는 말했다. '목숨이 위험한 상황(פיקוח
> נפש)은 안식일을 능가해야 한다. 이것은 다음 논증이 입증하는 바와 같
> 다. 만일 [출애굽기 21:14의 미드라쉬적 해석에 따라] (A) 살인을 행하였다고 고
> 소된 어떤 사람의 목숨을 구하는 것이 (B) 성전 봉사를 능가한다면, (C)
> [성전 봉사는] 안식일[법]을 능가하기에, (A) 목숨이 위험한 상황(פיקוח נפש)
> 은 (B) 성전 봉사를 능가하므로 (C) 안식일[법]을 [능가]해야 한다!'[15]

카이로 게니자에 보존된 메킬타(Mekilta de-Rabbi Ishmael)에는 "목숨의
보존"(קיום נפש '키움 네페쉬')이 안식일을 능가함을 논증하는 랍비 이쉬마
엘의 주장을 소개한다.

> 그리고 랍비 이쉬마엘은 대답하여 말했다. '만일 도둑이 침투하는 것이
> 발견되어 그가 맞아 죽으면 ⋯ 그가 훔치러 왔는지에 관한 의혹이 있고

---

15. "*But if a man comes wilfully upon his neighbour, to slay him treacherously, you shall
    take him from my altar, that he may die* (Exod 21:14) ... R. Simon b. Menasia says,
    'A situation of danger to life (פיקוח נפש) should override the Sabbath, as the
    following reasoning proves: If [according to a midrashic interpretation of Exod
    21:14], (A) saving the life of a man accused of murder overrides (B) Temple
    service, which [that is, Temple service] overrides (C) [the laws of] the Sabbath,
    then (A) a situation of danger to life (פיקוח נפש) which overrides (B) Temple
    service should (C) [override the laws of] the Sabbath!'"(J. Z. Lauterbach, ed.,
    Mekilta de-Rabbi Ishmael, vol.3 [Philadelphia: The Jewish Publication Society of
    America, 1976], 38, 40). N. L. Collins, 257에서 재인용.

그가 죽이러 왔는지에 관한 의혹이 있다. 그러므로 더더구나 논증에 의하여 다음처럼 논할 수 있다: 피를 흘리는 것이 땅을 더럽히고 하나님의 임재를 몰아낸다면, 그리고 이것이 안식일법을 능가한다면, 목숨을 보존하는 것(קיום נפש) [또한] 안식일법을 능가하지 않겠는가!'[16]

안식일에 강도일 가능성이 있는 도적을 죽일 수 있다면 안식일에 목숨을 구하는 것은 더더구나 가능하다는 것이 랍비 이쉬마엘의 논증이다. 라우터바흐(J. Z. Lauterbach) 판이 소개하는 메킬타 본문은 좀 더 자세한 논증을 담고 있다.

> 랍비 이쉬마엘은 대답하여 말했다. '보라 [성경은] 기록한다. 만일 도적이 침투하다가 발견되어 맞아 죽는다면, 그에게 살인의 죄가 없을 것이다[즉 그 건물에 거주하다가 그 도적을 죽인 자는 살인자로 간주되지 않는다](출 22:1). 이것은 무엇을 말하는가? [이것은] 도적이 [단지] 훔치러 왔는지, [또는] 그가 [또한] 죽이러 왔는지에 관한 의혹(ספק)이 있는 경우[에 관하여 말한다.]' 이 [구절 그리고 도입 질문에 대한 대답]으로부터 더더구나 논증에 의하여 다음처럼 연역할 수 있다: 만일 땅을 더럽히고 하나님의 임재를 떠나게 하는 피 흘리기[= 살인]가 안식일법을 능가하도록 허락된다면, 목숨의 위험(פיקוח נפש) [상황 속에서 한 행동]은 안식일법을 능가한다고 간주하는

---

16. "And R. Ishmael answered [and] said, 'If a thief is found breaking in and he is hit and dies ⋯ there is doubt that he came to steal [and] doubt if he came to kill. So things may be argued *kal va-chomer*: If the shedding of blood defiles the land and drives away the presence of God, and this overrides Sabbath law, is it not reasonable that the preservation of life (קיום נפש) will [also] overrides the Sabbath law!'" N. L. Collins, 248의 번역을 인용함. (본문을 위해서는 Kahana, ed., 150-51 참조.)

것이 논리적이지 않은가!¹⁷

랍비 이쉬마엘의 논증은 출애굽기 22:1(개역은 22:2)에 토대한 '더더구나 논증'(*a fortiori*)이다. 출애굽기 22:1에 따라 (안식일에도) 목숨이 위험한 경우 (목숨을 구하기 위해) 사람(도적)을 죽일 수 있다면, 안식일에 사람의 목숨을 구하는 일(נפש פיקוח '픽쿠아흐 네페쉬')은 더더구나 가능하다. 토세프타 (*t. Shabbath* 15.17)에서는 랍비 아하(R. Aha)가 랍비 아키바의 이름으로 유사한 논증을 제시한다.¹⁸ 이 논증은 목숨을 구하는 일(נפש פיקוח)을 위해 율법을 어길 수 있다고 결론을 내리면서 우상숭배, 음행, 살인의 경우는 예외로 한다. 이 결론은 목숨을 구하는 일을 위해 음행, 살인, 우상숭배를 정당화할 수는 없다는 뜻으로 이해할 수 있다. 사도행전 15:20에서 이방인 선교(이방인 구하기)를 위해 이방인에게 할례의 의무를 부과하지 않으면서 피(살인), 음행, 우상숭배를 피하도록 언급한 것도 유대인들(유대 기독교인 포함)이 살인, 음행, 우상숭배를 매우 심각한 죄로 인식했음을 보여 준다.

---

17. "R. Ishmael answered and said, 'Behold [Scripture] states, *If a thief is found breaking in and is struck so that he dies, there shall be no blood guilt for him* [that is, the occupant of the building who has killed the thief is not considered guilty of murder] (Exod 22:1). Now of what does this speak? [It speaks of] a case where there is doubt (ספק) whether the thief came [merely] to steal, [or] doubt (ספק) that he came [also] to kill.' From this [the verse therefore an answer to the opening question] can be deduced by an argument *kal va-chomer*: If the sedding of blood [= murder], which defiles the land and causes the Presence of God to be removed, is allowed to override Sabbath law, is it not logical to assume that [action in any situation of] danger to life (פיקוח נפש) overrides Sabbath law!" (J. Z. Lauterbach, ed., *Mekilta de-Rabbi Ishmael*, vol.3, 197-98). N. L. Collins, 250에서 재인용.

18. N. L. Collins, 253.

예루살렘 탈무드(*j. Shebiith* 4.2)와 바벨론 탈무드(*b. Sanhedrin* 74a)에 의
하면 3세기 랍비들은 이방인에게 죽임을 당하지 않기 위해 이방인이 율
법을 어기도록 할 때 그대로 따를 수 있다고 하며, 다만 우상숭배, 음행,
살인만은 행할 수 없다고 하였다.[19] 바벨론 탈무드의 다른 구전(*Ketuboth*
19a)에서도 AD 250-320년경에 활동한 랍비 히스다(Hisda)가 AD 135-
170년경에 활동한 랍비 마이어(Meier)의 의견을 소개하며 이 세 가지 예
외 외에는 목숨을 구하는 일(נפש פיקוח)보다 우선하는 일이 없다고 한다
(N. L. Collins, 302-3). 미쉬나(*m. Shabbath* 18:3)는 출산을 보조하는 일과 할례
도 안식일에 허락된다고 한다.

> 그들은 안식일에 여인이 분만하게 도울 수 있고 그녀를 위하여 산파를
> 어디서든지 부를 수 있다. 그리고 그들은 산모를 위하여 안식일을 어길
> 수 있고 탯줄을 묶을 수 있다. 랍비 조세는 말했다: 그들은 또한 그것을
> 자를 수 있다. 그리고 그들은 안식일에 할례를 위해 필요한 모든 일을
> 수행할 수 있다.[20]

토세프타(*t. Shabbath* 15.16)가 소개하는 랍비 엘리아잘(R. Eleazar)의 주
장에는 할례가 안식일에 허락된다면 목숨 구하기도 허락되어야 한다는
논증이 담겨 있다. "랍비 엘리아잘 [벤 아자리아]는 말했다. '할례는 왜 안

---

19. N. L. Collins, 302.

20. "They may deliver a woman on the Sabbath and summon a midwife for her from
    anywhere, and they may profane the Sabbath for the mother's sake and tie up the
    navel-string. R. Jose says: They may also cut it. And they may perform on the
    Sabbath all things that are needful for circumcision"(Danby, trans., 116). France,
    149 참고.

식일을 능가하는가? 그것이 적합한 때에 행해지지 않으면 카렛[의 처벌
을] 받을 만하기 때문이다. 그래서 다음처럼 논리적으로 추론할 수 있
다: 사람의 한 지체 때문에 그들이 안식일의 금지들을 넘어선다면, 그들
이 그의 전체를 [구하기] 위하여 안식일의 금지들을 넘어서야 하는 것이
논리적이지 않은가!"[21] 인간의 (몸) 일부를 위한 할례로 인해 안식일을 어
길 수 있다면 인간(의 몸) 전체를 (구하기) 위해 안식일을 더더구나 어길
수 있다는 논증이다. 엘리아잘은 1세기 후반부의 초기에 활동하였으므
로,[22] 마가와 동시대의 유대교를 반영한다고 볼 수 있다.

　메킬타도 랍비 엘리아잘의 논증을 소개한다. "랍비 엘리아잘 벤 아
자리아는 대답하여 말했다. '만일 신체의 한 지체에 영향을 미치는 할례
의식을 수행하면서 사람이 안식일법을 넘어선다면, 신체 전체가 위험
에 빠질 때에는 더더구나 그것을 위하여 그렇게 해야 할 것이다.'"[23]

　탈무드(b. Shabbath 132a)도 랍비 엘리아잘의 논증을 유사하게 소개한
다. "랍비 엘리아잘 벤 아자리아가 말했다. '만일 사람의 지체들 중에 [단
지] 하나에 행해지는 할례가 안식일을 능가한다면, 목숨을 구하는(פיקוח

---

21. "R. Eleazar [b. Azariah] says, 'As to circumcision, why does it override the
　　Sabbath? It is because they are liable to [the punishment of] *karet* if it is not done
　　on time. Now the matter can be argued logically: If on account of a single limb of
　　a person they override the prohibitions of the Sabbath, is it not logical that they
　　should override the prohibitions of the Sabbath on account of [saving] the whole
　　of him!'" N. L. Collins, 264의 번역을 인용함.

22. N. L. Collins, 265.

23. "R. Eleazar b. Azariah answered and said, 'If in the performing of the ceremony
　　of circumcision, which affects only one member of the body, one overrides
　　Sabbath law, how much more one should do so for the whole body when it [= the
　　whole body] is in danger'" (Lauterbach, *Mekilta de-Rabbi Ishmael*, vol.3, 198). N. L.
　　Collins, 265에서 재인용.

נפש) 의무가 안식일을 능가하는 것이 논리적이지 않겠는가!'"[24]

AD 110년에서 135년 사이에 활동한 랍비 나단(R. Nathan)은 살아서 많은 안식일을 지키기 위해 (죽음을 피하고자 일을 함으로써) 한 번의 안식일을 범할 수 있다고 논증하였음을 메킬타가 다음처럼 소개한다.

> 랍비 나탄은 말했다. '보라 그것[= 성경]은 말한다. **그리고 이스라엘의 자손들이 그들의 세대들을 통하여 안식일을 준수하기 위하여 안식일을 지킬 것이다**(출 31:16). [이것은] 어떤 사람이 [미래에] 많은 안식일들을 지키도록 하고자 그[의 목숨을 구하기] 위하여 우리가 하나의 안식일을 위반해야 한다[는 것을 함축한다].'[25]

동일한 논증이 탈무드(b. Yoma 85b)에서는 AD 170-200년에 활동한 랍비 시몬 벤 메나시아의 가르침이라고 소개된다.[26] "랍비 시몬 벤 메나시아가 말했다: **그리고 이스라엘의 자손들은 안식일을 지켜야 한다**(출 31:14). [이것은] 어떤 사람이 [미래에] 많은 안식일들을 준수할 수 있도록 그

---

24. "R. Eleazar b. Azariah said, 'If circumcision, which is performed on [only] one of the limbs of a man supersedes the Sabbath, is it not logical that the duty of saving life (פיקוח נפש) overrides the Sabbath!'." N. L. Collins, 265의 번역을 인용함.

25. "R. Nathan says, 'Behold it [= Scripture] says, *And the children of Israel will keep the Sabbath to observe the Sabbath throughout their generations* (Exod 31:16). [This implies that] we should violate one Sabbath for the sake of [saving the life of] a person so that he will observe many Sabbaths [in the future].'"(Lauterbach, ed., *Mekilta de-Rabbi Ishmael*, vol.3, 198-200). N. L. Collins, 292에서 재인용.

26. "R. Simon b. Menasia said: *And the children of Israel shall keep the Sabbath* (Exod 31:14). [This means that] the Torah said: [This implies that] we should violate one Sabbath for the sake of [saving the life of] a person so that he will observe many Sabbaths [in the future]." N. L. Collins, 292의 번역을 인용함.

의 [목숨을 구하기] 위하여 우리가 하나의 안식일을 어겨야 한다[는 것을 함축한다고] 토라가 말했다[라는 뜻이다]."

토세프타(*t. Shabbath* 15.17)는 레위기 18:5에 토대하여 안식일은 죽음으로써 지키는 것이 아니라 삶으로써 지키는 것이라고 주장한다.

> 보라, 이스라엘에게 주어진 종교적 요구 사항들은 그들이 그것들에 의하여 살도록 하기 위함이 아니었는가? 왜냐하면 그것은 말하기를 **사람이 그것들에 의하여 행하고 살 것**(레 18:5)이라고 하기 때문이다. [이것은] 그가 그것들에 의하여 **살** 것이고 그것들에 의하여 **죽지** 않을 것이다[라는 뜻이다].[27]

이것은 목숨이 위태로운 상황에서는 안식일에 아무 조치를 하지 않고 죽기보다는 필요한 조치를 하여 사는 것이 가능함의 근거를 레위기 18:5에서 찾은 해석이다. 탈무드(*b. Yoma* 85b)는 레위기 18:5에 관한 이러한 해석을 랍비 사무엘(R. Samuel)에게 돌린다. "랍비 유다는 사무엘의 이름으로 말했다. '만일 내가 그곳에 있었다면, 나는 그들에게 그들이 말한 것보다 나은 것을 말했을 것이다. [나는 다음 본문을 인용했을 것이다.] **그러므로 너는 나의 계율들과 나의 공법들을 지켜야 한다. 사람이 그것들을 행하면 그는 그것들 안에서 살 것이다**(레 18:5). [이것은] 그가 그것들에 의하여 살 것이다[라는 뜻이다].'"[28]

---

27. "Behold, were not the religious requirements given to Israel so that they may live by them, since it says, *which a man will do and live by them* (Lev 18:5). [This means] he will *live* by them and he will not *die* by them." N. L. Collins, 296의 번역을 인용함.

28. "R. Judah said in the name of Samuel, 'If I had been there, I should have told

콜린스는 어떤 질병이든지 환자를 사망으로 인도할 수 있기에 유대 전통 속에서 치유 행위가 목숨 구하기에 해당한다고 주장한다(N. L. Collins, 4). 만약에 그렇다면 안식일에 목숨 구하기를 허용한 전통은 안식일에 치유를 허용하는 쪽으로 발전할 수 있었을 것이다. 그녀는 이 주장의 근거를 예루살렘 탈무드(j. *Berakoth* 4.4)에서 찾는다. "랍비 하나나 벤 랍비 아바후와 랍비 시므온 벤 아바가 랍비 요수아 벤 레위의 이름으로 [말했다]. '모든 질병은 목숨의 위험(הסכנה)을 내포한다'."[29] 모든 질병이 '사카나'(סכנה 목숨의 위험)를 내포한다면, 안식일에 목숨을 구할 수 있다는 전통에 따라 어떤 병이든지 고치기 위해 안식일에 일할 수 있다는 결론이 나온다. 그러나 여기에 언급된 랍비들은 아모라임(AD 200년경에 편집된 미쉬나에 관하여 토론한 탈무드에 나오는 랍비들)이므로 어떤 질병이든지 목숨의 위험을 내포한다는 주장은 AD 200년 이후의 일부 랍비들의 견해일 뿐이다. AD 200년 이전 랍비 유대교의 견해를 담은 미쉬나(m. *Shabbath* 2:5)에는 병자가 잘 수 있도록 안식일 밤에 램프를 끌 수 있다고 하지만, 바벨론 탈무드(b. *Shabbath* 30a)는 이 본문을 해석하며 병자가 목숨이 위험한 상황에 있는 경우에 이렇게 할 수 있다고 한다.[30] 이것은 안식일에 병자를 위해서 할 수 있는 일을 제한하는 랍비가 탈무드에도 등장함을 보여 준다.

미쉬나(m. *Yoma* 8:6)는 목(throat)에 통증이 있는 경우 환자의 입에 약

---

them something better than what they said, [I would have cited the text] *You shall therefore keep my statues, and my judgements; which if a man does, he shall live in them* (Lev 18:5). [This means] he shall live by them, but he shall not die because of them!'." N. L. Collins, 297의 번역을 인용함.

29. "R. Haninah b. R. Abbahu, R. Simeon b. Abba in the name of R. Joshua b. Levi, 'All illnesses imply (the) danger (הסכנה)'." N. L. Collins, 304의 번역을 인용함.
30. N. L. Collins, 310-11.

을 방울방울 떨어뜨릴 수 있다고 하는데, 그 이유는 이것이 목숨이 위험
한 경우이며 그러한 경우에는 안식일을 어길 수 있기 때문이라고 한다.
"더구나 랍비 맛티티아 벤 헤레쉬는 말했다. '어떤 사람이 그의 목에 통
증을 느낀다면 그들은 약을 [그 환자의 입안으로] 안식일에 떨어뜨린다. 왜
냐하면 그것은 목숨이 위험(ספק נפשות)한 경우이기 때문이다. 그리고 모
든 생명에 위험[이 있는 경우들]은(וכל ספק נפשות) 안식일을 능가한다'."[31] 목
에 통증을 느끼는 정도를 치유하기 위해 안식일에도 약을 쓸 수 있다는
것은 안식일에 (목숨이 위험하지 않은) 질병 치유 행위를 허용하는 방향으
로의 발전을 보여 준다고 보더라도, 이 가르침을 제공한 랍비 맛티티아
(Mattithiah b. Heresh)는 AD 135-170년경에 활동한 랍비이므로,[32] 그의 가
르침이 예수 당시의 유대교 전통을 반영한다고 볼 수는 없다. 더구나 랍
비 맛티티아는 다른 랍비들보다 너그러운 입장을 취했음은 미쉬나(m.
Yoma 8:6)를 통해 확인할 수 있다. "누구든지 미친 개에 물린 자에게는
그것의 간엽(肝葉)을 먹도록 줄 수 없다. 그러나 랍비 맛티티아 벤 헤레
쉬는 [그것을] 허락한다."[33] 그러므로 이 랍비의 가르침이 예수 시대의 일
반화된 유대 전통을 반영할 가능성은 희박하다.

미쉬나(m. Shabbath 12:12)는 2세기에도 안식일에 치유를 허락하는 가
르침은 결코 주류가 아니었음을 보여 준다(N. L. Collins, 344). 이 미쉬나에
의하면, 랍비 마이어(AD 140년경에 활동함)는 안식일에 포도주와 기름을

---

31. "Morevoer, R. Mattithiah b. Heresh said, 'If a person has pain in his throat they
    drip medicine [into the patient's mouth] on the Sabbath because it is a case of
    danger to life (ספק נפשות), and all [situations of] danger to life (וכל ספק
    נפשות) override the Sabbath'." N. L. Collins, 340의 번역을 인용함.

32. N. L. Collins, 340.

33. "Whoever was bitten by a mad dog, he may not be given the lobe of its liver to
    eat. But R. Mattithiah b. Heresh allows [it]." N. L. Collins, 340의 번역을 인용함.

치료를 위해 안식일에 섞을 수 있다고 주장하였지만, 그 자신이 아플 때는 동료들의 견해를 존중하여 이러한 치료 행위를 하지 않았다(N. L. Collins, 344). 랍비들은 그들의 전통을 더욱 부드럽게 만들었기에(*m. Erubin* 5:5), 1세기 유대교 전통은 더욱 엄격하였을 것이다. 따라서 예수 당시에 유대교가 안식일 질병 치유를 허용하였다고 볼 수 없다.

토세프타(*t. Sukkah* 2.2)는 병자와 그를 돌보는 사람들이 초막절을 지키지 않아도 된다고 하며 심각하게 아픈 사람이 아닌 경우(머리, 눈이 아픈 경우)에도 그럴 수 있다고 하는데, 예루살렘 탈무드(*j. Sukkah* 2.5)에 의하면 AD 350-375년경의 랍비 마나(Mana)는 목숨이 위험한 경우에 초막절을 지키지 않을 수 있다고 주장했다(N. L. Collins, 312). 그러나 바벨론 탈무드(*b. Sukkah* 26a)는 목숨이 위험하지 않은 경우에도 초막절을 지키지 않을 수 있다는 랍비들의 해석을 소개한다(N. L. Collins, 312). 이것은 꼭 목숨이 위험하지 않은 병자에게도 율법 준수의 예외가 적용된다는 견해의 예이지만 이것은 AD 200년 이후의 랍비들(아모라임)의 견해일 뿐이다. 토세프타(*t. Sukkah* 2.2)는 타나임(AD 200년 이전의 랍비들)의 견해를 소개하지만 이것은 안식일에 병자 치유가 가능한가에 대한 것이 아니라 병자가 초막절(레 23:42)을 지키지 않아도 되는가 하는 문제이다. 또한 이 견해가 예수 당시의 바리새인들의 견해와 일치한다고 볼 수도 없다. 콜린스 자신도 병자가 초막절을 (초막에서) 지키지 않아도 된다는 가르침은 AD 70-100년 사이에 발생한 것으로 보았다(N. L. Collins, 408).

목숨이 위험하지 않은 경우에도 안식일을 어길 수 있다는 할라카(율법 적용 전통)는 토세프타(*t. Shabbath* 15.12-13)에 담겨 있다. 이 본문은 어린 아이가 건물에 들어가 나올 수 없을 때 문을 부수고 나오게 할 수 있다고 한다(N. L. Collins, 329). 그러나 이 전통은 아마도 예수 당시의 유대 전통은 아니었을 것이다. 콜린스 자신도 이 전통이 AD 70-100년 사이에 발생한 것으로 보았다(N. L. Collins, 409).

쿰란 문헌(4Q265 frag.7, 1:8-9)은 안식일에 물에 빠진 사람을 구하기 위해 그를 끌어 올리도록 옷을 던질 수 있지만 다만 도구를 사용할 수는 없다고 한다. "안식일[에] 그는 그를 끌어 올리고자 그의 외투를 그에게 던질 수 있다. 아무도 안식일[에 …] 그릇을 운반해서는 안 된다."[34] 다메섹 문서(CD 11:16-17)는 이때 금지되는 도구 중에 사다리, 밧줄을 언급한다. "살아 있는 사람이 물웅덩이나 어떤 장소에 빠지면 아무도 밧줄이나 어떤 (다른) 물체를 던질 수 없다."[35] 토세프타(t. Shabbath 15.13)도 사람이 구덩이에 빠졌을 때 건져 낼 수 있다고 한다. "[만일 어떤 사람이] 구덩이에 떨어지고 기어올라 올 수 없다면, 그들은 그를 사슬로 옮기며, [구덩이 안으로] 내려가서 그곳으로부터 그를 끌어 올린다."[36] 다메섹 문서(CD 11:13-14)에 의하면, 안식일에는 가축을 구덩이에서 구해 내지도 못한다. "안식일에 짐승이 출산하는 것을 돕지 말라. 그것이 물통이나 웅덩이에 빠지면, 안식일에 끌어 올리지 말라."[37] 쿰란 문헌(4Q265 frag.7, 1:6-7)도 안식

---

34. "[on] the sabbath [day,] he may throw his garment to him to lift him out with it. No-one should carry a vessel [⋯ on] the sabbath [day]"(Martínez & Tigchelaar, ed. & trans., vol.1 549). N. L. Collins, 14 참조.
35. "Einen lebendigen Menschen, der in ein Wasserloch fällt oder sonst in einen Ort, soll niemand Strick oder einem (anderen) Gegenstand"(Lohse, trans., 89). N. L. Collins, 14 참조.
36. "[If a person] fell into a pit, and cannot climb out, they remove him with a chain and go down [into the pit] and raise him up from there." N. L. Collins, 347의 번역을 인용함.
37. "Let no beast be helped to give birth on the Sabbath day; and if it fall into a cistern or into a pit, let it not be lifted out on the Sabbath"(Dupont-Sommer, ed., 153).

일에 물에 빠진 동물을 구해 내지 못한다고 한다. 그러나 바벨론 탈무드
(*b. Shabbath* 128b)는 짐승이 구덩이에 빠졌을 때 안식일에 구하는 것을 허
용하는 랍비 유다(Judah)의 주장을 소개한다. "짐승이 수로에 빠지면 베
개들과 받침대들을 가져 오고 그것 아래 둔다. 그리고 그것이 그것들을
밟고 올라와서 나오면, 그 짐승이 그렇게 행한 것이다."[38] 그러나 이 탈
무드 본문은 동시에 이를 반대하는 전통도 소개한다. 이 전통은 토세프
타(*t. Shabbath* 14.3L)에서도 확인된다. "짐승이 웅덩이에 빠지면, 사람들은
그것이 죽지 않도록 그것이 빠진 곳에 먹을 것을 공급한다."[39]

누가복음 14:5도 안식일에 (사람이나) 가축이 구덩이에 빠진 경우 건
져 낼 수 있다고 보는 유대 전통의 존재를 언급한다. 구덩이에 빠진 경
우는 목숨이 위험한 경우에 해당하지 않으므로, 안식일에 구덩이에 빠
진 사람을 건져 내는 것을 허용하는 유대 전통은 목숨이 위험하지 않은
질병에 걸린 환자를 안식일에도 치유할 수 있는 것을 허용할 근거가 될
수 있다. 실제로 누가복음 14:3-5에서 예수께서는 그러한 방향으로 유
대 전통을 개선해야 함을 지적하신다. 그러나 예수 당시 유대교 전통에
는 병자 치유를 안식일에 허용한 흔적은 없으며, 비록 AD 2세기부터
안식일 병자 치유를 허용하는 랍비들이 등장했으나 그들은 주류가 아
니었다(위 참고).

그러므로 콜린스가 제시한 증거는 예수 당시의 바리새인들이 가졌
을 견해와는 거리가 멀다. 예수 당시나 이전의 랍비 가운데 모든 질병이

---

38. "A beast that fell into a water channel – one brings pillows and bolsters and puts them under it, and if it climbed up and out on them, so it did"(Neusner, 1996b: 593).
39. "For a beast that fell into a pit they provide food in the place in which it has fallen, so that it not die"(Neusner, trans., 1981: 54).

목숨의 위험을 내포하므로 안식일에도 치유가 가능하다고 주장한 랍비
는 없다. 오히려 예수 이후 시대에도 목숨이 위험한 경우 외에는 안식일
에 병자 치유를 제한하는 전통의 흐름이 지속되고 있었다. 토세프타(t.
Shabbath 12.14)에도 이러한 치유 제한이 발견된다.

> 스펀지에 물을 적셔서 그의 환부에 올려놓아서는 안 된다. 그러나 그의
> 다리들에 [물을] 부어서 [환부 위에 있는] 스펀지 위로 흘러가게 할 수 있다.
> 그의 환부 위에 마른 천이나 마른 스펀지를 둘 수 있으나, 마른 갈대 풀
> 이나 마른 걸레들로 된 붕대를 그의 환부 위에 둘 수는 없다.[40]

미쉬나는 질병 치료를 안식일에 허용하지 않고, 치료를 목적으로 하는
비일상적 행위를 안식일에 금한다(m. Shabbath 14:3; 22:6).[41] 미쉬나(m.
Shabbath 14:4)도 그러한 예를 제공한다. "[치통으로 인하여] 그의 치아에 관
하여 걱정하는 사람은 [그의 치통을 치료하고자] 그러한 식초를 치아를 통하
여 [고의적으로] 먹지 말아야 한다. 그러나 그가 그의 관습대로 [그의 음식을
식초에] 담그고 그가 치료되면 그는 치료된 것이다."[42] 안식일에 치료를
목적으로 비일상적인 재료를 사용하는 것을 금하는 예가 미쉬나(m.

---

40. "One may not put water on a sponge and place it on his wound. But he may put
    [water] on his legs and let it go down onto the sponge [which is on the wound].
    A person may put a dry cloth or a dry sponge on his wound, but not dry reed-
    grass or a dry compress of rags on his wound." N. L. Collins, 395의 번역을 인용함.
41. A. Y. Collins, 207 참고.
42. "The [person who] is worried about his teeth [because he has toothache must]
    not [deliberately] suck vinegar through them [to cure his toothache]. But if he
    dips [his food in vinegar] according to his custom, and he is healed, then he is
    healed." N. L. Collins, 341의 번역을 인용함.

Shabbath 14:4)에 담겨 있다.

> 자신의 허리에 [통증으로] 염려하는 자는 [그것을] 포도주와 식초로 문지
> 르지 않[아야 한다]. 그러나 그는 [그것을] 장미 기름[으로] 하지 않고 기름
> 으로 문지른다. 왕의 자녀들은 그들의 환부를 [장미 기름으로] 바를 수 있
> 다. 그들의 [안식일이 아닌] 일상일의 관습이 그러하기 때문이다. 랍비 시
> 몬은 말했다. '모든 이스라엘 사람들은 왕들의 자녀들이다.'[43]

랍비 시몬은 당시의 일반적 할라카를 반대하며 안식일에 치유를 위해
장미 기름을 사용하는 것을 허용한다. 그러나 그의 논증은 치유 행위 일
반이 정당하다는 주장이 아니었고 비일상적인 행위를 안식일에 할 수
없다는 할라카를 인정하면서 출발한다. 그는 유대인들이 모두 왕들의
자녀라는 논거로 왕의 자녀들이 사용하는 장미 기름을 안식일에도 치
유를 위해 사용할 수 있다고 논증한 것일 뿐이다.

토세프타(*t. Eduyoth* 2.5)는 목숨이 위험하게 되는 것을 방지하는 목적
으로 하지 않고 단지 치유를 목적으로 안식일에 뱀을 잡는 행위를 금한
다. "만일 어떤 사람이 안식일에 [목숨을 잃지 않기 위하여] 뱀을 사냥하거
나, 그것이 자기를 물지 않도록 하고자 그가 그것을 [잡는 일에] 관여하면
그는 [벌을] 면제받는다. [그러나] 만일 치료하기 위함이라면, 그는 [벌을]

---

43. "He [who] is concerned [with pain] in his loins [must] not rub [them] with wine
and vinegar, but he rubs [them] with oil but not [with] rose oil. The children of
kings may anoint their wounds [with rose oil] for thus it is their custom on
ordinary [non-Sabbath] days. R. Shimon says, 'All Israelites are children of
kings.'" N. L. Collins, 342의 번역을 인용함.

받아야 한다."[44] 미쉬나(m. Shabbath 22:6)는 안식일에 부러진 손발도 맞출 수 없으며, 심지어 손이나 발이 삐었을 때 환부에 냉수를 부을 수도 없다고 한다. "그들은 [기형적인] 아이의 신체를 펴거나 부러진 수족을 맞출 수 없다. 어떤 사람의 손이나 발이 탈구되면, 그는 그 위에 찬물을 부을 수 없다."[45] 토세프타(t. Shabbath 16.22)에 의하면 힐렐(Hillel) 학파는 안식일에 병자를 위한 기도를 허용하였지만, 샴마이(Shammai) 학파는 이러한 기도마저도 금하였다. "안식일에 병자를 위하여 기도하지 말라."[46] 누가복음 13:14은 안식일에 치유하는 것이 '일'이며 이것을 안식일에는 행해서는 안 된다는 회당장의 주장을 소개한다. 이 누가복음 본문을 콜린스 자신도 유대교에서 치유가 '일'로 간주되었다는 증거로 제시한다(N. L. Collins, 8).

이러한 배경을 통해서 볼 때 안식일에 병자를 치유하는 행위는 유대인들의 전통에 의해 예수 당시에도 금지되었다고 추측할 수 있다. 비록 유대교의 안식일 치유 관련 전통이 후에 예수의 가르침의 방향으로 발전하여 갔지만, 예수 당시에는 예수의 가르침이 너무도 앞서가는 가르침이었다. 따라서 당시 유대교 주류가 보기에는 받아들일 수 없었을 것이다. 그래서 유대인들은 안식일에 치유하면 고발하려고 했을 것이

---

44. "If someone hunts a snake on the Sabbath [in oder to prevent loss of life], if he is engaged [in catching] it so that it should not bite him, he is exempt [from punishment] (פטור). [But] if [in oder] to make] a remedy, he is liable [for a punishment] (חייב)." N. L. Collins, 400의 번역을 인용함.

45. "[T]hey may not straighten a [deformed] child's body or set a broken limb. If a man's hand or foot is dislocated he may not pour cold water over it"(Danby, trans., 119).

46. "[D]o not pray for a sick person on the Sabbath"(Neusner, trans., 1981: 66); Yang, 199.

며(막 3:2), 병자 치유를 선행 및 목숨 구하기로 분류하여 안식일에 허용
되는지 묻는 예수의 질문에 대답하지 않았을 것이다(막 3:4).

예수의 경우에는 단지 말로 치유를 한 경우이므로 안식일 전통을
어겼다고 보기 어려운 측면이 있다. 마이어(J. P. Meier)는 말을 일로 간주
할 수 없다고 주장하였으며,[47] 유대인 학자들 중에도 안식일에 말로만
치유하는 것은 율법에 어긋나지 않는 것으로 간주하는 학자가 있다.[48]
예를 들어 버미스(G. Vermes)는 "말은 유대인들의 안식일을 규정하는 율
법을 위반하는 '일'로 간주될 수 없다."라고 주장하였다.[49] 그러나 유대
전통 속에는 말도 '일'(work)로 간주하는 견해가 존재한다. 예를 들어 미
드라쉬 라바의 창세기 1:7 해석부는 말을 일로 간주한다. "이것은 조마
의 아들이 그것에 대하여 소동을 일으킨 구절들 중에 하나이다: 그는
만들었다 - 얼마나 놀라운가! 분명히 그것은 [하나님의] **말씀**에 [존재하게
되었다]."[50] 콜린스도 치유나 목숨 구하기 등의 의도를 가지고 행한 말은
유대교 전통 속에서 '일'에 해당한다고 본다(N. L. Collins, 4). 말씀을 통한
예수의 치유의 경우는 치유를 목적으로 한 것이었기에, 이 경우에 해당
한다. 말을 일로 간주하는 견해는 하나님의 창조 사역이 말씀으로 이루
어졌는데 이를 '일'이라 부른 창세기 2:2의 관점에 따라 정당화될 수 있
을 것이다.[51] 이러한 관점에서 보면 예수의 말씀을 통한 치유도 일이므

---

47. Meier, 1994: 683.
48. Hooker, 108 참조.
49. "Speech could not be construed as 'work' infringing the law governing the Jewish day of rest"(Vermes, 1983: 25).
50. "This is one of the verses over which the son of Zoma raised a commotion: He *made* - how remarkable! surely it [came into existence] at [God's] *word*"(Freedman, trans., 1983: 31); N. L. Collins, 4.
51. N. L. Collins, 7 참고.

로 유대인들에 의해 안식일 위반으로 간주될 여지가 있었다.

희년서 2:25-27; 50:6-13은 안식일에 일하면 사형에 해당한다고 한다.[52] 따라서 바리새인들이 예수를 죽이고자 한 것(막 3:6)은 그들이 예수가 그들의 안식일 전통을 어겼다고 판단했음을 암시한다. 그러나 예수 당시에 안식일 전통 위반이 사형으로 다스려지지는 않았을 수 있었을 가능성이 쿰란 문헌에서 발견된다. 쿰란 문헌(CD 12:3-6, 4Q271 frag.5, 1:19-21)은 안식일을 지키지 않은 자들을 사형시키지 않고, 7년간 감시하도록 규정한다.

> 그리고 누구든지 안식일이나 절기들을 더럽힘으로써 빗나가면, 그를 사형에 처하지 말고 사람들이 그를 감시하게 해야 한다. 만일 그가 이 죄로부터 치유되면 그는 7년간 감시된 후 회중 가운데 (다시) 들어올 것이다. (CD 12:3-6)[53]
>
> 그러나 누구든지 안식일과 절[기들]을 더럽히며 빗나가는 자는 [처형되지 말아야 한다. 왜냐하면 임무는] 사람들이 그를 감시하는 것이기 때문이다. 그리고 만일 그가 그것으로부터 치유되면, 그들은 그를 [7년 동안] 감시해야 하고 [그 후에 그는] 회중 가운데 들[어올 수 있다]. 아무도 피를 흘리고자 그의 손을 내밀어서는 안 된다. (4Q271 frag.5, 1:19-21)[54]

---

52. A. Y. Collins, 207; *OTP*, vol.2, 58을 보라.

53. 다메섹 문서(The Damascus Document) 12:3-6: "And whoever strays (4) by profaning the Sabbath or the feasts, he shall not be put to death but it shall be incumbent on men (5) to watch him; and if he is cured of this sin, he shall be watched for a period of seven years, and afterwards he (6) shall enter the Assembly (once more)"(Dupont-Sommer, ed., 154).

54. 쿰란 문헌 4Q271 frag.5, 1:19-21: "But every one who goes astray, defiling the Sabbath and the fes[tivals,] 20 [shall not be executed, for it is the task of] men

이 문헌의 규정에 의하면 안식일을 어기는 것으로 사형을 당하지는 않
는다. 다만 7년간 관찰된 후 다시 회중에게 돌아올 수 있다. 그렇지만 쿰
란 문헌에 담긴 규정은 고의적이지 않은 안식일 위반에 관한 것으로 볼
수 있다. 출애굽기 31:14-15만이 아니라 미쉬나(*m. Sanhedrin* 7:4)는 안식일
을 의도적으로 어긴 경우에는 돌로 치는 사형에 해당한다고 규정한다.[55]
그러나 예수 당시에 안식일 위반을 실제로 사형으로 벌할 수 있었을 가
능성은 미지수이다.

그런데 마가복음 3:6에 의하면 바리새인들은 예수를 죽이려고 의논
한다. 그들은 예수를 고발하려고 관찰하던 자들이고, 이제 그들이 원하
는 것을 관찰했다. 마가복음 3:2은 유대인들이 예수를 '관찰하고 있었
다'(παρετήρουν)고 한다. 동일한 동사가 70인역 시편 36:12(히브리어 성경 및
개역은 37:12)에 죄인들이 의인들에 대하여 행하는 행동을 묘사하는 데 사
용되었다(Marcus, 2000: 252). 따라서 이 용어는 악한 자들이 나쁜 의도를
가지고 행하는 부정적 행위를 묘사하기에 적합한 용어라고 볼 수 있다.
마가복음 2:24에 나오는 바리새인들의 지적이 고발하기 전에 경고하기
위한 것이었다면, 마가복음 3:2이 언급하는 '관찰'은 경고된 안식일 전
통 위배 행동이 재발하면 고발하기 위한 것이었다고 볼 수 있다
(Witherington, 135). '관찰하고 있었다'(παρετήρουν)는 미완료형으로 되어 있
다. 마가가 미완료형을 굳이 사용한 이유는 아마도 예수의 안식일 전통
준수 여부에 관한 유대인들의 관찰이 시작되어 계속되었으며, 따라서

---

him to guard him; and if he is cured of it, they shall guard him for [seven] 21 [years
and afterwards he may en]ter the assembly. No-one is to stretch out his hand to
shed [the blood of]"(Martínez & Tigchelaar, ed. & trans., vol.1, 623). A. Y. Collins,
208 참고.

55. Danby, ed. & trans., 391; France, 152.

이 관찰은 매우 집요하였음을 강조하기 위함이었을 것이다.

그런데 예수께서 안식일에 치유하신 것을 목격하고도 그들은 고발하지 않고 어떻게 죽일까 의논한다. 이것은 예수를 법정에 고발하여 유죄 판결이 나더라도 사형을 당하게 할 수는 없었기에 어떤 방법으로 죽일까 궁리한 것으로 볼 수도 있다.

그들은 왜 예수를 기어코 죽이고자 했는가? 구약 성경의 안식일법의 정신을 따를 경우 예수의 치유는 안식일 정신을 바르게 적용한 것으로 볼 수 있다. 그럼에도 불구하고 바리새인들이 예수를 죽이고자 한 이유는 마가복음 3:5에 암시되어 있다. 그것은 그들의 마음의 완악함(단단함) 때문이다. 그들의 마음의 단단함은 안식일에 치유를 하는 행위를 찬성하는 대답을 하지 않고 침묵하게 하였고, 결국 자신들의 견해와 다른 견해를 가지고 행동한 예수를 증오하여 죽이고 싶어 하는 데까지 그들을 인도한 듯하다.

2. 예수와 안식일 치유

가. 예수의 질문과 행동에 담긴 안식일 신학

예수는 병자를 한가운데 세워 놓고, 안식일에 선행과 악행 중 어느 것을 하는 것이 옳은지, 사람을 살리는 것과 죽이는 것 중에 어느 것을 행하는 것이 옳은지 질문하신다. 예수께서 선행과 악행, 목숨 구하기와 죽이기를 대조시킨 후 치유를 행하셨기에, 치유를 선행 및 목숨 구하기에 해당하는 것으로 분류하셨다고 볼 수 있다. 치유는 악행일 수 없고 사람을 죽이는 일은 결코 아니기 때문이다. 예수께서 치유를 목숨 구하기로 분류하신 것은 아마도 유대인(특히 바리새인들)이 안식일에 목숨이 위험한 경우에는 일을 해서라도 구해 줄 수 있다고 본 전통과 관련되는 듯하다 (위 참고). 예수는 이 프레임을 그대로 둔 채 치유를 목숨 구하기로 분류하고 이것이 가능한지 질문하신다. 이러한 질문에 침묵하는 유대인들에게, 예수께서는 자신의 답변을 행동을 통하여 알리신다. 예수께서는 안식일에 치유하시는 행동을 통하여 치유를 안식일에 행하는 것이 정당하다는 입장을 선택하신다.

후커(M. D. Hooker)는 예수께서 생명을 살리는 것과 죽이는 것을 대조하여 구분함으로써 좁은 의미의 생명 살리기와 넓은 의미에서의 풍성한 생명을 제공하기 사이의 구분을 거부하셨다고 본다(Hooker, 107). 이러한 관점에서는 치유를 하루 연기하는 것은 생명을 살리는 율법의 정신을 거부하는 것이며, 생명을 파괴하는 것이다(Hooker, 107). 이러한 관점에서 본다면 안식일법을 어긴 쪽은 안식일에 예수를 죽이고자 계획을 세움으로써(막 3:6) 생명을 파괴하는 쪽으로 행동한 바리새인들이었다. 바리새인들에게 안식일을 어긴다고 여겨진 예수께서는 오히려 안식일을 철저히 지키고 계시고, 예수보다 안식일을 잘 지킨다고 자부하며 예수를 정죄한 바리새인들이 오히려 안식일을 범하는 아이러니가 발생한다.

살리기와 죽이기, 선행과 악행의 대조는 신명기 30:15-20을 연상시킨다(Queller, 742). 언약 체결과 관련된 이 신명기 말씀은 생명과 죽음, 선과 악을 대조시키며 생명을 택하라고 한다. 이 본문의 관점에서 본다면 악행은 언약을 위반하는 행위이다. 그런데 이사야 56:6은 안식일을 더럽히지 말라고 명하면서 언약을 지키라고 한다. 그러므로 안식일에 악행을 하는 것은 더더구나 언약을 어기는 행위이다. 예수께서는 이 본문들을 염두에 두시고 선행과 악행을 대조하셨을 수 있다. 그렇다면 예수께서는 안식일에 치유를 거부하는 것이야말로 안식일을 더럽히는 악행이라고 보셨을 것이다. 이러한 관점에서는 안식일을 바르게 지키려면 안식일에 치유를 행해야 한다.

나. 유대 전통에 관한 마가복음의 평가

마가복음 3:4은 유대인들이 예수의 질문에 침묵했음을 언급하는데, 이것은 안식일에 선을 행하거나 생명을 구하는 것이 옳다는 것을 인정하지 않는 침묵이다. 이들은 침묵하며 마음속에서 안식일에는 치유할 수 없다는 선택을 하였을 것이다. 유대인들은 안식일에 사람 죽이기를 행할 수 있다고 볼 수는 없었으며, 치유를 안식일에 가능한 목숨 구하기에 포함시킬 수도 없었고, 선행이라 할지라도 안식일에 행할 수 있다고 볼 수는 없었기에 예수의 질문에 대답하지 않았을 것이다(위 참고).

더구나 유대인들은 신명기 28:32에 따라 손 마른 병자가 죄를 지은 결과 벌을 받았다고 여겼을 것이다.[56] 열왕기상 13:4-6, 이사야 37:27(70인역, ἀνῆκα τὰς χεῖρας καὶ ἐξηράνθησαν "내가 그 손들을 놓으니 그것들은 말랐다.")은 손 마름을 하나님의 심판으로 간주한다.[57] 시므온의 유언(*Testament of Simeon*) 2:12-13도 그러하다.[58] 유대인들은 하나님의 심판을 받은 병자를 그대로 두어야 하며, 안식일을 위배하면서까지 치유를 행해야 할 이유가 없다고 간주했을 것이다.

유대인들의 침묵은 신명기 15:9이 언급하는 마음속의 말(רבר עם לבבך)을 연상시킨다(Queller, 753). 여기서 언급된 마음은 가난한 형제에

---

56. Derrett, 1984: 174.
57. Derrett, 1984: 174.
58. *OTP*, vol.1, 785.

게 먹을 것을 빌려주지 않는 선택을 한다. 이 마음은 굶어 죽어 가는 사람에 대한 사랑이 없는 마음이다. 예수의 대답에 침묵하며 안식일에 치유하는 것을 반대하는 유대인들의 마음도 병으로 고통당하는 사람에 대해 사랑이 없는 마음이다.

안식일 치유를 반대하는 유대인들의 마음(생각)을 마가복음 3:5은 단단하다(경직되었다)고 평가한다. 마음의 단단함은 이집트 탈출 기사에서 관찰되는 바로 왕의 완악함을 연상시키는 표현이다(출 7:13, 14, 22; 8:15, 19, 32; 9:7, 12, 34-35; 10:1, 20, 27; 11:10). 유대인들의 마음은 바로처럼 완악해져서 출애굽의 해방 정신을 실천하는 안식일에 병자를 질병으로부터 해방시키는 것을 찬성하지 않는다.

유대인들의 침묵을 마가복음 3:5은 '마음의 단단함'이라고 평가한다. '마음'(καρδία)은 70인역에서 히브리어 '레브'(לב) 또는 '레바브'(לבב)의 번역어로 사용되었으므로 히브리어적 개념으로 해석해야 한다. 이 히브리어 단어들은 감정만이 아니라 의지와 이해의 기관을 가리킨다(Boring, 2006: 94). 따라서 마음의 단단함이란 감정만이 아니라 생각에 관한 묘사일 수 있다.[59] 그래서 병자에 대한 사랑이 없고 병자를 질병으로부터 풀어 주는 것을 반대하는 유대인들의 마음은 안식일 계명을 우둔하게 적용하는 지적 둔감함을 동반한다고 볼 수 있다.

'단단함'(πώρωσις)은 명사형으로는 마가복음에서 이곳에만 사용되었지만, 동사형(πωρόω)으로는 마가복음에서 2회 사용되었다. 이 동사는 지적인 측면의 우둔함을 표현한다. 마가복음 6:52에서 '마음이 단단해졌다'는 표현은 제자들이 오병 및 칠병 기적을 보고도 깨닫지 못하고, 예

---

59. 후커는 이러한 가능성에 따라 '마음의 단단함'이 진리를 인정하기를 거부하는 바리새인들의 지적인 우둔함을 가리킨다고 본다(Hooker, 107).

수께서 물 위를 걸어오셔서 바람을 그치게 하심을 제자들이 보고 놀란 것과 관련된다. 마가복음 8:17에서도 이 동사는 사용되었는데, 여기서도 분사형으로 '마음'을 꾸며서 '단단한 마음'(πεπωρωμένην ··· καρδίαν)이라는 표현을 구성한다. 이것은 아직 깨닫지 못하는 상태를 가리키며, 그 시대의 틀에 사로잡혀 이방인들이 많이 사는 지역에 떡을 가져가기를 간과하여[60] 이방인들이 광야의 만나 사건을 경험한 칠병 표적의 반복을 막고자 한 제자들의 민족주의적 메시아사상과 관련된다(Gibson, 1986: 36, 38).

'뽀로시스'(πώρωσις)는 로마서 11:25에도 나온다. 이 단어는 이스라엘이 예수를 메시아로 받아들이지 않는 고집스러움을 가리킨다. 로마서 11:7은 이스라엘이 '단단해졌다'(ἐπωρώθησαν)고 하는데, 이것은 그들의 불순종과 관련된다(11:30). 이러한 불순종의 뿌리가 마음의 단단함이다. '뽀로시스'(πώρωσις)는 에베소서 4:18에서도 사용된다. 여기서는 마가복음 3:5처럼 '마음의 단단함'이라는 표현이 나온다. 에베소서 4:18에서 이 표현은 문맥상 지적인 측면에서의 어두워지고 하나님의 생명으로부터 멀어지는 결과의 원인이 됨을 알 수 있다.

요한복음 12:40도 이사야서 인용문에서 이 단어의 동사형을 사용한다(ἐπώρωσεν). 여기서 이 단어는 '마음을 완악하게 하다'라는 표현 속에서 사용되어, 유대인들이 표적을 보고도 예수를 믿지 않음을 가리킨다. 증거를 보고도 믿지 않는 것은 마음의 상태가 매우 경직되어 있고 고정관념이 강하기 때문이다.

고린도후서 3:14에서 이 동사는 '정신'(νοήματα)을 주어로 한다. 문맥

---

60. '에삐란타노마이'(ἐπιλανθάνομαι) 동사는 70인역에서 주로 "의도적으로 무시하다"라는 의미로 사용되었다(Gibson, 1986: 35).

은 '정신'이 생각하는 기능과 관련됨을 알려 준다. 고린도후서 3:15은 정신이 단단해짐이 성경을 읽을 때 이를 깨닫지 못하게 하는 마음에(ἐπὶ τὴν καρδίαν) 드리운 베일과 관련된다고 한다.

이러한 신약 성경의 용례를 따르면, 마음의 단단함은 성경을 깨닫지 못하게 하고, 증거를 보고도 믿지 않게 한다. 마음의 단단함은 지적인 측면에서 어두운 상태에 있게 하여 예수를 믿지 않게 하고, 하나님께 불순종하게 한다. 특히 마가복음에서는 마음의 '단단함'이 일상성이나 시대의 일반적 고정 관념에 사로잡혀 기적이나 새로운 사상에 대하여 닫혀 있는 상태를 가리킨다. 이를 마가복음 3:5에 적용하면 마음의 단단함은 유대인들이 안식일 전통에 사로잡혀 제대로 판단하지 못하는 상태를 가리킨다. 이 마음의 단단함은 유대인들이 안식일에 치유를 할 수 없다고 판단하게 하였고, 예수의 질문에 대답하지 않고 침묵하게 하였다. 이러한 마음의 단단함이 또한 안식일에 치유를 행한 예수를 죽이고자 계획을 세우도록 인도하였을 것이다.

예수를 죽이고자 하는 그들의 의논은 집요했다. 마가복음 3:6은 바리새인들이 헤롯당과 '계획을 세웠다'(συμβούλιον ἐδίδουν)고 하는데, 여기서 미완료형을 사용하였다. 이것은 바리새인들이 매우 집요하게 예수를 죽이고자 헤롯파와 계속 의논했음을 강조하기 위해 선택된 형태일 것이다. 바리새인들은 눈앞에서 치유가 발생하는 것을 목격하였음에도 불구하고 그들은 어떻게 감히 예수를 죽이고자 할 수 있었을까? 바리새인들은 그 치유가 하나님으로부터 발생한 것이 아니라고 믿었기 때문일 것이다. 그들의 이러한 확신은 어디서 온 것일까? 예수가 잘못된 안식일 신학을 가지고 있다는 그들의 확신에 토대하였을 것이다. 유대인들은 안식일을 매우 중요시하였다. 안식일은 이방인과 유대인을 구분시키는 표지로서 작용하고 있었고, 유대인들은 안식일을 잘 지키면 메시아가 올 것이라고 믿었다(Hurtado, 1983: 47). 그러나 이러한 안식일을 유대인들의 전통에 따라 지키지 않고 그 정신에 따라 새롭게 해석하는 예수의 신학을 그들은 받아들일 수 없었을 것이다. 이러한 마음의 상태를 마가는 '마음의 단단함'이라고 표현한 듯하다.

이러한 모습은 문자주의적 적용에 빠진 종교인들이 얼마나 완악해질 수 있는지 잘 보여 준다. 오늘날에도 예수의 말씀을 그 의도에 따라 적용하는 노선을 반대하고 이러한 주장을 하는 사람을 박해하는 자들이 존재할 것이다. 인간의 본성은 바리새인들의 시대나 지금이나 변함이 없기 때문이다.

마음의 단단함은 단지 지적인 측면에서 오판을 하게 하는 데 그치지 않고, 집요하게 행동하도록 하기도 하며 목적의 달성을 위해 수단과 방법을 가리지 않음을 본문은 보여 준다. 전통적 고정 관념에 강하게 사로잡혀 사고가 경직된 자들이 자신들과 생각이 다른 사상적인 적을 제거하고자 자신들과 정치적 이해 관계가 다른 집단과도 기꺼이 손을 잡는 모습을 우리는 민족주의적 좌파 교권 집단인 바리새인들이 반민족주의적 우파 정권 그룹인 헤롯당과[61] 연합하여 예수를 죽이고자 함에서 보게 된다.

---

61. 헤롯당(Ηρῳδιανοί)이라는 표현은 헤롯을 지원하는 자들을 가리킨다고 볼 수 있다(France, 151). '그리스띠아노스'(Χριστιανός)도 그러한 표현이다(France, 151). 즉 이 표현은 그리스도를 지지하는 자란 뜻이다. 헤롯당은 아마도 헤롯(안티파스)이 임명한 지방 의회(법정)의 회원들을 가리킬 수도 있다(A. Y. Collins, 210). 교권 그룹인 바리새인들과 정권 그룹인 헤롯당이 연합하여 예수를 죽이고자 한 것은 그들의 증오의 정도를 보여 준다(Hooker, 108).

다. 예수의 안식일 치유와 새 출애굽

예수께서는 유대인들의 완악한 마음에 분노하셨다(막 3:5). 이렇게 침묵으로 의사를 표현한 자들에 대한 예수의 분노는 예수께서 치유를 목숨 구하기에 포함시키고 안식일에 치유를 행할 수 있음을 확신하고 계셨음을 보여 준다. 예수께서 안식일에 치유가 가능하다고 여기신 이유는 무엇일까? 치유는 목숨을 구하는 방향으로 행하는 선행이기 때문인 듯하다. 마가복음 2:27은 이러한 추측을 지원한다. 여기서 예수께서는 안식일이 사람을 위해 제정되었다고 언급하신다. 이것은 예수께서 파악하신 안식일의 근본 정신이다. 이러한 관점에서 볼 때, 안식일에 배고픔을 달래기 위해 곡식 이삭을 비벼 먹는 것이 가능하였다. 이것은 사람을 위한 것, 특히 사람의 목숨을 살리는 쪽으로 작용하는 행동이었기 때문이다. 잠시 굶는다고 죽는 것은 아니지만 굶는 것은 죽음으로 가는 방향성을 가지고, 먹는 것은 목숨을 유지하는 방향성을 가지기 때문이다. 여기서도 예수께서 유대인들과 달리 어떤 행동이 어떤 지향성을 가지느냐로 그 행동의 성격을 구분 지었음을 볼 수 있다. 예수께서는 사람을 살리는 방향으로 (즉 이웃을 사랑하는 방향으로) 행동하는 것은 사람을 살리는 행동으로 간주하신다. 이러한 분류를 통해 안식일에는 목숨이 위험할 때만 사람을 구할 수 있다는 유대인들의 안식일 준수 프레임을 깨신다. 예수께서는 주장의 형식이 아닌 질문의 형식으로 이 프레임을 깨신다. 이러한 프레임 깨기에 유대인들은 선택하지 못하고 침묵하게 된다. 이처럼 예수는 매우 지혜롭게 유대인들과 논쟁하신다. 이 논쟁의 마무리는 예수께서 자신의 질문의 정답을 설명으로 알려 주시는 방식으로 이루어지지 않았다. 예수께서는 오히려 치유를 행하시는 명령의 말씀을 하신다. 이것은 언어 행위이다. 이 언어 행위가 실현되어 치유가 발

생한 놀라운 기적은 예수의 관점이 옳다는 것을 입증하는 표적이기도
하다. 프레임 깨기는 말이 아니라 행동으로 완료된다. 예수께서는 '안식
일에 치유를 행할 수 있다.'라는 주장 대신, 치유가 안식일에 행할 수 있
는 행위의 범주에 들어감을 암시하는 질문을 던지시고, 이러한 분류에
대해 유대인들이 언표를 통하여 반대하지 못하는 사이에 조용히 이 분
류에 따라 행동하신다. 안식일 율법을 바르게 지키기 위해서는 안식일
에 치유를 통하여 사람을 살리는 방향으로 사역하고 선한 행동을 해야
한다는 관점을 치유 명령을 통하여 선택하고, 이 선택이 옳음을 치유가
실제로 발생하는 표증을 통하여 입증하신다. 그럼에도 불구하고 바리
새인들은 예수의 행동이 내포한 안식일 치유의 정당성 주장을 파악하
고 예수를 죽이고자 하였을 것이다.

예수께서는 안식일에 치유와 같은 목숨을 구하는 방향의 행동이 안
식일의 본래 목적에 부합한다고 간주하셨을 것이다. 예수께서는 안식
일에 하루 쉬게 하신 하나님의 의도는 사람을 중노동에서 벗어나 회복
되게 하시어 건강과 목숨을 보존하게 하신 것이라 보셨을 것이다.

구약 율법은 안식일에 노동을 하지 말고, 자녀, 종, 손님에게도 일을
시키지 말라고 명한다(출 20:10). 신명기 5:14도 동일한 내용의 명령을 기
록한다. 예레미야 17:21, 24, 27은 안식일에 무거운 짐을 지는 것을 금한
다. 이것은 안식일에 금지된 일을 중노동으로 보게 한다. 신명기 5:15은
이러한 명령의 근거로 이집트에서 노예 생활을 하던 중에 그들을 해방
시키신 하나님의 사역을 언급한다.[62]

---

62. 안식일에 금지된 일 중에는 불을 피우는 것이 포함되었다(출 35:3). 이것은 여인들
    이 가사노동에서 쉬도록 하기 위함인 듯하다. 구약 율법은 안식일을 어기는 자를
    사형에 처하도록 규정한다(출 31:14-15; 35:2).

예수께서는 안식일 준수를 이집트에서의 중노동으로부터 해방시키
는 하나님의 사랑을 본받아 타인을 중노동으로부터 해방시키는 사랑의
실천으로 이해하고 적용하신 듯하다. 이러한 관점에서는 질병의 무거
운 짐으로부터 해방시키는 사랑의 실천은 안식일 정신에 부합하므로
안식일에 행할 수 있는 것이다. 그러나 바리새인들은 예수를 죽이고자
의논하기 시작하였다. 이것으로 보아 예수께서 말씀으로 질병을 치유
하신 것이 안식일을 어기는 행동이라고 간주한 듯하고 안식일을 위반
하는 자를 죽이라고 명한 출애굽기 31:14-15; 35:2을 적용하여 예수를
죽이고자 한 듯하다.

마가복음 3:1-6은 예수의 안식일 치유 사역을 출애굽 언어로 묘사함
으로써 예수의 사역을 새 출애굽으로 묘사한다. 이 치유 기사는 출애굽
기 14장의 홍해 도하 기사를 연상시키는 표현으로 되어 있다. 5절의 '손
을 내밀어라'(ἔκτεινον τὴν χεῖρα)는 출애굽기 14:16(70인역)과 동일하다
(Queller, 739). 3절의 '한가운데로(εἰς τὸ μέσον) 일어서라'는 어색한 표현도
출애굽기 14:16, 22, 23(70인역)의 '바다 한가운데로'(εἰς μέσον τῆς θαλάσσης)
를 연상시키는 표현이다(Queller, 740). 5절의 '회복되었다'(ἀπεκατεστάθη)도
출애굽기 14:27(70인역)의 '물이 회복되었다(ἀπεκατέστη)'를 반영한다
(Queller, 739-40). 이러한 본문들 사이의 상호 연관성(intertextuality)을 통하
여 마가복음 3:1-6의 치유 기사는 예수를 통한 새 출애굽 사건으로 이
해될 수 있다(Queller, 742). 하나님이 모세에게 손을 내밀라고 하여(출
14:16, 26) 홍해를 가르셨듯이, 예수께서 병자에게 손을 내밀라고 명하여
치유가 일어나게 하신다(S. H. Smith, 169). 마가복음 3:1-6이 묘사하는 예
수의 안식일 치유 기적은 안식일에 치유하는 사역이 정당함을 입증하
는 표증이다. 또한 이 치유 기적은 새 출애굽 사역으로서 예수께서 새

출애굽을 행하시는 주체이심을 보여 준다.

3. 마가복음 3:1-6에 관한 역사적 진정성 논쟁

가. 마가복음 3:1-6의 바리새인은 2:23-28의 바리새인과 동일 집단인가?

콜린스는 마가복음 2:23-28에 기록된 사건이 미드라쉬적인 성격을 가지며 따라서 실제로 발생하지 않았다고 주장하며, 이어지는 마가복음 3:1-6도 실제 발생한 사건이 아니라고 본다(N. L. Collins, 149). 그러나 역사적 사실을 사관(史觀)에 따라 초점을 바꾸어 기술할 수도 있기에 단지 그러한 측면이 있다고 하여 사실이 아니라고 할 수는 없다.

콜린스는 마가복음 2:23-28의 허구성을 입증하고자 샌더스가 말한 "바리새인들은 누군가 규칙을 위반하는 것을 목격할 소망을 가지고 갈릴리의 곡식밭에서 그들의 안식일을 보낼 집단으로 조직되지 않았다." 는 주장을 인용한다.[63] 그러나 샌더스는 바리새인들이 제자들의 행위를 목격하기 위한 조건을 자의적으로 재구성하고 이 조건이 만족되지 않으면 실제 사건이 아니라는 부당한 전제를 사용하였다. 이러한 입증되지 않은 전제에 토대한 논증은 합당하지 않다.

샌더스의 재구성은 많은 신약학자들에 의해 논박된 바 있다. 케이시 (M. Casey)는 안식일에 바리새인들이 자주 예수의 제자들과 함께 걸어다녔다는 역사적 재구성은 본문이 침묵하므로 피해야 한다고 지적하였다 (Casey, 145). 그는 안식일에 걸을 수 있는 제한 거리를 고려할 때 이 제한 거리 내에 있는 상당히 좁은 들판에서 바리새인들이 제자들을 마주치게 되는 것은 불가능하지 않았을 것이라고 한다(Casey, 145). 후커도 안식

---

63. Sanders, 1985: 265; A. Y. Collins, 73.

일의 제한 거리를 고려할 때 바리새인들이 마을에서 가까운 밭에 존재하는 것이 불가능하지 않았다고 지적한다(Hooker, 103). 더구나 탈무드(*b. Shabbath* 127a)는 안식일에 실제로 들판에 있었던 한 랍비 이야기를 전한다(Davies & Allison, 307).

　콜린스는 목숨을 구하기 위하여(또는 치유를 위하여) 안식일을 어길 수 있다는 논증은 1세기 후반에 랍비 엘리아잘(R. Eleazar b. Azariah)이나 랍비 아키바에 의해 비로소 제시된 것이므로, 1세기 초반에 예수께서 제자들의 배고픔을 치유하기 위해 안식일을 어길 수 있다는 발언을 했을 리 없다고 주장하였다(N. L. Collins, 74-75). 그러나 이것은 부당한 판단 기준의 사용이다. 1세기 후반에 랍비들이 그러한 논증을 하기 전에는 예수께서 유사한 주장을 할 수 없었다는 전제는 그 자체로 입증되어야 할 주장이며 논증을 위해 사용할 수 있는 전제는 아니다. 콜린스는 마가복음 2:27이 2:25-28의 '더더구나 논증'('칼 바-호메르')의 흐름을 깨므로, 마가복음 원문의 일부가 아니라고 주장한다(N. L. Collins, 82). 그러나 콜린스는 27-28절이 '더더구나 논증'임을 파악하지 못하고 이러한 주장을 한 것이다. 이 구절은 "사람은 안식일보다 먼저이다. 그러므로 (사람보다 위대한) 그 인자는 더더구나 안식일보다 먼저이다."라는 논증을 담고 있다.[64] 27절을 빼면 오히려 '더더구나 논증'의 흐름을 깨므로, 이 부분은 본래 마가복음의 일부였다고 보아야 한다.

　콜린스는 베자 사본 등의 경우처럼 마가복음 2:27이 빠진 본문이 원본문이라고 간주하며, 이 부분의 추가는 AD 2세기 말의 랍비 시몬 벤 메나시아의 영향이므로 그 이후에 발생한 것으로 본다(N. L. Collins, 88).

64.　이 구절에 담긴 더더구나 논증에 관한 분석으로는 신현우, 2018a: 54 또는 이 책의 제14장; Parott, 118 참조.

그러나, 그녀의 논증은 유사한 것이 독립적으로 발생할 수 없고 영향을 받아 생겨난다는 잘못된 전제를 사용하는 오류를 범하고 있다. 콜린스는 미쉬나(*m. Megillah* 3:3)를 배경으로 예수의 제자들이 길을 만든 것(ὁδὸν ποιεῖν)은 길에 자라난 곡식을 뽑아내면서 길을 만든 것이라고 해석하고, 이것은 안식일 위반이라고 판단한다(N. L. Collins, 43-44). 콜린스는 밭에서 일하는 노동자가 추수 때 또는 추수 후에 이러한 권리를 누리며, 가난한 자의 경우 주인의 허락하에 추수 후에 레위기 19:9에 따라 밭모퉁이에 남겨 둔 것을 거둘 수 있는 권리를 누린다는 유대인들의 전통을 언급한다(N. L. Collins, 32-33). 그녀는 미쉬나(*m. Baba Metzia* 7:2-5), 바벨론 탈무드(*b. Kallah Rabbati* 52b), 토세프타(*t. Peah* 2.6)를 근거로 제시한다. 그러나 제자들이 남의 밭의 곡식 이삭을 손으로 잘라 먹은 것은 신명기 23:25(70인역은 23:26)이 허용하는 행동이므로 제자들의 행동이 구약 성경에 위배된다고 볼 수 없다. 또한 안식일에 이러한 일을 하는 것이 유대인들의 전통에 위배된다고 할지라도 반드시 구약 안식일 율법 정신을 위배한 것이라고 볼 수도 없다.

콜린스는 설령 마가복음 2:23-28이 역사적 사실을 담았다고 가정한다고 하더라도 3:1-6에 등장한 바리새인들이 2:23-28에 등장한 바리새인들과 동일할 가능성을 받아들이기 어렵다고 주장한다(N. L. Collins, 149-50). 콜린스는 자신의 주장을 뒷받침하기 위해 바리새인들이 밭에서 예수를 만난 후에 그들이 갈 회당을 정확히 예측하고 급히 그 회당으로 가서 병자 치유를 하는지 보려고 기다렸을 가능성은 희박하다고 지적한다(N. L. Collins, 150). 또한 예수께서 배고픈 제자들의 필요를 채우지 않고 가까운 회당을 방문하셨을 법하지도 않다고 지적한다(N. L. Collins, 150). 나아가 그녀는 3:1-6의 도입부에 바리새인들이 언급되지 않은 점도 회당에서 있었던 바리새인들이 밭에서 예수를 만난 바리새인들과 동일 집단이라고 볼 수 없게 한다는 논리를 편다(N. L. Collins, 150).

그러나 마가복음 3:1-6에는 이들이 2:23-28에 등장했던 바리새인들과 동일한 집단이라는 서술이 없다. 따라서 이 점에서 그녀는 가상의 적을 만들고 허깨비 치기를 하고 있다. 또한 이 허깨비 치기마저도 매우 허술하기 그지없다. 한 마을에 회당이 여러 개가 아니었을 가능성을 고려한다면 회당에 미리 가서 기다리는 것이 전혀 불가능하지 않다. 또한 회당 모임 시간이 임박한 시간에 제자들이 이미 곡식 이삭으로 배를 채웠는데 어딘가에 가서 배고픔을 더 달래고 회당에 가야 한다는 그녀의 생각도 현실 적합성이 없다. 이미 등장한 바리새인들과 동일 집단의 바리새인들을 등장시키려면 도입부에 등장해야 한다는 그녀의 논증도 도입부에 등장하지 않으면 동일 집단이 아님을 입증하기에는 불충분하다.

나. 마가복음 3:6은 마가복음 이후에 추가된 것인가?

콜린스는 마가복음 3:6의 바리새인 언급은 이야기 끝에 그들의 존재를 소급하여 언급한 것으로서 이야기의 자연스러운 흐름을 끊는다고 지적하고, 이 구절에 사용된 표현 및 어휘가 마가의 어휘들이 아니므로 이 구절은 본래 마가가 쓴 것이 아니라 후에 (누가복음 출판 이전에) 추가된 것이라고 주장한다.[65] 지적된 비마가적 표현/어휘는 다음과 같다. (1) '의논을 주다'(συμβούλιον ἐδίδουν)는 더 일반적인 (라틴어 *consilium facere*와 유사한) 마가복음 15:1의 '의논을 만들다'(συμβούλιον ποιήσαντες)와 다르다. (2) 예수의 목숨을 노리는 계획을 묘사할 때 마가가 종종 사용한(11:18; 12:12; 14:1,

---

65. N. L. Collins, 150-51, 153.

11, 55) '제떼오'(ζητέω 추구하다)가 사용되지 않았다. (3) '그를 멸하기 위하여'(ὅπως αὐτὸν ἀπολέσωσιν)는 마가가 다른 곳(11:18; 14:1)에서 "~하기 위하여"라는 뜻을 표현할 때 '호뽀스'(ὅπως) 대신 '뽀스'(πῶς)를 사용하는 것을 고려할 때 마가의 문체가 아니다. (4) "죽이다"라는 뜻을 위해 사용한 '멸하기'(ἀπολέσωσιν)도 마가가 3:4에서 사용한 어휘 '죽이기'(ἀποκτεῖναι)와 일치하지 않는다.

그러나 마가가 2:6에서 서기관들을 갑자기 언급하고, 2:16에서 바리새파 서기관들을 갑작스럽게 언급하는 것을 볼 때, 3:6의 갑작스러운 바리새인 언급도 마가의 문체에 의한 것으로 볼 수 있다. 또한 콜린스는 비마가적인 표현/어휘의 존재를 마가가 기록한 것이 아니라 후에 필사자들이 추가한 것이라는 증거로 제시하였으나, 이 현상은 오히려 마가가 이 부분을 전하여 받은 전통으로부터 취한 증거로 간주될 수도 있다. 특히 '의논을 주다'(συμβούλιον ἐδίδουν)는 셈어적인 표현이므로 더구나 그러하다. 마가가 전하여 받은 것을 그대로 전달할 때에는 자신의 문체와 다른 것이 그대로 남을 수 있다. 그러므로 마가 문체와 상이한 표현/어휘가 마가복음에 담겨 있는 경우 그것은 오히려 역사적 진정성을 지원하는 요소로 작용한다.

콜린스의 주장대로 마가복음이 기록되어 출판된 후 마가복음에 추가된 것이라면 이 부분이 빠진 마가복음 사본이 발견되어야 한다. 그러나 우리가 가진 마가복음 사본들은 모두 3:6을 가지고 있다. 아무런 사본상의 증거 없이 마가복음의 본문에 3:6이 없었음을 입증할 수는 없다.

콜린스는 마가복음 3:6이 마가복음에 추가된 것이라는 주장을 한 학자들로서 불트만(R. Bultmann), 귈리히(R. A. Guelich), 프라이키(E. J. Pryke)

를 언급한다.[66] 그러나 불트만은 이 구절이 마가 자신에 의해 추가된 것
이라고 주장했으며,[67] 귈리히는 이 구절이 마가복음 문체(막 15:1의
συμβούλιον ποιήσαντες)와 달리 '의논을 주기'(συμβούλιον ἐδίδουν)를 사용하므
로 마가가 전통으로부터 전해 받은 것이라고 주장했다.[68] 프라이키가 제
시한 정보도 마가복음 3:6을 마가 자신의 편집으로 간주하는 학자들의
주장이다(Pryke, 12). 콜린스가 저자 자신의 추가와 필사자의 추가를 혼동
하고 자신의 주장을 지지한다며 언급한 학자들의 의견은 오히려 콜린
스의 주장에 반대된다.

마가복음 3:6의 역사적 사실성을 부정하기 위해 콜린스는 바리새인
들이 예수를 죽이는 사건에 등장하지 않으며, 마태복음과 누가복음의
평행본문에 바리새인들과 예수를 죽이고자 의논한 헤롯당이 등장하지
않음을 지적한다(N. L. Collins, 151). 또한 그녀는 이 사건의 배경이 갈릴리
인데, 마태복음(22:16)은 바리새파와 헤롯당의 연결을 오직 예루살렘과
만 연관시킨다고 지적한다(N. L. Collins, 152).

그러나 예루살렘의 산헤드린(의회)이 예수를 심문할 때 바리새파 회
원들의 존재가 언급되지 않았기에 산헤드린에 바리새파가 전혀 없었다
고 볼 수는 없다. 증거의 부재는 부재의 증거가 될 수 없다. 산헤드린을
구성한 서기관들 중에는 분명 바리새파가 있었을 것이다. 그러므로 예
수를 죽이고자 혈안이 된 대제사장이 예수의 인자 발언을 신성모독 죄
로 몰아갈 때 찬성한 자들 중에 바리새파 서기관들도 포함되어 있었을
것이다. 그럼에도 불구하고 콜린스는 바리새파 언급의 부재를 바리새

---

66. N. L. Collins, 153.
67. Bultmann, 1963: 63.
68. Guelich, 137-38: "This expression … supports non-Marcan tradition behind
    3:6."("이 표현은 … 3:6 뒤에 비마가적 전승이 있다고 볼 수 있게 돕는다.")

파 부재의 증거로 간주하고 논증을 전개하는 실수를 범하였다.

마태복음 22:16은 바리새파와 헤롯당을 예루살렘과 연관시킨다. 그러나 이 구절 때문에 마가복음 3:6의 증거가 무시될 수는 없다. 또한 마가복음 3:6이 반드시 갈릴리를 배경으로 한 것이라고 볼 필연성도 없기에 마태복음 22:16이 마가복음 3:6과 충돌한다고 볼 필요도 없다. 설령 두 본문이 다른 지역을 배경으로 한다고 보더라도, 바리새파와 헤롯당이 여러 지역에서 활동하였을 가능성을 배제할 수 없기에 두 본문이 양립 불가능하지는 않다.

마가복음 3:6의 평행구절인 마태복음 12:14과 누가복음 6:11에는 헤롯당이 등장하지 않는다. 그러나 마가복음 3:6은 마태복음 12:14과 누가복음 6:11에 의존하는 본문이라 볼 수 없기에 이 부분에서 마가복음의 증언을 마태복음과 누가복음 때문에 무시할 수는 없다.

마가복음 3:6의 역사적 사실성을 부정하기 위해 콜린스는 유대교에서 안식일 위반은 하나님에 대한 죄이므로 오직 하나님만이 벌하실 수 있다고 본다고 지적한다. 이러한 주장의 근거로 그녀는 지적하기를 안식일 위반에 대한 벌이 근절(extirpation)이라고 랍비들이 간주했는데, 후기 랍비들은 이것을 하나님이 원하실 경우 발생하는 갑작스런 죽음이라고 해석하였다고 지적한다(N. L. Collins, 152).

그러나 콜린스의 이러한 논증은 후기 랍비들의 주장을 끌어와서 예수 시대에 적용하는 시대착오를 범한 것이다. 예수 당시 유대교는 후기 랍비들의 시대와 매우 달랐을 수 있다. AD 70년 성전 파괴로 인해 유대교는 성전 중심에서 토라 중심으로 변화될 수밖에 없었기에, 성전 파괴 이전의 바리새 유대교와 그 이후에 발생한 랍비 유대교 사이에 상당한 차이가 있었을 것이다.

　더구나 마가복음 3:6은 예수를 죽였다고 기록하지 않고 어떻게 예수를 죽일 수 있을까 의논하였다고 기록한다. 안식일 치유로 예수를 죽일 수 있었다면 굳이 어떻게 죽일 수 있을지 궁리할 필요가 없었을 것이다. 그러므로 그녀의 주장처럼 후기 랍비들의 생각을 예수 당시에 적용하더라도, 오히려 마가복음 3:6처럼 바리새인들이 어떻게 예수를 죽일까 고민한 이유를 알 수 있다. 그들은 안식일에 치유를 행한 예수를 당시 전통에 따라 죽일 수 없었기에 고심하여 방법을 찾았을 것이다.

　한편, 콜린스는 또한 누가복음이 마가복음과 다른 부분들을 지적하면서 이러한 부분에 대하여 누가가 독립적인 내용을 전달한다고 볼 수 없기에 누가복음(6:7)이 제시하는 '서기관들과 바리새인들'이 예수의 치유 현장에 있었다는 누가의 주장을 안전하게 일축할 수 있다고 논한다(N. L. Collins, 154). 그러나 누가복음이 마가복음 외에 여러 가지 자료들을 활용할 수 있었음을 염두에 둔다면(눅 1:1-3), 마가복음과 공통된 내용을 다루는 부분에서 누가복음이 마가복음과 다른 부분에 대하여 누가복음의 주장을 모두 일축할 수 없음은 분명하다. 매카터(H. K. McArthur)가 지적한 바와 같이 역사적 사실이 오직 한 자료에만 기록될 수도 있기 때문이다(McArthur, 50).

　콜린스는 치유 현장에 있었던 사람들은 바리새인들이 아니라 갈릴리의 일반인들이었으며, 갈릴리 사람들이 예수께 보인 적대감은 마가복음 6:1-6, 누가복음 13:10-17; 14:1-6에서도 관찰된다고 한다(N. L. Collins, 155). 그러나 누가복음 14:1-6에서는 바리새인들이 적대 세력으로 등장하므로 적합한 증거가 될 수 없고, 누가복음 13:10-17에서는 회당장이 적대자이며 일반 무리는 오히려 예수께서 하시는 일을 기뻐하였다고 기록한다. 또한 마가복음 6:1-6의 경우에도 그것은 나사렛 사람들에 관한 것이며, 적대감이 아니라 믿지 않음에 관한 것이므로 적절한 증거가 될 수 없다.

마가복음 3:1-6의 구조는 6절이 본래부터 마가복음의 일부로 존재했음을 보여 준다. 이 본문은 다음과 같이 교차대구 구조로 분석될 수 있다. 1절은 사건의 시간적·공간적 배경과 등장인물을 소개하며, 2-6절은 교차대구 구조로 되어 있다.

A (1) 배경(안식일, 회당)과 등장인물(예수, 손 마른 병자)

    B (2) 사람들이 고발하려는 목적으로 예수가 병자를 치유하는지 관찰함

        C (3) 예수께서 병자에게 한가운데에 서라고 말씀하심

            D (4a) 예수께서 안식일에 병자 치유가 가능한지 질문하심

            D′ (4b) 사람들이 대답하지 않고 침묵함

        C′ (5) 예수께서 말로 명하여 병자를 치유하심

    B′ (6) 바리새인들이 나가서 헤롯파와 예수를 죽이고자 의논함

이 구조 속에서 B와 B′는 예수의 적대자들의 행위를 묘사하며, C와 C′는 예수의 병자 치유를 기술한다. 중간에 놓인 D와 D′는 예수의 질문과 청중의 침묵을 묘사한다. 이러한 교차대구 구조는 마가복음 3:2-6이 통일성 있는 단위로 디자인되었기에, 3:6을 필사자의 추가로 볼 수 없음을 알려 준다.

마가복음 3:1-6은 2:1-3:6이 형성하는 교차대구 구조의 끝자락에 놓여 있다. 3:1-6(A′)은 예수께서 손 마른 병자를 치유하신 기사를 담고 있다. 이것은 예수께서 중풍병자를 치유하신 내용을 담은 2:1-12(A)과 평

행되므로 서로 관련시켜 해석할 수 있다. 중풍병자 치유의 경우에는 예수께서 죄 사함을 선언하시며, 죄 사함의 권세를 주장하시는 맥락에서 치유를 행하신다. 3:1-6에서는 예수께서 안식일에 병자 치유가 가능함을 주장하시는 맥락에서 치유를 행하신다. 두 경우 모두 유대인들과 신학적으로 충돌하는 주장이 제시되고 이러한 주장을 뒷받침하는 근거로 치유가 행해지는 공통성이 있다. 따라서 3:1-6에서 치유는 안식일에 선행 및 사람을 살리는 방향의 사역을 행할 수 있음을 입증하는 표증으로 제시된 것이다.

A (2:1-12) 예수의 병자 치유

  B (2:13-17) 예수께서 오신 목적

    C (2:18-22) 유대인들의 전통과 예수

  B′ (2:23-28) 안식일의 제정 목적

A′ (3:1-6) 예수의 병자 치유

3:1-6은 2:23-28과 3:7-12 사이에 놓여 있다. 3:1-6은 안식일 주제로 그 앞 단락인 2:23-28과 연결되고, 치유 주제로 이어지는 단락인 3:7-12과 연결된다.

2:23-28   안식일 제정의 목적

3:1-6   안식일과 병자 치유

3:7-12   예수의 치유와 축귀

3:7-12은 예수께서 많은 사람을 치유하시고, 축귀하신 내용을 요약적으

로 소개한다. 2:1-3:6이 예수와 유대인들(특히 바리새인들) 사이의 논쟁을 담고 있는 반면 3:7-12은 예수의 대중 사역을 소개한다. 대중 사역의 경우에 신학적 갈등이 없어서 논쟁이 발생하지는 않지만, 대중에게 자신의 정체가 (군사적 메시아로) 오해되지 않도록 메시아 정체를 숨기시는 모습을 보인다(11-12절). 안식일에 사람을 치유하신 예수께서는 평일에도 많은 병자를 치유하신다(3:10). 그렇지만 병자들이 예수를 만지고자 몰려올 때에는 작은 배를 대기시켜 무리가 미는 것을 피하고자 하셨다(3:9). 이것은 아마도 예수께서 병자 치유와 함께 가르치는 사역을 중시하셨기 때문이라고 볼 수 있다(4:1-2 참고). 가르치는 사역은 축귀, 치유와 함께 예수의 본질적인 사역이었다(1:34, 39 참고). 3:1-6이 2:23-28 뒤에 위치하는 것은 안식일 논쟁을 다루는 주제적 연관성 때문에 자연스럽다. 2:23-26은 안식일에 굶주림을 피하여 곡식 이삭을 잘라 먹으며 자신의 필요를 채우는 것이 허용됨을 알려 주며, 3:1-6은 안식일에 남의 유익을 위하여 치유를 행하는 것이 허용됨을 보여 준다. 3:1-6은 3:7-12 앞에 위치함으로써 대중이 따르는 예수와 바리새인들이 죽이고자 한 예수의 모습을 대조시킨다. 바리새인들과 헤롯파가 죽이고 싶어 한 예수를 대중들은 따른다. 많은 무리가 따른 예수, 귀신들마저도 알고 하나님의 아들이라고 고백한 예수를 바리새파와 헤롯파는 죽이고 싶어 하였다. 이러한 대조를 통해 바리새파와 헤롯파의 사악함이 더욱 두드러진다.

다. 예수께서는 안식일에 질병 치유가 가능하다고 주장하셨는가?
콜린스는 마가복음 3:4의 역사적 진정성과 관련하여 마태복음 12:10-12을 다룬다. 마태복음 12:10에 담긴 안식일에 치유할 수 있는지에 관한 질문이 바리새인들이 아닌 일반인들의 질문이거나 마태복음 저자 자신의 질문이라고 그녀는 주장한다. 이러한 주장을 입증하기 위해 그녀는 마태복음이 누가복음 14:3의 질문을 '그렇지 아니하냐?'(ἤ οὔ;)만을 생략하고 그대로 사용하였다고 지적한다(N. L. Collins, 156). 그렇지만 콜린스가 의존하는 공관복음 가설(마태복음이 누가복음을 참고하며 의존하여 기술한 것이라는 가설)은 입증되지 않은 전제일 뿐 아니라 학계에서 거의 받아들여지지 않는 가설이다. 마태복음과 누가복음을 독립된 것으로 보는 것이 더욱 일반적인 가설이다. 이러한 가설을 사용하면 마태복음과 누가복음의 일치는 독립된 증인의 일치이므로, 이러한 일치는 마태복음 12:10의 내용이 마태복음과 누가복음보다 더 오래된 전승으로부터 기원한다는 증거로 작용한다.

마태복음 12:10이 소개하는 질문에 대한 예수의 대답(마 12:11-12)의 역사적 사실성을 부정하기 위해 그녀는 마가복음(2:25-26, 28)과 누가복음(13:15-16; 14:5)은 구체적인 치유 사건들을 다루는데 마태복음 12:11-12은 모든 치유에 관한 일반적인 논증을 제공한다고 지적한다(N. L. Collins, 157). 이러한 일반화는 예수보다 후대 사람인 랍비 아키바와 랍비 이쉬마엘의 논증에서도 발견된다는 점은 역사적 예수가 아닌 마태복음 저자가 이러한 논증을 제시한 것임을 지지한다고 그녀는 주장한다(N. L. Collins, 158). 그러나 마태복음 저자가 이러한 논증을 할 수 있었다면 왜 역사적 예수께서는 이러한 논증을 할 수 없었다고 보아야 하는가? 역사적 예수는 이후 랍비들이 전개하게 된 논증을 제시할 수 없었지만 복음서 저자는 그렇게 할 수 있었다는 검증되지 않은 전제를 그녀는 사용하였다.

그녀는 마태복음 12:11-12이 마태복음 저자의 추가라는 견해를 제시한 학자들로서 데이비스(W. D. Davies)와 앨리슨(D. C. Allison)을 언급한다

(N. L. Collins, 158). 그러나 이들은 오히려 마태복음 12:11-12을 마태복음 저자의 창작이 아니라 전통에서 온 것으로 간주한다.[69] 따라서 이들은 콜린스의 주장을 지원하지 않고 오히려 반대한다.

안식일에 치유를 허용하는 예수의 가르침이 당시 유대교와 상이한 것은 오히려 이러한 가르침이 당시 유대교의 영향으로 인해 발생할 수 없었기에 역사적 예수의 말씀이라고 논증할 수 있다. 또한 안식일에 치유가 가능하다고 주장한 예수의 가르침은 당시 유대교 전통과 달라서 유대교 지도자들의 미움을 살 수 있는 원인이 될 수 있었고, 이것은 예수께서 죽임 당한 역사적 사건의 발생을 설명할 수 있게 한다. 그러므로 당시 유대교 전통과 달리 안식일에 치유가 가능하다고 주장하신 예수의 가르침은 실제로 예수께서 주신 가르침이었을 것이다.

III. 해설과 적용

1. 해설

유대인들은 본래 안식일에 방어 전투도 하지 않았으나(희년서 50:12-13), 마타티아스 때부터 안식일에도 목숨을 구하기 위해 행하는 전투를 하게 된다(마카비1서 2:29-41). 그 후 목숨을 구하는 일은 안식일에도 할 수 있게 유대인들의 전통은 수정된다. 1세기 후반부의 초기에 활동한 랍비

---

69. Davies & Allison, 319: "Perhaps the best solution is to regard Mt 12.11 as from Q and to leave the origin of Lk 14.5 open."("아마도 최고의 해결책은 마 12:11을 Q로 부터 온 것으로 간주하고 눅 14:5의 기원에 관해서는 열어 두는 것이다.")

엘리아잘은 몸의 일부를 위해 할례하는 것이 안식일에 가능하다면 몸 전체를 구하기 위해 안식일을 범하는 것이 더더구나 가능하다고 논증하였다(*t. Shabbath* 15.16). 랍비 아키바는 목숨 구하는 일이 성전법을 능가하고, 성전법은 안식일법을 능가하므로, 목숨 구하는 일은 더더구나 안식일법을 능가한다고 논증하기도 하였다(*t. Shabbath* 15.16). 랍비 이쉬마엘은 안식일에 도적을 죽일 수 있다면 목숨을 살리는 일은 더더구나 안식일에 행할 수 있다고 논증하였다(*Mekilta*). 그 외에도 많은 랍비들이 목숨 구하기가 안식일 준수보다 우선함을 주장하거나 논증하였다.

그러나 예수 당시 유대교는 아직 안식일에 목숨이 위험하지 않은 질병을 치유하는 것을 허용하지 않았음이 누가복음 13:14에서 증언된다. 비록 예루살렘 탈무드(*j. Berakoth* 4.4)가 "모든 질병은 목숨의 위험을 내포한다."라는 발전된 견해를 소개하지만, 이를 주장한 랍비 요수아 벤 레위, 랍비 하니나 벤 랍비 아바후, 랍비 시므온 벤 아바는 모두 AD 200년 이후 랍비들이다. 랍비 맛티아도 목숨이 위험하지 않은 경우에 안식일에 질병 치유하는 것을 허용했으나(*m. Yoma* 8:6), 그는 AD 135-170년경에 활동한 랍비이다. 랍비 마이어는 안식일에 포도주와 기름을 치료를 위해 안식일에 섞을 수 있다고 주장하였지만(*m. Shabbath* 12:12) 그는 AD 140년경에 활동한 랍비이다. 이러한 몇몇 랍비들이 예수의 가르침의 방향으로 유대교 전통을 수정해 가려고 했음에도 불구하고, 예수 이후의 유대교의 주류는 여전히 안식일에 질병 치유를 금했음이 토세프타(*t. Shabbath* 12.14; *t. Eduyoth* 2.5), 미쉬나(*m. Shabbath* 14:3-4; 22:6) 등에서 확인된다.

당시 유대교 전통이 허용하는 경계를 넘어간 예수를 바리새인들은 죽이고자 하였다. 그들은 출애굽기 31:14-15과 희년서 2:25-27; 50:6-13

을 따라 예수는 사형에 해당한다고 생각한 듯하다. 후에 기록된 미쉬나 (*m. Sanhedrin* 7:4)마저도 안식일 위반을 사형으로 벌할 수 있다고 하는 것으로 볼 때 예수 당시에 안식일 위배에 대해 실제로 사형이 집행될 수 없었다고 해도, 바리새인들은 예수를 죽이는 것이 신학적으로 정당하다고 확신하였을 수 있다.

마가복음 3:1-6은 유대인들의 안식일 준수 전통과 예수의 안식일 신학의 충돌을 소개한다. 예수께서는 사람 살리기와 죽이기, 선행과 악행을 대조하며 안식일에 어느 것이 허용되는지 질문하신다. 유대인들은 안식일에 사람 살리기, 선행에 해당하는 치유가 가능하다는 견해를 선택할 수 없었지만, 안식일에 사람 죽이기, 악행이 가능하다고 답할 수도 없었기에 이 중 양자택일을 묻는 예수의 질문에 침묵으로 대응한다. 이 침묵은 신명기 28:32, 열왕기상 13:4-6, 이사야 37:27(70인역) 등에 따라 손 마른 병을 하나님의 심판으로 간주하는 관점에서 이 병자를 치유하는 것이 부당하다는 관점도 동반하였을 것이다.

예수께서는 대조된 선택 목록 중에 전자를 택하시고, 안식일에 질병 치유 사역이 허용됨을 치유 기적을 통하여 입증하신다. 그러나 바리새인들은 안식일에 치유를 행한 예수를 죽이고자 계획함으로써, 결국 후자를 선택하게 된다. 출애굽기 20:10, 신명기 5:14-15은 안식일이 출애굽 정신을 따라 노예를 해방시키는 날임을 알려 준다. 예수께서는 안식일 계명의 노예 해방 정신에 따라 병자를 질병으로부터 해방시키는 사역을 안식일에 행하신다. 예수께서는 출애굽기 14:16에서처럼 "손을 내밀어라."라고 명하시어, 손을 내밀라고 하신 하나님의 명령에 따라 홍해가 갈라진 출애굽 사건을 연상시키신다. '한가운데로'와 '회복되었다'라는 표현도 각각 출애굽기 14:16, 22, 23(70인역)과 출애굽기 14:27(70인

역)을 연상시키는 표현으로서 예수의 질병 치유를 새로운 출애굽 사건
으로 묘사한다.

콜린스는 마가복음 2:23-28처럼 3:1-6도 실제 사건의 기술이 아니
라고 주장한다. 그러나 그녀의 논증은 역사가가 사관에 따라 강조점을
바꾸어 역사적 사실을 기록할 수 있음을 충분히 고려하지 않고, 초점이
바뀌면 미드라쉬적이며, 미드라쉬적이면 사실의 진술이 아니라는 잘못
된 전제를 사용하였다.

콜린스는 마가복음 2:27이 더더구나 논증의 흐름을 깨므로, 마가복
음의 원문이 아니라고 주장하지만, 이것은 마가복음 2:27-28이 형성하
는 더더구나 논증("사람을 위해 안식일이 생겨났으므로, 사람보다 위대한 그 인자는
더더구나 안식일의 주이시다.")을 파악하지 못한 주해의 오류에 입각한 논증
이다.

콜린스는 마가복음 3:6도 본래 마가가 쓴 것이 아니라고 주장하며,
마가의 문체가 아닌 표현이 사용되었음을 증거로 제시한다. 그러나 마
가의 문체가 아닌 표현이 마가복음에 등장할 때에는 마가가 전해 받은
전통의 표현을 자신의 문체로 바꾸지 않고 있는 그대로 전달했기 때문
일 수도 있다. 콜린스는 마가복음 3:6의 역사성을 부정하기 위해 여러
가지 논증을 하지만, 그녀가 사용한 논증은 역사적 진정성 논증을 위해
타당하지 않은 논증들(허깨비 치기, 증거의 부재를 부재의 증거로 간주하기, 시대착
오, 한 자료에만 나오는 내용의 사실성 부정하기, 증거 왜곡하여 사용하기 등)이다.

콜린스는 마태복음 12:10에 담긴 안식일 치유 가능성에 관한 질문
이 역사적 예수의 말씀이 아니라고 주장한다. 이를 위해 그녀는 랍비 아
키바와 랍비 이쉬마엘이 비로소 이러한 가르침을 가르쳤으므로, 그 이
전에는 예수께서 이를 가르칠 수 없었다고 전제하고, 이는 유대교의 영

향을 받은 마태복음 저자로부터 유래한다고 주장한다. 이것은 입증되지 않은 전제를 사용한 것이므로 논증으로서 가치가 없다. 그녀는 마태복음 12:10이 누가복음 평행구절과 동일하며, 따라서 누가복음으로부터 온 것이라는 주장을 하는데, 이 주장 역시 검증되지 않은 전제를 사용한다. 마태복음과 누가복음의 일치는 오히려 독립된 증인의 일치로서 이러한 일치는 마태복음 12:10의 내용이 역사적 사실성을 가진다는 증거로 작용한다.

안식일에 질병 치유를 할 수 있다는 주장은 예수 당시의 유대교에서 발견되지 않으며, 2세기부터 소수의 랍비들이 이러한 주장을 시작했다. 따라서 유대교의 영향을 받아 복음서 기자들과 필사자들이 이러한 가르침을 만들어 예수의 입에 넣었다고 보는 콜린스의 주장은 역사적 근거를 갖지 못한다. 오히려 예수의 안식일 치유 허용은 당시 유대교 전통과 상이하므로 유대교의 영향으로 발생할 수 없고 역사적 예수의 가르침이라고 논증할 수 있다.

2. 적용[70]

안식일에 병을 고치는 사역을 금지된 것으로 여기는 유대인들에게 예수께서 질문하셨다. "안식일에 선을 행하는 것과 악을 행하는 것, 생명을 구하는 것과 죽이는 것, 어느 것이 옳으냐?"(막 3:4). 예수께서는 일하는 것과 일을 하지 않는 것으로 구분하지 않고, 선행과 악행으로 구분하

---

70. 이 부분은 웨스트민스터신학대학원대학교 직원 예배(2011. 9. 23) 설교와 저녁 기도회 설교(2011. 9. 28. 동년 10. 12.), 그리고 이 대학교에서 행한 마지막 낮 채플 설교(2011. 10. 4) 때 적용한 내용을 신현우, 2018c: 136-47에 실은 것을 토대로 하여 정리한 것이다.

신다. 이러한 구분에는 안식일에 병자를 치유하는 행위는 선행이고, 병자를 치유하지 않는 행위는 악행이라는 판단이 담겨 있다. 이러한 구분에 따르면 안식일에 선행을 회피하는 것은 악행이다.

일하지 말아야 하는 안식일에도 선행을 회피하는 것은 악행이다. 따라서 평일에 선행을 회피한다면 그것은 더더구나 악행이다. 고난당하는 이웃을 보고 행동하지 않고 방관하는 것은 좋은 처세술일지는 몰라도 그것은 악행이다. 강도 만난 이웃을 보고 돕지 않고 지나간다면 그것은 악행이다. 이처럼 병자를 보고 안식일이라는 이유로 치유를 거부한다면 그것은 악행이다.

때때로 선행과 악행 사이의 중립지대는 없다. 행동하지 않는 것은 중립이 아니라 악을 돕는 행위일 때도 있다. 불의를 보고 침묵한다면 그것은 침묵이 아니라 악한 말을 하는 것과 같다. 악행을 보고 방관한다면 그것은 악을 행하는 것을 도와주는 것이다. 강도 만난 이웃을 보호하려면 강도와 싸워야 한다. 비폭력 무저항을 주장하며 강도 만난 이웃이 당하는 것을 보고만 있다면, 그것은 강도와 함께 이웃에게 폭력을 행하는 것과 다름없다. 우리는 힘에 힘으로 대항하여 맞서지 말고 참아야 할 때가 있다. 그러나 이웃이 고난당할 때 침묵한다면 그것은 이웃에게 폭력을 행하는 자들을 돕는 악행을 하는 것이다.

안식일에 선을 행하는 것과 생명을 구하는 것이 옳다. 선을 행하고 생명을 구하는 일이 안식일의 근본정신에 부합되기 때문이다. 안식일은 이집트에서 중노동에 시달리다가 죽어 가는 히브리인들을 구원하신 하나님께서 주신 선물이다. 그러므로 안식일의 목적은 생명을 구하는 것이다. 병자를 치유하는 것은 이러한 정신에 부합하므로 안식일에 행해질 수 있다.

예수의 질문에 유대인들은 잠잠하였다. 그들은 예수의 생각에 동의할 수 없었기 때문에 잠잠하였을 것이다. 그들은 해가 지기를 기다렸다가 치유해야 한다고 생각했을 것이다. 성경은 이러한 침묵의 원인을 마음의 완악함이라고 한다. 마음의 완악함은 생각의 경직됨을 가리킨다. 그들의 생각은 경직되어 안식일의 정신을 망각했다. 중노동으로 서서히 죽어 가는 노예들에게 쉼을 주어 살리는 정신을 잊었다.

이러한 태도에 예수께서는 분노와 슬픔을 표시하신다(5절). 어떤 침묵은 예수께서 보시고 분노하시는 사악한 침묵이다. 어떤 침묵은 예수께서 보시고 심히 슬퍼하시는 불쌍한 침묵이다. 우리는 이러한 침묵에 사로잡혀 있지 않은가? 불의를 보고도 평화를 외치는 거짓 선지자의 길은 정녕 우리가 택할 길은 아니다. 진리를 보고도 인정하지 않고 침묵하는 바리새인들의 길도 우리가 택할 길은 아니다. 우리가 택해야 하는 길은 예수께서 보이신 분노와 슬픔의 길이다. 바리새인들의 침묵에 분노하신 예수의 길이다. 바리새인들의 완악한 생각에 심히 슬퍼하신 예수의 길이다. 바리새인들을 보시고 분노하신 예수를 바라보자. 예루살렘을 보시고 우신 주님의 모습을 바라보자(눅 19:41).

그러나 예수께서는 분노와 슬픔을 가지고 앉아만 계시지 않았다. 마침내 병자를 고치셨다. 이 병자를 고치시며 십자가를 향하여 한 걸음 더 나아가셨다. 바리새인들의 미움을 사며 죽임 당할 위기를 향하여 나아가셨다. 이것이 예수께서 보여 주신 믿음이다. 이 믿음 앞에서 치유가 발생하고 축귀가 발생하며, 죄 용서가 발생한다. 마가복음 9:23에서 예수께서는 말씀하신다. "할 수 있거든이 무슨 말이냐, 믿는 자에게는 능히 하지 못할 일이 없느니라." 예수께는 능히 하시지 못할 일이 없다. 예수께서는 자신을 '믿는 자'라고 부르신다. 예수께서는 어떤 의미에서 믿는 자이신가? 하나님께서 주신 고난받는 메시아로서의 사명을 받아들인 점에서 믿는 자이시다. 십자가를 향하여 신실하고 집요하게 끝까지 걸어가신 점에서 믿는 자이시다. 이 믿음 앞에 능치 못할 일이 없다.

손 마른 병자처럼 죽어 가는 한국교회를 살리는 길은 무엇인가? 안식일에 치유를 행하시고 죽임 당할 위험에 처하신 주님을 따라가는 길이다. 십자가를 향하여 집요하게 걸어가신 주님을 따라가는 믿음의 길이다.

우리는 죽고자 각오해야 한다. 살기를 원하지 말아야 한다. 죽기로 각오할 때 교회의 질병은 치유될 것이다. 십자가를 향하여 걸어가는 행진 앞에 사탄은 물러간다. 명예나 권력을 취하고자 하는 욕심을 부릴 때에는 사탄은 물러가지 않을 것이다. 그러나 사탄은 죽기를 각오하고 전진하는 믿음 앞에서 버틸 수 없다. 이 믿음 앞에 교회는 회복될 것이다.

예수께서는 아셨을 것이다. 안식일에 병자를 치유하면 목숨이 위험하게 되리라는 것을 아셨을 것이다. 예수께서는 이렇게 아셨기 때문에 몸조심하신 것이 아니라, 오히려 병자를 치유하셨다. 우리도 안다. 우리가 교회를, 세상을 치유하고자 하면 어떤 위험에 처하게 될지 잘 안다. 이 위험을 알기 때문에 우리는 치유를 포기해야 하는가? 결코 그렇지 않다. 오히려 그 위험을 향하여 나아가야 한다. 예수와 함께 십자가에서 최후를 맞이하러 가자. 이 믿음의 행진만이 사탄을 물리칠 수 있는 길이다. 살고자 하면 죽을 것이다. 오직 죽고자 할 때 살 것이며, 교회도 살리고 세상도 살릴 것이다.

예수께서는 안식일에 말로 병자를 치유하셨다. "네 손을 내밀라."라는 한마디 말씀이 일로 간주될 수는 없다. 유대 전통으로 볼 때에도 안식일에 말이 금지되지는 않았다고 볼 수 있다. 예수께서는 안식일을 어기지 않았다. 오히려, 안식일의 정신에 따라 사람을 질병의 올무로부터 해방시키셨다. 그럼에도 불구하고 바리새인들은 예수를 죽이려고 하였다(6절). 예수께서 아무런 잘못을 범하지 않았지만 그들은 예수를 죽이려고 했다.

바리새인들은 왜 아무런 잘못이 없는 예수를 죽이려 하였을까? 왜 그들은 눈앞에서 벌어진 치유의 표적을 보고도 하나님을 두려워하지 않았을까? 바리새인들은 그들이 성경과 동등하게 간주한 자기들의 전통의 안경으로 예수를 바라보고 그 전통을 무시하는 예수를 죽이고자 했을 것이다. 그들은 자기들의 전통을 절대시하였기에 자기들이 틀렸다고 생각하지 않았을 것이다.

한때 사도 바울도 바리새인으로서 그러하였다. 그리하여 그리스도인들을 박해하는 일에 앞장섰다. 그는 확신에 차서 그러한 일을 하였다. 그는 스데반이 죽임 당함을 마땅히 여겼다(행 8:1). 그는 집마다 수색하여 기독교인들을 잡아서 감옥으로 넘겼다. "사울이 교회를 잔멸할새 각 집에 들어가 남녀를 끌어다가 옥에 넘기니라"(행 8:3). 그는 기독교인들에 대해서 살기가 등등하였다(행 9:1). 그는 다마스쿠스까지 가서 기독교인들을 잡아 오려고 했다(행 9:2). 그러나 그는 후에 고백한다. "내가 전에는 비방자요 박해자요 폭행자였으나 도리어 긍휼을 입은 것은 내가 믿지 아니할 때에 알지 못하고 행하였음이라"(딤전 1:13).

바울은 놀랍게도 완악한 바리새 신학을 버리고 새로운 신학을 하게 되었다. 이러한 변화는 다마스쿠스로 가는 길에서 예수님을 만났기 때문에 발생했다. 예수께서 바울에게 말씀하셨다. "사울아 사울아 네가 어찌하여 나를 박해하느냐?" 이러한 만남은 바울의 신학을 바꾸고 삶을 바꾸었다. 그는 교회를 박해한 자신의 모습을 "죄인 중에 괴수"라고 묘사한다(딤전 1:15).

사람을 죽이려고 다마스쿠스까지 가던 걸음이 변하여 사람을 살리고자 로마까지 가고 스페인까지 가는 걸음이 되었다. 그리고 이러한 사역을 위하여 목숨을 조금도 아까워하지 않게 되었다. "내가 달려갈 길과 주 예수께 받은 사명 곧 하나님의 은혜의 복음을 증언하는 일을 마치려 함에는 나의 생명조차 조금도 귀한 것으로 여기지 아니하노라"(행 20:24).

예수께서는 마침내 안식일에 병자를 고치셨다. 이것은 우리가 예수를 따라 어떤 길을 가야 하는지 잘 보여 준다. 예수의 길은 병든 자를 사랑하는 길이다. 사랑이 없다면 우리가 살려야 하는 사람들, 도와야 하는 사람들을 외면하게 된다. 그러나 사랑이 있으면 우리는 그들을 외면하지 않게 된다. 위험을 감수하고 그들을 도울 수 있게 된다.

고린도후서 5:14에서 사도 바울은 말씀한다. "그리스도의 사랑이 우리를 강권하시는도다." 이 사랑에 사로잡힌 바울은 이렇게 고백한다. "우리가 만일 미쳤어도 하나님을 위한 것이요, 정신이 온전하여도 너희를 위한 것이니"(고후 5:13). 그리스도의 사랑이 우리를 사로잡을 때 우리는 예수의 길로 가게 된다. 그 길은 연약한 이웃을 향한 사랑이 충만한 길이다.

안식일 계명의 정신은 자녀와 나그네와 종들과 가축에 대한 사랑이다. 그들을 하루 쉬도록 하는 자비이다(신 5:12-15). 그러나 안식일 계명을 잘못 이해하면 안식일에 일을 하지 말아야 한다는 것만을 강조하다가 자비도 행하지 않게 된다. 안식일에 자비를 행하기를 거부한다면 안식일 계명의 문자는 따르지만 정신은 어기는 것이다.

성경을 잘못 이해하면 사랑을 실천하지 않고 오히려 외면하게 된다.

우리가 예수의 길을 가려면 사랑이 가장 필요하지만 성경을 잘못 이해하면 이 사랑은 글자의 감옥에 갇히고 만다. 그래서 성경의 정신을 제대로 이해하는 것은 매우 중요하다.

예수께서 가신 길을 가려면 또한 치유의 능력이 필요하다. 우리에게 이웃에 대한 사랑과 성경에 대한 바른 깨달음과 위험을 각오할 용기가 있더라도 치유를 할 능력이 없으면 병자를 치유할 수 없다. 우리에게는 사람을 도울 능력이 필요하다. 우리는 이러한 능력을 갖추기 위해 노력해야 한다. 단지 남에게 피해를 주지 않는 착한 사람에 그치지 않고 남에게 도움을 줄 수 있는 능력을 갖추기를 애써야 한다. 우리가 참으로 이웃을 사랑한다면 그들을 도울 수 있는 사람이 되어야 한다.

그런데 우리의 능력에는 한계가 있다. 가장 큰 능력은 하나님으로부터 온다. 사람을 살리는 능력은 사람을 살리는 영인 성령으로부터 나온다. 우리가 성령으로 충만할 때 우리는 그 능력의 통로가 될 수 있다. 우리는 이 능력을 위하여 하나님을 의지해야 한다.

제16장
마가복음 3:7-12
갈릴리 초기 사역과 메시아 비밀*

I. 번역

7 예수께서 그의 제자들과 함께 바다로 떠나가셨다. 이에 갈릴리와 유대로부터의 큰 무리와, 8 예루살렘과 이두매와 요단 건너편, 두로와 시돈 주변으로부터의 큰 무리가 그가 행하시던 일들에 관하여 듣고 그에게 나아왔다. 9 그러자 그는 무리로 인하여 그를 위하여 배를 준비하라고 그의 제자들에게 말씀하셨다. 이것은 무리가 그를 밀어 누르지 못하도록 하기 위함이었다. 10 왜냐하면 그가 많은 사람들을 치유하셨으므로 병든 사람마다 그를 만지려고 그르 계속 덮쳤기 때문이었다. 11 또한 더러운 영들은 그를 볼 때마다 그를 향하여 넘어지며 "당신은 하나님의 아들이오."라고 외쳤다. 12 그러나 그는 줄곧 자기를 알리지 말라고 엄하게 명하셨다.

---

* 제16장에 담긴 내용은 필자의 논문, 신현우, 2021: 130-68을 좀 더 읽기 쉽도록 편집하여 작성한 것이다.

II. 주해

1. 시작하는 말

성경 본문을 해석하기 위한 오래된 기초 학문 중에는 사본학이 있고, 현대에 와서 발전한 문학적 해석 방법 중에 대표적인 것으로 서사학이 있다. 사본학(textual criticism 본문 비평)은 사본들에 담긴 본문들을 서로 비교하며 차이가 나는 부분에서 저자가 저술한 원래의 형태를 가려내는 학문적 작업이다. 서사학(narrative criticism 서사 비평)은 본문 안에 담긴 정보만 사용하여 본문의 의미를 해석하는 문학적 해석 방법이다. 서사학의 해석 방법은 문맥만으로 본문을 해석하는 방식에 속하므로, 전통적인 주해 방법의 범주에 포함된다. 이러한 작업은 본문이 가진 역사적 배경을 무시하는 측면에서 전통적인 역사적 해석(historical interpretation)에 배타적인 모습을 보인다. 그러나 이러한 배타성에는 나름 이유가 있다. 역사 비평(historical criticism)은 최종 본문을 존중하지 않고 분해하며 본문 형성의 역사를 재구성해 왔는데, 서사학은 이러한 본문 재구성을 거부하고 최종 본문 자체를 연구한다.

그런데 서사학적 본문 해석을 위해서는 저자가 저술한 원래의 본문의 형태에서 출발하는 것이 필요하므로, 원본문을 확정하는 사본학적 작업을 전제하지 않을 수 없다. 역으로 저자가 저술한 본문을 찾는 사본학적 작업을 위해서는 문맥에 관한 연구가 필요하다. 문맥에 맞는 읽기가 그렇지 않은 것보다 원래 저자가 저술한 것일 가능성이 높기 때문이다. 그러므로 원문을 확정하는 사본학적 작업을 위해서 문맥에 관한 연구에 속하는 서사학이 도움을 줄 수 있다. 그러므로 사본학과 서사학은 상호 보완적이다.

　서사학적 주해 방법을 한국에 소개한 학자 중에는 2020년 1학기를 마지막으로 총신대학교(신학대학원)를 은퇴한 심상법 교수가 있다. 그는 서사학적 방법으로 마가복음 본문을 해석하는 박사 학위 논문("The Transfiguration of Jesus According to Mark: A Narrative Reading")을 1994년에 저술한 후, 총신대학교에서 서사학적 성경 해석을 가르쳐 왔다.[1] 그는 서사학적 성경 해석 방법을 소개하며 오해를 받기도 하였다. 그렇지만 서사학은 실은 성경을 하나님의 말씀으로 믿는 신앙의 관점과 모순되지 않는 방법으로서 성경 본문 이해에 도움을 주는 방법이다.

　이러한 과정은 필자도 유사하게 겪었다. 필자는 총신대학교(신학대학원)에서 재직하며 사본학적 방법을 성경 연구에 사용함으로 인해 성경 본문을 바꾼다는 오해를 받은 바 있다. 그러나 필자는 사본학은 성경 본문을 바꾸는 것이 아니라 사본들을 비교하여 저자가 기록한 원래의 본문을 찾아가는 학문으로서 성경 본문의 영감을 믿는 신앙과 모순되지 않고 오히려 그러한 신앙을 지원하는 학문임을 변증하였다.[2] 그런데, 이렇게 오해받기도 하였던 두 학문적 방법은 앞에서 지적한 바와 같이 서로 보완적인 방법이기도 하다.

　이번 장에서는 사본학과 서사학의 관계를 마가복음 3:7-12을 중심으로 살피며 이 본문을 해석하고자 한다. 이 본문은 예수의 갈릴리 사역을 요약적으로 소개한다. 그 사역은 치유와 축귀였다. 치유 사역에 대한 사람들의 반응은 폭발적이었다. 갈릴리, 이두매, 예루살렘, 유대, 요단강

1.　서사학을 소개하거나 사용한 심상법의 논문으로는 심상법, 190-220; 조배현 & 심상법, 59-93 등이 있다.
2.　이것은 신현우, 2015c: 177-206에서 변증하였다.

건너편, 두로와 시돈 주변에서 큰 무리가 몰려왔다. 그들은 치유를 받기 위해 예수를 만지고자 하였다. 이에 반응하여 예수께서는 배를 활용하여 지나친 접근을 차단하였다. 예수께서는 치유 사역을 많이 하셨지만, 단지 치유를 위해 몰려오는 무리에 대해서는 거리를 두셨다.

그런데, 7절의 내용은 갈릴리 사람들이 다른 지역에서 온 무리와 달리 예수를 제자처럼 따르며 추종하였다고 해석할 수도 있다. 켁(L. E. Keck)은 갈릴리 지역으로부터 온 많은 사람들이 예수를 제자로서 추종했고, 그 외의 지역으로부터는 많은 사람들이 (병 고침을 위해) 예수께 왔다고 7-8절을 해석한다(Keck, 1965: 345). 이러한 해석은 과연 정당한가? 갈릴리 사람들은 참으로 예수를 추종하였는가?

예수의 갈릴리 사역 중에 더러운 영들은 예수를 보면 그에게 절하며 "당신은 하나님의 아들입니다."라고 외치는 반응을 보였다(막 3:11). 예수께서는 그들이 이렇게 하는 것을 금지하신다. 이것은 '메시아 비밀'이라고 부르는 현상이다. 브레데(W. Wrede)는 예수께서 메시아적인 사역을 하지 않았음에도 불구하고 제자들이 나중에 예수를 메시아로 믿은 것을 설명하기 위해 마가가 메시아 비밀을 창작하였다는 가설을 제안하였다.[3] 이 가설은 정당한가? 예수께서 더러운 영들이 자신을 '하나님의 아들'이라고 외치는 것을 금지하신 이유는 무엇일까?

이러한 질문들에 답을 하는 본문 주해 과정에서 사본학과 서사학이 어떻게 서로 도움을 주는지 살펴보자. 이러한 해석 과정에서 서사학이 역사적 해석 및 역사 비평과 어떤 관계에 있는지도 살펴보자.

3.　A. Y. Collins, 170.

2. 마가복음 3:7-12의 서사적 구조

마가복음 3:7-12에서 제기되는 주석학적 문제들에 대답하기 위한 기초 작업으로 먼저 이 본문과 관련된 구조를 분석해 보자. 구조 분석은 본문의 최종 형태를 관찰하여 이러한 형태가 가진 구조를 파악함으로써 그러한 구조화 작업을 한 저자의 의도를 파악하는 것이다. 이러한 구조 분석은 본문 내의 정보만을 활용하는 방식이므로, 서사학적 연구의 범주에 속한다.

마가복음 전체의 구조는 다음과 같이 분석될 수 있다. 이러한 구조 분석은 마가복음 8:22-26과 10:46-52이 모두 소경 치유 기사를 다루며 수미상관(*inclusio*)을 형성하여 제2막을 묶어 주며 마가복음 구조를 알려 주는 담화 표지 역할을 하는 점을 활용한 것이다.[4]

1:1	제목
1:2-15	서언 (세례자 요한과 예수의 등장)
1:16-8:21	제1막 (갈릴리와 그 주변 사역)
8:22-10:52	제2막 (예루살렘으로 가는 길에서의 사역)
11:1-16:8	제3막 (예루살렘 사역)

마가복음 3:7-12은 마가복음의 제1막 속에 위치한다. 제1막은 다시 다음처럼 3장으로 분석될 수 있다. 각각의 장은 제자를 부르심, 세우심,

---

4. 막 1:1이 마가복음의 제목임에 관하여는 신현우, 2011a: 33-58 또는 이 책의 제1장 참조. 막 1:2-15이 마가복음의 서언임에 관하여는, 신현우, 2013a: 61-95 또는 이 책의 제3장 참조.

파송하심으로 시작하는 공통점을 가진다.[5] 마가복음 3:7-12은 제1장의
맺음말에 해당한다.

제1장

1:16-20   제자들을 부르심

1:21-45   예수의 갈릴리 사역

2:1-3:6   예수와 바리새인들/서기관들 사이에 고조되는 갈등

3:7-12   예수의 갈릴리 사역 요약

제2장

3:13-19   열두 제자를 세움

3:20-35   예수와 서기관들/가족들 사이의 갈등

4:1-34   예수의 비유

4:35-6:6   예수의 갈릴리 및 주변 사역

제3장

6:7-30   예수의 제자 파송

6:31-56   예수의 갈릴리 사역

7:1-23   예수와 바리새인들 사이의 갈등

7:24-8:10 예수의 이방 지역 사역

8:11-21   바리새인들의 누룩에 관한 경계

---

5.   막 3:13-19(열두 제자를 세우심)은 막 1:16-20(제자를 부르심)처럼 새로운 장면을
     시작한다(Lane, 127 참고).

　　이러한 구조적 틀 속에서, 마가복음 3:7-12은 1:16-3:6을 마무리하는 요약적 진술로서 마가복음의 서언 부분을 마치는 1:14-15에 구조적으로 평행한다고 볼 수 있다. 1:14-15에서 예수께서는 하나님 나라를 선포하시는데, 3:7-12에서는 예수께서 귀신의 선포를 금지하고 자신이 하나님의 아들이심을 숨기고자 하신다.

　　마가복음 3:7-12은 마가복음의 제1막 제1장 속에서 다음처럼 샌드위치 구조의 일부를 형성한다. 이러한 샌드위치 구조를 통해서 볼 때 이 본문은 유대 지도자들이 예수께 보인 적대적 반응과 대조된다. 예수에 대해 비판적이었던 유대 지도자들과 달리 군중은 매우 호의적이고 열광적인 반응을 보인다.

　　A (1:21-45)　예수의 사역

　　　B (2:1-3:6)　예수와 유대교 지도자들 사이의 갈등

　　A′ (3:7-12)　예수의 사역

　　마가복음 3:7-12은 이어지는 단락과는 어떤 연관을 가지는가? 예수께서는 더러운 영들의 증언을 금지하신 후에 복음을 선포하고 축귀를 할 제자들을 세우신다(3:13-19). 예수의 사역은 더러운 영들을 통해서 이루어지지 않고 세우신 제자들의 선포와 축귀를 통해 이루어진다. 예수께서는 치유를 원하는 사람들의 지나친 신체 접촉을 배에 타심으로 피하셨지만, 자신의 사역을 위임할 제자들을 세움으로써 사람들의 필요를 채우시고자 하신다.

　　마가복음 3:7-12 자체의 구조는 다음처럼 분석될 수 있다. 이 본문에서 병자, 더러운 영의 반응은 긍정적으로 묘사되지는 않는다. 예수께서

는 배를 준비시켜 무리와의 피동적 신체 접촉을 피하시고, 더러운 영들이 자신의 정체를 드러내지 못하도록 하신다. 무리 일반의 반응도 긍정적이지 않다. 그들은 예수의 가르침을 듣고자 하기보다는 기적적 사역을 보고자 왔다.

A (7a절)   배경

B (7b-8절)   군중의 반응

B′ (9-10절)   병자들의 반응

B″ (11-12절) 더러운 영들의 반응

마가복음 3:7-12과 관련된 구조 분석을 통하여 우리는 유대인 지도자, 무리, 더러운 영, 예수의 제자가 서로 비교 및 대조됨을 보게 된다. 예수의 적대자들인 유대인 지도자들(바리새인들과 서기관들)은 질병 치유를 위해 예수께 다가온 무리보다 부정적인 자들로 묘사된다. 유대인 지도자들은 예수의 정체를 알고 예수께 굴복한 더러운 영들보다도 못한 자들로 묘사된다. 마가복음에서 긍정적인 역할을 위해 준비되는 자들은 제자들이다. 그들은 예수의 치유와 축귀 사역에 동참하고 예수의 선포 사역에 참여하게 된다.

3. 갈릴리 사람들은 예수를 추종하였는가?

가. 서사학과 역사적 해석

마가복음 3:7-8은 큰 무리가 예수께 왔다고 한다. 이들 중에 상당수는 치유를 위해 왔을 것이다. 이어지는 10절은 병자들이[6] 예수를 만지고자 하였다고 기록하기 때문이다. 병자들이 예수를 만지고자 한 이유는 무엇일까? 마가복음 5:27-28은 혈루병(계속 하혈하는 병)에 걸린 한 여인이 예수의 옷에 손을 대면 치유되리라고 믿고 손을 대었다고 한다. 이러한 정보를 활용하면 병자들이 예수를 만지고자 한 이유는 치유받기 위한 것이라고 답할 수 있다. 예수께서는 치유받고자 하는 의도를 가지고 다가와 예수께 손을 대는 사람들을 피하고자 하신다. 예수께서는 무리에 의해 짓밟히지 않도록 배를 준비시킨다(9절). 이러한 예수의 반응은 예수께 몰려오는 군중들에 대한 부정적 평가를 담고 있는 듯하다.[7] 예수께 몰려온 무리들의 관심은 병 고침이었기에 진정한 제자도와는 거리가 멀다. 이처럼 교회 모임에 수많은 무리가 몰려온다고 할지라도 그 목적이 기복적인 것에 불과하다면 진정한 제자도와는 거리가 멀다.[8]

　이러한 서사학적 해석은 본문 외부의 정보를 통하여 보완 심화될 수 있다. 외부적 정보가 없이 본문 내의 정보에만 의존하는 서사학적 접근만으로는 본문의 내용을 충분히 파악하는 데 한계가 있다. 사람들은 왜 하필 접촉과 치유를 연결시켰을까? 이러한 질문은 구약 성경을 통하여 답할 수 있다. 선지자들에게 접촉되어 치유되는 것은 구약 성경의 배

6.　마가는 병을 묘사하고자 '채찍'에 해당하는 헬라어 단어($\mu\acute{\alpha}\sigma\tau\iota\xi$)를 사용한다. 이 단어가 질병을 뜻하게 된 것은 질병이 악령의 영향이라고 보는 고대인들의 세계관과 관련된다(*PGM* V.160-170)(A. Y. Collins, 213).

7.　이러한 예수의 모습은 인간으로서 다칠 수 있는 예수의 인성의 한 측면을 보여 준다(Boring, 2006: 98).

8.　더러운 영들의 경우에도 비록 그들이 예수를 하나님의 아들이라고 외쳤지만 이것도 참된 제자도와는 거리가 먼 반응이다. 이들이 외치는 내용은 바른 지식이지만 이들의 지식은 순종을 동반하는 진정한 믿음과는 거리가 멀기 때문이다.

경을 가진다(왕상 17:21, 왕하 4:34; 13:21).[9] 열왕기상 17:21은 엘리야가 죽은 아이를 살리고자 기도할 때 신체 접촉을 함을 기록하고, 열왕기하 4:34 은 엘리사가 죽은 아이를 위하여 기도할 때 그 시체에 몸을 접촉하였음을 묘사하며, 열왕기하 13:21은 죽은 시체가 엘리사의 뼈에 닿자 회생한 사건을 전해 준다. 이러한 구약 성경 내용을 알고 있는 사람들은 병에 걸렸을 때 선지자적 인물에 접촉하면 나을 것이라고 생각할 수 있다. 예수의 경우는 이미 많은 사람을 치유하셨으므로,[10] 사람들이 예수께 접촉하면 치유되리라 기대한 것은 매우 자연스러운 반응이었을 것이다.

이처럼 구약 성경은 신약 본문 해석에 도움을 줄 때가 많다. 신약 성경은 구약 성경을 잘 아는 저자가 구약 성경에 관한 지식을 아는 독자를 전제하고 기록한 책이므로[11] 구약 본문에 관한 이해를 배제하고 해석할 수 없다. 배경 지식의 파악을 위해 구약 성경을 활용하며 신약 본문을 해석하는 작업은 역사적 해석 작업의 범주에 속한다. 이러한 역사적 해석은 서사적 해석을 보완하는 역할을 한다. 그러므로 서사적 접근을 위해 역사적 해석을 배제하는 것은 잘못이며, 역사적 해석을 위해 서사적 해석을 배척하는 것도 잘못이다. 양자는 상호 배척이 아니라 상호 보완의 관계에 있다.

---

9. Bock, 2015: 162.
10. 10절의 '치유하였다'(ἐθεράπευσεν)는 부정과거형이지만 '많은 사람들'(πολλοὺς)을 목적어로 가진다. 그러므로 예수의 치유는 여러 번에 걸쳐 반복적으로 일어났다고 볼 수 있다. 실제로 막 1-3장에는 시몬의 장모 치유, 나병환자 치유, 중풍병자 치유, 손 마른 병자 치유 등 여러 차례의 치유를 소개한다. 부정과거형을 사용한 것은 이렇게 반복된 치유 행위들을 요약적으로 진술하기 위함이었을 것이다.
11. 이러한 특징을 간본문성 또는 상호본문성(intertextuality)이라고 부른다.

나. 서사학과 사본학

그런데, 켁은 7-8절을 갈릴리 지역으로부터는 많은 사람들이 예수를 제
자로서 추종했고, 그 외의 지역으로부터는 많은 사람들이 (병 고침을 위해)
예수께 왔다고 해석한다(Keck, 1965: 345). 이 해석에 의하면 군중 중에서
갈릴리 사람들은 예수의 가르침을 따르기 위해 왔다. 마가복음에서 '따
르다'(ἀκολουθέω) 동사가 제자로서의 추종을 뜻하는 경우가 많으므로
(1:18; 2:14; 6:1; 8:34; 9:38; 10:21, 28, 32) 이러한 해석은 충분히 가능하다.

그런데 이러한 서사적 해석은 7절의 '따랐다'(ἠκολούθησεν)가 바티칸
사본의 경우처럼 본래 마가복음 본문에 있었을 경우에 가능하다. 과연
7절의 '따랐다'는 마가복음의 원래의 본문에 포함되어 있었는가? 사본
들을 살펴보면 마가복음 3:7-8에는 다음과 같은 읽기들이 발견되는데
이 중에는 '따랐다'(ἠκολούθησεν)를 갖지 않은 읽기들이 있다.

(1) 따랐다(단수).　　그리고 유대로부터 또한 예루살렘으로부터

　　　(ἠκολούθησεν καὶ ἀπὸ τῆς Ἰουδαίας καὶ ἀπὸ Ἱεροσολύμων) B L (ᵛΘ) 565

(2)　　　　　　그리고 그 유대 그리고 예루살렘으로부터

　　　(καὶ 　　τῆς Ἰουδαίας καὶ ἀπὸ Ἱεροσολύμων) D (W) it (b c) boᵖᵗ

(2')　　　　　그리고 유대로부터 또한 예루살렘으로부터

　　　(καὶ ἀπὸ τῆς Ἰουδαίας καὶ ἀπὸ Ἱεροσολύμων) 2542 syˢ

(2'')　　　　그리고 유대 그리고 예루살렘으로부터

　　　(καὶ 　　　Ἰουδαίας καὶ ἀπὸ Ἱεροσολύμων) f¹³ 28

(3) 그리고 유대로부터 따랐다(복수). 그리고 예루살렘으로부터

　　　(καὶ ἀπὸ τῆς Ἰουδαίας ἠκολούθησαν καὶ ἀπὸ Ἱεροσολύμων) ℵ C (Δ) (33) (vg)

(4) 그를 따랐다(복수). 그리고 유대로부터 또한 예루살렘으로부터

(ἠκολούθησαν αὐτῷ καὶ ἀπὸ τῆς Ἰουδαίας καὶ ἀπὸ Ἱεροσολύμων)

1241. 1424. *l* 2211 *pm* sy^h sa(po^{pt})

(5) 그를 따랐다(단수). 그리고 유대로부터 또한 예루살렘으로부터

(ἠκολούθησεν αὐτῷ καὶ ἀπὸ τῆς Ἰουδαίας καὶ ἀπὸ Ἱεροσολύμων)

A K P Γ (579). (700). 892 *pm*

(6) 그를 따랐다(단수). 그리고 예루살렘으로부터 또한 유대로부터

(ἠκολούθησεν αὐτῷ καὶ ἀπὸ Ἱεροσολύμων καὶ ἀπὸ τῆς Ἰουδαίας) *f*^1

이 중에서 (2'), (2''), (6)은 초기 본문에 존재하였다고 보기에는 너무 약한 외증을 가진다. 한편, (4), (5), (6)에 있는 '그를'(αὐτῷ)은 필사자에 의해 추가된 듯하다. 왜냐하면 '따랐다'보다는 '그를 따랐다'라고 밝히면 누구를 따랐는지 분명해지기 때문이다. 필사자들이 이것을 일부러 삭제하여 '그를 따랐다' 대신 '따랐다'라고 기록할 이유는 없었을 것이다. 이러한 읽기들을 배제하고 나면 (1), (2), (3)이 원래의 읽기의 후보로 남게 된다. (1)은 바티칸 사본(B) 등에 의하여 지원받고, (2)는 베자 사본(D) 등이 지원하며, (3)은 시내산 사본(ℵ) 등에 담겨 있는 표현이다.

마가는 단수형 '오클로스'(ὄχλος 무리)를 대부분의 경우 단수 동사로 받는다(2:13; 3:20, 32; 4:1; 5:21, 24; 8:1; 9:25; 11:18; 12:37, 41; 15:8).[12] 따라서 마가는 '쁠레토스'(πλῆθος 무리)도 단수 취급하였을 가능성이 높다. 따라서 (1)이 마가의 문체에 부합한다고 볼 수 있다. 그렇다면, 복수형 '에꼴루테산'(ἠκολούθησαν 그들이 따랐다)은 단수형 '에꼴루테센'(ἠκολούθησεν 그가 따랐

---

12. 막 4:1의 복수형 '에산'(ἦσαν)이 예외일 수 있으나, 이 경우에도 마가의 문체상 단수형 '엔'(ἦν)이 더 오래된 읽기였을 가능성이 높다. 분명한 예외는 막 9:15뿐인데, 이 경우에는 분사형이 사용되었다.

다)으로부터 변경하여 복수의 뜻을 가진 '쁠레토스'에 일치시킨 것으로 볼 수 있다. 따라서 (3)은 원래의 읽기가 아니라고 볼 수 있다.

그러나 필사자들이 복수형 '에꼴루테산'을 더 친숙한 단수형으로 변경하였다고 설명될 수도 있다. 70인역은 대개의 경우 '쁠레토스'를 단수형 동사와 연결하였다(민 32:1, 대하 20:2; 30:5, 17, 사 5:13; 63:15, 렘 26:16, 겔 31:6, 18; 32:32, 에스드라1서 9:38, 47, 마카비2서 4:39, 마카비3서 1:24; 4:5; 6:14). 그러므로 '쁠레토스'를 단수 취급하는 것이 필사자에게 더욱 친숙한 표현이었다고 볼 수 있다. 따라서 단수형 (1)이 필사자의 변경의 결과일 수도 있다.

더구나 '쁠레토스'의 술어로 사용된 (1)의 단수형 동사 '에꼴루테센'은 마가의 문체에도 일치하지 않는다. 마가는 이어지는 8절에서 '쁠레토스'와 연결하여 복수형 동사 '엘톤'(ἦλθον 왔다)을 사용하기 때문이다.[13] 이렇게 '쁠레토스'를 복수형 동사와 연결하는 문체는 70인역에서도 발견된다(출 19:21, 사 31:4, 에스드라1서 9:6, 10, 41).

또한 (1)은 (2)로부터 더 쉽게 이해할 수 있도록 변경된 결과로 볼 수 있다.[14] 필사자는 동사를 추가함으로써 하나의 동사에 두 개의 주어가 반복하여 사용된 '많은 군중 … 많은 군중'(πολὺ πλῆθος … πλῆθος πολὺ)이라는 표현을 피하고자 했을 것이다. 켁은 '따랐다'(ἠκολούθησεν)의 생략이 문장을 개선하려는 시도의 결과라고 본다(Keck, 1965: 345). 그러나 오히려 '따랐다'가 생략된 문장은 개선된 것이라 볼 수 없다. 왜냐하면 이 동사가 생략된 결과 하나의 동사가 동일한 주어를 중복하여 가지는 어색

---

13. Turner, 1928: 60.
14. "It was borrowed to ease the construction of the lengthy sentence"("길게 구성된 문장을 쉽게 하고자 그것이 추가되었다.")(Turner, 1925: 239).

한 문장이 형성되기 때문이다. 더구나 불필요한 반복은 마가복음 3:16에서 '그가 열둘을 세우셨다'가 반복된 것에서 보듯이 오히려 마가의 문체에 일치하며, 구어체의 특징으로도 볼 수 있기 때문이다.

물론 복수형 동사 '엘톤'(ἦλθον)은 주어 '쁠레토스'가 두 개이기 때문에 사용한 것으로 볼 수도 있다. 그러나 이러한 경우를 가정하면 다른 동사 '에꼴루테센'이 원래의 본문에 없었음을 전제해야 한다. 만약 '에꼴루테센'이 원본문에 있었다면, '쁠레토스'를 '오클로스'의 경우처럼 단수로 취급하여 복수형 '엘톤'(ἦλθον) 대신 단수형 '엘텐'(ἦλθεν)을 사용했을 것이다. 그런데 마가는 여기서 복수형 '엘톤'을 사용했으므로, '에꼴루테센'이 마가가 기록한 원본문에는 없었을 것이다.

⑴이 원래의 본문이 아니라면, 남는 것은 ⑵와 ⑶인데, ⑶은 ⑴의 경우처럼 동사 하나에 대하여 동일한 주어가 반복되는 것을 피하고자 필사자가 동사 '에꼴루테산'(ἠκολούθησαν 그들이 따랐다)을 추가한 결과라고 추정된다.

이러한 검증 과정에서 마가가 기록한 형태라고 볼 수 있는 것은 '따랐다'는 부분이 없는 ⑵이다. 더구나 병자들과 더러운 영이 부정적으로 묘사되는 마가복음 3:7-12의 문맥도 ⑵가 원래의 본문의 모습이었음을 지지한다. 군중은 병 고침을 위해 예수께 왔고 귀신들은 예수의 정체에 관한 선포자로 인정받지 못한다. 갈릴리 사람들이 예수를 따랐다고 읽는 바티칸 사본의 읽기는 이러한 문맥의 흐름에 부합하지 않는다. 이처럼 여러 증거들이 ⑵가 원문이라고 판단하도록 한다.

⑵가 원문이라면 갈릴리 사람들이 다른 지역 사람들과 구별되게 특별히 예수를 추종했다고 해석할 본문상의 근거가 없어진다. 그러므로 마가복음 3:7-10에서 예수께 나온 군중 중에 특별히 긍정적으로 묘사된

부류는 없다고 보아야 한다. 3:7을 갈릴리 사람들이 예수를 추종했다고 읽는 켁의 해석은 마가복음의 원래의 본문에 토대하지 않은 것이므로 해석으로서 성립하지 않는다. 이처럼 어떤 해석은 서사학적으로 볼 때에는 가능하더라도 사본학의 검증을 통과하지 못할 수도 있다. 그러므로 서사학은 사본학을 통하여 보완될 때 좀 더 안전한 해석에 도달할 수 있다. 역사 비평 작업을 하지 않고 최종 본문에 의존하여 확실한 본문 내의 정보만을 활용해 서사학적으로 연구한다고 하여도 이 최종 본문이 성경 저자의 본문이 아니라 사본 필사자들이 변경한 본문이라면 서사학은 성경 저자와 무관한 해석을 제공하게 될 우려가 있다.

4. 하나님의 아들

가. 하나님의 아들과 메시아

더러운 영들은 예수를 볼 때마다[15] 예수 앞에 엎드린다. 이것은 예수께 경배하는 듯한 모습이다. 더구나 그것들은 예수께 "당신은 하나님의 아

15.　11절의 '에테오룬'(ἐθεώρουν "보고 있었다")은 미완료형이다. 이것은 '호딴'(ὅταν "~할 때")으로 도입되는 절 속에 위치한다. 이 둘을 함께 번역하면 "그들이 볼 때"가 된다. 여기서 동사가 단회적인 보는 동작을 묘사하는 것이라면 "그들이 보고 있을 때"라는 뜻이지만 반복적인 동작을 묘사한다면, "그들이 볼 때마다"로 번역할 수 있다. 11절은 많은 병자를 치유한 것을 진술하는 문맥에 이어지는 구절이므로 더러운 영들에 관한 언급도 많은 축귀 기사에 관한 것으로 볼 수 있다. '에테오룬'의 주어가 복수형인 '더러운 영들'인 것도 이 동사가 단회적 사건에 관한 진행적 묘사가 아니라, 여러 축귀 사건에 관한 진술로 볼 수 있는 단서를 제공한다. 따라서 '에테오룬'은 반복적인 동작에 관한 진술로 간주할 수 있다. 그러므로 '호딴 아우똔 에테오룬'(ὅταν αὐτὸν ἐθεώρουν)은 "그들이 그를 볼 때마다"로 번역할 수 있다. 따라서 연이어 나오는 동사 미완료형들(προσέπιπτον과 ἔκραζον)도 반복적 동작에 관한 진술로 볼 수 있기에 각각 "그들이 그때마다 엎드렸다," "그들은 그때마다 소리쳤다"로 번역할 수 있을 것이다.

들입니다."라고 고백하기까지 한다. 마가복음 14:61-64에서 '찬송받을 이의 아들,' 즉 '하나님의 아들'은 '그리스도'와 평행하게 등장하므로 그리스도를 가리키는 표현이라고 볼 수 있다. 그러므로 마가복음 3:11에서도 '하나님의 아들'은 그리스도를 뜻한다고 볼 수 있다.

이처럼 마가복음 본문 내에서 파악되는 '하나님의 아들'의 "메시아"로서의 의미는 구약 성경에 담긴 정보를 통하여 그러한 용례가 어떻게 발생하였는지 설명된다. 시편 2:7에서는 하나님께서 '내 아들'이라고 부른 존재가 시편 2:2의 '그의 메시아'(משיחו), 즉 '하나님의 메시아'와 동일한 대상을 가리킨다. 이러한 본문에 근거하여 '하나님의 아들'은 '메시아'(그리스도)와 관련되고, 메시아를 하나님의 아들이라 부를 수 있게 되었을 것이다.

이러한 용법은 신약 성경의 다른 책들에서도 널리 확인된다. 마태복음 16:16; 26:63, 누가복음 4:41, 요한복음 11:27; 20:31에서 '하나님의 아들'은 '그리스도'와 동의어로 사용된다. 특히 누가복음 4:41에서 '하나님의 아들'은 '그리스도'와 동의어임이 분명하다. "여러 사람에게서 귀신들이 나가며 소리 질러 이르되 당신은 **하나님의 아들**이니이다. 예수께서 꾸짖으사 그들이 말함을 허락하지 아니하시니 이는 자기를 **그리스도**인 줄 앎이러라." 귀신들은 예수를 하나님의 아들이라고 불렀는데, 누가는 귀신이 예수께서 그리스도이심을 알았다고 한다. 이것은 누가가 '하나님의 아들'이 그리스도를 가리키는 말이라고 간주한 증거이다. 요한복음 1:49에서는 '하나님의 아들'이 '이스라엘의 왕'과 동의어이다. 여기서 이스라엘의 왕은 시편 2:7의 '하나님의 아들'이 시편 2:6에서 이스라엘의 왕을 가리키는 배경을 통해서 볼 때 메시아적 존재를 가리킨다고 해석할 수 있다. 누가복음 22:69-70에서 '하나님의 아들'은 하나님의 우편에 앉는 인자로 묘사되므로 지극히 높은 왕적 존재이며, 따라서 메시아적 존재를 가리킨다.

유대인들의 문헌에서도 '하나님의 아들'이 메시아(그리스도)를 가리 킴이 확인된다. 에스라4서 7:28에 나오는 '나의 아들 메시아'라는 표현 은 '하나님의 아들'이 메시아를 가리킴을 알려 준다.[16] "나의 아들 메시 아가 그와 함께 있는 자들과 나타날 것이고, 남은 자들은 사백 년 동안 기뻐할 것이기 때문이다."[17] 유대인들에게 '하나님의 아들'은 왕적 메시 아로 이해되었을 것임은 탈굼 시편 80:16이 하나님의 아들을 '왕 메시 아'로 부르는 점에서도 추측된다(Huntress, 121).

쿰란 문헌(4Q246 2:1)은 '하나님의 아들'이 왕적 존재에게 붙일 수 있 는 칭호였음을 알려 준다.[18] "그는 하나님의 아들이라고 불릴 것이고 그 들은 그를 지극히 높으신 분의 아들이라고 부를 것이다."[19] 이 문헌 (4Q246)에서 '하나님의 아들'은 다니엘 7장에 나오는 "인자 같은 이"와 유사한 지극히 높은 왕적 존재로 묘사된다(Kuhn, 27). 다니엘 7장의 "인 자 같은 이"는 하늘 구름을 타고 하나님께 나아가는 신적 존재로서 왕 적 존재이므로, 이 문헌에서 인자 같은 이와 유사한 존재로 묘사되는 '하나님의 아들'은 신적인 존재 내지 지고한 왕적 존재로서의 정체성을 가진다. 비록 이 문헌은 하나님의 아들과 관련해서 구름을 탄다고 하지 는 않으므로 신적 존재를 가리키지는 않는다고 보더라도 최소한 지고

16. Charlesworth, 1988: 150-51 참조.

17. "For my son the Messiah shall be revealed with those who are with him, and those who remain shall rejoice four hundred years"(에스라4서 7:28, Metzger, trans., 1983: 537).

18. Edwards, 2002: 448.

19. "He will be called son of God, and they will call him son of the Most High"(4Q246 2:1, Martínez & Tigchelaar, trans., vol.1, 495).

한 왕적 존재 즉 메시아를 가리킨다. 다른 쿰란 문헌 본문(1QSa 2:11-12)에
서도 하나님의 아들은 메시아적 존재를 가리킨다(Bock, 2015: 355).

서사학은 해당 본문 내의 정보만으로 본문을 해석하고, 역사적 해석
은 본문 밖의 정보를 적극적으로 활용하여 해석한다. 그러나 앞에서 살
펴보았듯이 '하나님의 아들'이 메시아를 가리킴은 마가복음 내의 정보
를 통해서 볼 때 분명하고, 이러한 서사적 해석은 역사적 해석을 통하여
검증되고 지원받는다. 그러므로 서사적 해석과 역사적 해석은 서로 배
척하는 관계에 있다고 볼 필요가 없다. 이 둘은 오히려 서로 보완하며
검증하는 관계에 있다.

나. '하나님의 아들'의 용례

'하나님의 아들'이 메시아를 가리키게 된 것은 언제부터일까? 에드워즈
(J. R. Edwards)는 '하나님의 아들'이 메시아를 가리키는 용례와 관련하여,
바벨론 유수 때 '하나님의 아들'은 점점 메시아 대망과 연결되었다고
본다(Edwards, 2002: 482). 구약 성경에서는 '하나님의 아들'이라는 표현이
아직 메시아를 가리키는 칭호로 굳어지지 않았기 때문에 이러한 추측
은 옳을 수 있다.

구약 성경 70인역에서 복수형 '하나님의 아들들'은 이스라엘이나
하나님의 백성 또는 천사를 가리킨다. 창세기 6:4에서 '하나님의 아들
들'(οἱ υἱοὶ τοῦ θεοῦ)은 하나님의 백성으로서의 셈의 자손(또는 그중에 일부)
을 가리킨다고 보인다. 신명기 32:43에서 '하나님의 아들들'(υἱοὶ θεοῦ)은
하나님의 백성(또는 천사)을 가리키고, 시편 28:1(개역은 29:1)에서도 동일한
표현이 하나님의 백성(또는 천사)을 가리킨다. 시편 88:7(개역은 89:6)에서
'하나님의 아들들'(υἱοῖς θεοῦ)은 천사들을 가리킨다.

히브리어 본문 호세아 2:1(개역은 1:10)에서 복수형 '살아 계신 하나님의 아들들'(בני אל-חי)은 하나님의 백성을 가리킨다. 욥기 1:6; 2:1; 38:7에서는 히브리어로 '하나님의 아들들'(בני האלהים)이라는 표현이 나오는데, 이것은 천사를 가리킨다.

단수형 '하나님의 아들'도 이스라엘 백성을 가리킬 수 있다. 70인역 출애굽기 4:22에서 '나의 맏아들 이스라엘'(υἱὸς πρωτότοκός μου Ισραηλ)이라는 표현은 '하나님의 아들'이 이스라엘을 가리키는 표현임을 알려 준다. 히브리어 본문 호세아 11:1에서 문맥상 하나님의 아들을 가리키는 '내 아들'(בני)은 이스라엘을 가리킨다.

이러한 용례는 신약 성경과 유대인들의 문헌에서도 발견된다. 신약 성경에서 '하나님의 아들들'은 하나님의 백성을 가리키기도 한다(마 5:9; 롬 8:9; 갈 3:26). 솔로몬의 지혜 5:5에서 '하나님의 아들들'(υἱοῖς θεοῦ)은 하나님의 백성을 가리킨다. 솔로몬의 시편 17:27에서도 '하나님의 아들들'(υἱοὶ θεοῦ)은 하나님의 백성을 가리킨다. 송시(Odes) 2:43에서는 '하나님의 아들들'(υἱοὶ θεοῦ)이 '하나님의 천사들'(οἱ ἄγγελοι θεοῦ), '하나님의 백성'과 함께 등장하므로 천사나 하나님의 백성을 가리킬 수 있다.

그러나 마가복음에서는 '하나님의 아들'이 메시아를 가리키는 용례로 사용되므로, 마가복음 3:11에서 더러운 영들이 예수의 정체를 말하기 위해 발설한 '하나님의 아들'은 메시아를 가리킨다고 보아야 한다.

마가복음 본문 밖에서 '하나님의 아들'의 의미를 관찰하여 이러한 의미들 중에 하나를 자의적으로 마가복음 해석에 강요하는 것은 역사적 해석을 빙자한 자의적인 마가복음 읽기(eisgesis)라 할 수 있다. 마가복음을 읽고 싶은 방식을 지원하는 용례를 마가복음 밖에서 가져와서 그러한 의미를 마가복음 본문의 문맥과 용례에 부합하지 않음에도 불구하고 강요하는 것은 일종의 학문적인 사기이다. 이것은 많은 배경 문헌을 동원하여 독자에게 그럴듯하게 보이지만 마가복음의 문맥과 용례에 부합하지 않을 경우 마가복음 본문 속에서 가질 수 있는 의미는 아니기 때문이다.

마가복음 해석은 마가복음 본문 자체의 문맥과 용례를 우선시하며 해석해야 한다. 마가복음 본문 밖의 배경 문헌들에서 오는 배경 정보는 마가복음 본문 자체에 담긴 정보를 보완하기 위하여 사용할 수 있지만, 이를 배제하기 위해 사용되어서는 안 된다. 그러한 파괴적 역사적 해석은 마가복음 본문 해석을 포기한 것이다.

또한 본문 내의 정보를 활용하는 서사적 해석도 제대로 본문의 문맥과 용례를 파악하였는지 검증하려면 역사적 배경 정보를 통해 검증하여야 한다. 마가복음 3:11의 '하나님의 아들'을 메시아라는 뜻으로 해석하는 것은 마가복음의 문맥뿐 아니라 이러한 의미의 발생을 설명하는 구약 성경의 정보와 부합하며, '하나님의 아들'을 메시아를 가리키는 칭호로 사용하는 신약 성경 및 유대 문헌의 용례들에 부합한다. 그러므로 마가복음 3:11에서 '하나님의 아들'은 하나님의 백성이나 천사가 아니라 메시아를 가리킨다고 볼 수 있다.

5. 메시아 비밀: 예수께서는 왜 자신의 정체를 숨기고자 하셨는가?

'당신은 하나님의 아들입니다.'라는 더러운 영들의 고백(참고. 1:24; 5:7)은 틀린 내용이 아니다(1:11; 8:29; 9:7; 14:62 참고). 그럼에도 불구하고 예수는 더러운 영들에게 자신이 하나님의 아들임을 드러내지 말라고 꾸짖으신다(막 3:12).[20] 이러한 금지는 마가복음 1:24-25, 34에도 나타난다. 여기서 예수는 '하나님의 거룩한 자'라는 예수의 정체를 더러운 영(귀신)이 말하는 것을 허락하지 않는다. 예수께서는 왜 그렇게 하셨을까?

가. 브레데의 메시아 비밀 가설

브레데는 예수가 자신의 정체를 숨긴 것으로 마가복음에 기록된 이유가 예수가 메시아적인 사역을 하지 않았음에도 불구하고 제자들이 후에 예수를 메시아로 믿은 것을 설명하기 위한 것이었다고 주장하였다.[21] 불트만(R. Bultmann) 등의 학자들도 이러한 가설을 따라갔다.[22] 이 가설에 의하면, 예수가 메시아 표적을 행한 적이 없으며, 그럼에도 불구하고 이러한 표적의 발생을 제자들이 선포하게 된 상황에서 마가가 예수를 변증하려는 의도로 예수께서 자신의 사역을 비밀로 하라고 명령하셨다고 하는 메시아 비밀을 고안하였다.[23] 이러한 가설은 마가복음 본문의 형성을 설명하는 역사 비평적 가설이다. 이 가설은 마가복음 본문에 담긴 정보를 토대로 마가복음 본문을 해석한 결과가 아니라, 마가복음 본문 형성 배후에 작용한 저술 의도에 관한 가설이다. 이러한 작업은 역사 비평(historical criticism)에 해당한다.

그러나 예수께서 비밀로 하라고 하신 치유 사건을 치유받은 자가 널리 알렸다고 하는 마가복음의 기록(1:45; 7:36)은 이 가설로 설명되지

---

20. 12절의 '에뻬띠마'(ἐπετίμα)도 미완료형이다. 이 동사는 귀신들의 반복적인 행위에 관한 예수의 반응을 기술한 것이므로, 역시 반복적인 행위에 관한 묘사로 볼 수 있다. 막 1:25, 34에서도 예수께서 더러운 영(귀신)이 자신의 정체를 드러내는 것을 금한 기사가 기록된 것은 이러한 판단을 지원한다.
21. A. Y. Collins, 170.
22. A. Y. Collins, 171.
23. France, 331.

않는다. 만일 예수의 치유 사역이 없었는데 마가가 이를 있었던 것처럼 창작하려고 했다면 치유가 행해졌으나 비밀 유지 명령으로 인해 알려지지 않았다고 기록했을 것이다. 던(J. D. G. Dunn)이 지적한 바와 같이, 이러한 비밀 공개 구절들은 메시아 비밀 가설이 틀렸음을 입증하는 증거이다.[24]

나. 새로운 역사적 해석

마가복음에 담긴 메시아 비밀 주제에 관한 브레데의 가설은 마가복음 본문 자체에 관한 설명력이 없기에 폐기 처분되고 말았다. 오늘날의 학자들은 메시아 비밀 주제에 관하여 새로운 접근을 시도한다. 왓슨(D. F. Watson)에 의하면, 예수가 자신의 치유 사역을 숨기고자 한 것은 로마 사회를 배경으로 하여 볼 때에는 후견인(patron)의 명예를 높이는 수혜자(client)의 의무를 금지함으로써 후견인이 명예를 얻기를 피하는 행위로 볼 수 있다.[25] 이러한 관점에서는 더러운 영들이 예수를 하나님의 아들이라고 부르는 것을 금한 것도 명예 획득에 대한 저항으로 볼 수 있다.[26] 그런데 윈(A. Winn)은 이러한 예수의 저항이 견유학파의 철학으로는 설명이 되지 않는다고 한다. 견유학파는 명예를 가져오는 행동을 피하였지만, 예수는 자신의 행위가 가져올 명예를 거부하였기 때문이다(Winn, 588). 윈에 의하면, 아우구스투스(Augustus)와 티베리우스(Tiberius) 등의 로

---

24. Dunn, 100: "If the Messianic secret was a Markan theory, then these publicity passages are the *reductio ad absurdum* of that theory."("만일 메시아 비밀이 마가 자신의 이론이었다고 가정하면, 이러한 공개성 구절들은 그 이론이 틀렸음을 보여주는 귀류법적 반증이다.")

25. Watson, 37-56. Winn, 585에서 재인용.

26. Watson, 56-62. Winn, "Resisting Honor," 587에서 재인용.

마 황제는 동방의 전제 군주 이미지와 연관된 인상을 주지 않고자 종종 지나친 명예를 거부하였고, 그리하여 그들은 로마 시민들로부터 더 큰 명예를 얻을 수 있었다(Winn, 590-92). 이러한 배경을 통해서 볼 때 로마 독자들은 예수께서 이스라엘의 왕이나 로마의 황제에게 부여되었던 '하나님의 아들' 칭호를 더러운 영들이 선포하는 것을 피하는 것을 훌륭한 통치자가 행하는 명예 획득 저항 행위로 이해할 수 있었을 것이다 (Winn, 596). 그러나 그렇다고 하여 마가 자신이 그러한 의도로 메시아 비밀 주제를 도입하였음이 입증되는 것은 아니다. 또한 예수께서 그러한 의도로 자신의 메시아 정체를 숨기고자 하셨다고 결론 내릴 수도 없다.

다. 파울러의 서사적 해석

파울러(F. M. Fowler)는 마가복음 본문에는 메시아 비밀이 없고, 메시아 비밀은 단지 독자들이 마가복음을 읽으며 느끼는 아이러니로서 독자가 아는 예수의 정체와 마가복음의 등장인물들이 아는 예수의 정체 사이의 불일치와 관련된다고 본다(Fowler, 1981: 29). 파울러의 지적에 의하면 마가복음의 시작(1:1, 11)에서부터 독자들은 예수께서 메시아이시며 하나님의 아들이심을 알지만, 등장인물들에게 이러한 사실은 숨겨진다 (Fowler, 1981: 32). 이러한 관점에서 볼 때에는 메시아 비밀이 마가가 사용한 고도의 문학적 기법에 해당한다.

　　마가복음 1:11에서는 예수의 메시아 정체를 알려 주는 "너는 내 아들이다."와 함께 고난받는 종으로서의 예수의 사명을 알려 주는 "내가 너를 기뻐하노라."를 통하여 예수께서 고난받는 메시아이심이 독자들에게 알려진다.[27] 그러나 마가복음의 등장인물들은 이 음성을 듣지 못하였기에 예수의 정체를 알지 못한다. 예수의 제자들이 예수가 메시아이심을 인식한 후에도 그들은 베드로의 경우에서 보듯이 예수께서 고난받는 종의 사명을 감당해야 함을 깨닫지 못한다(막 8:31-32). 독자들은 이러한 아이러니를 통해서 예수를 바르게 믿고 따르는 것이 무엇인지 배우게 된다. 그러나 이러한 설명은 더러운 영들이 예수의 정체를 알고 선포하는 현상에는 적용될 수 없다. 영적 존재인 그들에게는 예수의 메시아 정체가 숨겨져 있지 않았을 것이기 때문이다.

라. 역사적 예수 가설과 서사학적 해석

윈이나 파울러의 설명은 마가가 독자들에게 전달하고자 한 메시지와 관련하여 메시아 비밀을 해석한다. 그런데, 메시아 비밀 본문은 예수께서 하나님의 아들이시자 메시아이심을 숨기는 주제를 담고 있어서 예수를 메시아로 선포한 초대 교회의 가르침과 충돌되는 측면이 있다. 따라서 예수께서 실제로 자신의 정체를 숨기고자 하신 적이 없다면 복음서 기자는 이것을 굳이 기록하지 않았을 것이다. 그렇다면 예수께서는 왜 자신의 메시아 정체를 숨기고자 하셨을까? 특히 마가복음 3:12에서 보듯이 더러운 영들이 예수의 메시아 정체를 발설하는 것을 금지하셨을까?

'하나님의 아들'은 당시에 메시아를 가리키는 표현이었기에 예수께서 '하나님의 아들' 정체를 숨기심은 자신이 당시 유대인들이 기대하는 군사적 메시아로 오해되지 않고자 하심이었을 것이다. 이것은 역사적 예수에 관한 가설이다. 이러한 가설은 마가복음 본문에 잘 부합하므로

---

27. 이에 관한 자세한 논증은 신현우, 2013b: 465-87 참조.

설명력이 있다. 서사학적 본문 관찰은 역사적 예수께서 자신을 군사적 메시아로 오해하기를 원하지 않으셨다는 가설을 지원할 수 있다. 메시아 정체를 숨기는 주제는 마가복음 1:44; 5:43; 8:26에서도 나타난다. 여기서 예수는 그가 메시아임을 입증하는 증거(나병 치유, 죽은 자 살림, 맹인 치유)를 숨기고자 하신다.[28] 그렇게 하신 목적은 아마도 당시 메시아사상이 군사적 기대로 가득 차 있었기에 자신이 군사적 메시아로 오해되는 것을 피하고자 하심이었을 것이다.[29] 이러한 추측의 정당성은 마가복음 8:29-34에서 고난받는 메시아사상을 받아들이지 않는 베드로와 그의 제자들에게 자신의 정체를 알리는 것을 금하셨음에서 확증된다.

마가복음 3:12의 근접 문맥도 이러한 추측을 지원한다. 이두매, 요단강 건너편, 두로와 시돈 근처로부터 많은 무리가 예수께 왔다고 언급하는 3:7-8은 1:5이 언급하는 세례자 요한의 영향권인 유대와 예루살렘과 비교할 때 예수의 영향권이 훨씬 넓음을 알려 준다.[30] 독자들은 이를 통하여 예수께서 세례자 요한보다 더 큰 분이심을 알 수 있게 된다. 종말에 오는 선지자 엘리야인 세례자 요한보다 더 큰 인물은 메시아일 수밖에 없다. 그런데 예수께 온 무리들의 지역 중에 이두매와 요단 건너편은 유대인과 이방인이 섞여 사는 지역이고 두로와 시돈은 주로 이방인들이 사는 지역이다(Edwards, 2002: 103). 이방인들이 사는 지역의 언급은 이사야 49:6("내가 또 너를 이방의 빛으로 삼아 나의 구원을 베풀어서 땅끝까지 이르게

---

28. 나병 치유, 맹인 치유, 죽은 자 살림은 이를 행하는 자가 메시아임을 입증하는 증거였을 것이다. 마 11:5과 눅 7:22은 둘 다 이러한 기적들을 예수가 메시아인 증거로 제시한다.
29. Bock, 2015: 242.
30. Edwards, 2002: 103. 예수께서는 더러운 영들에게 자신의 정체를 알리지 말라고 하셨고, 나병환자에게 치유된 사실을 알리지 말도록 하시면서 자신의 소문이 나지 않게 통제하고자 하셨으나, 세례자 요한보다 더 큰 명성을 얻는다(Burkill, 412).

하리라.")을 배경으로 하여 예수를 이사야서가 언급하는 여호와의 종으로 이해하게 한다.[31] 이 여호와의 종은 이사야 53장에서 많은 사람을 위하여 대신 죽임 당하는 존재로 묘사된다. 그러므로 마가복음 3:7-8은 예수께서 세례자 요한보다 더 큰 자로서 메시아이면서 동시에 이사야서가 언급하는 여호와의 종임을 암시적으로 소개한다. 그런데, 예수를 하나님의 아들로 선포하는 더러운 영들의 외침은 여호와의 종으로서의 예수의 정체성을 전달할 수 없다. 이러한 선포를 듣는 사람들은 예수를 군사적 메시아로 오해할 수밖에 없었을 것이다. 따라서 예수께서 더러운 영들의 선포를 금지하신 것은 예수께서 군사적 메시아로 오해되지 않고자 하셨다는 가설로 설명된다.

그런데 마가복음에서 예수께서 자신의 메시아 정체를 숨기고자 하시지 않은 경우도 소개된다(막 5:19; 7:29-30). 이 경우들은 군사적 메시아 기대가 없는 이방인들과 관련된다. 예루살렘 사역 직전에도 예수는 더 이상 자신의 메시아 정체를 숨기지 않으시고 오히려 드러내신다(막 10:52; 11:7). 그렇게 하신 이유는 이제 군사적 메시아의 누명을 쓰고 처형을 당하실 때가 되었다고 판단하셨기 때문이었을 것이다.

마. 더러운 영들과 관련된 메시아 비밀의 특징

귀신들(더러운 영들)에게 침묵을 명하신 현상은 다른 메시아 비밀의 경우와 다른 독특성도 가진다. 이것은 메시아 정체를 숨기기 위한 의도 외에 다른 동기를 포함하고 있다고 볼 수 있다. 예수께서 더러운 영들에게 침묵을 명한 이유는 유대인 서기관들의 예수 비판과도 관련된다고 볼 수 있다. 마가복음 3:22은 서기관들이 예수와 마귀가 동맹을 맺었다고 주

---

31. Edwards, 2002: 103 참고.

장하였다고 한다. 서기관들이 축귀 현상마저도 마귀가 예수를 도와 일으키는 현상으로 해석하여 비난한다면, 그들은 더러운 영들이 예수를 메시아라고 선포하는 현상을 더더구나 예수와 마귀가 손을 잡았다는 증거라고 제시하며 예수를 비난할 수 있었을 것이다(Witherington, 144). 예수께서는 이렇게 오해될 소지를 없애고자 더러운 영들을 침묵시켰을 것이다.

　더러운 영들이 예수를 하나님의 아들이라고 외치는 것을 금한 이유는 이것이 순종을 동반하지 않는 지식의 선포일 뿐이기 때문일 수도 있다(약 2:19 참고). 더러운 영이 예수께 엎드리며 부르짖었기에 그들이 "당신은 하나님의 아들이다."라고 외친 것은 예수의 정체를 앎을 통해서 예수를 통제하려고 시도한 것으로 볼 수는 없다(Bock, 2015: 162). 더러운 영들은 예수에 대한 적절한 증인 자격이 없다. 스가랴 13:2에 의하면 더러운 영들을 하나님께서 축출하시는 구원의 때가 온다. 이 본문에 의하면 더러운 영들은 종말에 제압되는 존재이다. 그러므로 그들은 종말에 예수의 증인으로서 역할을 할 수는 없다. 이러한 추측의 정당성은 예수께서 더러운 영들을 침묵시키실 때 축귀 장면을 목격한 사람들이 있었는데, 그 사람들에게는 그들이 얻는 예수의 정체에 관한 정보를 알리는 것을 금하시지 않은 것을 통하여 지지받는다(Hay, 5 참고).

바. 더러운 영에 관한 역사적 배경 연구

더러운 영은 도대체 어떠한 존재이기에 그들은 증인 자격을 갖지 못하는가? 이것은 배경 문헌 정보를 통하여 파악할 수 있다. '더러운 영'은 아마도 '악한 영'과 연관을 가지는 듯하다. 구약 성경에서 악한 영은 분쟁하게 하고, 죽이게 하는 영이다. 사사기 9:23에서 '악한 영'(πνεῦμα πονηρὸν)은 하나님께서 아비멜렉 사람들과 세겜 사람들 사이에 보내셔서 세겜 사람들이 아비멜렉을 배반하게 하신다. 그리하여 마침내 아비멜렉의 악과 세겜의 악을 모두 징벌하신다(삿 9:56-57). 이처럼 악한 영은 서로 분쟁하게 하는데, 궁극적으로는 하나님의 섭리 아래서 심판을 위하여 사용될 뿐이다. 사무엘상 16:14-16, 23에서 '악한 영'은 '주의 영'(πνεῦμα κυρίου)과 대조된다. 악한 영은 하나님의 통제 아래 있다. 사울은 악한 영을 받자 번뇌하게 된다. 사무엘상 19:9-10에서 악한 영은 사울로 하여금 다윗을 죽이도록 한다.

악한 영은 '디아볼로스'(διάβολος 마귀)라고 불리기도 한다. 구약 성경에서 '디아볼로스'는 하나님을 거스르는 존재이며 하나님의 사람들을 괴롭히는 역할을 한다. 역대기상 21:1에서 '디아볼로스'는 다윗으로 하여금 이스라엘을 인구 조사하게 한다. 이러한 다윗의 행위는 하나님께 죄를 범한 행위이다(대상 21:8). 욥기 1:6-12; 2:1-7에서 '디아볼로스'는 천사들과 함께 하나님 앞에 서며(1:6), 하나님의 허락을 받고 욥에게 고난을 주며 시험하게 된다. 스가랴 3:1-2에서 '디아볼로스'는 고소자로서 등장한다. 이러한 고소는 하나님께 책망을 받는다. 불에서 꺼내어 구한 그슬린 나무 같은 예루살렘을 고소하지 말라는 하나님의 변호가 이어진다.

유대인들의 문헌(솔로몬의 지혜 2:24)에 의하면 '디아볼로스'의 질투로 죽음이 세상에 들어왔고, 그의 당에 속한 자는 죽음을 맛본다고 한다. 이어지는 3:1에서는 의인의 목숨(ψυχαί)은 하나님의 손에 있으므로, '디아볼로스'가 그를 괴롭힐 수 없다고 한다. 여기서 '디아볼로스'는 죽음의 세력이지만 의인의 목숨을 앗아갈 수는 없는 존재로 소개된다.

'악한 영'은 쿰란 문헌에 나오는 '불의의 영'과 동일한 존재를 가리키는 듯하다. 쿰란 문헌(1QS 3:12-4:2, 6)에서는 불의의 영이 어둠의 천사와 동일시되거나 서로 관련되는데, 이 영이 사람들을 우상숭배로 이끈다고 본다(Martin, 669).

악한 영 또는 불의의 영은 사탄이라고도 불린다. 에녹2서 29:4-5에 의하면 사탄과 그의 추종자들은 사탄이 그의 자리를 하나님과 동일하게 하려고 했기 때문에 하늘로부터 쫓겨난다(Coleran, 499). 이것은 이사야 24:1과 14:12-14의 영향으로 기록된 듯하다(Coleran, 499). 아담과 이브의 생애 13:1-16:1에서 사탄은 아담이 창조된 후 그를 섬기고자 하지 않아서 하늘로부터 쫓겨난다(Coleran, 499). 이 배경 문헌들은 유대인들이 타락한 천사들의 우두머리를 사탄이라고 불렀음을 보여 준다.

이 타락한 천사들을 '더러운 영들'이라 부르는 것은 에녹1서 15:3-4에서 천사들이 여인들로, 육체를 가진 자녀들의 피로 자신들을 더럽혔다고 함과 관련된다(A. Y. Collins, 167). 에녹1서 6-11장(특히 15:3-4)에서는 인간의 여인들을 취하여 자녀를 낳은 타락한 천사들 이야기가 소개된다(A. Y. Collins, 167). 이러한 배경을 통하여 마가복음이 '더러운 영'이라 할 때에는 타락한 천사들과 관련된다고 이해될 가능성이 있었음을 알 수 있다. 마가복음 3:22, 23, 30은 '다이모니온'들의 왕인 바알세불 즉 사탄을 '더러운 영'이라고 부르므로, 마가복음에서 '더러운 영들'이 사탄의 부하들을 가리킨다고 해석할 수 있는 본문상의 근거를 제공한다.

에녹1서 19:1-2은 타락한 천사들과 여인들 사이에서 태어난 거인들의 영이 악한 영들인데, 이 악한 영들이 이방신들 즉 '다이모니온'(δαι-μόνιον)들을 섬기도록 했다고 한다(Martin, 667). 희년서 5, 7, 10장에서도 이런 이야기가 나오는데 10:3에서 '다이모니온'이 동시에 악한 영이라 불리며, 이들이 타락한 천사들과 여인들 사이에서 태어난 자손으로 간주된다(Martin, 667-68). 그러나 희년서의 히브리어 본문에서는 '다이모니온'(에티오피아어로는 '가낸')이 '영'에 해당하는 말이었을 수 있기에, 희년서가 이방신을 가리키는 '다이모니온'을 악한 영과 동일시하였다고 확신할 수는 없다(Martin, 668). 그럼에도 유대인들이 '악한 영들'을 타락한 천사들의 후예라고 간주했음은 희년서에서도 공통적으로 나타난다.

바룩서 4:35에서는 '다이모니온'이 사람 속에 거할 수 있는 존재로 묘사된다. 희년서 7:27; 10:1에 의하면 '다이모니온'은 사람들을 잘못된 길로 인도하는 존재이다. 에녹1서 19:1; 99:7에서 '다이모니온'은 제사나 예배를 받는 존재이다. 그런데 유대인들은 '다이모니온'과 '악한 영'/'더러운 영'을 본래부터 동일시하지는 않았다. 이것은 구약 성경의 용례만이 아니라 유대인들의 문헌에서 확인된다. 구약 위경 토비트(Tobit) 6:8에서는 '다이모니온'과 악한 영(πνεῦμα πονηρόν)이 모두 언급되며 사람을 괴롭히는 존재로 등장하는데 이 둘이 동일시되지 않는다 (Martin, 670).

사. 더러운 영에 관한 마가복음 본문의 정보

솔로몬의 유언 6:1-2에서는 이방신들을 가리키던 '다이모니온'이 더러운 영과 동일시되는 발전을 볼 수 있다. 여기서 베엘제불은 하늘의 천사이며, '다이모니온'들의 우두머리이고, '다이모니온'들이 섬김을 받게하지만 그 자신이 '다이모니온'은 아니다(Martin, 670). 그런데 이 책에서 아스모데우스(Asmodeus)는 '다이모니온'인데, 천사와 여인 사이에서 태어난 존재(5:3)인 죽은 거인의 영이다(Martin, 670). 이처럼 이방신인 '다이모니온'이 거인의 영과 동일시되게 된다.

그런데 신약 성경에서도 '다이모니온'과 '더러운 영'은 동일시된다.

마가복음 1:34은 '더러운 영' 대신 '다이모니온'이라는 표현을 사용하므로, 마가복음에서 이 두 가지 표현은 동일한 대상을 가리킨다고 볼 수 있다. 6:7은 예수께서 열두 제자들에게 '더러운 영들'에 대한 권세를 주셨다고 하는데, 6:13에서 제자들이 많은 '다이모니온'들을 쫓아냈다고 하므로 이들은 동일한 대상을 가리킨다고 볼 수 있다. 7:25은 소녀가 '더러운 영'에 들렸다고 하는데, 이어지는 26절에서는 이 소녀의 어머니가 예수께 이 소녀로부터 '다이모니온'을 쫓아내 달라고 간청하며, 29절에서는 예수께서 이 여인에게 '다이모니온'이 이 소녀로부터 나갔다고 말씀하신다. 30절은 이 말씀대로 이 소녀로부터 '다이모니온'이 나갔다고 기록한다. 이러한 문맥 속에서 '더러운 영'은 '다이모니온'과 동일한 대상을 가리킨다.

그리스인들은 '다이모니온'을 죽은 자의 영혼으로 보기도 했다 (Hesiod, *Works and Days* 121-26).[32] 요세푸스도 그러한 견해를 피력한다(*Ant.* 13:416).[33] 그러나 이러한 이해는 신약 성경에 반영되어 있지 않다. 예수 시대의 유대인들은 '다이모니온'을 사탄과 함께 타락한 천사들과 관련하여 이해하였을 것이다.

아. 더러운 영에 관련된 메시아 비밀 가설의 서사학적 검증

이러한 배경을 통해서 볼 때 '더러운 영'은 사탄 내지 '디아볼로스'와 연관된 타락한 천사와 관련된 악한 존재이다. 이러한 존재는 예수의 메시아 정체를 선포하는 역할을 하기에 부적합한 존재이다. 타락한 천사들은 이 역할을 하기에 부적합하다. 그 역할은 비록 예수를 군사적 메시아

---

32. Martin, 662.
33. Martin, 672.

로 오해하고 베드로의 경우처럼 자신의 생각을 예수께 강요하며 저항하기도 하고, 깨닫는 속도가 느려서 예수께 꾸중을 들으며 배워야 하는 사람들에게 맡겨진다. 예수의 제자들이 바로 그들이다. 그들은 타락한 하늘의 전령(천사)이 할 수 없는 역할을 하도록 위임받은 땅 위의 전령(사자)이다.

　그러나 제자들이 예수를 군사적 메시아로 오해하고 있는 동안에는 그들도 예수를 선포할 수 없다. 마가복음 8:29-30에 의하면 예수께서는 예수를 메시아로 고백한 베드로에게 이것을 알리지 말라고 명하신다. 이러한 금지 명령은 그들이 예수의 고난을 받아들이지 않는 메시아사상을 가지고 있었기 때문임은 이어지는 본문(막 8:31-32)에서 드러난다. 그들의 메시아사상은 사탄과 관련된 것임이 메시아의 고난을 반대하는 베드로를 예수께서 '사탄'이라고 부르신 데서 확인된다(막 8:33). 이것은 사탄도 메시아가 고난받지 않아야 한다는 입장을 취하였음을 추측하게 한다. 그렇다면, 예수께서 왜 사탄의 부하들인 더러운 영들이 예수를 하나님의 아들, 즉 메시아라고 선포하는 것을 금지하셨는지 설명된다. 더러운 영들은 예수를 고난받지 않는 메시아여야 한다고 전제하고 선포하고 있었기 때문이다. 이러한 선포는 내용상으로도 잘못된 선포이므로 금지되어야 했을 것이다.

III. 해설과 적용

1. 해설

서사학적으로 볼 때 가능한 해석도 사용된 본문이 원본문이 아니면 해석의 근거를 상실한다. 그러므로 사용된 본문이 원본문인지를 사본학적 작업을 통해 검증해야 한다. 마가복음 3:7의 단수형 '따랐다'(ἠκολούθησεν)는 바티칸 사본에 등장하지만, 원문이 아니라고 판단된다. 8절에서 '쁠레토스'(πλῆθος 무리)는 복수형 동사 '엘톤'(ἦλθον 왔다)과 연결되기 때문에 단수형 '따랐다'(ἠκολούθησεν)를 동일한 주어에 대하여 사용하는 것은 마가의 문체에 맞지 않는다. 필사자는 '따랐다' 동사를 추가함으로써 주어인 '많은 무리'를 두 번 반복하는 어색함을 피하고자 했을 것이다. 그러므로 바티칸 사본에 등장하는 '따랐다'에 토대하여 갈릴리 지역의 무리는 예수를 제자로서 추종했다고 보는 켁의 해석은 근거를 상실한다.

본문 밖의 문헌이 주는 정보를 활용하는 역사적 배경 연구는 본문 내의 정보를 활용한 서사학적 해석과 상호 보완 관계에 있다. 역사적 해석은 서사적 해석의 결론을 지원할 수 있으므로 서사학을 위해 역사적 해석을 배격할 필요가 없다. '하나님의 아들'은 마가복음 14:61-64을 통해서 볼 때 '그리스도'와 동의어이다. 이러한 용례의 배경은 아마도 하나님의 아들이 '그리스도'(메시아)와 동일한 존재를 가리키는 시편 2:2, 7이다. '하나님의 아들'이 그리스도를 가리키는 표현임은 신약 성경(마 16:16; 26:63, 눅 4:41, 요 11:27; 20:31)에서 널리 확인된다. 유대인들의 문헌 에스라4서 7:28, 탈굼 시편 80:16에서도 하나님의 아들은 메시아를 가리키는 표현임이 확인된다. 비록 메시아라는 단어가 '하나님의 아들'과 함께 등장하지는 않지만, 쿰란 문헌(4Q246 2:1)에서 사용된 '하나님의 아들'도 메시아적인 왕적 존재를 가리킨다.

이러한 용례를 통해서 볼 때, 더러운 영들이 예수가 하나님의 아들이라고 외친 것은 곧 예수께서 그리스도(메시아)이심을 선포한 것이다. 마가복음 1:11; 9:7에서는 예수께서 하나님의 아들이심이 하나님의 음성을 통해서 확인되고, 8:29에서는 예수께서 그리스도(메시아)이심이 베드로의 고백을 통해 확인된다. 14:62에서는 예수께서 하나님의 아들 그리스도이심을 스스로 인정하신다. 그러므로 더러운 영들은 예수의 정체를 바르게 선포하였다고 볼 수 있다. 그렇지만 예수께서는 그들이 이러한 선포를 하는 것을 금지하신다.

예수께서는 왜 자신이 메시아이심이 알려지는 것을 금지하셨을까? 이러한 질문에 대해 답하는 역사 비평의 가설은 본문 내의 정보에 관한 서사적 연구를 통하여 논박될 수 있다. 서사학적 관찰은 역사 비평에 대한 적절한 견제 장치를 제공한다. 브레데는 예수께서 자신의 정체를 숨기신 것으로 마가복음에 기록된 이유가 예수께서 메시아적인 사역을 하지 않았음에도 불구하고 제자들이 후에 예수를 메시아로 믿은 것을 설명하기 위해 창작되었다는 가설을 제시하였다. 그러나 마가복음 본문은 예수께서 비밀로 하라고 한 치유 표적을 치유받은 자가 널리 알렸다고 기록한다(1:45; 7:36). 브레데의 가설은 이러한 본문들을 설명하지 못하므로 실패한 가설이다.

메시아 비밀에 관한 새로운 가설들은 역사적 정보로 제공되었든지 서사 비평의 이론을 통하여 제공되었든지, 본문 자체를 통하여 검증되어야 한다. 오늘날의 학자들은 예수께서 자신의 정체나 사역을 숨긴 것을 다양하게 설명한다. 윈은 예수께서 로마 황제의 경우처럼 지나친 명예를 거부하시는 겸손의 모습을 보이셨다고 해석한다. 예수의 메시아 비밀이 이러한 의도로 이루어진 것은 아니었을지라도 로마 사회의 독자들에게 그러한 인상을 줄 수는 있었을 것이다. 파울러는 메시아 비밀이 독자들은 마가복음의 초반부터 알게 되는 예수의 정체를 등장인물들은 모르는 방식의 기술로서 서사 기법의 하나인 아이러니에 해당한다고 주장한다. 물론 더러운 영들의 경우에는 그들이 예수의 정체를 알고 선포하므로 이러한 기법을 사용한 경우에 해당할 수 없다.

예수께서 군사적 메시아로 오해되는 것을 피하기 위해 메시아로 알려지는 것을 당분간 금지하셨다는 것은 귀신의 경우에도 적용되는 가설이다. 예수께서 귀신에 의하여 '하나님의 아들'로 선포되는 것을 피하신 이유는 아마도 당시 메시아사상이 군사적 기대로 가득 차 있었기에 자신이 '하나님의 아들' 칭호를 통하여 군사적 메시아로 오해되는 것을 피하고자 하심이었을 것이다. 이러한 추측은 예수께서 고난받는 메시아사상을 받아들이지 않는 베드로와 그의 제자들에게 자신의 정체를 알리는 것을 금하셨음을 기록한 마가복음 8:29-34을 통하여 확증된다. 8:33은 메시아의 고난을 거부하는 베드로의 주장을 사탄과 연관시킴으로써 사탄이 군사적 메시아사상을 원하였음을 암시한다. 그렇다면 사탄의 부하들인 더러운 영들도 군사적 메시아사상을 견지하였을 것이다. 그러므로 그들의 선포는 허락될 수 없었을 것이다.

마가복음 3:22은 서기관들이 예수와 마귀가 동맹을 맺었다고 주장하였다고 기록한다. 만일 더러운 영들을 통해 예수의 메시아 정체가 선포되면 이러한 비난은 더 심해질 것이다. 그래서 예수께서 더러운 영들의 선포를 금하셨다고 볼 수도 있다. 더러운 영들의 선포 내용은 옳지만

이 선포 내용이 순종을 동반하지 않는 지식임도 예수께서 이 선포를 금지하신 이유일 수 있다.

더러운 영들이 하나님께 순종을 하지 않는 존재임은 배경 문헌들을 통해 확인할 수 있다. 더러운 영들은 유대인들의 문헌들 속에서 하나님께 불순종한 타락한 천사인 '악한 영,' '마귀'('디아볼로스'), '사탄' 등과 연관된 존재로 볼 수 있으며, 마가복음 6:7, 13; 7:25-26에서는 '다이모니온'(귀신)과 동일시된다. 마가복음 3:22, 23, 30은 '다이모니온'들(귀신들)의 왕인 바알세불 즉 사탄을 '더러운 영'이라고 부르므로 복수형으로 나오는 더러운 영들이 사탄의 부하들인 '다이모니온'이라고 해석할 수 있는 근거를 제공한다. 사탄의 명령을 듣고 따르는 더러운 영들은 예수의 선포자로서 부적절하며, 그들이 비록 진리를 선포한다고 해도 그것은 순종을 배제한 지식의 선포이므로 예수에 의하여 금지되었을 것이다.

예수를 하나님의 아들로 선포하는 역할은 제자들에게 주어졌다. 그들은 예수를 군사적 메시아로 오해하고 베드로의 경우처럼 이러한 생각을 고집하기도 한다. 그렇지만, 이렇게 부족한 사람들에게 복음 전파의 사명이 맡겨진다. 예수께서는 타락한 천사(하늘의 전령)에게 금지된 '예수는 하나님의 아들이다.'라는 선포를 땅에서 부르신 전령들(제자들)에게 맡기신다. 물론 그들은 고난받는 메시아사상을 거부하는 사탄적이고 세속적인 메시아사상을 극복한 후에 그러한 사명을 감당할 수 있게 될 것이다.

마가복음 3:7-12 해석의 경우를 통하여 보듯이 서사학, 사본학, 역사적 배경 연구는 상호 보완 관계에 있으며, 역사 비평적 가설은 서사학적 관찰을 통하여 논박되거나 보완될 수 있다. 마가복음 본문은 브레데의 메시아 비밀 가설을 논박하는 정보를 제공하며, 군사적 메시아로 오해되기를 예수께서 피하셨다는 가설을 지원하는 정보를 제공한다. 이처럼 성경 본문에 관한 서사적 관찰은 자의적인 역사 비평 작업을 견제할 수 있다.

2. 적용[34]

큰 무리가 예수님을 따랐다. 그들은 갈릴리, 유대, 예루살렘, 이두매, 요단강 건너편, 두로, 시돈 근처로부터 왔다. 유대인들의 지역뿐 아니라 이방 지역으로부터도 많은 사람들이 몰려왔다. 이두매와 요단 건너편은 유대인들과 이방인들이 섞여 사는 지역이고, 두로, 시돈은 주로 이방인들이 사는 지역이다.[35] 이러한 지역에서 온 사람들 중에는 이방인들이 포함되어 있었을 것이다. 예수의 사역에는 유대인들만이 아니라 이방인들도 반응했다.

예수의 사역의 영향권은 팔레스타인 전역이었다. 이것은 예루살렘과 유대 지역에 국한되어 있었던 세례자 요한의 영향권보다 더 넓었다. 이러한 비교는 예수께서 세례자 요한보다 더 큰 분임을 보여 준다. 그리하여 예수께서 세례자 요한이 예언한 바로 그분임을 암시한다.

세례자 요한은 예언했다. "나보다 능력 많으신 이가 내 뒤에 오시나니 나는 굽혀 그의 신발 끈을 풀기도 감당하지 못하겠노라"(막 1:7). "나는 너희에게 물로 세례를 베풀었거니와 그는 너희에게 성령으로 세례

---

34. 이 부분은 웨스트민스터신학대학원 2011. 10. 26. 저녁 기도회와 2011. 11. 9. 저녁 기도회의 설교 때 적용한 것을 신현우, 2018c: 151-56에 실은 내용을 토대로 정리한 것이다.

35. Edwards, 2002: 103.

를 베푸시리라"(막 1:8). 그렇다면, 세례자 요한보다 더 큰 분이신 예수께
서는 성령으로 세례를 베푸시는 분이다.

성령을 부으시는 것은 이스라엘의 회복 때에 발생하는 것으로 기대
되었던 것이다. 에스겔 39:27-29은 말씀한다.

> 27 내가 그들을 만민 중에서 돌아오게 하고 적국 중에서 모아 내어 많
> 은 민족이 보는 데에서 그들로 말미암아 나의 거룩함을 나타낼 때라.
> 28 전에는 내가 그들이 사로잡혀 여러 나라에 이르게 하였거니와 후에
> 는 내가 그들을 모아 고국 땅으로 돌아오게 하고 그 한 사람도 이방에
> 남기지 아니하리니 그들이 내가 여호와 자기들의 하나님인 줄을 알리
> 라. 29 내가 다시는 내 얼굴을 그들에게 가리지 아니하리니 이는 내가
> 내 영을 이스라엘 족속에게 쏟았음이라. 주 여호와의 말씀이니라.

이 에스겔 말씀을 배경으로 보면 성령으로 세례를 주는 사역은 포로된
이스라엘이 해방되어 고토로 돌아오는 것과 관련된다. 즉 하나님의 백
성의 새 출애굽과 관련된다.

그런데, 마가복음은 예수께서 세례받으실 때 성령께서 임하셨음을
묘사할 뿐 예수의 사역 속에서 성령으로 주시는 세례를 언급하지 않는
다. 다만, 축귀와 치유 사역을 언급한다. 따라서 축귀와 치유가 성령으
로 세례 주시는 사역의 일부로 간주된다고 볼 수 있다. 축귀는 사탄의
지배로부터 백성들을 해방시키는 새 출애굽 사역이다. 치유는 질병으
로부터 사람들을 해방시키는 새 출애굽 사역이다. 이러한 사역은 성령
을 통하여 이루어진다. 따라서 성령으로 세례를 주시는 사역이다.

예수님은 누구신가? 성령으로 세례를 주시는 분이다. 예수께서 성

령으로 세례를 주실 때 어떤 일이 발생하는가? 병자가 치유되고 귀신들이 축출된다. 새 출애굽이 발생하고 이스라엘이 회복된다.

우리는 물세례자 요한을 알지만 예수께서 성령 세례자임을 잊을 때가 있다. 예수의 모든 사역은 성령으로 세례를 주시는 사역이었다. 우리는 당연히 그 사역의 영향권 속에 있다. 우리가 예수로부터 성령으로 세례받을 때 참 이스라엘인 교회가 회복된다. 사탄의 세력으로부터 해방되고 치유를 맛볼 수 있다. 우리에게 많은 문제들이 있을지라도 예수께 나아가면 해결된다. 예수께서 성령으로 세례를 베푸시면 해결될 것이다.

귀신은 예수님을 '하나님의 아들'이라고 부른다(막 3:11). "당신은 하나님의 아들입니다." 마가복음 1:11을 비추어 볼 때, 이것은 옳다. 하나님께서 예수님은 하나님의 아들이심을 선언하셨다. 하나님의 아들은 메시아 칭호이다. 따라서 예수께서 하나님의 아들이라는 고백은 예수께서 메시아(종말론적 구원자)라는 고백이다.

그런데 귀신들의 고백에는 예수께서 고난받는 여호와의 종이라는 내용이 없다. 당시 유대인들은 대개 메시아가 고난받을 것이라고 생각하지 않았다. 오히려 군사적 승리를 통해 새 출애굽을 가져올 것이라고 믿었다. 그러므로 당시에 유대인들이 예수를 하나님의 아들이라고 고백하면 그들은 예수를 이러한 군사적 구원자로 간주한 것이다. 귀신들이 예수를 보고 "당신은 하나님의 아들입니다."라고 고백하는 것을 들으면 유대인들은 그러한 뜻으로 오해할 것이다. 또한 예수와 귀신이 같은 편이라고 오해할 것이다. 귀신들의 고백을 받아들이든 받아들이지 않든 오해만 낳게 될 것이다. 예수께서는 또한 귀신들의 증언을 받기를 원하지 않으셨을 것이다. 예수께서는 그래서 귀신들에게 자신의 정체를 발설하지 말라고 경고하셨을 것이다.

우리는 예수를 누구라고 고백하는가? 우리가 만일 예수를 하나님의 아들로만 고백하고 고난받는 종임을 잊는다면 우리의 신앙 고백은 귀신들의 고백과 다를 바 없다. 그런데 이러한 신앙 고백이 많은 사람들을 사로잡고 있지 않은가? 어느덧 십자가가 사라지고 하나님의 아들 고백만 남지 않았는가? 십자가 고난이 사라진 메시아 고백은 귀신의 것과 다름이 없다.

귀신들의 고백의 또 다른 문제점은 순종을 동반하지 않는 지식적 믿음이라는 데 있다. 우리는 이러한 지식적 믿음에 빠져 있지 않은가? 순종은 없고 지식만 남지 않았는가? 행함 없는 지식적 믿음으로 구원받을 수 있다고 가르친다. 그러나 야고보서는 경고한다. "내 형제들아 만일 사람이 믿음이 있노라 하고 행함이 없으면 무슨 유익이 있으리요. 그 믿음이 능히 자기를 구원하겠느냐?"(약 2:14). 행함이 없는 믿음은 귀신의 믿음과 같음을 야고보서는 지적한다. "네가 하나님은 한 분이신 줄을 믿느냐. 잘 하는도다. 귀신들도 믿고 떠느니라"(약 2:19).

우리에게 필요한 믿음은 이러한 귀신의 믿음이 아니다. 행함이 있는 믿음이다. 십자가에 못 박히신 메시아 예수를 믿는 믿음이다. 이 십자가를 향하여 나아가는 믿음이다. 십자가 위에서 부르시는 예수님의 부르심을 향하여 나아가는 믿음이다. 이 믿음이야말로 사탄이 두려워하는 믿음이며, 귀신들이 흉내 내지 못하는 믿음이다. 이 믿음 앞에서 사탄은 물러갈 것이다.

우리의 싸움은 궁극적으로 영적인 싸움이다. 이 싸움은 궁극적으로 사탄과의 싸움이다. 이 싸움에서 이기려면 십자가를 바라보아야 한다. 십자가에 못 박히시어 피 흘리고 계신 예수님을 바라보아야 한다. 우리가 그분을 메시아로 고백하고 십자가로 다가갈 때 우리는 이 싸움에서 이길 수 있다. 이 믿음의 행진만이 참된 승리를 가져올 수 있다. 우리는 때로 환란을 당한다. 그러나 성경은 말씀한다. "우리가 하나님의 나라에 들어가려면 많은 환란을 겪어야 할 것이라"(행 14:22). 환란은 우리의 믿음의 행진에서 필수적인 것이다. 그것은 우리가 하나님 나라를 향하여 가고 있다는 증거이다. 환란을 당할 때 오히려 기뻐하고 믿음에 굳게 서서 흔들리지 말자.

강일상, "나병환자를 깨끗하게 하신 이야기 (2)," 『기독교사상』 48/8, 2004: 154-68.

김대웅, "요한계시록의 인자기독론과 칠십인경 다니엘서의 메시아 사상," 『신약연구』 14/4, 2015: 571-600.

김성규, "마가복음 1:14-15에 나타난 예수의 선지적 회개 개념의 의미," 『신약연구』 5/1, 2006: 51-87.

박경철, "이스라엘 포로후기 '금식제의논쟁'," 『구약논단』 15, 2009: 192-210.

박윤만, "응집성과 문단: 틀의미론(frame semantics)에 기초한 마가복음 1:16-20 연구," 『성경과 신학』 58, 2011: 69-96.

_____, "예수의 죄 용서 선언에 드러난 자기이해: 가버나움 집에서 죄 용서 선언(막 2:1-12)을 중심으로," 『신약논단』 21/2, 2014: 329-64.

_____, "예수의 두 얼굴: 마가복음의 고기독론 연구," 『신약연구』 16/1, 2017: 35-69.

박흥용, "역사적 예수 연구 방법론적 도구로서 '비판적 실재론'과 '역사적 개연성'의 기준," 『신약연구』 10, 2011: 513-44.

신현우, "마가복음 4:24-25의 주해와 원본문 복원," 『성경원문연구』 14, 2004: 87-106.

_____, 『공관복음으로의 여행』, 서울: 이레서원, 2005.

_____, 『마가복음의 원문을 찾아서』, 서울: 웨스트민스터출판부, 2006.

_____, "'재물'인가, '토지'인가?: 마가복음 10:22의 본문 비평, 주해와 번역," Canon & Culture 3, 2008: 245-74.

_____, "마가복음 1:1의 본문 비평과 번역," 『성경원문연구』 29, 2011a: 33-58.

_____, "구약 성경의 빛으로 보는 예수와 세례 요한," 『세상 속에 존재하는 교회』 2, 안 인섭 외 편, 서울: 총신대학출판부, 2011b: 653-68.

_____, 『메시아 예수의 복음』, 서울: 킹덤북스, 2011c.

_____, "세례 요한과 새 출애굽," 『신약논단』 20/1, 2013a: 61-95.

_____, "예수 복음의 기원," 『신약연구』 12/3, 2013b: 465-87.

_____, 『신약 헬라어 주해 문법』, 용인: 킹덤북스, 2013c.

_____, "예수의 광야 시험," 『신약논단』 21/1, 2014a: 27-58.

_____, "예수의 하나님 나라 선포," 『신약연구』 13/3, 2014b: 380-404.

____, "갈릴리의 어부에서 사람들의 어부로," 『신약논단』 21/3, 2014c: 599-626.

____, "예수의 축귀와 가르침," 『신약논단』 22/2, 2015a: 367-96.

____, "예수의 광야 기도와 축귀 병행 설교," 『신약연구』 14/3, 2015b: 371-90.

____, "개혁주의 성경학 방법론," 『신학지남』 82/3, 2015c: 177-206.

____, "예수의 나병 치유와 새 출애굽," 『신약논단』 23/3, 2016: 555-78.

____, "예수의 죄 사함 선언과 중풍병 치유: 마가복음 2:1-12 연구," 『신약연구』 15/3, 2017a: 463-88.

____, "바리새파 서기관들은 과연 예수를 추종했었는가?," 『신약연구』 16/1, 2017b: 7-34.

____, "예수와 금식: 마가복음 2:18-22의 진정성 논증과 해석," 『신약연구』 16/3, 2017c: 7-35.

____, "예수는 과연 안식일 율법을 폐지하였는가: 마가복음 2:23-28 연구," 『신약연구』 17/1, 2018a: 39-64.

____, "안식일과 질병 치유," 『신약연구』 17/3, 2018b: 283-329.

____, 『메시아 예수와 하나님 나라』, 부산: 등과 빛, 2018c.

____, "사본학과 서사: 마가복음 3:7-12의 본문과 서사," 『길 위의 길』, 심상법 교수 은퇴 논총, 김상훈 외 편, 서울: 솔로몬, 2021: 130-68.

심상법, "복음서의 역사적 본질에 대한 이해: 해석적 파라다임의 변천(특별한 내레티브적 이해)을 중심으로," 『신학지남』 63/3, 1996: 190-220.

양용의, 『마가복음 어떻게 읽을 것인가』, 서울: 성서유니온, 2010.

____, 『마태복음 어떻게 읽을 것인가?』, 서울: 성서유니온, 2005.

오성종, "마가복음 '개막사'의 해석학적 의미," 『신약연구』 8/3, 2009: 365-402.

유태호, "예수의 하나님 나라 복음 선포 연구," 총신대학교 신학대학원 석사학위논문, 2013.

조배현 & 심상법, "마가복음 5장 1-20절의 서사-수사적 주해," 『신학지남』 87/1, 2020: 59-93.

최규명, "공관복음의 '사람 낚는 어부'는 구원의 이미지인가?," 『신약연구』 8/2, 2009: 223-58.

周大璞(주대박), 『训诂学初稿』, 第三版, 武汉: 武汉大学出版社, 2007.

Aland, B. *et al.*, eds., *Novum Testamentum Graece*, Stuttgart: Deutsche Bibelgesellschaft, 1993. (= NA27)

Albeck, Ch., ed., *Shisha sidre Mishnah*, 6 vols., Jerusalem: Bialik Institute, 1952-1958.

Alexander, P. S., trans., *The Targum of Canticles*, Collegeville: The Liturgical Press, 2003.

Allen, W. C., "The Aramaic Element in St. Mark," *The Expository Times* 13, 1901: 328-30.

Bacchiocchi, S., *From Sabbath to Sunday*, Rome: The Pontifical Gregorian University Press, 1977.

Bailey, K. E., *Through Peasant Eyes*, Grand Rapids: Eerdmans, 1980.

Baljon, J. M. S., *Commentaar op het Evangelie van Markus*, Utrecht: J. van Boekhoven, 1906.

Bauckham, R., "Jesus and the Wild Animals (Mark 1:13)," *Jesus of Nazareth: Lord and Christ*, ed. by J. B. Green & M. Turner, Grand Rapids: Eerdmans, 1994: 3-21.

Bauer, Walter, *A Greek-English Lexicon of the New Testament and Other Early Christian Literature*, ed. by Frederick William Danker, 3rd ed., Chicago: The Univ. of Chicago Press, 2000. (= BDAG)

Baumgarten, J. M., "The 4Q Zadokite Fragments on Skin Disease," *JJS* 41, 1990: 153-65.

_____, "Messianic Forgiveness of Sin in CD 14:19(4Q266 10 I 12-13)," ed. by D. W. Parry & E. Ulrich, *The Provo International Conference on the Dead Sea Scrolls*, Leiden: Brill, 1999: 537-44.

Blass, F. & A. Debrunner, *A Greek Grammar of the New Testament*, trans. & revised by R. W. Funk, Chicago: The University of Chicago Press, 1961. (= BDF)

Blomberg, Craig L., "Jesus, Sinners, and Table Fellowship," *Bulletin for Biblical Research* 19, 2009: 35-62.

Bock, D. L., *Luke*. vol.2., Grand Rapids: Baker, 1996.

_____, *Mark*, Cambridge: Cambridge University Press, 2015.

Boring, M. E., "Mark 1:1-15 and the Beginning of the Gospel," *Semeia* 52, 1991: 43-81.

_____, *Mark: A Commentary*, The New Testament Library, Louisville: Westminster John Knox, 2006.

Braude, W. G., trans., *Pesikta Rabbati*, New Haven: Yale University Press, 1968.

Broadhead, E. K., "Mk 1,44: The Witness of the Leper," *ZNW* 83, 1992: 257-65.

Brooks, J. A., *Mark*, NAC 23, Nashville, Tennessee: Broadman, 1991.

Broshi, M., ed., *The Damascus Document Reconsidered*, Jerusalem: Ben-Zvi Enterprises, 1992.

Brownlee, W. H., "Messianic Motifs of Qumran and the New Testament," *NTS* 3/3, 1956/1957: 195-210.

Bultmann, R., *The History of the Synoptic Tradition*, trans., J. Marsh, Oxford: Blackwell, 1963.

Burkill, T. A., "Mark 3 7-12 and the Alleged Dualism in the Evangelists Miracle Material," *JBL* 87, 1968: 409-17.

Buse, I., "The Markan Account of the Baptism of Jesus and Isaiah LXIII," *JTS* n.s. 7, 1956: 74-75.

Campbell, C. R., *Verbal Aspect, the Indicative Mood, and Narrative*, New York: Peter Lang, 2007.

Caneday, A. B., "Mark's Provocative Use of Scripture in Narration: 'He Was with the Wild Animals and Angels Ministered to Him'," *BBR* 9, 1999: 19-36.

Casey, M., *Aramaic Sources of Mark's Gospel*, SNTSMS 102, Cambridge: Cambridge University Press, 1998.

Cave, C. H., "The Leper: Mark 1.40-45," *NTS* 25, 1978/1979: 245-50.

Charlesworth, J. H., ed., *The Old Testament Pseudepigrapha*, 2 vols., New York: Doubleday, 1983-1985. (= *OTP*)

_____, *Jesus within Judaism*, London: SPCK, 1988.

Chilton, B. D., trans., *The Aramaic Bible*, vol.11: *The Isaiah Targum*, Wilmington, Delaware: Michael Glazier, 1987.

Cohn-Sherbok, D. M., "An Analysis of Jesus' Arguments Concerning the Plucking of Grain on the Sabbath," *The Historical Jesus*, ed. by C. A. Evans & S. E. Porter, Sheffield: Sheffield Academic Press, 1995: 131-39.

Cole, R. A., *The Gospel According to St. Mark*, Tyndale New Testament Commentaries, Grand Rapids: Eerdmans, 1961.

Coleran, James E., "The Sons of God in Genesis 6:2," *Theological Studies* 2, 1941: 487-509.

Collins, A. Y., *Mark*, Minneapolis, MN: Fortress, 2007.

Collins, J. J., trans. & intr., "Sibylline Oracles," *The Old Testament Pseudepigrapha* 1, ed. by J. H. Charlesworth. New York: Doubleday, 1983: 317-472.

Collins, N. L., *Jesus, the Sabbath and the Jewish Debate: Healing on the Sabbath in the 1st and 2nd Centuries CE*, London: Bloomsbury, 2014.

Cranfield, C. E. B., *The Gospel According to St Mark*, Cambridge: Cambridge University Press, 1959.

Croy, N. C., "Where the Gospel Text Begins: A Non-Theological Interpretation of Mark 1:1," *NovT* 43, 2001: 105-27.

Culpepper, R. A., *Mark*, Smyth & Helwys Bible Commentary, Macon, Georgia: Smyth & Helwys, 2007.

Daley, R. J., "The Soteriological Significance of the Sacrifice of Isaac," *CBQ* 39, 1977: 45-75.

Danby, H., trans., *The Mishnah*. Oxford: Oxford University Press, 1933.

Danker, F. W., "Mark 1:45 and the Secrecy Motif," *Concordia Theological Monthly* 37/8, 1966: 492-99.

Davies, S. L., *Jesus the Healer*, London: SCM, 1995.

Davies, W. D. & D. C. Allison, *A Critical and Exegetical Commentary on the Gospel According to Saint Matthew*, vol.2, Edinburgh: T. & T. Clark, 1991.

Decker, R. J., *Temporal Deixis of the Greek Verb in the Gospel of Mark with Reference to Verbal Aspect*, New York: Peter Lang, 2001.

DeMaris, R. E., "Possession, Good and Bad - Ritual, Effects and Side-Effects: The Baptism of Jesus and Mark 1.9-11 from a Cross-Cultural Perspective," *JSNT* 80, 2000: 3-30.

Derrett, J. D. M., "'ΗΣΑΝ ΓΑΡ 'ΑΛΙΕΙΣ (MK. I 16): Jesus's Fishermen and the Parable of the Net," *NovT* 22, 1980: 108-37.

_____, "Christ and the Power of Choice (Mark 3,1-6)," *Biblica* 65, 1984: 168-88.

Dewey, J., "The Literary Structure of the Controversy Stories in Mark 2:1-3:6," *JBL* 92, 1973: 394-401.

Dillon, R. J., "'As One Having Authority' (Mark 1:22): The Controversial Distinction of Jesus' Teaching," *CBQ* 57, 1995: 92-113.

Dixon, E. P., "Descending Spirit and Descending Gods," *JBL* 128, 2009: 759-80.

Dodd, C. H., *The Parables of the Kingdom*, revised ed., New York: Scribner's, 1961.

Donahue, John R., "Tax Collectors and Sinners: An Attempt at Identification," *CBQ* 33, 1971: 39-61.

Donahue, J. R. & D. J. Harrington, *The Gospel of Mark*, Sacra Pagina Series 2, Collegeville, Minnesota: The Liturgical Press, 2002.

Dormandy, R., "Jesus' Temptation in Mark's Gospel: Mark 1:12-13," *The Expository Times* 114, 2003: 183-87.

Doudna, J. C., *The Greek of the Gospel of Mark*, SBLMS 12, Ann Arbor, Michigan: Cushing, 1961.

Dunn, James D. G., "The Messianic Secret in Mark," *Tyndale Bulletin* 21, 1970: 92-117.

Dupont-Sommer, A., ed. *The Essene Writings from Qumran*, trans. by G. Vermes, New York: World Publishing Company, 1962.

Eckey, W., *Das Markusevangelium*, Neukirchen-Vluyn: Neukirchener, 1998.

Edersheim, A., *The Life and Times of Jesus the Messiah*, Peabody: Hendrickson, 1993.

Edwards, J. R., "The Baptism of Jesus According to the Gospel of Mark," *JETS* 34, 1991: 43-57.

_____, *The Gospel According to Mark*, Grand Rapids: Eerdmans, 2002.

Ehrman, B. D., *The Orthodox Corruption of Scripture*, Oxford: Oxford University Press, 1993.

Epstein, I., ed. & trans., *The Babylonian Talmud, Sanhedrin*, vol.1, London: Soncino, 1935.

_____, ed. & trans., *The Babylonian Talmud, Kethuboth*. vol.1, London: Soncino, 1936.

_____, ed., *The Babylonian Talmud. Sukkah*, trans. by Israel W. Slotki, London: Soncino, 1938.

_____, ed. & trans., *The Babylonian Talmud, Hullin*. vol.1, London: Soncino, 1948.

_____, ed. & trans., *Hebrew-English Edition of the Babylonian Talmud. Seder Nashim. Nazir, Sotah*, London: Soncino, 1985.

_____, ed. & trans., *Hebrew-English Edition of the Babylonian Talmud. Sanhedrin*, London: Soncino, 1987.

_____, ed. & trans., *Soncino Babylonian Talmud*, reformatted by Reuven Brauner [https://juchre.org/talmud/sanhedrin/sanhedrin.htm], 2012.

Evans, C. A., *Mark 8:27-16:20*, WBC 34B, Nashville: Thomas Nelson Publishers, 2001.

_____, *Ancient Texts for New Testament Studies*, Peabody: Hendrickson, 2005.

Evans, C. A. & S. E. Porter, eds. *Dictionary of New Testament Background*, Leicester: IVP, 2000.

Fitzmyer, J. A., *A Wandering Aramean*, SBLMS 25, Montana: Scholars Press, 1979.

Fowler, R. M., "Irony and the Messianic Secret in the Gospel of Mark." *Proceedings* 1, 1981: 26-36.

_____, *Let the Reader Understand*, Harrisburg, Pennsylvania: Trinity Press International, 1996.

France, R. T., *The Gospel of Mark*, Grand Rapids: Eerdmans, 2002.

Freedman, H., trans., *The Babylonian Talmud, Nedarim*, London: Soncino, 1936.

_____, trans., *The Babylonian Talmud, Shabbath*, vol.1, London: Soncino, 1938.

_____, trans., *Midrash Rabbah, Genesis*, vol.1, London: Soncino, 1983.

_____, trans., *Hebrew-English Edition of the Babylonian Talmud. Nedarim*, London: Soncino, 1985.

Funk, R. W., "The Wilderness," *JBL* 78, 1959: 205-14.

Gaiser, Frederick J., "'Your Sins Are Forgiven. ⋯ Stand Up and Walk': A Theological Reading of Mark 2:1-12 in the Light of Psalm 103," *Ex Auditu* 21, 2005: 71-87.

Garland, D. E., "'I Am the Lord Your Healer': Mark 1:21-2:12," *Review & Expositor* 85/2, 1988: 327-43.

_____, *Mark*, The NIV Application Commentary, Grand Rapids: Zondervan, 1996.

Garnet, P., "The Baptism of Jesus and the Son of Man Idea," *JSNT* 9, 1980: 49-65.

Gero, S., "The Spirit as a Dove at the Baptism of Jesus," *NovT* 18, 1976: 17-35.

Gianoulis, George C., "Did Jesus' Disciples Fast?," *Bibliotheca Sacra* 168, 2011: 413-25.

Gibbs, J. A., "Israel Standing with Israel: The Baptism of Jesus in Matthew's Gospel (Matt 3:13-17)," *CBQ* 64, 2002: 511-26.

Gibson, J. B., "The Rebuke of the Disciples in Mark 8.14-21," *JSNT* 27, 1986: 31-47.

_____, "Jesus' Refusal to Produce a 'Sign'(Mk 8.11-13)," *JSNT* 38, 1990: 37-66.

____, "Jesus' Wilderness Temptation According to Mark," *JSNT* 53, 1994: 3-34.

Globe, A., "The Caesarean Omission of the Phrase 'Son of God' in Mark 1:1," *HTR* 75, 1982: 209-18.

Gnilka, J., D*as Evangelium nach Markus (Mk 1-8,26)*, EKK II/1, Zürich: Benziger, 1978.

Goldschmidt, L., trans., *Der babylonische Talmud*. dritte Auflage, vol.1., Königstein: Jüdischer Verlag, 1980.

____, trans., *Der babylonische Talmud*, dritte Auflage, vol.8, Berlin: Jüdische Verlag, 1981.

Guelich, R. A., "'The Beginning of the Gospel' Mark 1:1-15," *Papers of the Chicago Society of Biblical Research* 27, 1982: 5-15.

____. *Mark 1-8:26*, Word Biblical Commentary 34A, Dallas: Word Books, 1989.

Gundry, R. H., *Mark*, Grand Rapids: Eerdmans, 1993.

Gutiérrez, G., "Mark 1:14-15," *Review & Expositor* 88/4, 1991: 427-31.

Hägerland, Tobias, *Jesus and the Forgiveness of Sins: An Aspect of His Prophetic Mission*, SNTSMS 150, Cambridge: Cambridge University Press, 2012.

____, "Prophetic Forgiveness in Josephus and Mark," *Svensk Exegetisk Årsbok* 79, 2014: 125-39.

Hagner, D. A., *Matthew 1-13*, WBC 33A, Dallas: Thomas Nelson, 1993.

Hay, Lewis Scott, "Mark's Use of the Messianic Secret," *Journal of the American Academy of Religion* 35/1, 1967: 16-27.

Head, P. M., "A Text-critical Study of Mark 1.1," *NTS* 37, 1991: 621-29.

Heil, J. P., "Jesus with the Wild Animals in Mark 1:13," *CBQ* 68/1, 2006: 63-78.

Hengel, M., *The Charismatic Leader and His Followers*, trans. by J. G. Eugene, Oregon: Wipf & Stock, 1968.

Henry, M., 『마가복음, 누가복음』, 박문재 역, 매튜헨리주석전집 17, 고양: 크리스찬다이제스트, 2006.

van Henten, J. W., "The First Testing of Jesus: A Rereading of Mark 1.12-13," *NTS* 45, 1999: 349-66.

Holmes, M. W., ed., *The Greek New Testament*, Atlanta: The Society of Biblical Literature, 2010.

Hooker, M. D., *The Gospel According to Saint Mark*, London: A. & C. Black, 1991.

Huntress, E., "'Son of God' in Jewish Writings Prior to the Christian Era," *JBL* 54, 1935: 117-23.

Hurtado, L. W., *Mark*, NIBC, Peabody, MA: Hendrickson, 1983.

Hutchison, D., "The 'Orthodox Corruption' of Mark 1:1," *Southwestern Journal of Theology* 48, 2005: 33-48.

van Iersel, B. M. F., *Mark: A Reader-Response Commentary*, JSNTS 164, Sheffield: Sheffield Academic Press, 1998.

Isaac, E., trans. & intr., "1 Enoch," *The Old Testament Pseudepigrapha*, vol.1, ed. by J. H. Charlesworth, New York: Doubleday, 1983: 5-89.

Jeremias, J., grammateu,j, *TDNT*, vol.1, ed. by G. Kittel, trans. by G. W. Bromiley, Grand Rapids: Eerdmans, 1964: 740-42.

_____, *New Testament Theology*, trans. J. Bowden, New York: Charles Scribner's Sons, 1971.

Johnson, Jr., S. L., "The Baptism of Christ," *Bibliotheca Sacra* 123, 1966: 220-29.

Jung, L., trans., *The Babylonian Talmud, Seder Moed, Yoma*, London: Soncino, 1938.

Kahana, M. I., ed., *The Genizah Fragments of the Halakhic Midrashim*, Part 1, Jerusalem: Magnes, 2005.

Keck, L. E., "Mark 3 7-12 and Mark's Christology," *JBL* 84, 1965: 341-58.

_____, "The Spirit and the Dove," *NTS* 17, 1970/71: 41-67.

Kee, A., "The Question about Fasting," *NovT* 11, 1969: 161-73.

Kee, H. C., "The Terminology of Mark's Exorcism Stories," *NTS* 14, 1967/1968: 232-46.

Keener, C. S., *A Commentary on the Gospel of Matthew*, Grand Rapids: Eerdmans, 2009.

_____, "Spirit-Possession as Cross-cultural Experience," *BBR* 20, 2010: 215-35.

Kelhoffer, J. A., *The Diet of John the Baptist*, WUNT 176, Tübingen: Mohr Siebeck, 2005.

Kim, Seyoon, *The Son of Man as the Son of God*, Grand Rapids: Eerdmans, 1985.

Klein, M. L., ed., *Genizah Manuscripts of Palestinian Targum to the Pentateuch*, vol.1, Cincinnati: Hebrew Union College Press, 1986.

Kuhn, Karl A., "The 'One like a Son of Man' Becomes the 'Son of God'," *CBQ* 69, 2007: 22–42.

Johansson, Daniel, "'Who Can Forgive Sins but God Alone? Human and Angelic Agents, and Divine Forgiveness in Early Judaism," *JSNT* 33, 2011: 351–74.

Lagrange, P. M.-J., *Évangile selon Saint Marc*, Paris: J. Gabalda et Fils, 1929.

Lake, K., ed. & trans., *The Apostolic Fathers*, vol.1, London: William Heinemann, 1912.

Lane, W., *The Gospel According to Mark*, Grand Rapids: Eerdmans, 1974.

Lauterbach, J. Z., ed., *Mekhilta de Rabbi Ishmael*, 3 vols., Philadelphia: The Jewish Publication Society of America, 1933.

Linton, O., "Evidence of a Second-Century Revised Edition of St Mark's Gospel," *NTS* 13, 1966/1967: 321–55.

Lohmeyer, E., *Das Evangelium des Markus*, 17th ed., Göttingen: Vandenhoeck & Ruprecht, 1957.

Lohse, E., σάββατον, *TWNT* 7, 1964: 1–35.

_____, ed. & trans. *Die Texte aus Qumran*. München: Kösel-Verlag, 1964.

MacArthur, J., *Mark 1-8*, Chicago: Moody Publishers, 2015.

Malbon, E. S., "TH OIKIA AYTOY: Mark 2.15 in Context," *NTS* 31, 1985: 282–92.

Mánek, Jindřich, "Fishers of Men," *NovT* 2/2, 1957: 138–41.

Marcus, J., "Mark 14:61: Are You the Messiah-Son-of-God?," *NovT* 31, 1989a: 125–41.

_____, "'The time has been fulfilled!' (Mark 1.15)," *Apocalyptic and the New Testament*, ed. by J. Marcus & M. L. Soards, JSNTS 24, Sheffield: Sheffield Academic, 1989b: 49–68.

_____, *The Way of the Lord*, Edinburgh: T. & T. Clark, 1992.

_____, *Mark 1-8*, The Anchor Bible, New York: Doubleday, 2000.

Martin, Dale B., "When Did Angels Become Demons?," *JBL* 129, 2010: 657–77.

Martínez, F. G. & E. J. C. Tigchelaar, ed. & rans., *The Dead Sea Scrolls*, vol.1, Leiden: Brill, 1997.

_____, ed. & trans., *The Dead Sea Scrolls*, vol.2, Leiden: Brill, 1998.

Martini, C. S., "Were the Scribes Jesus' Followers? (Mk 2:15-16): A Textual Decision Reconsidered," *Text-Wort-Glaube*, ed. by M. Brecht, New York: de Gruyter, 1980:

31-39.

McArthur, H. K., "Basic Issues: A Survey of Recent Gospel Research," *Interpretation* 18, 1964: 39-55.

McNamara, M., trans., *Targum Neofiti 1: Genesis, The Aramac Bible*, vol.1A, Collegeville, Minnesota: The Liturgical Press, 1992.

McReynolds, P. R., "Establishing Text Families," ed. by W. D. Flaherty, *The Critical Study of Sacred Text*, Berkely: Graduate Theological Union, 1979: 97-113.

Meier, J. P., *A Marginal Jew*, vol.2, New York: Doubleday, 1994.

____, "The Historical Jesus and the Plucking of the Grain on the Sabbath," *CBQ* 66, 2004: 561-81.

Metzger, B. M., trans. & intr., "The Fourth Book of Ezra," *The Old Testament Pseudepigrapha*, ed. by J. H. Charlesworth, New York: Doubleday, 1983: 517-59.

____, ed., *A Textual Commentary on the Greek New Testament*, 2nd ed., Stuttgart: Deutsche Bibelgesellschaft, 1994.

Neusner, J., trans., *The Tosefta. Moed*. New York: KTAV, 1981.

____, trans., *The Talmud of the Land of Israel*, vol.14: *Yoma*. Chicago: The University of Chicago Press, 1990.

____, trans., *The Talmud of Babylonia, I. Bavli Tractate Berakhot*, Atlanta: Scholars Press, 1996a.

____, trans., *The Talmud of Babylonia*, vol.2, *Bavli Tractate Shabbat B*. Atlanta: Scholars Press, 1996b.

____, trans., *The Tosefta*, vol.1, Peabody, MA: Hendrickson, 2002.

Oakman, D. E., "Cursiung Fig Trees and Robbers' Dens Pronouncement Stories Within Social-Systemic Perspective Mark 11:12-25 and Parallels," *Semeia* 64, 1994: 253-72.

Osborne, G. R., *Mark*, Teach the Text Commentary Series, Grand Rapids: Baker Books, 2014.

Palu, M., *Jesus and Time: An Interpretation of Mark 1.15*, Library of New Testament Studies 468, London: T. & T. Clark International, 2012.

Parrott, R., "Conflict and Rhetoric in Mark 2:23-28," *Semeia* 64, 1993: 117-37.

Pesch, R., *Das Markusevangelium*, I, Herders Theologischer Kommentar zum Neuen

Testament, Freiburg: Herder, 1976.

Peterson, Dwight N., "Translating παραλυτικός in Mark 2:1-12: A Proposal," *BBR* 16, 2006: 261-72.

Porter, S. E., *Idioms of the Greek New Testament*, 2nd ed. Sheffield: Academic Press, 1994.

Pryke, E. J., *Redactional Style in the Marcan Gospel*, Cambridge: Cambridge University Press, 1978.

Queller, K., "'Stretch Out Your Hand!': Echo and Metalepsis in Mark's Sabbath Healing Controversy," *JBL* 129, 2010: 737-58.

Rahlfs, A. *Septuaginta*, 2 vols., Stuttgart: Deutsche Bibelgesellschaft, 1935.

Ridderbos, H., *De komst van het Koninkrijk*, 3rd print, Kampen: Kok, 1985.

Ryan, P. J., "Like a Dove," *America*, 1992(Jan.): 23.

Sanders, E. P., "Jesus and the Sinners," *JSNT* 19, 1983: 5-36.

_____, *Jesus and Judaism*, Philadelphia: Fortress, 1985.

Schweizer, E., *The Good News According to Mark*, trans. by D. H. Madvig, London: SPCK, 1971.

Shin, H. W.(=신현우), *Textual Criticism and the Synoptic Problem in Historical Jesus Research*, Contributions to Biblical Exegesis and Theology 36, Leuven: Peeters, 2004.

_____, "The Historic Present as a Discourse Marker," *The Bible Translator* 63, 2012: 39-51.

Simon, M., trans., *The Babylonian Talmud, Megillah*, London: Soncino, 1938.

Slomp, J., "Are the Words 'Son of God' in Mark 1.1 Original," *The Bible Translator* 28/1, 1977: 143-50.

Smith, Charles W., "Fishers of Men," *HTR* 52/3, 1959: 187-204.

Smith, S. H., "Mark 3:1-6: Form, Redaction and Community Function," *Biblica* 75 1994: 153-74.

Starr, J., "The Unjewish Character of the Markan Account of John the Baptist," *JBL* 51, 1932: 227-37.

Stec, D. M., ed., *The Targum of Psalms*, London: T. & T. Clark, 2004.

Stegner, W. R., "Wilderness and Testing in the Scrolls and in Matthew 4:1-11," *BR* 12,

1967: 18-27.

Stein, R. H., *Luke*, NAC, Nashville, Tennessee: Broadman, 1992.

_____, *Mark*, Baker Exegetical Commentary on the New Testament, Grand Rapids: Baker Academic, 2008.

Stemberger, G., *Einleitung in Talmud und Midrasch*, 8. Auflage, München: C. H. Beck, 1992.

Strack, Herman L. & Paul Billerbeck, *Kommentar zum Neuen Testament aus Talmud und Midrasch*, 6 vols., München: C.H. Beck, 1922-61. (= Str-B)

Strauss, M. L., *Mark*, Exegetical Commentary on the New Testament, Grand Rapids: Zondervan, 2014.

Strutwolf, H., ed., *Novum Testamentum Graece*, Stuttgart: Deutsche Bibelgesellschaft, 2012. (= NA28)

Taylor, V., *The Gospel According to St. Mark*, London: Macmillan, 1955.

Turner, C. H., 'Marcan Usage,' *JTS* 26, 1925: 225-40.

_____, "The Gospel According to St. Mark," *A New Commentary on Holy Scripture Including the Apocrypha*, ed. by C. Gore, H. L. Goudge, and A. Guillaume, London: Society for Promoting Christian Knowledge, 1928: 42-124.

Twelftree, G. H., *Jesus the Exorcist*, Peabody: Hendrickson, 1993.

Vermes, G., "The Use of בר נש / בר נשא in Jewish Aramaic," *An Aramaic Approach to the Gospels and Acts*, ed. by M. Black, 3rd ed., Oxford: Clarendon, 1967: 310-30.

_____, *Jesus the Jew*, London: SCM, 1973.

de Vries, L., "Translations of the Bible and Communities of Believers," 『성경원문연구』 23, 2008: 172-95.

Yang, Yong-Eui(=양용의), *Jesus and the Sabbath in Matthew's Gospel*, JSNTS 139, Sheffield: Sheffield Academic Press, 1997.

Walker, William O., Jr., "Jesus and the Tax Collectors," *JBL* 97, 1978: 221-38.

Wallace, D. B., *Greek Grammar Beyond the Basics*, Grand Rapids: Zondervan, 1996.

Wasserman, T., "The 'Son of God' Was in the Beginning (Mark 1:1)," *JTS* n.s. 62, 2011: 20-50.

Watson, D. F., *Honor among Christians: The Cultural Key to the Messianic Secret*,

Minneapolis: Fortress, 2010.

Watts, R. E., *Isaiah's New Exodus in Mark*, Grand Rapids: Baker, 1997.

Webb, R. L., *John the Baptizer and Prophet: A Socio-Historical Study*, JSNTS 62, Sheffield: JSOT Press, 1991.

Whiston, W., trans., *The Works of Josephus*, new updated ed., Peabody, MA: Hendrickson, 1987.

Williamson, L., "Mark 1:1-8," *Interpretation* 32, 1978: 400-404.

_____, *Mark*, Interpretation: A Bible Commentary for Teaching and Preaching, Louisville: John Knox Press, 1983.

Wink, W., *John the Baptist in the Gospel Tradition*, Cambridge: Cambridge University Press, 1968.

Winn, Adam, "Resisting Honor: The Markan Secrecy Motif and Roman Political Ideology," *JBL* 133, 2014: 583-601.

Wintermute, O. S., ed. & trans., "Jubilees (Second Century B.C.): A New Translation and Introduction by O. S. Wintermute," *The Old Testament Pseudepigrapha,* vol.2, ed. by J. H. Charlesworth, New York: Doubleday, 1985: 35-142.

Witherington III, Ben, *The Gospel of Mark*, Grand Rapids: Eerdmans: 2001.

Wright, R. B. (translation, introduction, notes), "Psalms of Solomon," *The Old Testament Pseudepigrapha*, ed. by J. H. Charlesworth, vol.2, New York: Doubleday, 1985: 639-70.

Wuellner, W. H., *The Meaning of "Fishers of Men,"* Philadelphia: Westminster, 1967.